Derivate und Corporate Governance

Frankfurter wirtschaftsrechtliche Studien

Herausgegeben von
Theodor Baums, Andreas Cahn, Friedrich Kübler,
Hans-Joachim Mertens, Eckard Rehbinder
und Gunther Teubner

Band 72

PETER LANG
Frankfurt am Main · Berlin · Bern · Bruxelles · New York · Oxford · Wien

Julia Sernetz

Derivate und Corporate Governance

Kompetenzen und Pflichten des Vorstands von Aktiengesellschaften beim Einsatz von Derivaten

PETER LANG
Europäischer Verlag der Wissenschaften

Bibliografische Information Der Deutschen Bibliothek
Die Deutsche Bibliothek verzeichnet diese Publikation in der Deutschen Nationalbibliografie; detaillierte bibliografische Daten sind im Internet über <http://dnb.ddb.de> abrufbar.

Zugl.: Frankfurt (Main), Univ., Diss., 2005

D 30
ISSN 0723-0427
ISBN 3-631-54265-8

www.peterlang.de

Meinem Vater
und dem Andenken meiner Mutter

„Welcher Laie wird wohl je verstehen, dass der Verkäufer der Verkaufsoption bei Ausübung der Verkaufsoption durch den Käufer der Verkaufsoption der Käufer der von dem Käufer der Verkaufsoption verkauften Wertpapiere ist?“

Serge Demolière

Vorwort

Der Fachbereich Rechtswissenschaft der Johann-Wolfgang Goethe Universität, Frankfurt a.M. hat die vorliegende Arbeit im Wintersemester 2004/2005 als Dissertation angenommen. Tag der mündlichen Doktorprüfung war der 30. März 2005. Das Manuskript wurde im November 2004 abgeschlossen, die Literatur befindet sich auf dem Stand von Mai 2005. Kurz vor Drucklegung hat der Deutsche Bundestag am 16. Juni 2005 das Gesetz zur Unternehmensintegrität und Modernisierung des Anfechtungsrechts (UMAG) verabschiedet, das am 1. November 2005 in Kraft tritt. Durch das neue Gesetz wird die bislang ungeschriebene *Business Judgement Rule* in § 93 Abs. 1 Satz 2 des Aktiengesetzes aufgenommen. Dies wurde soweit wie möglich berücksichtigt.

Großen Dank schulde ich Herrn Prof. Dr. Dr. h. c.Theodor Baums, der die Arbeit betreut, meinen Ideen von Beginn an Vertrauen entgegengebracht und das Gelingen der Arbeit in jeder Phase gefördert hat. Frau Privatdozentin Dr. Andrea Lohse danke ich dafür, dass Sie das Zweitgutachten übernommen und so rasch erstellt hat.

Anregung und Ansporn, den langen Weg der Doktorarbeit aufzunehmen, habe ich während meiner Wahlstation in New York von Herrn Dr. Michael Gruson und Herrn Dr. Kai-Uwe Steck erhalten. Hierfür möchte ich herzlich danken. Vertretern verschiedener Banken und Unternehmen danke ich für den Einblick in die Welt der Derivate und ihren jeweiligen Einsatz, den sie mir in zahlreichen Gesprächen gegeben haben. Herrn Florian Möslein, LL.M bin ich für seine Hilfsbereitschaft bei der Literaturbeschaffung und die fruchtbaren fachlichen Gespräche in der Münchener Staatsbibliothek sehr dankbar, Frau Christine Quarg dafür, dass sie mir die mathematische Sicht des „Hebeleffekts" der Derivate nahegebracht hat.

Besonderen Dank möchte ich meinem Vater, Dr. Herbert Sernetz, aussprechen. Er hat das Fortschreiten der Arbeit mit unermüdlicher Anteilnahme beobachtet und mich durch immerwährende Diskussionsbereitschaft dabei unterstützt, meine Gedankengänge zu ordnen. Am Ende hat er das Manuskript Korrektur gelesen.

Schließlich gilt mein herzlicher Dank meinen Freundinnen Frau Petra Kremeyer, LL.M und Frau Gabriela Strack, die die Entstehung dieser Arbeit jede auf ihre Art und durch ihre immer freundschaftliche Ermunterung begleitet haben.

München, im August 2005 Julia Sernetz

Inhaltsverzeichnis

Einleitung

I. Einführung

Die Unternehmensgeschichte der vergangenen zwei Jahrzehnte war u. a. von einer Reihe spektakulärer Schieflagen deutscher und internationaler Unternehmen gekennzeichnet, die durch Geschäfte mit Derivaten verursacht worden waren. Besonderes Aufsehen erregten die folgenden „Derivate-Desaster":

Der Volkswagen-Konzern musste im Geschäftsjahr 1986 Verluste in Höhe von rund 400 Mio. DM auf Grund von Devisenarbitragegeschäften hinnehmen. Der Vorstand der Lufthansa AG wurde Anfang 1986 kritisiert für seine – ex post betrachtet – ungünstige Absicherungsstrategie bei der Beschaffung von Flugzeugen zu Preisen im Umfang von rd. 500 Mio. USD, die im Januar 1985 nahe bei einem historischen Zwischenhochstand des DM/USD-Kurses bestellt worden waren. Spekulationen mit Rohöl-Termingeschäften führten 1988 bei der Klöckner & Co. KGaA zu Verlusten in Höhe von ca. 700 Mio. DM. Ein Zusammenbruch des Handelshauses konnte nur durch einen Eigentümerwechsel vermieden werden. Der deutsche Traditionskonzern Metallgesellschaft AG erlitt Ende 1993 Milliarden-Verluste in Folge einer verfehlten Hedging-Strategie mit derivativen Öltermingeschäften seiner US-amerikanischen Tochter MGRM Corp. Eine dadurch ausgelöste Konkursgefahr für den gesamten Metallgesellschaft-Konzern konnte nur durch erhebliche Gläubigerverzichte und Eigenkapitalzuführungen knapp abgewendet werden.[1]

Der amerikanische Waschmittelkonzern Procter & Gamble verlor 1994 157 Mio. USD durch den Erwerb eines „exotischen" Swap-Kontrakts. Der kalifornische Stadtverband Orange County büßte 1994 aufgrund von Spekulationsgeschäften mit Zinsderivaten rund 1,64 Mrd. USD ein. Handel mit Währungs- und Indexderivaten führte im Jahre 1995 zu einem Verlust von rund 869 Mio. Pfund und damit letztlich zum finanziellen Ruin des britischen Bankhauses Barings.[2] Noch in jüngster Zeit erlitt das US-amerikanische Unternehmen General Re Se-

---

1 *Miller*, Pacific-Basin Finance Journal, 3 (1995), 147, 156; 4 (1996) 113; *Spremann/Herbeck*, zfbf Sonderheft 38, 1997, 155 ff.

2 Zusammenstellung der Derivate-Desaster bei *Gebhardt/Mansch*, Risikomanagement und Risikocontrolling in Industrie- und Handelsunternehmen, S. 7, 8 m.w.N.; *Hommel/Pritsch*, in Achleitner/Thoma (Hrsg.), Handbuch Corporate Finance, 8.1.1, S. 5; FAZ v. 28.02.1995, S. 12: „Große Schieflagen durch Derivate-Handel".

curities (GRS), eine Tochter des amerikanischen Rückversicherungsunternehmens General Re, Verluste i.H.v. 173 Mio. USD aus Derivategeschäften.[3]

Das Bekanntwerden von Unternehmenskrisen, bei denen hohe Verluste durch Derivategeschäfte im Spiel waren, rief in Öffentlichkeit und Fachkreisen heftige Reaktionen hervor. Der Eindruck der verunsicherten Öffentlichkeit, bei Derivaten handele es sich um „Teufelszeug“, erhält Nahrung, wenn Fachleute Derivate als „gefährliche Zeitbomben“ und „finanzielle Massenvernichtungswaffen“ brandmarken, vor denen eindringlich zu warnen sei.[4] Dieser Extremposition stehen auf der anderen Seite die gemäßigten Stimmen der Mehrzahl der Fachleute gegenüber, die nachdrücklich auf den wirtschaftlichen Nutzen von Derivaten hinweisen.[5] Der Einsatz von Derivaten ermögliche die Steuerung von Wechselkurs-, Zins- und anderen Marktpreisrisiken und trage dadurch zu einer effizienten Risikoverteilung unter den Marktteilnehmern bei.[6] Wenn der Vorstandsvorsitzende eines deutschen Automobilkonzerns im Interview erklärt, dass sein Unternehmen auch im Jahre 2004 weiterhin sehr profitabel sein und ausgesprochen gute operative Margen erwirtschaften werde, und hinzufügt „Aber was am Ende des Jahres herauskommt, hängt auch von den Wechselkursen ab.“[7], wird das Bedürfnis nach einem Instrument deutlich, das derartige Unsicherheiten, insbesondere bei Industrie- und Handelsunternehmen, soweit wie möglich steuerbar macht. Derivate sind geeignete Hilfsmittel, die Abhängigkeit des Jahresergebnisses der Unternehmen von sich verändernden Marktpreisen, wie z.B. schwankenden Wechselkursen, zu verringern, indem sie es möglich machen, die Marktpreisrisiken zu steuern und damit gegebenenfalls bewusst zu reduzieren.

Diese extremen, einander widersprechenden Positionen werfen aus rechtlicher Sicht Fragen auf. Darf die Geschäftsleitung eines Industrie- und Handelsunternehmens Derivate überhaupt einsetzen? Was darf der Vorstand einer Aktiengesellschaft im Zusammenhang mit Derivaten? Ist jeglicher Einsatz von Derivaten

---

3 Angaben aus *The Economist*, Volume 366 Number 8315, March 15th – 21st 2003, S. 68, „Buffeted-An investor launches an attack on market opacity.“

4 So jüngst der amerikanische Investor Warren Buffett in einem Brief an Aktionäre, vgl. *The Economist*, Volume 366 Number 8315, March 15th – 21st 2003, S. 14, „Off target – Warren Buffett's attack on derivatives misses the point.“ Zitiert auch bei *Zydra*, „Null Durchblick“, Frankfurter Allgemeine Sonntagszeitung v. 11.05.2003, Nr. 19, S. 45.

5 *Miller*, Pacific-Basin Finance Journal 3 (1995), 147, 148; *Scholes*, 88 Am. Econ. Rev. (1998), 350, 368; *Quandt/Rettberg*: „Termingeschäfte werden zu Unrecht als Teufelszeug abgestempelt“, Beilage „Derivate“ zum Handelsblatt v. 06./07.06.2003, S. B1.

6 *Krämer*, Finanzswaps und Swapderivate in der Bankpraxis, S. 3.

7 So der Vorstandsvorsitzende der BMW AG im Interview mit der FAZ v. 08.01.2004, Rubrik: Unternehmen.

erlaubt oder gibt es Grenzen, bei deren Überschreiten der Vorstand seine Pflichten verletzt? Diese Fragen haben unmittelbare praktische Bedeutung. Vorstandsmitglieder, die ihre Pflichten verletzen, sind gemäß § 93 Abs. 2 Satz 1 AktG der Gesellschaft als Gesamtschuldner zum Ersatz des daraus entstehenden Schadens verpflichtet. Kommt es zu Haftungsprozessen der Gesellschaft gegen die verantwortlichen Vorstandsmitglieder, sind die Gerichte aufgerufen zu entscheiden, ob der Gesellschaft aufgrund einer schuldhaften Pflichtverletzung durch das Leitungsorgan im Bereich des Einsatzes von Derivaten kausal ein Schaden entstanden ist. Um hier eine adäquate Entscheidung treffen zu können, ist es unumgänglich, den Kompetenzbereich und Pflichtenkreis des Vorstands in Aktiengesellschaften beim Einsatz von Derivaten zu kennen.

Aufgaben und Pflichten des Vorstands werden im Gesetz nur vereinzelt konkret beschrieben. Wenn § 93 Abs. 1 Satz 1 AktG verlangt, dass die Vorstandsmitglieder bei ihrer Geschäftsführung die Sorgfalt eines ordentlichen und gewissenhaften Geschäftsleiters anzuwenden haben, so ist damit nur etwas über den zu beachtenden Sorgfaltsmaßstab, jedoch nichts über den Gegenstand der Aufgabe gesagt.[8] Deren Inhalt wird für den Vorstand in § 76 Abs. 1 AktG ohne weitere Differenzierung dahin beschrieben, dass der Vorstand die Gesellschaft unter eigener Verantwortung zu leiten habe.[9] Abgesehen von einzelnen im Gesetz besonders niedergelegten Pflichten (z.B. § 78, 83, 91 AktG), gibt es keine gesetzlichen Vorgaben für Inhalt und Grenzen der Pflichten eines ordentlichen und gewissenhaften Geschäftsleiters. Die Konkretisierung der Aufgaben und Pflichten des Vorstands liegt daher in der Hand von Wissenschaft, Rechtspraxis und Rechtsprechung. Mit deren Zutun gewinnen die Verhaltenspflichten von Leitungsorganen in Aktiengesellschaften in den letzten Jahren allmählich Konturen. Nachdem die höchstrichterliche Rechtsprechung über Jahrzehnte hinweg nur ganz vereinzelte Akzente setzen konnte[10], nimmt die Zahl einschlägiger Entscheidungen, die zu dem Pflichtenumfang des Vorstands und den Grenzen des unternehmerischen Ermessens Stellung nehmen, neuerdings zu.[11] Der Konkretisierung der Pflichten des Vorstands und seines unternehmerischen Ermessens

---

8 *Goette*, in FS 50 Jahre BGH, S. 123, 125.

9 *Henze*, BB 2000, 209.

10 BGH v. 04.07.1977, BGHZ 69, 207, 213; BGH v. 07.03.1994, BGHZ 125, 239, 246, 248 („Deutsche Bank").

11 *Fleischer*, AG 2003, 291. BGH v. 21.4.1997, ZIP 1997, 883 ff. („ARAG/Garmenbeck"); BGH v. 7.9.2001, BGHZ 149, 10 ff.=AG 2002, 43 ff. („Bremer Vulkan"); LG Berlin v. 3.7.2002, AG 2002, 682 ff. (Pflicht zur Einrichtung eines Risikomanagementsystems).

sowie der Pflicht des Aufsichtsrats zu dessen Überwachung widmet sich in den letzten Jahren außerdem eine Reihe von wissenschaftlichen Arbeiten.[12]

Die vorliegende Untersuchung sieht sich als Beitrag zur Konkretisierung gesellschaftsrechtlicher Kompetenzen und Pflichten des Vorstands von Aktiengesellschaften speziell beim Einsatz von Derivaten. Ein Bedürfnis nach Klarstellung in diesem Bereich ergibt sich in verschiedener Hinsicht. Derivate erweitern aufgrund ihrer Funktion als Risikotransfergeschäfte und aufgrund ihrer so genannten Hebelwirkung den Handlungsspielraum von Unternehmen[13] und stellen daher im Vergleich zu den üblichen unternehmerischen Entscheidungen neue Herausforderungen an die gesellschaftsrechtlichen Pflichten des Vorstands.[14] Selbst wenn man die Ansicht verträte, dass Derivate nichts Besonderes seien, sondern vielmehr nur Eigenschaften hätten, die auch herkömmlichen Finanzinstrumenten eigen sind[15], so steht doch eines fest: Derivate sind in ihrer beständig wachsenden Vielfalt und in ihrem sich stetig erhöhenden Transaktionsvolumen[16] (immer noch) ein relativ neues Phänomen, mit dem es sich verhält wie mit allem Neuen – es herrschen Unkenntnis und Unsicherheit. Die Verantwortlichen in den Unternehmen haben vielfach nur unzureichende Kenntnis aller Feinheiten der Derivate, sie sind unsicher im Umgang mit Derivaten und ihren Risiken und sie wissen nicht, welche Pflichten mit ihrem Einsatz verbunden sind. Es kommt hinzu, dass die Frage nach den Kompetenzen und Pflichten des Vorstands beim Einsatz von Derivaten immer dann laut wird, wenn die Unternehmenskrise schon da

---

12 *Mutter*, Unternehmerische Entscheidungen und Haftung des Aufsichtsrats der Aktiengesellschaft, 1994; *Abeltshauser*, Leitungshaftung im Kapitalgesellschaftsrecht, 1998; *Goette*, Leitung, Aufsicht, Haftung –zur Rolle der Rechtsprechung bei der Sicherung einer modernen Unternehmensführung, FS 50 Jahre BGH, 2000, S. 123 ff.; *Oltmanns*, Geschäftsleiterhaftung und unternehmerisches Ermessen. Die Business Judgement Rule im deutschen und amerikanischen Recht, 2001; *Roth*, Unternehmerisches Ermessen und Haftung des Vorstands, 2001; *Thielbeer*, Die Unternehmensplanung im Pflichtenkreis von Vorstand und Aufsichtsrat der Aktiengesellschaft, 2002; *Fleischer*, Die „Business Judgement Rule" im Spiegel von Rechtsvergleichung und Rechtsökonomie, FS für Wiedemann, 2002, S. 827 ff.; *Ders.*, Vorstandsverantwortlichkeit und Fehlverhalten von Unternehmensangehörigen – Von der Einzelüberwachung zur Errichtung einer Compliance-Organisation, AG 2003, 291 ff; *Ders.*, Die „Business Judgement Rule": Vom Richterrecht zur Kodifizierung, ZIP 2004, 685 ff.

13 *Kuhner*, DBW 61 (2001) 1, 25, 26.

14 *v. Randow*, ZGR 1996, 594, 596 ff.

15 *Reiner*, Derivative Finanzinstrumente im Recht, S. 38.

16 Der Umsatz an börsengehandelten Finanzderivaten betrug im Jahre 2003 $ 874 Billionen (US-amerik.:trillion), was einen Zuwachs an derartigen Finanztransaktionen von 26% im Vergleich zum Jahr 2002 bedeutet, Quelle: *Bank für Internationalen Zahlungsausgleich* (BIS), Quarterly Review, March 2004, www.bis.org.

ist und spektakuläre Verluste bereits realisiert sind. Über den „normalen" Einsatz[17] derivativer Instrumente im täglichen Risikomanagement von Industrie- und Handelsunternehmen und seine gesellschaftsrechtliche Würdigung ist hingegen wenig bekannt.

Ein Bedürfnis nach Klärung des „richtigen Verhaltens" des Vorstands beim Einsatz von Derivaten besteht aber auch, weil es zu dieser Thematik so gut wie keine Rechtsprechung gibt, und das Thema in den Kommentierungen[18] und Monographien[19] nur spärlich oder gar nicht behandelt wird. Vertieftere Untersuchungen stellen immer noch die Ausnahme dar.[20] Aussagen wie

> „Devisentermingeschäfte (=Derivate, *Anm. d. Verf.*) können z.B. zur Absicherung von Auslandsforderungen unternehmerisch geboten sein, widersprechen aber dann dem Unternehmensinteresse, wenn diese unabhängig vorgenommen werden und den Bestand sowie die Rentabilität des Unternehmens gefährden."[21]

oder

> „Unverantwortlich sind reine Spekulationsgeschäfte nur, wenn die Verlustgefahr die Gewinnchancen deutlich überwiegt, kein Verhältnis zum Unternehmensgegenstand besteht und die Spekulationsgeschäfte einen bedeutenden Umfang haben. Bei einem Bezug zum Unternehmensgegenstand ist ein Spekulationsgeschäft nur anzunehmen, wenn das vom Geschäftsleiter eingegangene Risiko außer jedem Verhältnis zur Gewinnchance steht."[22]

sind eher vage und wenig hilfreich, wenn es im Einzelfall darum geht, zu beurteilen, ob die geplante oder sogar schon verwirklichte Strategie des Einsatzes von Derivaten aktienrechtlich erlaubt ist oder war, und ob die erforderlichen Kontrollen des Einsatzes von Derivaten pflichtgemäß erfolgt sind.

Freilich stößt der Versuch, Kompetenzen und Pflichten des Vorstands beim Einsatz von Derivaten inhaltlich zu konkretisieren, immer wieder auf die gren-

---

17 *Gebhardt/Ruß*, Einsatz von derivativen Finanzinstrumenten im Risikomanagement deutscher Industrieunternehmen, Zfbf, Sonderheft 41, 1999, S. 25.

18 *Hopt*, in Großkomm AktG, § 93 Rn. 82, 107; *Schneider*, in Scholz, GmbHG, § 43 Rn. 80 (zur GmbH).

19 *Abeltshauser*, Leitungshaftung im Kapitalgesellschaftsrecht, S. 171; *Roth*, Unternehmerisches Ermessen und Haftung des Vorstands, S. 130. Zur Vorstandsverantwortlichkeit für Fehlverhalten von Unternehmensangehörigen beim Einsatz von Derivaten, vgl. *Fleischer*, AG 2003, 291, 293.

20 Eine Ausnahme bildet der Beitrag von *v. Randow*, Derivate und Coporate Governance, ZGR 1996, 594 ff., 605-612, hierzu siehe sogleich. Vgl. auch jüngst *Jäger*, Aktiengesellschaft, § 21 Rn. 89 ff.

21 *Abeltshauser*, Leitungshaftung im Kapitalgesellschaftsrecht, S. 171.

22 *Roth*, Unternehmerisches Ermessen und Haftung des Vorstands, S. 130.

zenlose Vielfalt der unternehmerischen Wirklichkeit.[23] Es lassen sich in der Theorie nicht alle unternehmerischen Möglichkeiten beim Einsatz von Derivaten erfassen und auf ihre grundsätzliche gesellschaftsrechtliche Pflichtmäßigkeit hin überprüfen. In der Regel ist man darauf beschränkt, im Nachhinein die im konkreten Fall fehlende Sorgfalt zu bestimmen.[24] Umso wichtiger ist es, für gewisse Grundtatbestände rechtliche Abgrenzungen herauszuarbeiten, die den Betrachter in die Lage versetzen, in der unternehmerischen Praxis auftretende ähnlich gelagerte Einzelfälle zu beurteilen. Anders ausgedrückt: „Es geht um die Herausarbeitung von Tatbeständen sowie um die darauf bezogene Bestimmung geeigneter Beurteilungsmaßstäbe erforderlicher Sorgfalt bei unternehmensleitenden Entscheidungen“[25] speziell beim Einsatz von Derivaten in Aktiengesellschaften.[26]

II. Die Arbeit *von Randows* von 1996: „Derivate und Corporate Governance“

Pionierarbeit in dieser Hinsicht hat *Philipp v. Randow* bereits im Jahre 1996 geleistet.[27] *v. Randow* geht in seinem Aufsatz mit dem Titel „Derivate und Corporate Governance“ (ZGR 1996, 594 ff.) unter der Überschrift „Freiheit und Bindung des Vorstands bei der Strategiewahl“ der Frage nach, ob dem unternehmerischen Ermessen des Vorstands von Aktiengesellschaften bei der Wahl von Strategien des Derivateeinsatzes aus der Sicht des Aktienrechts materielle Beschränkungen gesetzt sind. Des Weiteren untersucht er, in welcher Weise Gesellschafts- und Kapitalmarktrecht den Vorstand zu Transparenz verpflichten (Berichtspflichten, Veröffentlichungspflichten, Auskunftspflichten), um die Risiken des Einsatzes von Derivaten durch Information unter Kontrolle zu halten.[28] Dabei wendet er sich speziell der Fragestellung zu, ob der Vorstand der Aktiengesellschaft grund-

23 *v. Randow*, ZGR 1996, 594, 608.
24 *v. Randow*, ZGR 1996, 594, 625.
25 *Abeltshauser*, Leitungshaftung im Kapitalgesellschaftsrecht, S. 6.
26 *Abeltshauser*, Leitungshaftung im Kapitalgesellschaftsrecht, S. 169, der speziell für Risikogeschäfte darauf hinweist, dass Rechtsprechung und Schrifttum keine detaillierten Informationen darüber enthalten, wie der unternehmerische Handlungsspielraum genau definiert und einer rechtlichen Überprüfung zugänglich gemacht werden muss. Eine systematische Ausarbeitung fehle.
27 *v. Randow*, ZGR 1996, 594 ff. In etwas weiterer Fassung auch verfügbar als Arbeitspapier des Instituts für Handels- und Wirtschaftsrecht der Universität Osnabrück, 1996, Reihe fortgeführt am Institut für Bankrecht der Universität Frankfurt, erhältlich als Download unter www.jura.uni-frankfurt.de/baums/, hier zitiert als *v. Randow*, Arbeitspapier.
28 *v. Randow*, ZGR 1996, 594, 604 f.

sätzlich verpflichtet ist, die bestehende Risikoexposition des Unternehmens durch Einsatz von Derivaten abzusenken (Pflicht des Vorstands zum Hedging), und ob für den Vorstand Grenzen bei der Vornahme von spekulativen Geschäften mit Derivaten bestehen (Kompetenzen des Vorstands hinsichtlich der Spekulation).[29] In einem weiteren Abschnitt widmet sich *v. Randow* der Organisation des unternehmerischen Derivateeinsatzes durch den Vorstand und untersucht, welche organisatorischen Sorgfaltspflichten des Vorstands beim Einsatz derivativer Transaktionen bestehen.

Die Besonderheit der Arbeit *von Randows* liegt in seiner speziellen Herangehensweise an die aufgeworfenen gesellschaftsrechtlichen Fragestellungen. Seine Beurteilung der Pflichten des Vorstands geht von dem so genannten – dem angloamerikanischen Raum entstammenden – Shareholder Value-Gedanken aus, und zwar in einer für den deutschen Juristen ungewohnten Weise, nämlich unter Einbeziehung der modernen Kapitalmarkttheorie, in welcher der Shareholder Value-Gedanke seine konzeptionellen Grundlagen hat.[30] Die Untersuchung *v. Randows* ist daher maßgeblich von drei gedanklichen Prämissen geprägt:

Obgleich sich *v. Randow* nicht vollständig von der deutschen gesellschaftsrechtlichen Konzeption der Aktiengesellschaft löst[31], stehen bei seiner Beurteilung der Kompetenzen und Pflichten des Vorstands entsprechend der modernen Kapitalmarkttheorie der Schutz der Anleger (Investoren) und die Berücksichtigung ihrer Interessen im Mittelpunkt.[32] Dabei legt die moderne Kapitalmarkttheorie einen Anleger zugrunde, dem es allein darauf ankommt, den Vermögenswert seiner Investition am Kapitalmarkt zu maximieren und der daher sein Geld in risikobehaftete Finanztitel (z.B. Aktien) investiert, die er ausschließlich nach den beiden Komponenten erwarteter zukünftiger Ertrag und Risiko bewertet.[33] Dieser Anlegertyp ist lediglich am Gesamtertrag seines – persönlich risikoeffizienten und daher dementsprechend diversifizierten Wertpapier-Portfolios – interessiert

29 *v. Randow*, ZGR 1996, 594, 605 ff.

30 Vgl. auch *Mülbert*, ZGR 1997, 129, 131. Der Eindruck, dass *v. Randow* einen kapitalmarkttheoretischen Ansatz verfolgt, wird noch verstärkt, wenn man die von ihm verwendete Literatur betrachtet. Es handelt sich überwiegend um (finanz-)ökonomisches und kapitalmarktrechtliches Schrifttum in englischer Sprache, vornehmlich aus den USA stammend.

31 *v. Randow*, ZGR 1996, 594, 606 (Zitat: „Wohlgemerkt: Hier kann und soll nicht in Abrede gestellt werden, dass in den Vorstellungen des deutschen Aktiengesetzgebers neben dem Interesse der Aktionäre als jene des „Kapitals“ auch andere, wie etwa der „Arbeit“ vom Vorstand bei sachgemäßer Wahrnehmung seiner Aufgabe berücksichtigt werden müssen.“).

32 Vgl. *v. Randow*, ZGR 1996, 594, 603, 609; *v. Randow*, Arbeitspapier, S. 13, 14, 18, 21.

33 *Mülbert*, ZGR 1997, 129, 135.

und nicht an einzelnen Aktien einer bestimmten Gesellschaft.[34] Andere Gruppen als die Anteilseigner, wie z.B. Gläubiger und Arbeitnehmer, die ebenfalls Interessen an der Gesellschaft haben, sollen nach diesem Ansatz durch privatautonome Gestaltungen (z.B. ihre individuellen Verträge) geschützt werden, nicht aber durch das Gesellschaftsrecht.[35]

In Folge dieses kapitalmarktorientierten Ansatzes verwendet *v. Randow* darüber hinaus den Transaktionskostengedanken der ökonomischen Kapitalmarkttheorie. So unterstellt er, dass Anleger die Risikoeinstellung ihres Wertpapier-Portfolios mit Derivaten ebenso gut wie Unternehmen und ohne besonderen Kostenaufwand selbst bestimmen können und dass daher risikopolitische Maßnahmen mit Derivaten auf Unternehmensebene aus Risiko-/Ertragsgesichtspunkten für sie nicht unbedingt einen Vorteil darstellen.[36] Diese Überlegung berücksichtigt er dementsprechend für die Bestimmung der Sorgfaltpflichten des Vorstands beim Einsatz von Derivaten.[37] *v. Randow* geht folglich in der Tendenz von der (theoretischen) Idealwelt eines vollständigen und effizienten Kapitalmarkts aus,[38] d.h. eines Kapitalmarkts, der frei ist von jeglichen Transaktionskosten, Steuern, Konkurskosten, Informationsasymmetrien, Marktzugangsbeschränkungen etc.[39] Streng genommen und oftmals unausgesprochen gelten nämlich alle kapitalmarkttheoretischen Überlegungen (nur) unter der Prämisse vollständiger und vollkommener Kapitalmärkte.[40] Nur dort ist es den Anlegern möglich, in gleicher Weise wie Unternehmen ihre bevorzugte Risikoeinstellung durch den eigenen Einsatz von Derivaten ohne zusätzliche Kosten selbst herbeizuführen.[41]

Kapitalmarkttheoretisches Denken setzt schließlich einen gut funktionierenden, tiefen Kapitalmarkt voraus („Kapitalmarktkultur"[42]). Ein solcher besteht nur dort, wo die Aktien der Gesellschaften in den Händen vieler, verstreuter Anleger sind (hochdiversifizierte Anteilseigner), die eine jederzeitige Handelbarkeit der Wertpapiere gewährleisten. Dementsprechend liegt das Gewicht der Überlegungen *v. Randows* auf Publikumsgesellschaften, d.h. Aktiengesellschaften mit einem breit gestreuten Aktionärskreis.[43]

---

34 *Mülbert*, ZGR 1997, 129, 157.
35 Vgl. *v. Randow*, ZGR 1996, 594, 606; ausführlicher *v. Randow*, Arbeitspapier. S. 18.
36 Vgl. *v. Randow*, Arbeitspapier, S. 13, 15.
37 Vgl. *v. Randow*, ZGR 1996, 594, 606; *v. Randow*, Arbeitspapier, S. 17.
38 Vgl. *v. Randow*, ZGR 1996, 594, 599.
39 *Ruß*, Hedging-Verhalten deutscher Unternehmen, S. 19.
40 So auch *Mülbert*, ZGR 1997, 129, 161, Fn. 113.
41 Vgl. hierzu 3. Kapitel, § 101.1.
42 *Kuhner*, DBW 61 (2001) 1, 25, 39.
43 Vgl. *v. Randow*, ZGR 1996, 594, 603; *v. Randow*, Arbeitspapier, S. 13.

III. Gegenstand der vorliegenden Arbeit

Die grundlegenden Abgrenzungen *v. Randows* bieten in verschiedener Hinsicht Ansatzpunkte für eine weitere Konkretisierung der Kompetenzen und Pflichten des Vorstands beim Einsatz von Derivaten. Seine auf den kapitalmarkttheoretischen Grundlagen des Shareholder Value-Ansatzes basierende Herangehensweise lässt Raum für eine Behandlung der aufgeworfenen Fragen auch nach eher herkömmlichen Gesichtspunkten des deutschen Aktienrechts. Letztlich geht es nämlich bei der Beurteilung von Kompetenzen und Pflichten des Vorstands beim Einsatz von Derivaten um bekannte, bei § 93 Abs. 1 Satz 1 und § 76 AktG angesiedelte Fragen nach dem Umfang der Kompetenzen des Vorstands im Verhältnis zur Hauptversammlung, seinen Sorgfaltspflichten und seinem Ermessensspielraum beim Treffen von Entscheidungen unter Berücksichtigung und Ausgleich der Interessen von Aktionären, Arbeitnehmern, Gläubigern und sonstigen am Unternehmen interessierten Gruppen (sog. Stakeholder). Die vorliegende Arbeit verfolgt entsprechend der deutschen gesellschaftsrechtlichen Konzeption einen Stakeholder-Ansatz, in dessen Rahmen all diese Interessen berücksichtigt werden. Der Shareholder Value-Gedanke findet dabei zwar auch Berücksichtigung, aber weniger aus der Sicht des auf portfoliotheoretischer Basis agierenden Anlegers im Sinne der modernen Kapitalmarkttheorie, sondern mehr im Sinne einer praktischen Handhabung des Interessenausgleichs zwischen den Aktionären, denen es als Anteilseigner einer bestimmten Gesellschaft auf deren (langfristige) Gewinnmaximierung ankommt, und den anderen am Bestand einer Aktiengesellschaft interessierten Gruppen beim Einsatz von Derivaten.[44]

Eine rein kapitalmarktorientierte, streng auf die Interessen des speziellen – oben beschriebenen – Anlegertyps konzentrierte Betrachtung der Pflichten des Vorstands von Aktiengesellschaften beim Einsatz von Derivaten entspricht nicht der (ursprünglichen[45]) Sichtweise des deutschen Aktiengesellschaftsrechts.[46] Das deutsche Aktiengesellschaftsrecht geht traditionell von einem interessenpluralen Ansatz[47] aus, d.h. es dient nicht allein dem Schutz der Anlegerinteressen, sondern auch dem Schutz anderer Interessengruppen, wie der Gläubiger, der Arbeitneh-

---

44 Zur Gegenüberstellung von praktischer Handhabung des Shareholder Value-Konzepts und der theoriegeleiteten Einbeziehung seiner konzeptionellen Grundlagen in der modernen Kapitalmarkttheorie vgl. auch *Mülbert*, ZGR 1997, 129, 130 f.

45 Zum Einfluss von kapitalmarktrechtlichen Regelungen und Gedanken auf das deutsche Aktiengesellschaftsrecht, vgl. *Merkt*, AG 2003, 126, 128 ff; *Kort*, in GroßkommAktG, Vor § 76, Rn. 32 ff.

46 *Mülbert*, ZGR 1997, 129, 161.

47 *Merkt*, AG 2003, 126, 127.

mer und der Öffentlichkeit (stakeholder-Ansatz).[48] Vielfach wird auch von dem Schutz eines „Unternehmensinteresses an sich“ gesprochen.[49] Zwar beeinflussen mittlerweile kapitalmarktrechtliche Gesichtspunkte im Zuge der sich verändernden Aktienmärkte[50] verstärkt die bislang eher gesellschaftsrechtliche Betrachtung der Verfassung der Aktiengesellschaft, und diese Tendenz wird in Zukunft noch zunehmen.[51] Dies zeigen schon die Aktivitäten des Gesetzgebers seit den neunziger Jahren auf dem Gebiet des Kapitalmarktrechts, die Einfluss auch auf die deutschen Aktiengesellschaften haben (z.B. Vier Finanzmarktförderungsgesetze, KonTraG, WpÜG, TransPuG, UMAG, Anlegerschutzverbesserungsgesetz), und die ebenfalls seit den neunziger Jahren in Deutschland geführte Diskussion um die Corporate Governance.[52] Auch der 64. Deutsche Juristentag in Berlin im Jahr 2002 hat sich in seiner Abteilung Wirtschaftsrecht mit kapitalmarktrechtlichen Themen befasst.[53] Tatsächlich hat vor allem der kapitalmarktrechtliche Schutz der Anlegerinteressen zunehmend Auswirkungen auf die Bestimmung der Pflichten der Organe der Aktiengesellschaft (vgl. §§ 12 ff., 15a WpHG). Dennoch werden und sollten die Einflüsse des Kapitalmarktrechts die gesellschaftsrechtliche Verfassung der Aktiengesellschaft in ihren Grundzügen nicht völlig verändern.[54] Deshalb sind bei der gesellschaftsrechtlichen Bestimmung der Sorgfaltspflichten des Vorstands beim Einsatz von Derivaten nicht nur die Anlegerinteressen, sondern die Interessen aller in Frage stehenden Gruppen zu berücksichtigen.[55]

v. Randow lässt in seinem Aufsatz die „grundsätzliche Debatte um die Freiheit und Bindung des Vorstandes bei der Geschäftsleitung“ im Zusammenhang

---

48 *Merkt*, AG 2003, 126, 127.

49 *Teubner*, ZHR 148 (1984) 470 ff.

50 *Baums*, Gutachten F zum 63. Deutschen Juristentag, 2000, F 13.

51 Allgemeine Begründung zum KonTraG, BegrRegE KonTraG, BT-Drucks. 13/9712, S. 11; *Kort*, in Großkomm AktG, Vor § 76, Rn. 32.

52 Vgl. hierzu *Kort*, in Großkomm AktG, Vor § 76, Rn. 35 ff.; *Hüffer*, AktG, § 76, Rn. 15a ff und sogleich IV.

53 *Merkt*, in Fleischer/Merkt, Empfiehlt es sich, im Interesse des Anlegerschutzes und zur Förderung des Finanzplatzes Deutschland das Kapitalmarkt- und Börsenrecht neu zu regeln ?, Gutachten G zum 64. Deutschen Juristentag Berlin 2002, S. G 24 ff.

54 *Kort*, in Großkomm AktG, Vor § 76, Rn. 32, 33. So auch ausdrücklich die Haltung der Regierungskommission Corporate Governance (*Baums-Kommission*) in ihrem Bericht, Erstes Kapitel, I. 4. Rn. 4, S. 48, 49. („Insgesamt sollte es daher, von vorsichtigen Öffnungen abgesehen (...) auch nach den Überlegungen der Regierungskommission im Prinzip bei dem deutschen Ansatz des weitgehend zwingenden gesetzlichen Aktienrechts für kapitalmarktorientierte Gesellschaften bleiben.“).

55 *Hüffer*, AktG, § 76 Rn. 12.

mit dem Derivateeinsatz außen vor.[56] Hier setzt die vorliegende Arbeit an und versucht, unter Herausarbeitung konkreter Tatbestände des Einsatzes von Derivaten im Lichte der Grundsätze des deutschen Gesellschaftsrechts Kompetenzen und Sorgfaltspflichten des Vorstands beim Einsatz von Derivaten genauer zu bestimmen. Dabei wird anders als bei *von Randow* das Gewicht weniger auf eine kapitalmarktorientierte Sichtweise gelegt. Die Idee eines vollkommenen Kapitalmarkts mit den sich daraus ergebenden Konsequenzen der Irrelevanz von risikopolitischen Maßnahmen mit Derivaten auf Unternehmensebene und der Annahme eines breit diversifizierten Anlegerkreises spielt dementsprechend nur eine untergeordnete Rolle. Die Idee eines vollkommenen Kapitalmarkts ist Theorie.[57] In der Realität bestehen Marktunvollkommenheiten, wie Transaktionskosten, Konkurskosten, Steuern, Informationsasymmetrien (unvollkommener Kapitalmarkt), die dazu führen, dass es für Anleger praktisch nicht in gleicher Weise wie für Unternehmen möglich ist, ihre Risikoeinstellung durch den Einsatz von Derivaten selbst zu bestimmen[58], so dass der Einsatz von Derivaten auf Unternehmensebene für sie durchaus vorteilhaft sein kann. Dies gilt insbesondere für nicht breit diversifizierte Anleger, d. h. Anleger, die ihr gesamtes Vermögen in nur ein oder wenige Unternehmen investiert haben. Solche Verhältnisse bestehen nach wie vor in Deutschland. Es gibt Marktunvollkommenheiten, nur wenig diversifizierte Anleger, einen (immer noch nur relativ) gering entwickelten Kapitalmarkt und in großer Zahl Aktiengesellschaften mit konzentriertem Anteilsbesitz (im Gegensatz zu Publikumsgesellschaften).[59]

Bei der Frage der Organisation des unternehmerischen Derivateeinsatzes, d.h. bei der Frage nach den Pflichten des Vorstands bei der Durchführung und Überwachung von Geschäften mit Derivaten, herrschte zur Zeit des Aufsatzes *von Randows* in der unternehmerischen Praxis noch einige Unsicherheit.[60] Inzwischen ist auf diesem Gebiet im Jahre 1998 der Gesetzgeber im Zuge der Geschehnisse um die Metallgesellschaft tätig geworden. Er hat gemäß § 91 Abs. 2 AktG den Vorstand verpflichtet, geeignete Maßnahmen zu treffen, insbesondere ein Überwachungssystem einzurichten, damit den Fortbestand der Gesellschaft gefährdende Entwicklungen früh erkannt werden.[61] Die Frage, ob diese Vorschrift mehr Klarheit bezüglich der Pflichten des Vorstands bei der Organisation

---

56 *v. Randow*, ZGR 1996, 594, 606.

57 So i.E. auch *Mülbert*, ZGR 1997, 129, 161, Fn. 113.

58 So auch *v. Randow*, ZGR 1996, 594, 606, *v. Randow*, Arbeitspapier, S. 18.

59 *Baums*, Gutachten F zum 63. Deutschen Juristentag, 2000, F 13, 14; *Kuhner*, DBW 61 (2001) 1, 25, 39; *Rudolph*, BB 2003, 2053, 2054.

60 *v. Randow*, ZGR 1996, 594, 623.

61 Vorschrift eingeführt durch das Gesetz zur Kontrolle und Transparenz im Unternehmensbereich (KonTraG) vom 27. April 1998, BGBl. 1998 Teil I, S. 786 ff.

des Derivateeinsatzes geschaffen hat, ist nicht zuletzt auch Thema der vorliegenden Arbeit.

IV. Einordnung unter den Begriff der Corporate Governance

Gegenstand dieser Arbeit ist, wie gerade gesehen, die Untersuchung der Kompetenzen und Pflichten des Vorstands beim Einsatz von Derivaten gemessen an den geschriebenen und ungeschriebenen Regeln des deutschen Aktiengesellschaftsrechts, die für die Leitung und Überwachung einer Aktiengesellschaft durch den Vorstand gelten.

Die Gesamtheit der geschriebenen und ungeschriebenen Normen, die die Organe der Aktiengesellschaft bestimmen und ihre Kompetenzen und Funktionen im Verhältnis zueinander sowie ihre Pflichten regeln – kurz gesagt: das Normengefüge, das die materielle Verfassung der deutschen Aktiengesellschaften bildet – wird in neuerer Zeit mit dem Begriff der „Corporate Governance" bezeichnet. Da hinter diesem Normengefüge ein bestimmtes – geschichtlich und durch wirtschaftliche, soziale, politische und rechtliche Rahmenbedingungen geprägtes[62] – deutsches Verständnis bzw. Konzept für eine gute Unternehmensverfassung und -führung steht, wird auch von der „deutschen Corporate Governance" oder dem „deutschen Corporate Governance-System" gesprochen.[63]

Die weltweit geführte Diskussion um die Corporate Governance hat ihren Ursprung in den USA und zwar vornehmlich in der amerikanischen Ökonomie. Es geht in der Sache darum, eine Lösung für den so genannten *Principal-Agent*-Konflikt zu finden, der nach den Erkenntnissen der beiden amerikanischen Wissenschaftler *Berle* (einem Juristen) und *Means* (einem Ökonomen) durch die „Trennung von Eigentum und Kontrolle" in einem Unternehmen verursacht wird.[64] Die Trennung von Eigentum und Kontrolle rührt daher, dass Anteilseigner als Eigentümer eines Unternehmens (*principals*) ihr Kapital zum Zwecke des Betreibens der Unternehmung der dafür qualifizierten Unternehmensleitung (*agents*) überlassen, gleichzeitig aber wegen mangelnder Kenntnis und unzureichender Information nur schwer beurteilen und kontrollieren können, was die Unternehmensleitung mit dem zur Verfügung gestellten Kapital macht. Dabei besteht die Gefahr, dass das Management nicht im Interesse der Anteilseigner wirtschaftet, sondern bei dem Umgang mit dem Kapital andere und schlimmstenfalls

62 *Seibert*, AG 2002, 417, 418; *Semler/Spindler*, in MüKo AktG, Vor § 76 Rn. 220; *Hopt*, Unternehmenskontrolle (Corporate Governance), S. 6.

63 *Baums*, Corporate Governance Systems in Europe, S. 7; *Seibert*, AG 2002, 417.

64 *Berle/Means*, The Modern Corporation and Private Property, 1932; Zusammenfassend *Rock*, AG 1995, 291, 292.

sogar eigene Interessen verfolgt.[65] Corporate Governance im US-amerikanischen Sinne beschäftigt sich interdisziplinär mit der Suche nach wirtschaftlichen und rechtlichen Mechanismen, mit deren Hilfe Aktionäre die Manager ihrer Unternehmung am besten dazu anhalten können, in ihrem Interesse zu handeln, und dies am kostengünstigsten überwachen und kontrollieren können.[66] Die Lösungen, die vorgeschlagen werden, sind dabei maßgeblich beeinflusst von den tatsächlichen Gegebenheiten in US-amerikanischen Corporations und der Bedeutung des Kapitalmarkts in den USA. Die Mehrheit der US-amerikanischen Unternehmen sind Publikumsgesellschaften mit einem breit gestreuten Anlegerkreis, die im Wettbewerb um das Kapital die Anleger von der Qualität ihrer Unternehmensführung überzeugen wollen und müssen. Die Steigerung des Unternehmenswerts (Shareholder-Value) ist dabei entscheidendes Unternehmensziel. Nach US-amerikanischem Verständnis erfolgt die Kontrolle der Unternehmensleitung und -führung durch den Kapitalmarkt, d.h. durch die Anleger. Voraussetzung für eine gute Corporate Governance sind dementsprechend Transparenz für die Anleger durch umfangreiche Auskunfts-, Informations- und Offenlegungspflichten, Anwendung einer geeigneten Rechnungslegung, effiziente Arbeitsorganisation in den Verwaltungsorganen durch Ausschussbildung und Managementinformationssysteme, leistungsbezogene Vergütungssysteme für die Verwaltungsorgane, Gleichbehandlung und Schutz der Anteilseigner bei Unternehmensübernahmen.[67]

Im Zuge der Internationalisierung und Globalisierung der Kapitalmärkte in den 1990er Jahren, ist die Diskussion um eine gute Corporate Governance auch nach Deutschland gelangt. Unter dem Stichwort „Comparative Corporate Governance“ [68] wird der Frage nachgegangen, ob die deutsche Konzeption der Unternehmensverfassung von Aktiengesellschaften, d.h. das Zusammenwirken von Unternehmensleitung, Leitungskontrolle und deren Auswirkungen auf den Unternehmenserfolg, den Anforderungen der internationalen Kapitalmärkte entspricht.[69] Diese kapitalmarktorientierte Diskussion der Corporate Governance erfolgt dabei ebenfalls interdisziplinär zwischen Wirtschafts- und Rechtswissen-

65 *Pratt/Zeckhauser*, Principals and Agents: The Structure of Business, S. 1ff.

66 *Shleifer/Vishny*, J. of Fin. 52 (June 1997), S. 737, 738; *Easterbrook*, The University of Chicago Law Review, Vol. 69 No. 3, 2002, S. 733; *Hopt*, in Großkomm AktG, § 93 Rn. 15; *Assmann*, AG 1995, 289.

67 *Stenger*, DStR 2001, 2225; *Jäger*, Aktiengesellschaft, § 20 Rn. 8.

68 *Baums/v. Randow*, in Aoki/Kim, Corporate Governance in Transitional Economies, S. 435 ff; *Hopt* u.a., Comparative Corporate Governance – The State of the Art and Emerging Research, 1998.

69 *Baums*, Aktienrecht für globalisierte Kapitalmärkte- Generalbericht-, ZHR 2002, Sonderheft 71, S. 14.

schaften und beschränkt sich nicht nur auf das Verhältnis der Unternehmensleitung zu den Anteilseignern, sondern erstreckt sich auch auf die Betrachtung anderer Bereiche, die für die Kontrolle der Unternehmensleitung von Einfluss sind, wie beispielsweise die Arbeitnehmermitbestimmung, die nationalen Rechnungslegungsvorschriften, die Rolle der Banken im Unternehmen sowie die Regelungen des Börsen- und Kapitalmarktrechts.[70]

Grundlage für einen Vergleich der Corporate Governance in diesem weiten Sinne in den verschiedenen Ländern sind die in den jeweiligen materiellen Unternehmensverfassungen (von Aktiengesellschaften) zum Ausdruck kommenden nationalen Konzeptionen für eine gute Unternehmensleitung und –kontrolle (nationale Corporate Governance-Systeme).[71] Wesentliches Thema in der Diskussion der unterschiedlichen nationalen Konzeptionen ist die Gegenüberstellung des beschriebenen US-amerikanischen, nämlich kapitalmarktorientierten, Corporate Governance-Modells zu dem europäischen Modell der Kontrolle der Unternehmensleitung durch (zwingende, gesetzliche) Regelungen für die innere Organisation der Aktiengesellschaft.[72] Weitere bedeutsame Themen sind der Vergleich des dualen (deutschen) Modells der Unternehmensverwaltung durch Vorstand und Aufsichtsrat mit dem monistischen anglo-amerikanischen directors-System sowie die Verfolgung des Shareholder-Value-Ansatzes in den US-Corporations im Gegensatz zu dem interessenpluralen Ansatz (Stakeholder-Value-Ansatz) europäischer Aktiengesellschaften.[73]

Auch in Deutschland erfolgte seit Mitte der 1990er Jahre verstärkt eine Beschäftigung mit der dem deutschen Aktiengesetz zugrundeliegenden Konzeption der Unternehmensleitung und Unternehmenskontrolle und den Möglichkeiten seiner Verbesserung bzw. Anpassung an die Anforderungen der internationalen Kapitalmärkte. Sie gipfelte in der Einsetzung einer „Regierungskommission Corporate Governance“ durch den Bundeskanzler im Jahr 2000, die den Auftrag hatte, Vorschläge für die Modernisierung des rechtlichen Regelwerks deutscher Aktiengesellschaften zu unterbreiten. Ziel war es, dass deutsche System der Unternehmensführung und –kontrolle in seinen Stärken auszubauen und mögliche Defizite zu beheben, um im Wettbewerb der Corporate Governance-Systeme eine

70 *Merkt*, AG 2003, 126; *Hopt*, ZHR 2002, Sonderheft 71, S. 30.

71 Vgl. für Deutschland *Baums*, Corporate Governance in Germany – System and recent developments, Arbeitspapier 1/1994; *Ders.*, Corporate Governance in Germany- System and current developments, Arbeitspapier 70, 1998.

72 *Baums/Scott*, Taking Shareholder Protection Seriously? Corporate Governance in the United States and Germany, ILF Working Paper Series No. 16, S. 7 ff.

73 Zusammenfassend *Merkt*, AG 2003, 126, 127 ff; *Jäger*, Aktiengesellschaft, § 20 Rn. 7.

führende Rolle zu behaupten.[74] Der Fokus der Arbeit der Regierungskommission lag dabei auf den Regelungen des Aktiengesetzes. Neben einer Vielzahl konkreter Empfehlungen zu Leitungsorganen, Hauptversammlung, Unternehmensfinanzierung, Publizität, Rechnungslegung und Abschlussprüfung in der Aktiengesellschaft sprach sich die Regierungskommission Corporate Governance für einen deutschen Corporate Governance-Kodex als Verhaltenskodex für Vorstände und Aufsichtsräte deutscher börsennotierter Aktiengesellschaften aus.[75] Dieser wurde von einer zweiten, von der Bundesregierung eingesetzten Regierungskommission (Kodex-Kommission) erarbeitet und am 26.02.2002 veröffentlicht.[76] Der Kodex (DCGK) fasst wesentliche gesetzliche Vorschriften zu Unternehmensleitung und Überwachung deutscher börsennotierter Gesellschaften zusammen, berücksichtigt in Form von Empfehlungen international und national anerkannte Verhaltensstandards und gibt den einzelnen Gesellschaften Anregungen für eine gute und verantwortungsvolle Unternehmensführung.[77]

Die Ausführungen zeigen, dass der Begriff der Corporate Governance in dem Sinne, wie er von den Regierungskommissionen verwendet wird, nur einen Ausschnitt von dem bildet, was international unter dem Begriff Corporate Governance behandelt wird. Corporate Governance in diesem engeren Sinn bedeutet materielle Unternehmensverfassung und umfasst die nach dem Aktiengesetz bestehenden Funktionen, Kompetenzzuweisungen und Pflichten der Organe der Aktiengesellschaft und ihr Zusammenwirken im Hinblick auf eine verantwortliche und auf Wertschöpfung ausgerichtete Leitung und Kontrolle von Unternehmen.[78] Zur Corporate Governance im Sinne einer materiellen Unternehmensverfassung deutscher Aktiengesellschaften gehören neben der Überwachungs- und Kontrollfunktion des Aufsichtsrats gegenüber dem Vorstand vor allem auch die Leitungsfunktion und die Leitungspflichten des Vorstands und deren angemessene Wahrnehmung.

Die Kompetenzen und Pflichten des Vorstands beim Einsatz von Derivaten, wie sie in dieser Arbeit untersucht werden, sind damit auch Teil der Corporate Governance von Aktiengesellschaften.

---

74 *Baums*, Bericht der Regierungskommission Corporate Governance, 2001, S. 1 f.
75 *Baums*, Bericht der Regierungskommission Corporate Governance, 2001, Rz. 5 ff.
76 Abrufbar in seiner neuesten Fassung unter www.corporate-governance-code.de, vgl. hierzu auch *Seibert*, BB 2002, 581 ff.; *Ulmer*, ZHR 166 (2002), 150, 151 ff.
77 *Cromme*, Vorwort zum Deutschen Corporate Governance Kodex, www.corporate-governance-code.de.
78 *Merkt*, AG 2003, 126; *Jäger*, Aktiengesellschaft, § 20 Rn. 7

V. Ausklammerung benachbarter Themenkomplexe

Die Beschränkung der Untersuchung auf den Problemkreis der Kompetenzen und Pflichten des Vorstands beim Einsatz von Derivaten in Aktiengesellschaften heißt, dass verschiedene Themenkreise, die der Obertitel „Derivate und Corporate Governance“ mit umfasst, vernachlässigt werden müssen.

1. In engem Zusammenhang mit den Kompetenzen und Pflichten des Vorstands beim Einsatz von Derivaten stehen die Pflichten des Aufsichtsrats zur Überwachung des Vorstands beim Einsatz von Derivaten. Bei spektakulären Unternehmenskrisen aufgrund von Derivategeschäften wurde deswegen immer auch Klage über eine unzulängliche Wahrnehmung der Kontrollaufgaben durch den Aufsichtsrat laut.[79] Man diskutiert überdies die Notwendigkeit eines Zustimmungserfordernisses des Aufsichtsrats zu Derivategeschäften des Vorstands. Aber abgesehen davon, dass die zusätzliche Behandlung dieser Thematik den Rahmen der vorliegenden Arbeit sprengen würde, sprechen zwei Gründe für die vorrangige Bearbeitung der Kompetenzen und Pflichten des Vorstands. Zum einen sind die Pflichten des Aufsichtsrats im Zusammenhang mit Derivatgeschäften in der Literatur schon untersucht worden.[80] Zum anderen, und dies ist der entscheidende Grund, setzt die Bestimmung der Überwachungspflicht des Aufsichtsrats zwingend eine genaue Kenntnis der Kompetenzen und der Pflichten des Vorstands beim Einsatz von Derivaten voraus.[81] Denn genau diese bestimmen den Umfang der Überwachungspflichten des Aufsichtrats gemäß § 111 Abs. 1 AktG.[82] Die Verantwortung für De-

---

79 *Frerk*, AG 1995, 212, 216 f.; die Kritik am Aufsichtsrat zusammenfassend *Forster*, AG 1995, 1, 2; *Götz*, AG 1995, 337, 346; *Baums*, Der Aufsichtsrat – nützlich, schädlich, überflüssig?, Arbeitspapier 7/94.

80 Vgl. die Dissertation *v. Westphalen*, Derivatgeschäfte, Risikomanagement und Aufsichtsratshaftung, 1999; und *v. Randow*, ZGR 1996, 594, 636 ff. Allgemein zu dem Bemühen um eine Verbesserung der Funktionsfähigkeit des Aufsichtsrats durch Gesetzesreformen vgl. *Baums*, ZIP 1995, 11-18; speziell als Reaktion auf spektakuläre Unternehmenskrisen vgl. *Holl*, Die Reform des aktienrechtlichen Aufsichtsrats, Diss., München 2002.

81 Vgl. allgemein *Semler*, Leitung und Überwachung der Aktiengesellschaft, Vorwort zur zweiten Auflage: „(...) hatten(...) gezeigt, dass die Überwachungsaufgabe des Aufsichtsrats nur zutreffend geschildert und untersucht werden kann, wenn vorher die Leitungsaufgabe des Vorstands untersucht und erörtert worden ist.“; *Götz*, AG 1995, 337, 338 (zur Überwachungsaufgabe des Vorstands).

82 Vgl. die gleichgelagerte Überlegung hinsichtlich der Pflicht des Vorstands zur Einführung eines Früherkennungs- und Überwachungssystems bei *Salzberger*, DBW 2000, 756, 760: „Die Verpflichtung des Vorstands zur Einführung eines Früherkennungs- und Überwachungssystems strahlt unmittelbar auf die Überwachungsaufgaben des Aufsichtsrats im Rahmen seiner allgemeinen Überwachungspflicht aus.“

rivategeschäfte liegt primär beim Vorstand, nicht bei den Aufsichtsräten.[83] Und gerade bei der Bestimmung der Kompetenzen und Pflichten des Vorstands gibt es, wie schon gesehen, noch einigen Klärungsbedarf.

2. Auch andere im Rahmen des Titels dieser Arbeit in Frage kommende Komplexe werden, weil sie für die Lösung der im Untertitel gestellten Aufgabe nicht erforderlich sind, im Rahmen dieser Arbeit nicht untersucht.
   a) Vor dem Hintergrund, dass auch die deutschen Grundsätze der Bilanzierung und des Bilanzrechts Teil der deutschen Corporate Governance sind, läge es nahe, unter dem Titel „Derivate und Corporate Governance" die Frage des Ansatzes und der Bewertung von Derivaten in der Bilanz zu untersuchen. Auf diesem Gebiet sind vielfältige Veränderungen im Gange. Der in Deutschland nach HGB bislang herrschende Grundsatz der Nichtbilanzierung von Derivaten als schwebende Geschäfte wird überlagert von den internationalen Bemühungen, Regelungen zu finden, um Derivate in der Bilanz darzustellen und zu bewerten. Die Arbeiten des IASB zu IAS 32 (Ansatz von Finanzinstrumenten) und IAS 39 (Bewertung von Finanzinstrumenten) und des FASB zu SFAS 133 seien hier nur genannt. Die in diesem Bereich zu diskutierenden Probleme gäben genügend Stoff für eine eigene Untersuchung.[84]
   b) Die Begriffe Derivate und Corporate Governance erfassen außerdem die Thematik der erfolgsbezogenen Vergütung von Vorstand und Aufsichtsrat in Form von Aktienoptionen. Auch dieses Gebiet wird hier ausgeklammert, nicht zuletzt weil es in der Literatur schon umfassend untersucht worden ist.[85]
3. Einschränkungen sind auch hinsichtlich des Untertitels der Arbeit vorzunehmen. Betrachtet werden nur unverbundene Aktiengesellschaften, nicht auch Aktiengesellschaften im Konzern.[86] Außerdem wird die Untersuchung auf den Einsatz von Derivaten in Industrie- und Handelsunternehmen beschränkt. Nicht behandelt wird also der Einsatz von Derivaten in Banken und Versicherungen. Die Möglichkeiten der Derivate wurden im Bereich der Kreditinstitu-

---

83 *Prahl*, BFuP 2/1995, 246.

84 Siehe so jüngst *Barckow*, Die Bilanzierung von derivativen Finanzinstrumenten und Sicherungsbeziehungen, Diss. 2004.

85 *Baums*, Aktienoptionen für Vorstandsmitglieder, in FS für Claussen, S. 17 ff.; *Weiß*, Aktienoptionspläne für Führungskräfte, Diss. 1999; *Friederichsen*, Aktienoptionsprogramme für Führungskräfte, Diss. 2000; *Götze*, Aktienoptionen für Vorstandsmitglieder und Aktionärsschutz, Diss. 2000; *Adams*, ZIP 2002, 1325 ff.; Zu Aktienoptionen für den Aufsichtsrat vgl. jüngst BGH v. 16.02.2004, BB 2004, 621 ff.; *Richter*, BB 2004, 949 ff.

86 So auch *v. Randow*, ZGR 1996, 594, 595.

te, anderer Finanzunternehmen und Versicherungsunternehmen besonders früh erkannt und genutzt. Dies hängt damit zusammen, dass Derivate von den Unternehmen des Finanzsektors entwickelt wurden, und der Handel mit diesen Produkten sich für sie als ein besonders attraktives Geschäftsfeld erwiesen hat.[87] Gleichzeitig ist der Einsatz von Derivaten in Finanzunternehmen zur Steuerung von Marktpreisrisiken im Rahmen ihres Risikomanagements weiter verbreitet als in Industrie- und Handelsunternehmen.[88] Für Finanz- und Versicherungsunternehmen gibt es daher mit dem Kreditwesengesetz (KWG) und mit dem Versicherungsaufsichtsgesetz (VAG) schon seit längerem branchenspezifische Sonderregelungen für den Einsatz von Derivaten, in denen auch die Kompetenzen und Pflichten der Geschäftsleiter besonders geregelt sind. Auf sie wird nur soweit eingegangen, als sie für die Beurteilung der Kompetenzen und Pflichten des Vorstands in Industrie- und Handelsunternehmen von Bedeutung sind.

VI. Gang der Untersuchung

Im ersten Teil der Arbeit werden zunächst die betriebswirtschaftlichen und rechtlichen Grundlagen des Einsatzes von Derivaten in Industrie- und Handelsunternehmen erläutert. Im zweiten Teil werden Kompetenzen und Pflichten des Vorstands von Aktiengesellschaften beim Einsatz von Derivaten aus aktienrechtlicher Sicht untersucht.

Der erste Teil der Arbeit ist in drei Kapitel gegliedert. Im Ersten Kapitel wird der Begriff der Derivate definiert und systematisiert. Das Zweite Kapitel dient dazu, anhand der besonderen Eigenschaften von Derivaten, ihrer Einsatzmöglichkeiten und ihrer Risiken allgemein Nutzen und Gefahren des Einsatzes von Derivaten aufzuzeigen. Dies macht es möglich, im Dritten Kapitel konkret den Einsatz von Derivaten in Industrie- und Handelsunternehmen im Rahmen des unternehmerischen Risikomanagements darzustellen.

Der zweite Teil der Arbeit ist ebenfalls in drei Kapitel unterteilt. Im Vierten und Fünften Kapitel werden die Kompetenzen des Vorstands bei der Entscheidung über den Einsatz von Derivaten, seine materiellen Pflichten sowie die Voraussetzungen und Grenzen seines unternehmerischen Ermessens untersucht. Die

87 *Gebhardt/Mansch*, Risikomanagement und Risikocontrolling in Industrie- und Handelsunternehmen, S. 6, 7.

88 *Gebhardt/Mansch*, Risikomanagement und Risikocontrolling in Industrie- und Handelsunternehmen, S. 6, 7.

Darstellung behandelt im Sechsten Kapitel schließlich die Pflichten des Vorstands in Bezug auf die Organisation des unternehmerischen Derivateeinsatzes.

Erster Teil: Betriebswirtschaftliche und rechtliche Grundlagen

Erstes Kapitel: Begriff der Derivate und Systematisierung nach Grundtypen

§ 1 Begriffliche Klarstellung

Eine rechtliche Untersuchung der Kompetenzen und Pflichten des Vorstands beim Einsatz von Derivaten in Industrie- und Handelsunternehmen ist nicht möglich, ohne dass Klarheit herrscht, was man mit dem Wort „Derivat" bezeichnen will. Der Begriff „Derivate" ist kein juristischer Terminus.[89] Er entstammt der ökonomischen, insbesondere der finanzwissenschaftlichen Terminologie und wird vorwiegend in der kaufmännischen Praxis verwendet.[90] Mit Beginn der rechtlichen Regulierung der Derivate hat der Begriff auch Eingang in die deutsche Gesetzessprache gefunden. Die juristische Begriffsbildung ist dabei beeinflusst durch die wirtschaftswissenschaftliche Herkunft des Begriffs der Derivate.

Bei der Suche nach einer Definition des Begriffs „Derivat" muss man sich bewusst sein, dass die Materie wesentlich durch Ideen und Entwicklungen der US-amerikanischen Kapitalmärkte geprägt ist. Der US-amerikanische Einfluss äußert sich zum einen bei der praktischen Entwicklung der Derivate auf dem deutschen Kapitalmarkt. Viele Derivate, die an den US-amerikanischen Märkten entwickelt wurden, werden in ihrer Struktur auf dem deutschen Kapitalmarkt übernommen. Vor allem äußert sich der US-amerikanische Einfluss aber bei der Begriffsbildung. Mit der Struktur der Derivate wird meistens gleichzeitig auch ihre Bezeichnung übernommen. Für viele Derivate gibt es keine deutsche Bezeichnung oder es wurde eine deutsche Bezeichnung zwar nachträglich gefunden, sie wurde aber nicht gebräuchlich. Begriffsbeispiele wie Swaps, Caps, Floors, Collars, Forward Rate Agreements seien an dieser Stelle genannt.

Diese Erkenntnisse sind bei der begrifflichen Klärung und bei der Definition der Derivate im Auge zu behalten.

---

89 Der Begriff der „Derivate" kommt von dem lateinischen Wort „derivare", was soviel bedeutet wie „ableiten". Der Begriff „Derivate" wird verwendet in den Wirtschaftswissenschaften, in der Rechtswissenschaft, und zum Beispiel auch in der Chemie.

90 *Jahn*, in Schimansky/Bunte/Lwowski, Bankrechts-Handbuch, § 114 Rn. 1.

I. Begriffliche Vielfalt

Bei der Auseinandersetzung mit dem Begriff der Derivate fällt auf, dass in der Literatur im Zusammenhang mit Derivaten immer wieder Bezeichnungen verwendet werden, deren Abgrenzung voneinander unklar ist. Teilweise werden sie als Synonyme für Derivate verwendet, teilweise stellen sie Oberbegriffe dar. Die am meisten verbreiteten Begriffe sind: Finanzgeschäfte, Finanzinstrumente, *financial instruments*, innovative (derivative) Finanzinstrumente, (Finanz-)Derivate[91], (derivative) Finanzinnovationen, Derivative sowie derivative Finanzprodukte.

Für das Verständnis ist es notwendig, in die Begriffsvielfalt Ordnung zu bringen und sie in einen Bezug zu dem Begriff der Derivate zu setzen. Allen Begriffen ist es gemeinsam, dass sie erst in den letzten zwanzig Jahren in der deutschen, vor allem der bank- und kapitalmarktrechtlichen Fachsprache verwendet werden bzw. Eingang in deutsche Gesetzestexte gefunden haben. Dies hat zweierlei Gründe. Zum einen haben die 1990er Jahre einen Aufschwung neuartiger Finanzprodukte mit sich gebracht, die benannt und in bestehende und neue Regelwerke eingeordnet werden mussten. Zum anderen hat das Bestreben nach Harmonisierung von Rechtsvorschriften innerhalb der EU für die hier interessierenden Begriffe vor allem im Bereich der Rechnungslegung[92] und der Wirtschaftsaufsicht[93] dazu geführt, dass zunächst auf europäischer Ebene Rechtsnormen geschaffen wurden, die diese Begriffe verwenden. Mit Umsetzung der europäischen Vorschriften in das deutsche Recht sind die Begriffe auch in deutsche Gesetze aufgenommen worden. Bei der Abgrenzung der Begriffe untereinander wird, soweit die Begriffe gesetzlich verankert worden sind, im Folgenden der Gesetzestext als Ausgangspunkt verwendet.

---

91 *Clouth*, Rechtsfragen der außerbörslichen Finanz-Derivate, S. 6.

92 In Umsetzung der EG-Bankbilanzrichtlinie Nr. 86/635 EWG vom 8.12.1986, ABl.EG 1986 Nr. L 372, S. 1 wurden durch das Bankbilanzrichtlinie-Gesetz vom 30.11.1990, BGBl. 1990, Teil I, S. 2570 die §§ 340-340o in das HGB eingeführt.

93 In Umsetzung der Wertpapierdienstleistungs-Richtlinie 93/22/EWG vom 10.05.1993, ABl. EG Nr. L 141 , S. 27 wurde durch das 2. Finanzmarktförderungsgesetz vom 26.07.1994, BGBl. 1994, Teil I, S. 1749 der Begriff der Derivate im WpHG gesetzlich verankert und durch das Umsetzungsgesetz vom 22.10.1997, BGBl. 1997, Teil I, S. 2518 ff. modifiziert. Vgl. auch die Parallelvorschrift in § 1 Abs. 11 Satz 4 KWG, die ebenfalls in Umsetzung der Wertpapierdienstleistungs-Richtlinie eingeführt worden ist.

II. Finanzgeschäft und Finanzinstrument

Die Begriffe Finanzgeschäft und Finanzinstrument haben in § 340c Abs. 1 Satz 1 HGB im Zusammenhang mit den besonderen Vorschriften für Kreditinstitute und Finanzdienstleistungsinstitute zur Gewinn- und Verlustrechnung und zum Anhang Eingang in die deutsche Gesetzessprache gefunden. § 340c Abs. 1 Satz 1 HGB lautet:

„Als Ertrag oder Aufwand aus Finanzgeschäften ist der Unterschiedsbetrag der Erträge und Aufwendungen aus Geschäften mit Wertpapieren des Handelsbestands, Finanzinstrumenten, Devisen und Edelmetallen sowie der Erträge aus Zuschreibungen und der Aufwendungen aus Abschreibungen bei diesen Vermögensgegenständen auszuweisen.“ [94]

Finanzgeschäfte und Finanzinstrumente werden in dieser Vorschrift nicht allgemein definiert.[95] Für die hier verfolgten Zwecke der bloßen begrifflichen Klärung reicht es aber schon aus, dass die Norm Aufschluss über das Verhältnis der beiden Begriffe zueinander gibt. Geschäfte mit Finanzinstrumenten sind neben Geschäften mit Wertpapieren des Handelsbestands, mit Devisen und mit Edelmetallen eine Art von Finanzgeschäften der Kreditinstitute.[96] Der Begriff der Finanzgeschäfte stellt gegenüber dem Begriff der Finanzinstrumente einen Oberbegriff dar.

Der Begriff der Finanzinstrumente wird im allgemeinen Sprachgebrauch für eine Vielzahl von Geschäften verwendet. Es handelt sich dabei um die wörtliche Übersetzung des englischen Worts *financial instruments*, das in der englischen Originalfassung der EG-Bankbilanzrichtlinie und in den IASB Standards 32 und 39[97] und dem entsprechenden FASB-Standard[98] verwendet wird.[99] In die deutsche Gesetzessprache ist der Begriff der Finanzinstrumente in Umsetzung der EG-Bankbilanzrichtlinie in § 340 c Abs. 1 HGB und der Wertpapierdienst-

---

94 Der Begriff des Finanzgeschäfts des § 340 Abs. 1 S. 1 HGB wird im Rahmen des Bankbilanzrichtlinie-Gesetz noch in § 2 Abs. 1 RechKredV i.V.m. Formblatt 2 Spalte Erträge Nr. 5/Spalte Aufwendungen Nr. 3 und Formblatt 3 Nr. 7 (GuV-Gliederung) und in § 34 Abs. 2 Nr. 1 Buchst. d RechKredV (Aufgliederung bestimmter Erträge nach geographischen Märkten) verwendet.

95 Den Versuch einer Definition der beiden Begriffe unternehmen *Krumnow u.a.*, § 340 c HGB Rn. 39 ff., 67 ff., 73 ff.

96 *Krumnow u.a.*, § 340 c HGB Rn. 67, 73.

97 IAS 39 definiert: „A financial instrument is any contract that gives rise to both a financial asset of one enterprise and a financial liability or equity instrument of another enterprise.“ Zu den Änderungen von IAS 39 aufgrund des Amendments Project des IASB, vgl. *Löw/Schildbach*, BB 2004, 875 ff.

98 SFAS 133.

99 *Krumnow u.a.*, § 340 c HGB Rn. 70.

leistungs-Richtlinie in § 1 Abs. 11 KWG aufgenommen worden. Im Rahmen des § 340 c HGB hat der Gesetzgeber absichtlich diesen unbestimmten Begriff nicht konkretisiert, um einen Auffangtatbestand für alle, eventuell auch neu auftretende Finanzprodukte zur Verfügung zu stellen.[100] Der Terminus Finanzinstrumente spiegelt als Oberbegriff das gesamte Spektrum der finanzwirtschaftlichen Instrumente wider.[101] Eine Konkretisierung wird im Einzelfall durch Aufzählung verschiedener Produkte versucht. In § 1 Abs. 11 KWG hat der Gesetzgeber sich von vornherein auf eine Aufzählung bestimmter Finanzprodukte beschränkt, die Finanzinstrumente im Sinne des KWG darstellen. § 1 Abs. 11 KWG lautet:

> „Finanzinstrumente im Sinne dieses Gesetzes sind Wertpapiere, Geldmarktinstrumente, Devisen oder Rechnungseinheiten sowie Derivate."

Der Aufzählung kann eine Erkenntnis für den Begriff der Derivate entnommen werden. Zwar ist nicht ausgeschlossen, dass es noch weitere Finanzinstrumente gibt[102]; jedenfalls aber sind Derivate wie Wertpapiere, Geldmarktinstrumente, Devisen oder Rechnungseinheiten eine Art von Finanzinstrumenten. Die Einordnung der Derivate als eine Untergruppe von Finanzinstrumenten ist nicht KWG-spezifisch. Vielmehr wird sowohl in der deutschen als auch in der ausländischen rechts- und wirtschaftswissenschaftlichen Literatur davon ausgegangen, dass Derivate eine Art von Finanzinstrumenten sind.[103]

III. Finanzinnovationen, innovative Finanzinstrumente

Neben dem Begriff der Finanzinstrumente werden in der Literatur häufig synonym die Begriffe innovative Finanzinstrumente oder Finanzinnovationen verwendet. Die Begriffe innovative Finanzinstrumente wie auch Finanzinnovationen sollen ausdrücken, dass es sich bei den mit diesen Worten bezeichneten Finanzgeschäften um neuartige, noch nicht da gewesene Produkte handelt. Die Neuar-

---

100 *Krumnow u.a.*, § 340 c HGB Rn. 67.

101 *Böcking/Benecke*, in MüKo, § 340 e HGB Rn. 63.

102 Nämlich die klassischen originären Finanz(-ierungs-)instrumente, wie Einlagen-, Kredit- und Wertpapiergeschäfte, vgl. *Böcking/Benecke*, in MüKo, § 340 e HGB Rn. 63.

103 *Clouth*, Rechtsfragen der außerbörslichen Finanz-Derivate, S. 7; *Edwards*, Legal Principles of Derivatives, 2002 J.B.L, 1, 2 und ebenso IAS 39: „A derivative is a financial instrument (a) whose value changes in response to the change in a specified interest rate, security price, commodity price, foreign exchange rate, index of prices or rates, a credit rating or credit index or a similar variable (sometimes called the „underlying"); (b) that requires no initial net investment or little initial net investment relative to other types of contracts that have a similar response to changes in market conditions, and (c) that is settled at a future date."

tigkeit der Produkte ergibt sich daraus, dass zu einem bestimmten Zeitpunkt bekannte Basisprodukte neu kombiniert werden, wodurch einerseits komplexere Produkte mit neuen Risiken entstehen, andererseits neue Absicherungsmöglichkeiten von Risiken geschaffen werden, neue Märkte und neue Ertragsmöglichkeiten erschlossen werden, die vor diesem Zeitpunkt noch nicht existierten. Ab wann und wie lange ein Finanzprodukt innovativ oder eine Finanzinnovation ist, ist länderspezifisch und je nach Marktteilnehmer und Marktbereich relativ. Ein bestimmtes Produkt, das in einem Land oder für eine Marktpartei zu den neuartigen Instrumenten gehört, kann in einem anderen Land bereits zu den traditionellen Marktsegmenten zählen.[104]

Der Markt der Derivate zeichnet sich aus durch das Auftreten ständig neuer Produkte (vgl. nur die rasche Entwicklung der Kreditderivate).[105] Dennoch wäre es zu kurz gegriffen, den Begriff der Derivate durch den der Finanzinnovationen oder innovativer Finanzinstrumente zu ersetzen. Optionen und Festgeschäfte gibt es schon sehr lange[106]. Sie heute als Innovationen zu bezeichnen wäre abwegig. Swaps gelten als die erfolgsreichsten Finanzinnovationen der 1980er Jahre.[107] Heute sind Swaps, insbesondere in ihren Grundformen Zins- und Devisenswaps, so verbreitet, dass sich ein breiter und reifer Markt herausgebildet hat, der den Marktteilnehmern jederzeit den Abschluss der gesamten Bandbreite an Swapvereinbarungen eröffnet.[108] Von Innovationen kann bei ihnen nicht mehr die Rede sein. Darüber hinaus gibt es neuartige Finanzprodukte, die nicht die grundlegenden Elemente der Derivate aufweisen (z.B. Nullkuponanleihen (zero-bonds), Doppelwährungsanleihen, DM medium-term notes[109]; Euro-Commercial Papers, Euro-Note-Facilities, Euro Bonds mit Floating Rates[110]). Auch solche Produkte sind Finanzinnovationen; sie sind aber keine Derivate. Allgemein lässt sich also sagen, dass der Begriff der Finanzinnovationen ein wesentlich breiteres Spektrum umfasst als bloß Derivate.[111] Auf dem Markt der Derivate entstehen zwar ständig neue Produkte. Dadurch entstehen ständig Finanzinnovationen. Finanzinnovatio-

---

104 *Krumnow u.a.*, § 340 c HGB Rn. 70.

105 *Scholes*, 88 Am. Econ. Rev. (1998), 350, 351.

106 Waren- und Wertpapierbörsen, an denen Optionen und Festgeschäfte gehandelt werden, gibt es in Deutschland seit dem Ende des 18. Jahrhunderts, vgl. *Schwintowski/Schäfer*, Bankrecht, § 20 Rn. 1.

107 *Schwintowski/Schäfer*, Bankrecht, § 21 Rn. 3.

108 *Erne*, Die Swapgeschäfte der Banken, S. 18.

109 *Krumnow u.a.*, § 340 c HGB Rn. 71; § 340 e HGB Rn. 300; *Büschgen*, Das kleine Börsenlexikon, S. 265.

110 *Jokisch*, in Börsig/Grassert/Pechtl, Neue Finanzierungsinstrumente für Unternehmen, S. 93.

111 So *Deutsche Bundesbank*, Bilanzunwirksame Geschäfte deutscher Banken, Monatsbericht Oktober 1993, S. 47.

nen verschwinden aber auch, weil eine alte Generation durch eine neue Generation ergänzt oder sogar abgelöst wird.[112] Derivate können daher zu einem bestimmten Zeitpunkt Finanzinnovationen sein, zum nächsten Zeitpunkt aber schon nicht mehr. Auf der anderen Seite ist nicht jede Finanzinnovation ein Derivat. Auch andere Finanzprodukte kommen neu auf den Markt, schaffen neue Risiken und Ertragsmöglichkeiten, wie es sie bis dato noch nicht gegeben hat, und sind damit Finanzinnovationen. Die Begriffe Finanzinnovationen oder innovative Finanzinstrumente eignen sich daher nicht als Synonyme für Derivate.[113]

IV. Derivative Finanzinstrumente

Die zusammengesetzten Bezeichnungen „derivative Finanzinstrumente" (und ebenso die Kombinationen „derivative Produkte", „derivative Instrumente", „derivative Finanzgeschäfte" und „Finanzderivate"[114]) können hingegen als Synonym für Derivate herangezogen werden. Denn wie gerade gesehen, sind Derivate eine bestimmte Form von Finanzinstrumenten. Mit dem Attribut „derivativ" werden die Finanzinstrumente konkretisiert und drücken nicht mehr und nicht weniger aus als der Begriff Derivat. Im Folgenden werden daher die Begriffe Derivate und derivative Finanzinstrumente synonym gebraucht.[115]

§ 2 Definition des Begriffs der Derivate

Eine allgemeingültige gesetzliche Definition des Begriffs der Derivate gibt es im deutschen Recht nicht.[116] Grund hierfür ist, dass es weder in der Rechtsprechung noch in der Literatur in den vergangenen Jahrzehnten gelungen ist, eine umfassende Definition zu entwickeln, die allen Erscheinungsformen der Derivate gerecht wird.[117] Der Gesetzgeber hat sich daher bislang darauf beschränkt, in Ein-

---

112 Vgl. *Clouth*, Rechtsfragen der außerbörslichen Finanz-Derivate, der die Einteilung der Derivate nach Generationen vornimmt.

113 So auch *Böcking/Benecke*, in MüKo, § 340 e HGB Fn. 120, die ausdrücklich den von der Deutschen Bundesbank verwendeten Begriff „innovative Finanzierungsinstrumente" (Finanzinnovationen) nicht verwenden, da dieser über den Begriff „Derivat" bzw. „derivatives Finanzinstrument" hinausgeht; *Jokisch*, in Börsig/Grassert/Pechtl, Neue Finanzierungsinstrumente für Unternehmen, S. 100.

114 *Jahn*, in Schimansky/Bunte/Lwowski, Bankrechts-Handbuch, § 114 Rn. 1. Vgl. zu Finanzderivaten *Clouth*, Rechtsfragen der außerbörslichen Finanz-Derivate, S. 1

115 So auch *Böcking/Benecke*, in MüKo, § 340 e HGB Rn. 64.

116 *Claussen*, Bank- und Börsenrecht, § 9 Rn. 200; *König*, in Ebenroth/Boujong/Joost, Handelsgesetzbuch, BankR VIII, Rn. 1.

117 *Beck*, in Schwark, Kapitalmarktrechts-Kommentar, § 2 WpHG Rn. 9.

zelgesetzen Legaldefinitionen des Begriffs anzubieten. So werden Derivate in § 1 Abs. 11 Satz 4 KWG für das Bankaufsichtsrecht, in § 2 Abs. 2 WpHG für das Aufsichtsrecht der Wertpapierdienstleistungen speziell definiert. Diese Definitionen legen stets nur den Derivatbegriff des jeweiligen Gesetzes fest, unterscheiden sich untereinander zumindest geringfügig, schaffen aber keine allgemeingültige Definition der Derivate. Auch in jüngster Zeit, nämlich bei Erlass des Vierten Finanzmarktförderungsgesetzes[118], hat der Gesetzgeber angesichts der genannten Definitionsschwierigkeiten bewusst von einer abstrakten Definition des Begriffs der Derivate abgesehen.[119]

Das Fehlen einer abstrakten Definition für den Begriff der Derivate schließt jedoch nicht aus, dass man Merkmale nennen kann, die für alle Derivate, seien sie nun einzelgesetzlich erfasst oder nicht, charakteristisch sind. Das Verständnis dieser Merkmale wird erleichtert, wenn man sich klar macht, dass sie von wirtschaftlichen und rechtlichen Gesichtspunkten geprägt sind.[120]

I. Das charakteristische Merkmal der Derivate aus wirtschaftlicher Sicht

Wirtschaftlich sind Derivate Finanzprodukte, die ihren Wert von dem Marktpreis oder den Preisschwankungen (Volatilität) bestimmter originärer Handelsobjekte, den so genannten Basiswerten oder *Underlyings*[121], ableiten.[122] Entscheidendes Merkmal der Derivate aus wirtschaftlicher Sicht ist danach, dass die Bewertung (und damit der Preis) des Finanzprodukts aufgrund seiner inhaltlichen Ausgestaltung unmittelbar oder mittelbar von einer Bezugsgröße in Gestalt eines bestimmten Basiswerts abhängt, der seinerseits Preis- und Bewertungsschwankungen un-

---

118 Gesetz vom 21.06.2002, BGBl. 2002, Teil I, S. 2010 ff.

119 *Beck*, in Schwark, Kapitalmarktrechts-Kommentar, § 2 WpHG Rn. 9.

120 Zur Differenzierung zwischen wirtschaftlicher Funktion und rechtlicher Beurteilung von Derivaten vgl. *Schäfer*, in Assmann/Schütze, Handbuch des Kapitalanlagerechts, § 17 Rn. 6, Fn. 18; *Assmann*, in Assmann/Schneider, 1. Aufl., § 2 WpHG Rn. 28.

121 Zum Begriff vgl. unten § 3 I. 1.

122 *Clouth*, Rechtsfragen der außerbörslichen Finanz-Derivate, S. 7; *Braun* in FS für Hahn, S. 319, 321; *Kümpel*, Bank- und Kapitalmarktrecht, 15.60 f.; *Assmann*, in Assmann/Schneider, § 2 WpHG Rn. 28; *Schäfer*, in Assmann/Schütze, Handbuch des Kapitalanlagerechts, § 17 Rn. 1; Vgl. auch die Definition in der ursprünglichen Fassung des § 2 Abs. 2 WpHG a.F.: „Derivate sind handelbare Rechte, deren Börsen- oder Marktpreis unmittelbar oder mittelbar von der Entwicklung des Börsen- oder Marktpreises von Wertpapieren oder ausländischen Zahlungsmitteln oder der Veränderung von Zinssätzen abhängt." Für die gleichlautende Definition im anglo-amerikanischen Raum, vgl. *Edwards*, Legal Principles of Derivatives, 2002 J.B.L, 1, 2: „Derivatives are financial instruments that derive their value from price movements in underlying reference assets."

terliegt.[123] Aus dieser Abhängigkeit des Wertes des Finanzprodukts von einem Basiswert erklärt sich auch der Begriff „Derivat", nämlich im wörtlichen Sinne als „Ableitung". Der Wert des Derivats leitet sich ab von dem Wert des Basisprodukts.

II. Das charakteristische Merkmal der Derivate aus rechtlicher Sicht

Aus rechtlicher Sicht sind Derivate vertragliche (i.d.R. Austausch-) Vereinbarungen zwischen zwei oder mehreren Personen, die ein Zeitelement enthalten. Dieses besteht darin, dass der Erfüllungszeitpunkt der rechtsgeschäftlichen Verbindlichkeiten hinausgeschoben wird.[124] Charakteristisches Merkmal aller Derivate aus rechtlicher Sicht ist also ein auf die Zukunft gerichtetes Vertragselement.[125] Der Vertrag wird zu einem bestimmten Zeitpunkt abgeschlossen, die Erfüllung der Vertragsleistungen erfolgt aber erst zu einem anderen (zukünftigen) Zeitpunkt. Leistung und Gegenleistung sind somit nicht bereits bei Vertragsschluss oder innerhalb von zwei Tagen danach (Kassageschäfte) fällig, sondern erst zu einem späteren Zeitpunkt.[126]

Derivate sind rechtlich gesehen also immer Termingeschäfte.[127] Dabei können die Art der vertraglichen Vereinbarung und der vereinbarten Rechte oder Leistungen unterschiedlich sein.[128] Nicht jedes Termingeschäft ist jedoch ein De-

123 *Assmann*, in Assmann/Schneider, 1. Aufl., § 2 WpHG Rn. 28.

124 *Braun*, in FS für Hahn, s. 319, 321; *v. Westphalen*, Derivatgeschäfte, Risikomanagement und Aufsichtsratshaftung, S. 32; *Beike/Barckow*, Risk-Management mit Finanz-Derivaten, S. 2.

125 *Deutsche Bundesbank*, Monatsbericht November 1994, S. 42; *Böcking/Benecke*, in MüKo, § 340 e HGB Rn. 64; *Clouth*, Rechtsfragen der außerbörslichen Finanz-Derivate, S. 9; *Braun*, in FS für Hahn, S. 321; *König*, in Ebenroth/Boujong/Joost, Handelsgesetzbuch, BankR VIII, Rn. 2.

126 *Eller*, Handbuch derivativer Instrumente, S. 9; *v. Westphalen*, Derivatgeschäfte, Risikomanagement und Aufsichtsratshaftung, S. 32; *Beike/Barckow*, Risk-Management mit Finanzderivaten, S. 2.

127 *Beike/Barckow*, Risk-Management mit Finanzderivaten, S. 2; *Clouth*, Rechtsfragen der außerbörslichen Finanz-Derivate, S. 1, 9. *Braun*, in FS für Hahn, S. 319, 321, der Derivate wegen ihrer zukünftigen Aurichtung auch als Finanztermingschäft im weiteren Sinne bezeichnen will. Siehe so auch die Definition des Finanztermingeschäfts in § 2 Abs. 3 WpHG in der Fassung des 4. Finanzmarktförderungsgesetzes. Es gibt aber keine Regel ohne Ausnahme: Optionsscheine und Warrants (verbriefte Derivate) werden an Kassamärkten gehandelt, vgl. *Kümpel*, Bank- und Kapitalmarktrecht, 14.149. Bei einem Kreditderivat in Form einer Credit Linked Note, die in der Regel als Anleihe strukturiert ist, handelt es sich grundsätzlich um ein Kassageschäft, *Brandt*, BKR 2002, 243, 250. Dennoch wird hier der Begriff Derivat verwendet.

128 *Assmann*, in Assmann/Schneider, § 2 WpHG Rn. 28.

rivat. Als Derivat ist ein Termingeschäft vielmehr nur anzusehen, wenn der geschilderte wirtschaftliche Basiswertbezug besteht.[129]

Das Wort „Derivat" in seiner Bedeutung als Ableitung hat juristisch keinerlei Aussagekraft. Wollte man das juristische Charakteristikum der „Derivate" auch in der Bezeichnung zum Ausdruck bringen, so wäre das Wort „Future" geeignet. Damit würde man das charakteristische juristische Merkmal der Derivate, nämlich ihre Zukunftbezogenheit, auch in ihrer Bezeichnung deutlich machen.[130]

III. Die Umsetzung der charakteristischen Merkmale in den gesetzlichen Definitionen

Der deutsche Gesetzgeber hat bei der Formulierung der spezialgesetzlichen Definitionen der Derivate im KWG und WpHG diese charakteristischen Merkmale aufgenommen.

1. Die einzelgesetzlichen Definitionen

Gemäß § 1 Abs. 11 Satz 4 KWG sind Derivate

„als Festgeschäfte oder Optionsgeschäfte ausgestaltete Termingeschäfte, deren Preis unmittelbar oder mittelbar abhängt von
1. dem Börsen- oder Marktpreis von Wertpapieren,
2. dem Börsen- oder Marktpreis von Geldmarktinstrumenten,
3. dem Kurs von Devisen oder Rechnungseinheiten,
4. Zinssätzen oder anderen Erträgen oder
5. dem Börsen- oder Marktpreis von Waren oder Edelmetallen."

In § 2 Abs. 2 WpHG heißt es:

„Derivate im Sinne dieses Gesetzes sind
1. als Festgeschäfte oder Optionsgeschäfte ausgestaltete Termingeschäfte, deren Preis unmittelbar oder mittelbar abhängt von
   a. dem Börsen- oder Marktpreis von Wertpapieren,
   b. dem Börsen- oder Marktpreis von Geldmarktinstrumenten,
   c. Zinssätzen oder anderen Erträgen,
   d. dem Börsen- oder Marktpreis von Waren oder Edelmetallen,

---

129 *Assmann*, in Assmann/Schneider, § 2 WpHG Rn. 28.

130 Das anglo-amerikanische Wort „*future*" drückt genau aus, was juristisch dahintersteht. Ein Festgeschäft, bei dem der Leistungsaustausch erst in der Zukunft erfolgt (z.B. Devisentermingeschäft). Im gängigen Sprachgebrauch bezeichnet das Wort „*future*" nur genau dieses spezielle Geschäft. Der Begriff würde sich aus juristischer Sicht aber für alle „Derivate" eignen.

2. Devisentermingeschäfte, die an einem organisierten Markt gehandelt werden (Devisenfuturegeschäfte), Devisenoptionsgeschäfte, Währungsswapsgeschäfte, Devisenswapoptionsgeschäfte und Devisenfutureoptionsgeschäfte."

Beide Definitionen nehmen die oben beschriebenen charakteristischen Merkmale auf.

a. *„Als Festgeschäfte oder Optionsgeschäfte ausgestaltete Termingeschäfte"*

Derivate sind „als Festgeschäfte oder Optionsgeschäfte ausgestaltete Termingeschäfte". Mit diesem Tatbestandsmerkmal wird das rechtliche Charakteristikum der Derivate gesetzlich beschrieben, nämlich der Umstand, dass es sich bei allen Derivaten um vertragliche Vereinbarungen handelt, deren Erfüllung erst in der Zukunft fällig ist (Termingeschäfte).[131] Bei der Ausgestaltung der Termingeschäfte lässt der Gesetzgeber die Wahl zwischen Optionsgeschäft und Festgeschäft. Auf diese Unterscheidung wird weiter unten eingegangen.[132] Festzuhalten an dieser Stelle ist, dass alle Derivate Termingeschäfte sind.

b. *„Abhängigkeit des Preises der Derivate von einem Basiswert"*

Entsprechend dem beschriebenen wirtschaftlichen Merkmal sind Derivate nach den gesetzlichen Definitionen nur die Termingeschäfte, deren „Preis unmittelbar oder mittelbar abhängt von dem Markt- oder Börsenpreis" bestimmter zugrundeliegender Basiswerte. Der Katalog der Basiswerte, von deren Preis wiederum der Preis der Derivate abhängt, unterscheidet sich in den einzelnen Gesetzen ein wenig.[133] Wesentlich ist an dieser Stelle aber nur, dass das charakteristische wirtschaftliche Element der Derivate, nämlich die Abhängigkeit ihres Preises von dem Preis eines Basiswerts, ebenfalls gesetzlich festgeschrieben worden ist.

---

131 *Beck*, in Schwark, Kapitalmarktrechts-Kommentar, § 2 WpHG Rn. 9.

132 Vgl. unten § 4.

133 *Scharpf/Luz*, Risikomanagement, Bilanzierung und Aufsicht von Finanzderivaten, S. 8. Die Kataloge der Basiswerte in KWG und WpHG unterscheiden sich insofern, als § 1 Abs. 11 Satz 4 Ziff. 3 KWG als Basiswerte auch Devisen und Rechnungseinheiten vorsieht, das WpHG hingegen nicht. Dafür werden in § 2 Abs. 2 Ziff. 2 WpHG konkrete Beispiele für Derivate aufgezählt, deren Wert sich auch auf Devisen und Rechnungseinheiten bezieht. Dadurch gleichen sich die Definitionen letztendlich wieder an.

2. *Eignung der gesetzlichen Definitionen als Anhaltspunkt für die Zwecke dieser Arbeit*

Als allgemeine Begriffsbestimmungen eignen sich die einzelgesetzlichen Definitionen deshalb nicht, weil der Gesetzgeber jeweils nur eine begrenzte Zahl von zugrundeliegenden Basiswerten aufzählt. Das führt zwangsläufig dazu, dass Derivate, die sich auf nicht genannte Basiswerte beziehen, aus den Definitionen herausfallen. Dies ist durch die unterschiedlichen Regelungszwecke der Gesetze gerechtfertigt. Der Gesetzgeber wollte jeweils nur bestimmte Derivate den wertpapierhandelsrechtlichen Vorschriften bzw. der Aufsicht über Bankgeschäfte unterwerfen.

Für die Zwecke dieser Arbeit schadet die Begrenztheit der gesetzlichen Definitionen nicht. Da in beiden Definitionen die charakteristischen Merkmale der Derivate verankert sind, sind sie als Anhaltspunkte für den Begriff der Derivate im Rahmen dieser Arbeit geeignet. Finanzinstrumente, die wegen der (gesetzgeberisch bedingten) Beschränkungen der gesetzlichen Definitionen nicht unter den gesetzlichen Derivatebegriff fallen[134], aber die charakteristischen Merkmale der Derivate aufweisen, werden hier gleichwohl dem Begriff der Derivate zugeordnet. Als Beispiel für ein solches (nicht gesetzlich erfasstes, aber die charakteristischen Merkmale aufweisendes) Derivat sind Devisentermingeschäfte zu nennen, die nicht an einem organisierten Markt gehandelt werden. Sie fallen deshalb nicht unter die Definition der Derivate im Sinne des WpHG, weil in § 2 Abs. 2 Ziff. 2 WpHG nur Devisentermingeschäfte erfasst sind, die an einem organisierten Markt gehandelt werden.[135] Da aber auch außerhalb eines organisierten Marktes gehandelte Devisentermingeschäfte Termingeschäfte sind, deren Preis von einem Basiswert (nämlich Devisen) abhängt, handelt es sich auch bei diesen Geschäften um Derivate.

IV. *Versuch einer allgemeinen Definition unter Berücksichtigung der charakteristischen Merkmale*

Unter Berücksichtigung der soeben beschriebenen wirtschaftlichen und rechtlichen Komponenten lassen sich demnach, jedenfalls für die Zwecke dieser Arbeit, Derivate definieren als vertragliche Vereinbarungen, bei denen der Zeitpunkt des

---

134 Z.B. Termingeschäfte auf Immobilienindizes, Katastrophenbonds, Fußball- oder Wetterderivate, vgl. *Beck*, in Schwark, Kapitalmarktrechts-Kommentar, § 2 WpHG Rn. 20.

135 Zur rechtspolitischen Begründung dieser Einschränkung, vgl. *Beck*, in Schwark, Kapitalmarktrechts-Kommentar, § 2 WpHG Rn. 11; *Assmann*, Assmann/Schneider, § 2 WpHG Rn. 35 ff.

Vertragsabschlusses und der Zeitpunkt der Vertragserfüllung auseinander fallen (Termingeschäft), und deren wirtschaftlicher Wert von dem Wert eines Basisprodukts abhängt.

§ 3 Systematisierung von Derivaten

Um in der Flut der immer neu auftretenden, oft sehr komplexen Konstruktionen von Derivaten einen Überblick zu gewinnen oder zu bewahren, werden im rechts- und wirtschaftswissenschaftlichen Schrifttum immer wieder Versuche unternommen, Derivate zu systematisieren. Die Systematisierung erfolgt dabei nach verschiedenen Kriterien. Üblich sind zum einen rein formale Einteilungen nach der Art der den Derivaten zugrundeliegenden Handelsobjekte oder nach Art des Handels der verschiedenen derivativen Produkte. Eine Einteilung kann aber auch zeitbezogen nach dem Auftreten neuer Produktgenerationen oder durch Zurückführung jeder einzelnen (neuen) Konstruktion von Derivaten auf eine begrenzte Zahl von Grundtypen erfolgen.

I. Einteilung nach Art der zugrundeliegenden Handelsobjekte

Eine Systematisierung der verschiedenen Derivate kann nach Art der unterschiedlichen zugrundeliegenden Handelsobjekte vorgenommen werden, von deren Wert sich der wirtschaftliche Wert der Derivate ableitet.

1. Der Begriff des zugrundeliegenden Handelsobjekts

Nicht ganz einfach ist es, einen Begriff für das zu finden, was einem Derivat zugrunde liegt und von dem es seinen Wert ableitet. In der Literatur werden Begriffe verwendet, die die Sache oft nur unzureichend beschreiben. Der Begriff „Basiswert“ stellt vor allem auf den wirtschaftlichen Gesichtspunkt des „Werts“ ab. Manche Autoren sprechen von „originären Finanzinstrumenten“ oder „originären Finanzprodukten“.[136] Damit werden aber nicht alle Fälle erfasst, da auch Waren oder Güter einem Derivat zugrunde liegen können.[137] Neutraler – aber auch weniger aussagekräftig – sind Begriffe wie „Zustand“[138] oder die englischen

136 *Clouth*, Rechtsfragen der außerbörslichen Finanz-Derivate, S. 1; *Jahn*, in Schimansky/Bunte/Lwowski, Bankrechts-Handbuch, § 114 Rn. 1.

137 Vgl. die Unsicherheit in der Begriffsbildung auch bei *Schäfer*, in Assmann/Schütze, Handbuch des Kapitalanlagerechts, § 17 Rn. 2: „Bestehen die zugrundeliegenden „Waren“ aus Aktien, Anleihen, Devisen oder Indizes, spricht man von...“.

138 *Beike/Barckow*, Risk-Management mit Finanzderivaten, S. 2.

Worte *„Underlying“*, das mehr eine Beschreibung dessen ist, worum es geht, oder *„underlying reference assets“*.[139] Aber auch die englischsprachigen Autoren tun sich bei der Begriffsfindung schwer, wie folgende Formulierung zeigt: „Derivatives are instruments or contracts that are based on the price of *something else.*“[140] Bei aller Unterschiedlichkeit der Bezeichnungen kann man feststellen, dass mit den genannten Begriffen ein Vertragsgegenstand gemeint ist, dessen wirtschaftlicher Wert sich erfahrungsgemäß in der Zeit ändern kann. Im Folgenden werden die genannten Begriffe synonym verwendet, wobei am geeignetsten, weil umfassendsten, die Begriffe „zugrundeliegendes Handelsobjekt“ bzw. „zugrundeliegender Vermögenswert“ erscheint.[141]

2. *Beispiele für zugrundeliegende Handelsobjekte*

Zugrundeliegende Handelsobjekte können zum einen Waren und Güter (Rohstoffe, Edelmetalle, Agrarprodukte, Schlachtvieh, Nahrungsmittel etc.) sein.[142] In der im deutschen Sprachgebrauch gängigen anglo-amerikanischen Terminologie werden sie als *commodities* bezeichnet.[143] Festgeschäfte in oder Optionen auf Waren und Güter, die auf Termin gehandelt werden, sind herkömmliche Warentermingeschäfte. Ein Zusammenhang zwischen Warentermingeschäften und dem Begriff der Derivate liegt, außer für den Spezialisten der Materie, nicht unmittelbar nahe, und die Bezeichnung von Warentermingeschäften als Derivate stößt häufig auf Erstaunen.[144] Warentermingeschäfte vereinen aber die charakteristischen Merkmale von Derivaten: Vertrag mit einem Zukunftselement, dessen Preis abhängig ist von den Preisänderungen der zugrundeliegenden Waren. Daher lassen sie sich unter den Begriff der Derivate einordnen. Der deutsche Gesetzgeber hat diese Einordnung auch gesetzlich verankert, indem er Warenterminge-

---

139 *Edwards*, Legal Priniciples of Derivatives, J.B.L., Januar 2002, 1, 2.

140 *Easterbrook*, Derivative Securities and Corporate Governance, The University of Chicago Law Journal 2002, Vol. 69, No. 3, S. 734.

141 *Beike/Barckow*, Risk-Management mit Finanzderivaten, S. 2.

142 *Beike/Barckow*, Risk-Management mit Finanzderivaten, S. 3; *Clouth*, Rechtsfragen der außerbörslichen Finanz-Derivate, S. 1.

143 Vgl. aber die mitunter abweichenden amerikanischen Begrifflichkeiten: Dort werden aus aufsichtsrechtlichen Erwägungen auch Anleihen als *commodities* bezeichnet und Aktienindices als *commodities* angesehen, *Dannhoff*, Das Recht der Warentermingeschäfte, S. 52 ff. sowie S. 32 Fn. 2 und S. 53 Fn. 77; *Henssler*, Risiko als Vertragsgegenstand, S. 686 Fn. 259.

144 Vgl. auch *Reiner*, Derivative Finanzinstrumente im Recht, S. 17, 18, der Warentermingeschäfte auch ausdrücklich aus seiner Definition der Derivate ausnimmt.

schäfte unter den Begriff Derivate subsumiert und in die Regelungen des § 1 Abs. 11 KWG und des § 2 Abs. 2 WpHG aufgenommen hat.[145]

Derivaten zugrundeliegende Handelsobjekte können auch Devisen oder Finanztitel (Wertpapiere, Geldmarktpapiere, Anleihen etc.) sein.[146] Bei diesen leitet sich der Wert des Derivats von den Preis- bzw. Kursschwankungen der zugrundeliegenden Devisen oder Finanztitel ab. Zu der Gruppe der zugrundeliegenden Finanzinstrumente gehören darüber hinaus auch solche, die bei Fälligkeit des Termingeschäfts nicht effektiv geliefert (angedient) werden können. Als Beispiele sind Zinssätze und Indizes[147] zu nennen. In den Fällen, in denen eine Andienung nicht möglich ist, erfolgt bei Fälligkeit des Termingeschäfts die Erfüllung grundsätzlich in Geld (*cash settlement*, Barausgleich). Je nach Entwicklung des Kassapreises bis zur Fälligkeit des Geschäfts hat die eine der anderen Vertragspartei eine Ausgleichszahlung zu leisten.[148] Derivate, bei denen die zugrundeliegenden Werte Finanztitel oder nicht andienbare Indizes sind, werden auch als Finanzderivate bezeichnet.[149] Bei den in den gesetzlichen Vorschriften des WpHG und des KWG katalogartig genannten Basiswerten handelt es sich überwiegend um Finanztitel und Zinssätze. Die gesetzlich geregelten Derivate sind also im wesentlichen Finanzderivate.

Schließlich kommen als Basiswerte auch Derivate selbst in Frage. Beispiele für Derivate, deren Wert sich von einem zugrundliegenden Derivat ableitet, sind die in § 2 Abs. 2 Ziff. 2 WpHG genannten „Devisenswapoptionsgeschäfte" und „Devisenfutureoptionsgeschäfte".

Die Einteilung der Derivate nach den zugrundeliegenden Handelsobjekten darf nicht darüber hinwegtäuschen, dass der tatsächliche Austausch/Umsatz dieser Objekte, selbst bei den Derivaten, bei denen er physisch tatsächlich möglich ist, eher die Ausnahme darstellt. Die Nutzer von Derivaten streben nicht den Erwerb des zugrundeliegenden Handelsobjekts an (dies ist bei Finanzderivaten, die auf Indices lauten, auch gar nicht möglich), sondern nur einen Barausgleich oder

---

145 *Assmann*, in Assmann/Schneider, § 2 WpHG Rn. 34; *Schäfer*, in Schäfer (Hrsg.), § 2 WpHG Rn. 21.

146 *Beike/Barckow*, Risk-Management mit Finanzderivaten, S. 3; *Clouth*, Rechtsfragen der außerbörslichen Finanz-Derivate, S. 1; *Uszczapowski*, Optionen und Futures verstehen, S. 193.

147 In Betracht kommen hier Aktienindizes, Warenpreisindizes und auch Schadensindizes, die als Underlying für die Absicherung des Risikos aus Naturkatastrophen oder Umweltschäden dienen, vgl. *Braun*, in FS für Hahn, S. 322; *Clouth*, Rechtsfragen der außerbörslichen Finanz-Derivate, S. 1 m.w.N.

148 *Beike/Barckow*, Risk-Management mit Finanzderivaten, S. 3.

149 In diesem Sinne, allerdings beschränkt auf Financial Futures, *Schäfer*, in Assmann/Schütze, Handbuch des Kapitalanlagerechts, § 17 Rn. 2.

die Erfüllung durch Glattstellung, d.h. durch Abschluss eines gegenläufigen Geschäfts.[150]

II. Einteilung nach Art des Handels

Ein weiteres Kriterium zur Systematisierung der Derivate bietet die Art des Handels der verschiedenen Produkte. Geschäfte mit Derivaten werden sowohl an Terminbörsen als auch an außerbörslichen Terminmärkten, d.h. *over the counter*, kurz OTC[151], getätigt. Börsengehandelte und außerbörsliche Derivate unterscheiden sich in ihrer Ausgestaltung und ihrer Abwicklung aufgrund der unterschiedlichen Zwecke, die mit dem Handel an den unterschiedlichen Märkten verfolgt und erreicht werden können.

1. Handel an Terminbörsen

Hauptzweck eines organisierten Handels an einer Terminbörse ist die zeitliche und örtliche Konzentration des Angebots an Terminmarktprodukten und der Nachfrage von verschiedenen Marktteilnehmern danach. Das erfolgreiche Zusammenführen von gleichgerichtetem Angebot und Nachfrage wird dadurch erreicht, dass an den Terminbörsen Derivate in Form von so genannten Kontrakten[152] gehandelt werden, die sich dadurch auszeichnen, dass sie in verschiedener Hinsicht standardisiert sind.[153]

---

150 *Braun*, in FS für Hahn, S. 319, 321; *Uszczapowski*, Optionen und Futures verstehen, S. 196; *Henssler*, Risiko als Vertragsgegenstand, S. 615; *Wach*, Der Terminhandel in Recht und Praxis, Rn. 35: „Obwohl die Warenterminkontrakte auf Lieferung von Ware lauten, wird in Wirklichkeit nicht mit Waren, sondern mit Lieferkontrakten gehandelt. Das Warentermingeschäft dient nicht dem Warenumsatz, sondern der Verlagerung von Kursrisiken. Entsprechendes gilt für den Handel mit Devisen-und Finanztitelkontrakten."

151 „Direkt am Schalter."

152 *Reiner*, Derivative Finanzinstrumente im Recht, S. 3. „Kontrakt" ist die Bezeichnung für die Abschlusseinheit, die an Terminbörsen für Options- und Futuresgeschäfte vorgeschrieben ist, vgl. *Bestmann*, Finanz- und Börsenlexikon, S. 387. Generell ist ein Finanzkontrakt ein Vertrag, der primär auf den Austausch von Zahlungsmitteln oder von Ansprüchen auf Zahlungsmittel abzielt. Die wichtigsten Grundtypen von Finanzkontrakten sind Beteiligungstitel (z.B. Aktien) und Forderungstitel (z.B. Darlehen). Auch wenn mit diesen Finanzkontrakten außer Zahlungsansprüchen Informations-, Gestaltungs- und Kontrollrechte verbunden sind, stehen die monetären Vereinbarungen eindeutig im Vordergrund. Es muss sich dabei nicht zwingend um ein Wertpapier handeln, also eine Urkunde, die die Rechtsposition des Zahlungsmittelgebers aus einem Finanzkontrakt verbrieft, vgl. *Oehler/Unser*, Finanzwirtschaftliches Risikomanagement, S. 17.

153 *Büschgen*, Das kleine Börsenlexikon, S. 1441 (Stichwort: Terminbörse); *Beike/Barckow*, Risk-Management mit Finanzderivaten, S. 9; *Clouth*, Rechtsfragen der

Die Standardisierung entsteht zum einen durch die inhaltlich einheitliche Gestaltung der Kontrakte nach Kontraktgröße, Basiswert, Laufzeit, Fälligkeit, Erfüllungsort und Preis. Die Standardgröße einer Option auf Aktien kann beispielsweise 50 Aktien umfassen. Erwirbt man also einen Options-Kontrakt, hat man das Recht, 50 Aktien zu erwerben.[154] Vorteil der Standardisierung der Kontrakte mit börslichen Derivaten ist es, ihre systematische Handelbarkeit, d.h. Austauschbarkeit (Fungibilität) zu gewährleisten und dadurch die Wahrscheinlichkeit für das jederzeitige Aufeinandertreffen von ausreichend vielen Anbietern und Nachfragern von gleichartigen Derivaten zu erhöhen. Die Standardisierung bewirkt darüber hinaus eine qualitative, quantitative und zeitliche Konzentration des Handelsvolumens auf einige wenige Kontraktmöglichkeiten. Dies hat den Vorteil, dass sich die Marktliquidität (Markttiefe) in den einzelnen Kontrakttypen erhöht, so dass die jederzeitige Eröffnung und Glattstellung (auch von größeren Positionen) problemlos ohne größere Preisbeeinflussung erfolgen kann.[155] Glattstellen eines Terminkontrakts bedeutet, dass der Terminkontrakt nicht durch physische Leistung erfüllt wird, sondern durch den Abschluss von Gegengeschäften, d.h. entweder durch den Verkauf eines erworbenen Kontrakts oder durch den Rückkauf eines verkauften Kontrakts.[156] Liquidität des Marktes äußert sich darin, dass ein gegebenes Handelsvolumen (Kauf- oder Verkaufsauftrag) innerhalb einer relativ kurzen Zeitperiode ohne größere Preisrevision abgewickelt werden kann. Eine eingeschränkte Marktliquidität kann zu einer deutlich höheren Volatilität der Preise und/oder zu einer größeren Spanne zwischen Kauf- und Verkaufskursen (bid-ask spread) führen. Bei Ausfall eines großen Marktteilnehmers oder bei gravierenden Marktstörungen ist nicht gewährleistet, dass Deckungs- und Ersatzgeschäfte noch möglich sind.

Standardisierung entsteht auch dadurch, dass die Kontrakte an festen Börsenplätzen unter einer staatlichen oder berufsständischen Aufsicht nur von zugelassenen Börsenmitgliedern getätigt werden. Durch die Zwischenschaltung einer so genannten Clearingstelle werden die Beziehungen zwischen den Marktteilnehmern noch zusätzlich entpersonalisiert.[157] Bei der Clearingstelle handelt es sich um eine Institution an einer Terminbörse (in Deutschland hat beispielsweise die

---

außerbörslichen Finanz-Derivate, S. 9; *v. Westphalen*, Derivatgeschäfte, Risikomanagement und Aufsichtsratshaftung, S. 35; *Rudolph*, in Rudolph, S. 3, 6 f.

154 *Deutsche Terminbörse*, Einführung in den Optionshandel, S. 11.

155 *Büschgen*, Das kleine Börsenlexikon, S. 1449 (Stichwort: Terminkontrakt).

156 *Büschgen*, Das kleine Börsenlexikon, S. 678 (Stichwort: Glattstellung von Terminkontrakten).

157 *Beike/Barckow*, Risk-Management mit Finanzderivaten, S. 9; *v. Westphalen*, Derivatgeschäfte, Risikomanagement und Aufsichtsratshaftung, S. 35; *Büschgen*, Das kleine Börsenlexikon, S. 1449 (Stichwort: Terminkontrakt).

Terminbörse Eurex eine Clearingstelle), die die übereinstimmenden Angebote und Nachfragen zusammenführt und bei jedem Kauf oder Verkauf eines Terminkontrakts als Kontraktpartner dazwischen geschaltet ist. Das bedeutet, dass Vertragspartner der Börsenteilnehmer jeweils immer die Clearingstelle ist und die Erfüllung der gehandelten Kontrakte garantiert. Das hat den Vorteil, dass die Börsenteilnehmer sich um die Bonität der anderen Börsenteilnehmer nicht zu kümmern brauchen und einem Bonitätsrisiko nicht ausgesetzt sind.[158]

Neben der Standardisierung ist kennzeichnendes Merkmal der börsengehandelten Derivate das Erfordernis von täglichen, so genannten Margineinschüssen („Margin Calls“) im Falle einer nachteiligen Preisveränderung ab dem Investitionszeitpunkt. Bei den Margins handelt es sich um Sicherheitsleistungen, die die Clearingstellen von den Marktteilnehmern verlangen, um die Erfüllung der schwebenden, in ihrer Höhe noch unsicheren Verpflichtungen aus den Derivaten sicherzustellen.[159] Die Höhe der erforderlichen Margins richtet sich nach der Kursentwicklung des zugrunde liegenden Basiswerts und des von der Terminbörse jeweils täglich ermittelten Preisänderungsrisikos. Die Sicherheitsanforderungen können sich von Tag zu Tag ändern, d.h. sich auch plötzlich erheblich erhöhen. Die Marktteilnehmer müssen daher um ausreichend liquide Mittel verfügen, um solchen Anforderungen in voller Höhe zu entsprechen.[160] Mit der täglichen Ermittlung von Nachschussverpflichtungen soll dem Adressenausfallrisiko der Marktteilnehmer und etwaigen Einstandsverpflichtungen der Terminbörse bzw. deren Mitgliedern begegnet werden.[161]

Nicht an jeder Terminbörse werden alle denkbaren Kontrakte gehandelt. Vielmehr handeln die unterschiedlichen Terminbörsen meistens jeweils schwerpunktmäßig mit nur einer begrenzten Auswahl von speziellen Kontrakten. Zum Beispiel nahm im Jahre 1972 die Chicago Mercantile Exchange (CME) den Handel mit Währungsterminkontrakten auf. 1973 wurde am Chicago Board of Options Exchange (CBOE) mit dem Handel in Aktienoptionen begonnen. Der Handel mit Zinsterminkontrakten (Zinsfutures) wurde vom Chicago Board of Trade (CBOT) eingeführt. In Europa eröffnete 1978 die European Options Exchange (EOE) in Amsterdam den ersten börsenmäßig organisierten Terminmarkt. Es folgte 1982 die London International Financial Futures Exchange (LIFFE) mit dem Handel in Futures und Optionen. 1986 nahm der Marché à Terme d'Instruments Financiers (MATIF) in Paris den Handel mit Financial Futures auf.

---

158 *Büschgen*, Das kleine Börsenlexikon, S. 286 (Stichwort: Clearingstelle); ausführlich *Schäfer*, in Assmann/Schütze, Handbuch des Kapitalanlagerechts, § 17 Rn 2 ff; *Beck*, in Schwark, Kapitalmarktrechts-Kommentar, § 1 BörsG Rn. 6.

159 *Deutsche Bank*, Basisinformationen über Termingeschäfte, S. 20.

160 *Deutsche Bank*, Basisinformationen über Termingeschäfte, S. 20.

161 *Krämer*, Finanzswaps und Swapderivate in der Bankpraxis, S. 1 Fn. 2.

Die Deutsche Terminbörse DTB eröffnete 1990 den Terminhandel in standardisierten Aktienoptionen.[162] Seit dem Zusammenschluss mit der Swiss Options and Future Exchange (SOFFEX), Zürich im Jahre 1998 firmiert die Deutsche Terminbörse unter Eurex Deutschland.[163]

Manche Terminkontrakte werden aber auch nicht börslich gehandelt. So erfolgt der Handel mit Devisentermingeschäften in Deutschland bislang nur im außerbörslichen Interbankenhandel (Telefonhandel). Einen börslichen Terminhandel in Devisen (börsengehandelte Devisentermingeschäfte) gibt es in Deutschland zurzeit hingegen nicht.[164]

Für den Terminhandel in Waren gibt es wiederum eigene, von den Börsen für Finanzterminkontrakte getrennte Terminbörsen. Nachdem der Warenterminhandel in Deutschland nach 1931 eingestellt worden war, wurde er nach dem Krieg vereinzelt wieder aufgenommen (Zuckerterminbörse und Terminhandel in Kaffee in Hamburg; Terminhandel mit Baumwolle in Bremen). Erst durch das 2. Finanzmarktförderungsgesetz vom 26.7.1994 (BGBl. I 1749) wurden gesetzliche Rahmenbedingungen für eine Warenterminbörse, insbesondere für landwirtschaftliche Produkte, geschaffen. Im April 1998 hat in Hannover der Handel an der Warenterminbörse Hannover zunächst mit Terminkontrakten auf Schlachtschweine und Kartoffeln begonnen.[165]

2. Außerbörslicher – over the counter –Handel

Vorteil und daher gleichzeitig Zweck des Handels von Derivaten außerhalb einer organisierten Börse (OTC) ist das, was der börsliche Handel von Derivaten gerade nicht bietet, nämlich die individuelle Vertragsgestaltung. Hinsichtlich Preis, Kontraktgröße, Laufzeit, Basiswert sind bei der Ausgestaltung von OTC-Derivaten praktisch keine Grenzen gesetzt, so dass maßgeschneiderte, auf die Bedürfnisse der einzelnen Vertragspartner abgestimmte Lösungen möglich sind.[166] OTC-Geschäfte werden üblicherweise telefonisch oder auf elektronischem Wege zwischen den Handelspartnern (zumeist Interbankenhandel) ausgehandelt und

---

162 *Kümpel*, Bank- und Kapitalmarktrecht, 14.130.

163 *Beck*, in Schwark, Kapitalmarktrechts-Kommentar, § 1 BörsG Rn. 26.

164 *Assmann*, in Assmann/Schäfer, § 2 WpHG Rn. 37; *Engel*, in Staudinger, § 764 BGB Rn. 12.

165 *Engel*, in Staudinger, § 764 BGB Rn. 11; *Peterhoff*, in Schäfer, § 1 BörsG Rn. 29; § 53 BörsG Rn. 54, 55.

166 *Clouth*, Rechtsfragen der außerbörslichen Finanz-Derivate, S. 9; *Beike/Barckow*, Risk-Management mit Finanzderivaten, S. 8; *Büschgen*, Das kleine Börsenlexikon, S. 1135 (Stichwort: OTC-Derivat); *Häuser/Welter*, in Assmann/Schütze, Handbuch des Kapitalanlagerechts, § 16 Rn. 145.

danach noch einmal schriftlich bestätigt.[167] Die Vorteile der außerbörslichen Derivate sind aber auch gleichzeitig ihr Nachteil. Es findet keine börsenmäßige Konzentration von Angebot und Nachfrage an einem zentralen Ort statt. Die Preisbildung geschieht daher nicht wie im Börsenhandel auf Auktionsbasis, sondern die Preise werden im Wege unmittelbarer Verhandlungen zwischen den Vertragspartnern vereinbart.[168] Die fehlende Standardisierung führt dazu, dass OTC-Derivate nur sehr eingeschränkt fungibel sind, so dass sich kein Sekundärmarkt und damit nur eine geringe Marktliquidität bilden kann.[169] Daraus folgt, dass ein Käufer oder Verkäufer, der eine offene OTC-Derivat- Position schließen will, nicht mit hoher Wahrscheinlichkeit ein exakt dem ursprünglichen Geschäft entsprechendes Gegengeschäft finden wird. Eine Glattstellung ist zumeist nur durch ein annäherungsweise kompensierendes Gegengeschäft möglich. Aus diesem Grund ist bei OTC-gehandelten Derivaten häufiger die Erfüllung durch effektive Lieferung beabsichtigt als bei börsengehandelten Derivaten.[170] Ein weiterer wichtiger Unterschied zwischen börsengehandelten und OTC-Derivaten ist das jeweilige Ausfallrisiko. So sieht sich der Marktteilnehmer im OTC-Markt dem Risiko ausgesetzt, dass der Kontraktpartner seine vertraglichen Verpflichtungen nicht erfüllt bzw. nicht erfüllen kann. Eine Clearingstelle, die den Ausfall auffangen könnte, gibt es im OTC-Markt nicht.[171]

3. Annäherung der spezifischen Merkmale der verschiedenen Handelsformen in der Praxis

In der Praxis lässt sich beobachten, dass im Geschäft der Banken mit Industrie- und Handelsunternehmen OTC-Derivate die weitaus größere Bedeutung haben. Grund dafür ist, dass börsengehandelte Derivate wegen der fehlenden Möglichkeit maßgeschneiderter, auf die konkreten Bedürfnisse einzelner Kunden zugeschnittener Lösungen weniger attraktiv sind.[172] Neuerdings kommt hinzu, dass die Marktteilnehmer beim Geschäft mit OTC-Derivaten auf die Vorteile der börsengehandelten Derivate, nämlich die mit der größeren Marktliquidität verbundene Möglichkeit der jederzeitigen Glattstellung, nicht unbedingt verzichten müs-

167 *Beike/Barckow*, Risk-Management mit Finanzderivaten, S. 8.

168 *Häuser/Welter*, in Assmann/Schütze, Handbuch des Kapitalanlagerechts, § 16 Rn. 145.

169 *Büschgen*, Das kleine Börsenlexikon, S. 1135 (Stichwort: OTC-Derivat); *Häuser/Welter*, in Assmann/Schütze, Handbuch des Kapitalanlagerechts, § 16 Rn. 145.

170 *v. Westphalen*, Derivatgeschäfte, Risikomanagement und Aufsichtsratshaftung, S. 40.

171 *Büschgen*, Das kleine Börsenlexikon, S. 1135 (Stichwort: OTC-Derivat).

172 *Clouth*, Rechtsfragen der außerbörslichen Finanz-Derivate, S. 11, Fn. 29.

sen. Aufgrund der auch in den OTC-Märkten inzwischen erreichten Markttiefe wächst die gegenseitige Substituierbarkeit mit börsengehandelten Finanzderivaten nicht nur unter ökonomischen Gesichtspunkten, sondern auch aus rechtlicher Sicht.[173] Denn in der Praxis ist der Einsatz von Rahmenverträgen bei OTC-Derivaten üblich, wodurch eine Standardisierung ähnlich den börslichen Derivaten erreicht wird.[174]

III. Einteilung nach Produktgenerationen

Eine weitere Möglichkeit, Derivate zu unterteilen, besteht in der an der zeitlichen Weiterentwicklung der Derivate orientierten Differenzierung nach Produktgenerationen.[175] In der Literatur wird überwiegend eine Unterscheidung zwischen drei Derivategenerationen vorgenommen. Als Derivate der ersten Generation gelten dabei Forwards bzw. Futures, Swaps und klassische Optionen, die sich auf Basiswerte wie Zinsen, Devisen und Waren beziehen und die auf physische Belieferung ausgerichtet sind bzw. bei denen nach dem Vertragsinhalt eine tatsächliche Lieferung des Basiswerts möglich ist.[176] Der zweiten Generation werden Derivate zugeordnet, die ihrem vertraglichen Inhalt nach auf Leistung eines von der Entwicklung des Basiswerts abhängigen Barausgleichs oder auf den Austausch von indexabhängigen Geldbeträgen gerichtet sind. Hierzu gehören Zinsbegrenzungsgeschäfte und Derivate, deren Basiswerte ihrerseits derivative Finanzinstrumente sind, der Zinssatz-Swap und das Forward Rate Agreement. Zu den Derivaten der dritten Generation werden exotische Optionen und komplex strukturierte Kombinationsprodukte gezählt, die Elemente exotischer Optionen beinhalten[177] und die sich von den herkömmlichen (Belieferungs-) oder (Barausgleichs-) Optionen durch die Art des Optionsrechts und/oder das Hinzutreten zusätzlicher, den Inhalt des Optionsrecht verändernder Nebenabreden unterscheiden.[178]

Die Einteilung nach Produktgenerationen zeigt in besonderer Weise die rasante Entwicklung immer komplexer werdender Derivate auf.

---

173 *Krämer*, Finanzswaps und Swapderivate in der Bankpraxis, S. 1 Fn. 1.

174 Vgl. die Rahmen- und Musterverträge der International Swap and Derivatives Association (ISDA), ISDA Master Agreement abrufbar unter www.isda.org; vgl. auch Rahmenvertrag für Finanztermingeschäfte nebst Anhängen und Einzelabschlüssen, *Clouth*, in Hopt, Vertrags- und Formularhandbuch, S. 1249 ff.

175 Dieser Einteilung folgt *Clouth*, Rechtsfragen der außerbörslichen Finanz-Derivate, bei der Gliederung seiner Abhandlung; so auch *Braun*, in FS für Hahn, S. 322.

176 *Clouth*, Rechtsfragen der außerbörslichen Finanz-Derivate, S. 11; *Braun*, in FS für Hahn, S. 319, 321, 322; *Winter*, in Rudolph, S. 213, 214.

177 *Clouth*, Rechtsfragen der außerbörslichen Finanz-Derivate, S. 11; *Braun*, in FS für Hahn, S. 319, 322, 323; *Winter*, in Rudolph, S. 213, 214, 220.

178 *Clouth*, Rechtsfragen der außerbörslichen Finanz-Derivate, S. 12.

IV. Einteilung nach Grundtypen

Wenn man den Überblick über die Vielzahl unterschiedlicher Derivate nicht verlieren will, muss man sich vergegenwärtigen, dass sich alle Derivate, und seien sie noch so kompliziert, auf eine begrenzte Zahl von Grundtypen zurückführen lassen. Das liegt an dem einen charakteristischen Merkmal aller Derivate, nämlich ihrer Zukunftsbezogenheit. Derivate sind allesamt Termingeschäfte. Als solche können sie ihrer Struktur nach unmittelbar auf eine der beiden Grundformen des Termingeschäfts zurückgeführt werden, nämlich entweder auf das Festgeschäft oder auf die Option. Oder sie können als Kombination dieser beiden Elemente verstanden werden.[179] Swaps werden mitunter als dritter Grundtypus genannt. Dies erklärt sich dadurch, dass sich Swaps in ihrer Entwicklung so verselbständigt haben, dass sie als eigener Grundtypus wahrgenommen werden. Letztendlich sind aber auch Swaps und die von ihnen abgeleiteten Geschäfte, wie Cap, Floor und Collar nur besondere Ausprägungen von Festgeschäft und Optionen.[180] Für das Verständnis der Derivate und damit den Fortgang dieser Arbeit ist es unerlässlich, die Struktur der Grundtypen der Derivate zu kennen.

§ 4 Darstellung der Grundtypen der Derivate

Der Gesetzgeber hat die Einteilung der Derivate nach den beiden wesentlichen Grundtypen in die Legaldefinitionen der Spezialgesetze WpHG und KWG aufgenommen: „Derivate sind als Festgeschäfte oder Optionsgeschäfte ausgestaltete Termingeschäfte." Der Unterschied zwischen diesen beiden Grundformen liegt im unterschiedlichen Grad der Erfüllungspflicht[181] und der sich wirtschaftlich daraus ergebenden unterschiedlichen Risikostruktur der Geschäfte[182]. Festgeschäfte sind von allen beteiligten Vertragsparteien zwingend zu erfüllen. Man spricht daher auch von unbedingten Termingeschäften.[183] Optionsgeschäfte zeichnen sich dagegen dadurch aus, dass für mindestens eine Partei ein Wahl-

179 Begründung zum Gesetz zur Umsetzung von EG-Richtlinien zur Harmonisierung bank- und wertpapieraufsichtsrechtlicher Vorschriften vom 22.10.1997, BT-Drucks. 13/7142, S. 69, 70; *Kümpel*, Bank- und Kapitalmarktrecht, 15.62.

180 *Clouth*, Rechtsfragen der außerbörslichen Finanz-Derivate, S. 10. Begründung zum Gesetz zur Umsetzung von EG-Richtlinien zur Harmonisierung bank- und wertpapieraufsichtsrechtlicher Vorschriften vom 22.10.1997, BT-Drucks. 13/7142, S. 69, 70; *Kümpel*, Bank- und Kapitalmarktrecht, 15.62.

181 *Beike/Barckow*, Risk-Management mit Finanzderivaten, S. 3.

182 *Clouth*, Rechtsfragen der außerbörslichen Finanz-Derivate, S. 10; *Häuser/Welter*, in Assmann/Schütze, Handbuch des Kapitalanlagerechts, § 16 Rn. 74.

183 *Kienle*, in Schimansky/Bunte/Lwowski, Bankrechts-Handbuch, § 106 Rn. 37.

recht bezüglich der Erfüllung der vertraglichen Vereinbarung besteht.[184] Optionen werden daher auch als bedingte Termingeschäfte bezeichnet. Die Einteilung der Derivate in Fest- und Optionsgeschäft ist nicht spezifisch deutsch. Auch auf den internationalen Finanzmärkten werden Derivate nach Festgeschäften (*futures* bzw. *forwards*) und Optionen (*options*) unterschieden.[185]

I. Termingeschäft in Form eines Festgeschäfts

Festgeschäfte sind verbindliche Vereinbarungen zwischen zwei Vertragspartnern, eine bestimmte Anzahl oder Menge eines bestimmten zugrundeliegenden Basiswerts (z.B. Waren oder Devisen) zu einem vorher bestimmten, in der Zukunft liegenden Termin zu einem gleichfalls vorher festgelegten Preis zu kaufen und abzunehmen bzw. zu verkaufen und zu liefern. Der Käufer verpflichtet sich also, bei Fälligkeit den vereinbarten Preis zu zahlen und die Lieferung des zugrundeliegenden Vermögenswertes entgegenzunehmen. Der Verkäufer ist zur Lieferung des zugrundeliegenden Vermögenswertes bei Fälligkeit gegen Erhalt des vereinbarten Preises verpflichtet.[186] Käufer und Verkäufer sind beide verpflichtet, ihre im Vertrag festgelegten Leistungen ohne weitere Bedingungen (d.h. unbedingt) zu erfüllen. Daher werden diese Geschäfte auch als unbedingte Festgeschäfte bezeichnet. Festgeschäfte sind Termingeschäfte im engeren Sinn, da der einzige Unterschied zum Kassageschäft in der zukünftigen statt in der sofortigen Erfüllung liegt, während alle anderen Parameter übereinstimmen.[187]

Festgeschäfte werden, wenn sie an einer Terminbörse gehandelt werden, mit dem auch im deutschen Sprachgebrauch gängigen anglo-amerikanischen Begriff *futures* (Futur) bezeichnet; dagegen nennt man sie *forwards* (Forward), wenn sie auf außerbörslichen Terminmärkten gehandelt werden. Der Käufer eines Futures oder eines Forwards hält nach wirtschaftswissenschaftlicher Terminologie eine so genannte *Long-Position* inne, die ihn verpflichtet, bei Fälligkeit den vereinbarten Preis zu zahlen und die Lieferung des zugrundeliegenden Vermögenswerts entgegenzunehmen. Der Verkäufer eines Futures oder eines Forwards befindet sich in der so genannten *Short-Position*, die ihn zur Lieferung des Vermögenswerts gegen Erhalt des vereinbarten Preises verpflichtet.[188]

---

184 *Beike/Barckow*, Risk-Management mit Finanzderivaten, S. 3.

185 Vgl. nur den Überblick der *Group of Thirty*, Derivatives: Practices and Principles, S. 30, 31.

186 *Uszczapowski*, Optionen und Futures verstehen, S. 193, 194; *Schäfer*, in Assmann/Schütze, Handbuch des Kapitalanlagerechts, § 17 Rn. 2.

187 *Beike/Barckow*, Risk-Management mit Finanzderivaten, S. 3.

188 *Uszczapowski*, Optionen und Futures verstehen, S. 194.

Die Erfüllung des Festgeschäfts erfolgt entweder durch effektive Lieferung und Entgegennahme des zugrundeliegenden Vermögenswertes oder durch kompensierend wirkende Gegengeschäfte. In der Regel werden börsengehandelte Festgeschäfte (Futures) nicht effektiv erfüllt, sondern vor Fälligkeit durch ein Gegengeschäft glattgestellt. Die Glattstellung durch ein Gegengeschäft erfolgt derart, dass zusätzlich zu dem zuerst abgeschlossenen Geschäft, in dem Lieferung eines bestimmten Vermögenswertes zu einem bestimmten Termin vereinbart worden ist, ein Gegengeschäft über den gleichen Vermögenswert auf den gleichen Erfüllungstermin und an den gleichen Lieferort, aber mit umgekehrten Parteirollen abgeschlossen wird. Ein Käufer eines Futures schließt zusätzlich einen Kontrakt, in dem er Verkäufer eines Futures zu den gleichen Bedingungen ist, ein ursprünglicher Verkäufer verhält sich umgekehrt. Da bei den börsengehandelten Futures Vertragspartner immer die Clearing-Stelle ist, können bei Fälligkeit die aus den beiden Kontrakten geschuldeten Leistungen gegeneinander verrechnet werden.[189] Der zugrundeliegende Vermögenswert muss nicht physisch hin- und hergeschoben werden; tatsächlich erbracht wird nur die Differenz zwischen dem vereinbarten Preis des ursprünglich geschlossenen Geschäfts und dem Börsen- oder Marktpreis des Gegengeschäfts.[190] Die Möglichkeit der Erfüllung durch Abschluss eines Gegengeschäfts bietet sich auch, wenn der zugrundeliegende Vermögenswert gar nicht effektiv geleistet werden kann, wie zum Beispiel bei einem Future auf einen Index. Anstatt der unmöglichen Lieferung des Index gegen die Zahlung von Geld, wird lediglich die Differenz zwischen den Preisen der beiden Geschäfte gezahlt.

Eine Alternative der Erfüllung eines Festgeschäfts besteht, vor allem wenn die physische Lieferung des zugrundeliegenden Vermögenswerts nicht möglich ist, in dem so genannten Barausgleich (*cash settlement*). Dabei wird kein Gegengeschäft abgeschlossen, sondern es wird der Ausgleich in Geld bei Vertragsschluss vertraglich vereinbart. Bei Fälligkeit des Geschäfts wird die Differenz zwischen dem Marktpreis des Basisinstruments und dem vereinbarten Preis in Geld ausgezahlt.[191]

---

189 Rechtlich handelt es sich bei dieser „Verrechnung“ nach einer Ansicht um eine Konfusion, d.h. das Zusammenfallen von Forderung und Schuld in einer Person, vgl. *Dannhoff*, Das Recht der Warentermingeschäfte, S. 42, nach anderer Ansicht um eine Aufrechnung i.S.v. §§ 398 ff., vgl. *Henssler*, Risiko als Vertragsgegenstand, S. 545.

190 *Uszczapowski*, Optionen und Futures verstehen, S. 196; *Engel*, in Staudinger, § 764 BGB Rn. 7.

191 *v. Westphalen*, Derivatgeschäfte, Risikomanagement und Aufsichtsratshaftung, S. 37.

Unter „Option“ versteht man im Bereich der Derivate eine vertragliche Vereinbarung, durch die eine Vertragspartei, der Käufer der Option, berechtigt, nicht aber verpflichtet wird, zu einem bestimmten Termin einen bestimmten Vermögensgegenstand zu einem vorher festgelegten Preis zu kaufen (Kaufoption oder auch *call*) oder zu verkaufen (Verkaufsoption oder auch *put*).[192] Macht der Käufer von diesem Recht am Termin Gebrauch, übt er also die Option aus, ist er verpflichtet, den vereinbarten Vermögensgegenstand abzunehmen und den Preis zu zahlen (*call*) oder den vereinbarten Vermögensgegenstand gegen Zahlung des Preises zu liefern (*put*). Übt der Käufer die Option nicht aus, verfällt sie am Ende ihrer Laufzeit. Die andere Vertragspartei, der Verkäufer der Option, ist durch die vertragliche Vereinbarung hingegen bei Ausübung der Option verpflichtet, den Vermögensgegenstand gegen Zahlung des Preises zu liefern (*call*) bzw. den Preis zu zahlen und den Vermögensgegenstand abzunehmen (*put*). Wird die Option von dem Optionskäufer nicht ausgeübt, muss der Verkäufer das Verfallen der Option erdulden. Wegen dieser Position wird der Verkäufer der Option Stillhalter genannt. Als Gegenleistung für die Einräumung des Optionsrechts zahlt der Käufer der Option an den Stillhalter eine Stillhalter- oder Optionsprämie, die in der Regel bei Abschluss des Optionsgeschäfts zu leisten ist.[193]

Die rechtliche Einordnung von Optionen ist nicht eindeutig geklärt. Die Diskussion rührt daher, dass das Optionsgeschäft aus zwei Teilen besteht, nämlich aus der Begründung des Optionsrechts gegen Entrichtung der Prämie und aus der Ausübung der Option, die die Pflicht zur Übereignung des zugrundeliegenden Vermögensgegenstands gegen Zahlung des ursprünglich vereinbarten Basispreises nach sich zieht.[194] Daher ist umstritten, ob das Optionsgeschäft rechtlich als einheitlicher Vertrag zu werten ist (Einheitstheorie, Einheitsvertragsthese) oder ob es aus zwei rechtlich selbständigen Verträgen besteht, dem eigentlichen Optionsvertrag und dem bei Ausübung des Optionsrechts zustande kommenden

---

192 *Kienle*, in Schimansky/Bunte/Lwowski, § 106 Rn. 56; *Häuser/Welter*, in Assmann/Schütze, Handbuch des Kapitalanlagerechts, § 16 Rn. 77; *v. Westphalen*, Derivatgeschäfte, Risikomanagement und Aufsichtsratshaftung, S. 35, 36.

193 *Schäfer*, in Assmann/Schütze, Handbuch des Kapitalanlagerechts, § 17 Rn. 3; *Uszczapowski*, Optionen und Futures verstehen, S. 45; *Beike/Barckow*, Risk-Management mit Finanzderivaten, S. 4; *Clouth*, Rechtsfragen der außerbörslichen Finanz-Derivate, S. 25.

194 *Häuser/Welter*, in Assmann/Schütze, Handbuch des Kapitalanlagerechts, § 16 Rn. 116; *Kienle*, in Schimansky/Bunte/Lwowski, Bankrechts-Handbuch, § 106 Rn. 59.

Hauptvertrag (Trennungstheorie, Doppelvertragsthese).[195] Trotz gewisser Differenzen in der Literatur wird die Option heute überwiegend als einheitlicher, unter der Bedingung der Optionsausübung stehender Kaufvertrag angesehen.[196] Die Bedingung für die Wirksamkeit des Vertrags ist die Erklärung des Optionsinhabers, seine Option auszuüben.

Wegen der Wahlmöglichkeit des Käufers, von der Option Gebrauch machen zu können oder dies zu lassen, werden Optionen im wirtschaftswissenschaftlichen Sprachgebrauch auch als bedingte Termingeschäfte bezeichnet. Durch die Bezeichnung als bedingtes Geschäft wird dabei aber keine rechtliche Einordnung vorgenommen (und insbesondere wird dadurch nichts zu dem gerade beschriebenen Meinungsstreit bezüglich der rechtlichen Qualifikation des Optionsgeschäfts gesagt). Die Wortwahl erfolgt vielmehr in Abgrenzung zu den Festgeschäften als unbedingten Termingeschäften, bei denen keine der Parteien ein Wahlrecht bezüglich der Erfüllung ihrer Pflichten hat. Der Käufer einer Option wird von den Ökonomen auch Inhaber einer Long-Position, der Verkäufer Inhaber einer Short-Position genannt. Bei der Ausstattung von Optionen wird unterschieden zwischen der europäischen Option (*European Style Option*) und der amerikanischen Option (*American Style Option*). Der Käufer einer europäischen Option darf die Option nur am Ende der Laufzeit, d.h. genau am Ausübungszeitpunkt am Verfallstag ausüben, der Käufer der amerikanischen Option ist hingegen berechtigt, sie jederzeit innerhalb der Laufzeit bis zum Ausübungszeitpunkt am Verfallstag auszuüben.[197]

III. Unterschied zwischen Festgeschäft und Option – die Risikostruktur

Aufgrund ihrer Zukunftsbezogenheit ist allen Derivaten, sei es in Form des Festgeschäfts, sei es in Form der Option, ein Unsicherheitsfaktor immanent. Ihm kommt aus der Sicht der Vertragsparteien ein zentraler Stellenwert innerhalb der Vertragszwecke zu. In erster Linie sind es zwei Motivationen, die zum Abschluss eines Derivats führen. Entweder wollen die Parteien die Ungewissheit der künftigen Entwicklung nützen, um Gewinne außerhalb wirtschaftlicher Austauschvorgänge zu erzielen, oder sie wollen existierende Risiken aus anderen Transaktionen durch ein Derivateengagement ausschließen oder verringern. In beiden Fäl-

---

195 *Clouth*, Rechtsfragen der außerbörslichen Finanz-Derivate, S. 27; *Kienle*, in Schimansky/Bunte/Lwowski, Bankrechts-Handbuch, § 106 Rn. 59.

196 Für diese Ansicht statt vieler *Clouth*, Rechtsfragen der außerbörslichen Finanz-Derivate, S. 27; *Kienle*, in Schimansky/Bunte/Lwowski, Bankrechts-Handbuch, § 106 Rn. 59.; a.A. *Henssler*, Risiko als Vertragsgegenstand, S. 595 f.

197 *Clouth*, Rechtsfragen der außerbörslichen Finanz-Derivate, S. 26; *Uszczapowski*, Optionen und Futures verstehen, S. 45.

len ist der Unsicherheitsfaktor die treibende Kraft für den Vertragsschluss und nicht lediglich eine unerwünschte Störungsquelle.[198]

Mit Hilfe des oben beschriebenen unterschiedlichen Grads der Erfüllungspflichten bei Festgeschäft und Option können sich die jeweiligen Vertragsparteien den diesen Geschäften immanenten Unsicherheitsfaktor auf unterschiedliche Weise zunutze machen. Der wesentliche Unterschied zwischen Festgeschäft und Option liegt dabei in der unterschiedlichen Risikostruktur der beiden Geschäftsarten.

Durch die für beide Seiten festen Liefer- und Zahlungsverpflichtungen, die zum vereinbarten Termin entweder durch Lieferung des Basiswerts und Zahlung oder durch Barausgleich nach Verrechnung der gegenseitigen Verpflichtungen erfüllt werden, stehen sich beim Festgeschäft Gewinnchancen und Verlustrisiken beider Vertragsparteien im Grundsatz spiegelbildlich gegenüber.[199] Man spricht daher beim Festgeschäft auch von einer symmetrischen Risikoverteilung.

Bei der Option hingegen unterliegen die beiden Vertragsparteien jeweils einem unterschiedlichen Risiko. Für den Optionskäufer ist das Risiko begrenzt auf die bereits beim Abschluss des Geschäfts vereinbarte und gezahlte Optionsprämie. Er kennt auf diese Weise von vornherein den Maximalverlust, den er erleiden kann.[200] Der Stillhalter dagegen kann aus dem Geschäft allenfalls einen Gewinn in Höhe der Prämie erzielen; dafür übernimmt er ein theoretisch unbegrenztes Verlustrisiko. Die Option ist daher durch eine asymmetrische Risikoverteilung gekennzeichnet.

IV. Swaps

Swaps werden in der rechts- und wirtschaftswissenschaftlichen Literatur überwiegend als dritter Grundtypus von Derivaten neben Futures und Optionen eingeordnet. Der Begriff Swap kommt von dem englischen Verb *„to swap"*, auf Deutsch: „austauschen", „tauschen", „wechseln". Mit diesem Wort wird bei ökonomischer Betrachtungsweise ausgedrückt, was bei Verwendung eines Swap wirtschaftlich passiert, nämlich der wechselseitige Austausch[201] von Geldzahlun-

---

198 *Henssler*, Risiko als Vertragsgegenstand, S. 633.

199 *Clouth*, Rechtsfragen der außerbörslichen Finanz-Derivate, S. 10; *Deutsche Bank*, Basisinformationen über Termingeschäfte, S. 16.

200 *Henssler*, Risiko als Vertragsgegenstand, S. 589.

201 In juristischen Arbeiten ist schon darauf hingewiesen worden, dass sich in der betriebswirtschaftlichen Literatur häufig Formulierungen finden, bei denen im Zusammenhang mit Swaps vom Austausch von Zahlungsforderungen oder -verbindlichkeiten gesprochen wird. Bei juristischer Betrachtungsweise sind diese Formulierungen missverständlich, denn es entseht dadurch der Eindruck, dass durch den

gen oder auf Rechnungseinheiten lautenden Beträgen.[202] Die Darstellung eines allgemeinen „Swap in Reinform“ erweist sich als schwierig, da die internationalen Banken eine Vielzahl von verschiedenartigen Swapkonstruktionen entwickelt haben, die unterschiedlichen Zielen dienen und durch eine stark variierende Terminologie gekennzeichnet sind.[203] Immerhin lassen sich zwei grundlegende Swap-Formen feststellen, die als Grundtypen des Swaps gelten können: der Zinsswap (auch Zinssatz-Swap oder *interest-rate-swap*) und der Währungsswap (*currency swap*).[204]

1. Zinsswaps

Bei einem Zinsswap werden zwei Zinsverpflichtungen ausgetauscht, die auf derselben Währung, jedoch unterschiedlichen Zinsberechnungsweisen beruhen. In den meisten Fällen handelt es sich um den Tausch einer Festzinsverpflichtung gegen eine Zinsverpflichtung mit einem variablen Prozentsatz. Die Vertragsparteien verpflichten sich, über die Laufzeit des Vertrags zu fest bestimmten Zeitpunkten an den jeweils anderen Teil Zahlungen zu leisten, die ausgehend von einem vertraglich festgelegten nominellen „Bezugsbetrag“ wie Zinsen unterschiedlicher Zinsbasis auf diesen Betrag berechnet werden. Der Austausch bezieht sich dabei allein auf die Zinszahlungsströme; die ihnen zugrunde liegenden Kapitalforderungen werden dagegen nicht übertragen.[205]

Swap Rechtspositionen aus dem zugrundeliegenden Finanzierungsgeschäft an Dritte übertragen werden, was nicht der Fall ist, vgl. *Erne*, Die Swapgeschäfte der Banken, S. 20 Fn. 86.

202 *Jahn*, in Schimansky/Bunte/Lwowski, Bankrechts-Handbuch, § 114 Rn. 2.

203 *Henssler*, Risiko als Vertragsgegenstand, S. 617.

204 *Clouth*, Rechtsfragen der außerbörslichen Finanz-Derivate, S. 19 (Währungs-Swap), S. 40 (Zinssatz-Swap); *Jahn*, in Schimansky/Bunte/Lwowski, Bankrechts-Handbuch, § 114 Rn. 2; *Henssler*, Risiko als Vertragsgegenstand, S. 617; *Erne*, Die Swapgeschäfte der Banken, S. 44 (Zinssatz-Swap), 55 (Währungs-Swap).

205 *Erne*, Die Swapgeschäfte der Banken, S. 20; *Clouth*, Rechtsfragen der außerbörslichen Finanz-Derivate, S. 40, 41; *Henssler*, Risiko als Vertragsgegenstand, S. 617, 618; *Jahn*, in Schimansky/Bunte/Lwowski, Bankrechts-Handbuch, § 114 Rn. 3; *Schäfer*, in Assmann/Schütze, Handbuch des Kapitalanlagerechts, § 17 Rn. 4.

2. *Währungsswap*

Bei einem Währungsswap[206] hingegen werden Kapitalbeträge in unterschiedlichen Währungen einschließlich der mit ihnen verbundenen Zinszahlungen ausgetauscht.[207] Die Vertragsparteien vereinbaren zum einen, über die Vertragslaufzeit zu fest bestimmten Zeitpunkten währungsverschiedene Geldbeträge auszutauschen, die wie Zinsen gleicher Zinsbasis auf – bei Vertragsschluss anhand des aktuellen Devisenkassakurses wertgleich festgelegte – Kapitalbeträge unterschiedlicher Währung berechnet werden. Des Weiteren verpflichten sie sich, am Ende der Vertragslaufzeit die der Berechnung zugrundeliegenden nominellen Kapitalbeträge, die so genannten Bezugsbeträge, auszutauschen (Schlusstausch). Der Austausch der Kapitalbeträge am Laufzeitende erfolgt auf diese Weise zu dem bei Vertragsbeginn herrschenden Devisenkassakurs (historischer Kassakurs, Pari-Termin-Kurs). Währungsswapverträge enthalten darüber hinaus häufig die Vereinbarung, die Bezugsbeträge zu Vertragsbeginn in einem dem Schlusstausch entgegengesetzten Anfangstausch auszutauschen. Notwendiger Bestandteil eines Währungsswap ist diese Anfangstransaktion jedoch nicht.[208] Der Leistungsaustausch erfolgt beim Währungsswap durch wechselseitige Zahlung, die bargeldlos auf in der vertraglichen Abrede im einzelnen spezifizierte, regelmäßig im Land der jeweiligen Währung geführte Konten zu leisten ist. Dies gilt ohne Unterschied sowohl für die periodischen als auch für die im Rahmen des Schluss- und gegebenenfalls des Anfangstauschs geschuldeten Zahlungen.[209]

3. *Swaps als besondere Ausprägungen von Festgeschäft und Option*

Bei der Einordnung der Swaps als dritten Grundtypus von Derivaten sollte man sich nicht darüber täuschen, dass Swaps in Wirklichkeit nur besondere Ausprägungen von Festgeschäft und Option sind. Der Zinsswap ist ein Zins-Termingeschäft in Form eines Festgeschäfts.[210] Der Währungsswap ist wie ein Devisentermingeschäft ein als Festgeschäft ausgestaltetes Termingeschäft, das auf den

206 Nicht zu verwechseln mit dem Devisenswap, vgl. hierzu die Zusammenfassung der Literatur bei *Clouth*, Rechtsfragen der außerbörslichen Finanz-Derivate, S. 20 Fn. 75.

207 *Erne*, Die Swapgeschäfte der Banken, S. 25; *Jahn*, in Schimansky/Bunte/Lwowski, Bankrechts-Handbuch, § 114 Rn. 4; *Henssler*, Risiko als Vertragsgegenstand, S. 618.

208 *Clouth*, Rechtsfragen der außerbörslichen Finanz-Derivate, S. 20.

209 *Clouth*, Rechtsfragen der außerbörslichen Finanz-Derivate, S. 21.

210 *Clouth*, Rechtsfragen der außerbörslichen Finanz-Derivate, S. 40.

Austausch von Geldbeträgen in verschiedenen Währungen gerichtet ist.[211] Die von den Swaps abgeleiteten Derivate, Zinsbegrenzungsgeschäfte wie Cap, Floor und Collar lassen sich hingegen auf den Grundtypus der Option zurückführen.[212] Der deutsche Gesetzgeber hat sich diese Sichtweise zu Eigen gemacht, indem er in den gesetzlichen Definitionen der Derivate nur die Grundtypen des Termingeschäfts, Festgeschäft und Option, aufgenommen hat und darunter auch Swaps subsumiert.[213] Diese Sichtweise entspricht der auf den internationalen Finanzmärkten vorherrschenden Sichtweise. So ordnet die *Group of Thirty* in ihrer Darstellung der Derivate Swaps als besondere Form von Forwards ein[214], Caps, Floors und Collars als auf Optionen basierende Geschäfte.[215]

V. Beispiele für die häufigsten Derivate

1. Derivate in Form des Festgeschäfts

Zu den Derivaten in der Form des Festgeschäfts gehören die Edelmetall- und Warentermingeschäfte, Devisentermingeschäfte und sonstige Termingeschäfte auf Finanztitel sowie Forward Rate Agreements und die schon dargestellten Swaps. Im Folgenden werden wegen ihres verbreiteten Einsatzes Devisentermingeschäft und Forward Rate Agreement gesondert beschrieben.

a. Devisentermingeschäfte

Bei einem Devisentermingeschäft handelt es sich um ein Festgeschäft über den Austausch eines einzelnen Betrags einer Währung gegen einen auf der Grundlage des vertraglich vereinbarten (Termin-)Kurses ermittelten Betrag einer anderen Währung. Erfüllung erfolgt entweder durch „physische Belieferung", d.h. durch wechselseitige Zahlung der währungsverschiedenen Geldbeträge, oder durch Vereinbarung einer von einer Vertragspartei am Fälligkeitstag zu leistenden Ausgleichszahlung für den Fall, dass der Wechselkurs der Vertragswährungen den

---

211 *Clouth*, Rechtsfragen der außerbörslichen Finanz-Derivate, S. 19.

212 *Jahn*, in Schimansky/Bunte/Lwowski, Bankrechts-Handbuch, § 114 Rn. 8 ff.; *Schäfer*, in Assmann/Schütze, Handbuch des Kapitalanlagerechts, § 17 Rn. 5; *Clouth*, Rechtsfragen der außerbörslichen Finanz-Derivate, S. 50.

213 Begründung zum Gesetz zur Umsetzung von EG-Richtlinien zur Harmonisierung bank- und wertpapieraufsichtsrechtlicher Vorschriften vom 22.10.1997, BT-Drucks. 13/7142, S. 69, 70, vgl. auch *Assmann*, in Assmann/Schneider, § 2 WpHG Rn 36, 39.

214 *Group of Thirty*, Derivatives: Practices and Principles, S. 31.

215 *Group of Thirty*, Derivatives: Practices and Principles, S. 33.

vertraglich vereinbarten Terminkurs an einem bestimmten Stichtag über- oder unterschreitet.[216]

b. Forward Rate Agreements

Auch bei dem Forward Rate Agreement, auf Deutsch „Terminsatz-Vereinbarung“, handelt es sich um ein Termingeschäft in Form eines Festgeschäfts, allerdings ist Basiswert nicht eine fremde Währung, sondern die Entwicklung eines Zinssatzes. Die Vertragsparteien verpflichten sich, an den jeweils anderen Teil zu Beginn einer in der Zukunft liegenden Zinsperiode eine der Höhe nach zunächst nicht bestimmte Zahlung in der Vertragswährung zu leisten, falls zu diesem Zeitpunkt ein als „Basissatz“ vereinbarter Referenzzinssatz den von den Vertragsparteien festgelegten „Terminsatz“ über- oder unterschreitet.[217]

2. Derivate in Form der Option

Zu den Derivaten in Form der Option gehören neben allen Produkten, die namentlich als Option bezeichnet werden (z.B. Aktienoption, Devisenoption) insbesondere die so genannten Zinsbegrenzungsgeschäfte Cap, Floor und Collar.

Bei den Zinsbegrenzungsgeschäften Cap und Floor handelt es sich um Zins-Optionsgeschäfte über einen als „Basissatz“ vereinbarten variablen Referenzzinssatz. Im Rahmen eines Zinssatz-Cap übernimmt der Verkäufer gegen die Zahlung einer Prämie für die Laufzeit des Vertrags die Verpflichtung, jeweils am Ende einer Zinsperiode an den Käufer eine zunächst betragsmäßig nicht fixierte Zahlung zu leisten, falls der Basissatz für diesen Berechnungszeitraum oberhalb eines vertraglich festgelegten Höchstsatzes (*Cap Rate*; „Deckel“) festgestellt wurde.[218]

Der Zinssatz-Floor bildet das Gegenstück zum Cap. Hier schuldet der Verkäufer dem Käufer die Zahlung von Ausgleichsbeträgen, wenn und soweit der Basissatz für einen Berechnungszeitraum den vereinbarten Mindestsatz (*Floor Rate*; „Untergrenze“) unterschreitet. Die Höhe etwaiger Ausgleichszahlungen ergibt sich aus einer Vergleichsrechnung auf der Grundlage des zu vereinbarenden nominellen Bezugsbetrags.[219]

Ein Collar (wörtlich: „Halskrause“) schließlich ist eine Kombination aus Cap und Floor. Der Käufer eines Cap beispielsweise, der den Cap erworben hat, um

216 *Deutsche Bank*, Basisinformationen über Termingeschäfte, S. 11; *Clouth*, Rechtsfragen der außerbörslichen Finanz-Derivate, S. 32.

217 *Scharpf/Epperlein*, in Rudolph, Derivate Finanzinstrumente, S. 157; *Clouth*, Rechtsfragen der außerbörslichen Finanz-Derivate, S. 38, 39.

218 Basisinformationen über Finanzderivate, S. 93 ff.

219 *Clouth*, Rechtsfragen der außerbörslichen Finanz-Derivate, S. 50.

die Höhe der zu zahlenden Zinsen aus einem variabel verzinslichen Kredit zu begrenzen, ist gleichzeitig auch bereit, eine gewisse Mindestverzinsung zu zahlen. Er „verkauft" daher gleichzeitig einen Floor an den Verkäufer des Cap und erhält dafür einen Betrag zu Beginn der Vereinbarung. Dadurch werden die Kosten, die zum Erwerb des Cap aufgebracht werden müssen, reduziert.[220]

Zweites Kapitel: Nutzen und Gefahren des Einsatzes von Derivaten

Um die Kompetenzen und Pflichten des Vorstands beim Einsatz von Derivaten im Finanzmanagement von Industrie- und Handelsunternehmen angemessen beurteilen zu können, ist es wichtig zu wissen, welchen Nutzen Derivate haben und wo ihre Gefahren liegen. Nutzen und Gefahren von Derivaten ergeben sich für alle Marktteilnehmer, die der Veränderung von Marktpreisen ausgesetzt sind, wie beispielsweise für private und institutionelle Anleger, für die öffentliche Verwaltung, für Finanzinstitute als Intermediäre sowie für Industrie- und Handelsunternehmen[221] in gleicher Weise. Daher soll im folgenden Zweiten Kapitel allgemein auf Nutzen und Gefahren von Derivaten eingegangen werden, und erst im Dritten Kapitel auf die Vor- und Nachteile ihres Einsatzes in Industrie- und Handelsunternehmen.

Der Einsatz von Derivaten ist ambivalent. Die Ambivalenz beruht zum einen auf der Funktion der Derivate als Risikotransfergeschäfte, auf der ihnen innewohnenden Hebelwirkung und auf den – aufgrund der Verbindung dieser beiden ökonomischen Eigenschaften – eröffneten Einsatzmöglichkeiten. Zum anderen ist ihre Verwendung von den unterschiedlichen Motiven bestimmt, die die Nutzer von Derivaten bei ihrem Einsatz verfolgen. Je nachdem, ob der Nutzer bestehende Risiken steuern und absichern oder aber Gewinne erzielen will, können mit Derivaten bestehende Risiken reduziert, wenn nicht sogar eliminiert werden, oder neue Risiken eingegangen werden.[222] Aus der Kombination der Eigenschaften der Derivate und der jeweiligen Motivation bei ihrem Einsatz ergeben sich ihr Nutzen und ihre Gefahren. Im folgenden Kapitel werden zunächst die ökonomischen Eigenschaften der Derivate, die Möglichkeiten ihres Einsatzes und ihre Risiken beschrieben, um schließlich zusammenfassend den Nutzen und die Gefahren der Derivate zu benennen.

---

220 *Schwintowski/Schäfer*, Bankrecht, § 21 Rn. 88.

221 *Reiner*, Derivative Finanzinstrumente im Recht, S. 4.

222 *Hull*, Options, Futures and Other Derivatives, S. 15: „That is, they (=*derivatives*, Anm. d. Verf.) can be used either to reduce risks or to take risks."

§ 5 Ökonomische Eigenschaften der Derivate

Es sind zwei spezielle Eigenschaften der Derivate, die sie für die Erfüllung bestimmter Anliegen ihrer Nutzer, so auch von Industrie- und Handelsunternehmen, besonders geeignet machen. Zum einen ist dies ihre Funktion als so genannte Risikotransfergeschäfte und zum anderen ist es die Möglichkeit, ohne Einsatz von Kapital oder mit nur wenig Kapital überproportional an Gewinnen des Basiswerts – allerdings mit dem Risiko entsprechend großer Verluste – teilzunehmen (Hebel-Effekt).

I. Die Funktion der Derivate als Risikotransfergeschäfte

Ihre Eignung zur Risikoübertragung begründet nach allgemeiner Auffassung ihre besondere ökonomische Funktion. Dies wird in der Literatur wie folgt beschrieben:

> „Die zentrale ökonomische Funktion der Derivate besteht in der isolierten Bewertung, Bündelung und Weitergabe von Marktpreisrisiken.[223] Derivate sind Risikotransfergeschäfte, die es dem Nutzer erlauben, Marktpreisrisiken nach Maßgabe ihrer individuellen Präferenzen an andere Marktteilnehmer weiterzugeben."[224] Bei anderen Autoren heißt es: „Derivate machen Risiken isoliert handelbar."[225] „Durch ihren Einsatz wird eine optimale Risikoallokation ermöglicht, denn Derivate dienen vorrangig der Umverteilung von Risiken."[226] „The main economic function of derivatives is to allow individual parties to transform risks."[227]

Die Bedeutung dieser Aussagen soll im Folgenden anhand einer Reihe von Beispielen verdeutlicht werden. Zuvor ist es jedoch notwendig, den Begriff des Risikos zu definieren.

---

223 Deutsche Bundesbank, Monatsbericht November 1994, S. 41, 44; *v. Westphalen*, Derivatgeschäfte, Risikomanagement und Aufsichtsratshaftung, S. 60; *Clouth*, Rechtsfragen der außerbörslichen Finanz-Derivate, S. 100.

224 *Clouth*, Rechtsfragen der außerbörslichen Finanz-Derivate, S. 100; Deutsche Bundesbank, Monatsbericht November 1994, S. 41, 44; *Rudolph*, in Rudolph (Hrsg.), Derivate Finanzinstrumente, S. 3, 15; *Jokisch*, in Börsig/Grassert/Prechtel, Neue Finanzierungsinstrumente für Unternehmen, S. 93; *Glaum/PwC*, Finanzwirtschaftliches Risikomanagement deutscher Industrie- und Handelsunternehmen, S. 35.

225 *v. Randow*, ZGR 1996, 594; *Krumnow (Hrsg.)*, Risikosteuerung von Derivaten, S. 1.

226 *Krumnow (Hrsg.)*, Risikosteuerung von Derivaten, S. 1.

227 *Board*, in Hudson, Modern Financial Techniques, Derivatives and Law, S. 156.

1. Der Begriff des Risikos

Der Begriff des Risikos hat je nach Kontext und Wissenschaftsdisziplin eine unterschiedliche Bedeutung.[228] Ganz allgemein und eher umgangssprachlich versteht man darunter eine Misserfolgsgefahr, also die Gefahr, dass die tatsächlichen Entwicklungen von den erwarteten oder geplanten Entwicklungen ungünstig abweichen.[229] Eine derartige Misserfolgsgefahr kann sich in unterschiedlicher Weise darstellen, so beispielsweise als Gefahr eines finanziellen Verlusts[230], als Gefahr einer Fehlentscheidung, als Gefahr einer Falschinformation. In der Statistik wird mit Risiko die Streuung einer zufallsabhängigen Variablen um ihren Mittel- bzw. Erwartungswert bezeichnet.[231] In Bezug auf betriebswirtschaftliche Sachverhalte wird Risiko verstanden als die Streuung der Ergebnisse von Entscheidungen um erwartete oder angestrebte Werte. Dieses Begriffsverständnis umfasst sowohl mögliche positive als auch negative Abweichungen (Risiko nicht nur als Gefahr, sondern auch als Chance).[232]

Entsprechend der Vielgestaltigkeit von Risikodefinitionen in Abhängigkeit vom Kontext variiert auch im Rahmen dieser Arbeit der Begriff des Risikos, je nachdem in welchem Zusammenhang er verwendet wird. Dies muss man sich immer wieder vor Augen führen. Im folgenden Abschnitt wird der Begriff des Risikos in der Bedeutung definiert, die er im Zusammenhang mit der Eignung der Derivate zur Risikoübertragung hat.

2. Marktpreisrisiko

Wird der Begriff des Risikos verwendet, um auszudrücken, dass sich Derivate zur „Risikoübertragung" bzw. zum „Risikotransfer" eignen, bedeutet „Risiko" in

---

228 *Gebhardt/Mansch*, Risikomanagement und Risikocontrolling in Industrie- und Handelsunternehmen, S. 10.

229 *Gebhardt/Mansch*, Risikomanagement und Risikocontrolling in Industrie- und Handelsunternehmen, S. 10; *Bitz*, in Gebhardt/Gerke/Steiner, Handbuch des Finanzmanagements, S. 641, 642; *Glaum/PwC*, Finanzwirtschaftliches Risikomanagement deutscher Industrie- und Handelsunternehmen, S. 13 („Risiko als Streuung der Ergebnisse von Entscheidungen um erwartete oder angestrebte Werte").

230 Vgl. auch *Glaum/PwC*, Finanzwirtschaftliches Risikomanagement deutscher Industrie- und Handelsunternehmen, S. 13 („Risiko als Verlustgefahr").

231 *Glaum/PwC*, Finanzwirtschaftliches Risikomanagement deutscher Industrie- und Handelsunternehmen, S. 13; *Oehler/Unser*, Finanzwirtschaftliches Risikomanagement, S. 13.

232 *Glaum/PwC*, Finanzwirtschaftliches Risikomanagement deutscher Industrie- und Handelsunternehmen, S. 13 („Risiko als Volatilität"); *Oehler/Unser*, Finanzwirtschaftliches Risikomanagement, S. 13.

diesem Zusammenhang „Marktpreisrisiko" (Marktänderungsrisiko oder auch Marktrisiko) der Basiswerte.[233] Unter Marktpreisrisiko der Basiswerte versteht man die Gefahr bzw. Chance, dass sich die Bewertungsparameter der Basiswerte und somit der Preis oder die Volatilität der Basiswerte im Zeitablauf nach oben oder unten verändern. Entsprechend der Änderung der Bewertungsparameter umfasst das Marktpreisrisiko als Oberbegriff Wechselkursrisiken, Zinsänderungsrisiken, Aktienkursrisiken sowie Rohstoffpreisrisiken.[234] Der Einsatz von Derivaten, wie er im Rahmen dieser Arbeit betrachtet wird, dient der Übertragung bzw. Umverteilung von Marktpreisrisiken der Basiswerte.

Geschäfte mit den genannten Basiswerten wie Devisen, Aktien oder Rohstoffen unterliegen neben den Marktpreisrisiken freilich noch anderen Risiken. Hierzu gehört beispielsweise das Kreditrisiko oder auch Bonitäts- oder Ausfallrisiko, also die Gefahr, dass der andere Vertragspartner die von ihm geschuldete Leistung nicht mehr erfüllen kann.[235] Für die Handhabung und Übertragung des Kreditrisikos stehen in jüngster Zeit neue Instrumente, die so genannten Kreditderivate, zur Verfügung.[236] Die Handhabung des Kreditrisikos und seine Übertragung mittels Kreditderivaten bleibt im Rahmen dieser Arbeit aber außer Betracht.

Risiko im Sinne dieses Abschnitts bedeutet also „Marktpreisrisiko der Basiswerte". Zu den Marktpreisrisiken der Basiswerte zählen die folgenden Einzelrisiken.

a. Zinsänderungsrisiko

Das Zinsänderungsrisiko ist die Gefahr, dass aufgrund von Marktzinsänderungen, von Veränderungen der Zinsstrukturkurve oder der Volatilität der Zinsen der Wert beispielsweise eines verzinslichen Kredits negativ von dem erwarteten Wert abweicht. [237]

---

233 *Schwintowski/Schäfer*, Bankrecht, § 21 Rn. 94.

234 *Rudolph/Johanning*, in Johanning/Rudolph, Handbuch Risikomanagement, Bd. 1, S. 22.

235 *Clouth*, Rechtsfragen der außerbörslichen Finanz-Derivate, S. 127.

236 *Schwintowski/Schäfer*, Bankrecht, § 21 Rn. 94; *Kümpel*, Bank- und Kapitalmarktrecht, Rn. 14.108 ff.; *Winter*, in Rudolph (Hrsg.), Derivate Finanzinstrumente, S. 211, 232.

237 *v. Westphalen*, Derivatgeschäfte, Risikomanagement und Aufsichtsratshaftung, S. 66; Basisinformationen für Finanzderivate, S. 117; *Rudolph*, in Rudolph (Hrsg.), Derivate Finanzinstrumente, S. 19.

b. Währungs- oder Wechselkursriskio

Unter Währungs- oder Wechselkursrisiko versteht man die Gefahr des Wertverlusts von offenen Währungspositionen aufgrund der Veränderung der Wechselkurse, ihrer Volatilität sowie der Zinssätze und Zinsstrukturkurven in den verschiedenen Ländern, die die Kurse der verschiedenen Währungen beeinflussen.[238]

c. Aktienkurs- und Rohstoffpreisrisiko

Aktienkursrisiken resultieren aus den Kursveränderungen und Volatilitäten einzelner Aktien sowie aus Kursniveauänderungen der Aktienmärkte. Das Rohstoffpreisrisiko besteht in der Gefahr der Veränderung der Preise von Rohstoffen im Zeitablauf.[239]

3. Verdeutlichung der Funktion als Risikotransfergeschäft anhand von Beispielen – Ausgangssituation

Nachdem der Begriff des Risikos als „Marktpreisrisiko" konkretisiert wurde, soll im Folgenden anhand einer Reihe von Beispielen die Funktion der Derivate als (Marktpreis-) Risikotransfergeschäfte erläutert werden.

- Der Inhaber (A) einer Forderung in ausländischer Währung (z.B. USD), die erst in sechs Monaten fällig wird, steht vor dem Problem, dass sich innerhalb der nächsten sechs Monate der Wechselkurs zwischen der ausländischen Währung und seiner Heimatwährung (z.B. USD/EURO-Wechselkurs) im Vergleich zu heute verändern kann. Sinkt der Euro-Preis für den Dollar in diesem Zeitraum, ist seine Dollar-Forderung am Ende der sechs Monate in Euro weniger wert als heute. Steigt hingegen der Euro-Preis für den Dollar, steigt auch der Wert seiner Dollar-Forderung.
- Der Kreditnehmer (B) eines variabel verzinslichen Kredits mit einer Laufzeit von einem Jahr ist der Gefahr ausgesetzt, dass die Zinsen in diesem Zeitraum steigen und er im Laufe der Zeit mehr Zinsen an den Kreditgeber zahlen muss als zu Beginn. Gleichzeitig hat er aber auch die Chance, dass die Zinsen fallen und er zu geringeren Zinszahlungen verpflichtet ist.
- (C), der in sechs Monaten aus einem Erbe Aktien erhalten wird und jetzt schon weiß, dass er sie dann sogleich verkaufen will, da er Geld benötigt, unterliegt dem Risiko, dass der Aktienkurs in sechs Monaten schlechter ist als

---

238 *Rudolph*, in Rudolph (Hrsg.), Derivate Finanzinstrumente, S. 19.
239 *Rudolph*, in Rudolph (Hrsg.), Derivate Finanzinstrumente, S. 19.

zum heutigen Zeitpunkt. Auf der anderen Seite könnten die Preise steigen und er beim Verkauf in sechs Monaten im Vergleich zu heute mehr erzielen.

- Der Lieferant von Rohstoffen (D), der sich gegenüber seinen Kunden verpflichtet hat, den Rohstoff in sechs Monaten zu dem heute gültigen Preis zu liefern, läuft die Gefahr, dass in sechs Monaten der Rohstoffpreis steigt und er zu dem Zeitpunkt, zu dem er zur Lieferung verpflichtet ist, den Rohstoff teurer einkaufen muss, als er von seinen Kunden dafür bekommt. Fallen hingegen die Rohstoffpreise, kann er den Rohstoff zum Lieferzeitpunkt im Verhältnis zu dem Preis, den er bekommt, billiger einkaufen.

Alle beispielhaft beschriebenen Marktteilnehmer befinden sich in einer vergleichbaren Situation. Aufgrund der Zukunftsbezogenheit ihrer Geschäfte unterliegen sie dem Risiko bzw. haben sie die Chance, dass sich der Wert der bei ihnen ein- oder ausgehenden Zahlungsströme im Laufe der Zeit aufgrund von Änderungen der Wechselkurse, Zinssätze, Aktienkurse oder Rohstoffpreise für sie negativ oder positiv verändert. Die Risiken und Chancen, die in der Möglichkeit der Änderung von Wechselkursen, Zinssätzen, Aktienkursen oder Rohstoffpreisen in der Zukunft liegen, werden, wie gerade gesehen, als Marktpreisrisiken bezeichnet. Marktpreisrisiken bewirken, dass sich die betroffenen Marktteilnehmer hinsichtlich der Kalkulation der Preise ihrer Geschäfte in einer Situation der Unsicherheit befinden.

4. Ausschaltung des Risikos der negativen Marktpreisentwicklung durch den Einsatz von Derivaten

Die beschriebenen Situationen der Preisunsicherheit lassen sich mit Hilfe von Derivaten in Situationen der Preissicherheit umwandeln.[240] Dies soll durch Fortführung der obigen Beispiele unter Einsatz von Termingeschäften in Form von Festgeschäften verdeutlicht werden. In allen Beispielen wollen sich die beschriebenen Personen (A, B, C und D) gegen eine für sie negative Preisentwicklung schützen.

- Der Inhaber (A) der Forderung in ausländischer Währung (z.B. USD) kann sich vor einem Wertverlust, der durch die mögliche Abwertung des USD droht, schützen, indem er ein Devisentermingeschäft abschließt. In diesem Fall verpflichtet er sich am Abschlusstag gegenüber seinem Vertragspartner (z.B. einer Bank), zu dem Zeitpunkt der Fälligkeit seiner USD-Forderung in

---

240 *Clouth*, Rechtsfragen der außerbörslichen Finanz-Derivate, S. 107 spricht von „Festschreibung von Wechselkursen und Zinssätzen auf dem Marktpreisniveau des Abschlusstags“.

sechs Monaten, den USD-Betrag an die Bank zu „verkaufen“[241]. Als Gegenleistung bekommt er zum Fälligkeitszeitpunkt von der Bank einen EURO-Betrag, dessen Höhe anhand des am Abschlusstag gültigen USD/EURO-Wechselkurses errechnet wird.[242] Fällt der Dollarkurs in dem Sechs-Monatszeitraum, erhält A unabhängig von dieser für ihn negativen Preisentwicklung von der Bank den vereinbarten EURO-Betrag. Steigt der Dollarkurs hingegen, verhält es sich genauso, er bekommt „nur“ den vereinbarten EURO-Betrag. Die Unsicherheit, die für A in möglichen Wechselkursänderungen liegt, ist mit Hilfe des Devisentermingeschäfts für A vollständig ausgeschaltet worden.

- Der Kreditnehmer (B) eines variabel verzinslichen Kredits schließt mit der Bank einen Zinsswap, aufgrund dessen B verpflichtet ist, über die Laufzeit des Vertrags einen festen, am Abschlusstag einmalig bestimmten Zinsbetrag zu zahlen. Unabhängig wie sich die Zinsen während der Laufzeit des Kredits nach oben oder unten verändern, muss B immer nur den vereinbarten Betrag an die Bank zahlen.
- C schließt mit der Bank ein Termingeschäft über Aktien, das ihn verpflichtet, am Fälligkeitstag in sechs Monaten seine Aktien an die Bank zu einem heute festgelegten Kurs zu verkaufen. Auch in diesem Beispiel haben eventuelle Aktienkursveränderungen im Sechs-Monatszeitraum keine Auswirkungen auf C. Er erhält als Gegenleistung für seine Aktien den vereinbarten Betrag, unabhängig davon, ob die Aktienkurse steigen oder fallen.
- Der Rohstoffhändler D kann ein Warentermingeschäft über den von ihm benötigten Rohstoff abschließen, das ihn berechtigt, zu dem Zeitpunkt, zu dem er zur Lieferung des Rohstoffs verpflichtet ist, den Rohstoff zu einem heute festgelegten Preis zu erwerben. Rohstoffpreisveränderungen in diesem Zeitraum sind für ihn dann irrelevant.

Allen Beispielen ist wiederum eines gemeinsam. Mit Hilfe der Derivate ist es den Marktteilnehmern A, B, C und D möglich, das Risiko der für sie negativen Preisentwicklung zu eliminieren. Das Risiko der negativen Preisentwicklung ist damit aber nicht aus der Welt. Es ist vielmehr an den jeweiligen Vertragspartner

---

241 Die Begriffe „Kauf“ und „Verkauf“ von Währungen werden hier im untechnischen Sinne gebraucht. Es wird damit nichts über die rechtliche Qualifikation von Geschäften mit Währungen im Sinne des BGB gesagt, vgl. *Clouth*, Rechtsfragen der außerbörslichen Finanz-Derivate, S. 109, Fn. 59.

242 Beispiel nach *Clouth*, Rechtsfragen der außerbörslichen Finanz-Derivate, S. 107: Ein Exporteur E verkauft den Betrag von 10 Mio USD zum aktuellen Sechs-Monats-Terminkurs von z.B. 1 EURO/USD an die Bank B. Von dieser erhält er bei Fälligkeit – unabhängig von der Entwicklung des USD/EURO-Wechselkurses – gegen Zahlung der 10 Mio USD einen Betrag von 10 Mio EURO.

(z.B. die Bank) weitergegeben worden. Die folgenden Beispiele machen dies deutlich:

5. Übernahme des Risikos der negativen Preisentwicklung durch den Vertragspartner

- Die Bank als „Käufer“ in dem USD/EURO-Devisentermingeschäft ist verpflichtet, bei Fälligkeit als Gegenleistung für den USD-Betrag, den sie von A erhält, den am Abschlusstag mit A vereinbarten EURO-Betrag zu bezahlen. Dazu ist sie verpflichtet, auch wenn mittlerweile der Dollarkurs gesunken ist, sie also am Markt den gleichen Dollarbetrag für weniger Euro erhalten könnte. Die Ausschaltung des Risikos der negativen Preisentwicklung für A mit Hilfe des Devisentermingeschäfts führt dazu, dass nun die Bank das Risiko der negativen Preisentwicklung zu tragen hat. Auf der anderen Seite zeigt das Beispiel auch, dass A durch Abschluss des Devisentermingeschäfts auf die Chance einer positiven Preisentwicklung (d.h. eines steigenden Dollarkurses) verzichtet. Diese Chance wird durch das Devisentermingeschäft ebenfalls auf die Bank übertragen. Denn steigt der Dollarkurs im Betrachtungszeitraum im Verhältnis zu dem vereinbarten EURO-Betrag müsste die Bank am Markt mehr dafür bezahlen, als sie nun durch das Devisentermingeschäft zu zahlen verpflichtet ist.[243]
- Die Bank, die als Vertragspartner von B in dem Zinsswap fungiert, übernimmt von B die Zahlung der variablen Zinsen, während sie B die Zahlung von festen Zinsen gewährt. Hier verhält es sich ebenso wie im ersten Beispiel. Für B wird damit das Risiko steigender Zinsen ausgeschaltet, dieses trägt nun die Bank. Gleichzeitig verzichtet B damit aber auf die Chance sinkender Zinsen. Diese Chance erhält die Bank.
- Aufgrund des Aktientermingeschäfts zwischen C und der Bank ist das Risiko fallender Aktienkurse auf die Bank übergegangen. Der Chance, dass die Aktienkurse im Zeitraum von sechs Monaten steigen hat sich C dadurch aber begeben, diese hat nun die Bank.
- Die Festsetzung des Rohstoffeinkaufspreises durch das Warentermingeschäft schließt jegliches Risiko der Preissteigerung für D aus. Dieses Risiko trägt nun der Vertragspartner des D, denn er muss zum Lieferzeitpunkt den Rohstoff zum Marktpreis einkaufen. Er erhält aber auch die Chance, dass die Rohstoffpreise sinken und er den Rohstoff am Markt zu einem niedrigeren

243 Den Wertzuwachs der USD-Forderung muss A wirtschaftlich betrachtet im Rahmen des Devisentermingeschäfts an die Bank „abführen“, vgl. *Clouth*, Rechtsfragen der außerbörslichen Finanz-Derivate, S. 109.

Preis einkaufen kann, als zu dem Preis, zu dem ihm D den Rohstoff abnehmen muss.

In allen Beispielen sind die Risiken der negativen Preisentwicklung also an den Vertragspartner Bank weitergegeben worden und werden nun von diesem getragen. Die Gründe, warum der Vertragspartner dazu bereit ist, mögen nicht unmittelbar einleuchten. Tatsächlich tut er dies nicht aus uneigennützigen Motiven, vielmehr gibt es eine Reihe von Gründen für diese Risikoübernahme.

6. Gründe für die Übernahme des Risikos der negativen Marktpreisentwicklung

a. Entgegengesetzte Risikoexposition

Ein Grund wird durch die Beispiele bereits veranschaulicht. Die Bank übernimmt jeweils nicht nur das Risiko negativer Preisentwicklung. Sie bekommt auch etwas dafür, nämlich jeweils die Chance positiver Preisentwicklung. In dem Maße, in dem A, B, C und D ihre Risiken der negativen Preisentwicklung an die Bank abgegeben, verlieren sie die Chance der positiven Preisentwicklung. Das ist der „Preis", den sie für die Ausschaltung des Risikos negativer Preisentwicklung „bezahlen".[244] Die Bank hingegen profitiert auch von der Übernahme des Risikos negativer Preisentwicklung, denn sie erhält die Chance der positiven Preisentwicklung.[245] Die Bank kann sich in einer Situation befinden, in der gerade das für sie günstig ist. So kann die Bank im ersten Beispiel möglicherweise selbst eine USD-Verbindlichkeit haben, die in 6 Monaten fällig ist. D.h. sie benötigt in sechs Monaten genau den USD-Betrag, den sie von A erhält. Mit Hilfe des Devisentermingeschäfts bekommt sie den USD-Betrag für einen EURO-Betrag, dessen Höhe anhand des Wechselkurses von heute berechnet wird. Das ist für sie vorteilhaft, da sie bei einer eventuellen Wechselkurssteigerung Dollar nicht teuer am Markt einkaufen muss, sondern dank des Devisentermingeschäfts auf den Preis von heute festgelegt ist.

b. Spekulation

Die Bank kann für den Abschluss des Devisentermingeschäfts aber auch andere Motive haben. So ist es möglich, dass sie die Dollarkursentwicklung anders einschätzt als A und mit steigenden Wechselkursen rechnet. Sie geht daher davon aus, dass sie den billig eingekauften Dollarbetrag in sechs Monaten teurer ver-

---

244 *Bitz*, in Gebhardt/Gerke/Steiner, Handbuch des Finanzmanagments, S. 660; *Wach*, Der Terminhandel in Recht und Praxis, Rn. 50 („Opportunitätsverlust").

245 *Clouth*, Rechtsfragen der außerbörslichen Finanz-Derivate, S. 100.

kaufen kann. Das würde ihr einen Gewinn einbringen. Ein Grund, warum die Bank das Risiko des A übernimmt, kann also in der Möglichkeit zur Spekulation auf Gewinne liegen, die ihr diese Risikoübernahme bietet.[246] Im Gegensatz zu der Situation unter Punkt a. werden hier neue Marktpreisrisiken, die die Bank zuvor nicht tragen musste, eröffnet.

c. Erhalt einer Prämie als Gegenleistung

Die Möglichkeit, die Gefahr jeglicher Preisänderung (also sowohl der positiven als auch der negativen Preisentwicklung) auszuschalten, ist Folge der symmetrischen Risikostruktur von Termingeschäften in Form von Festgeschäften, wie sie hier als Beispiele für Derivate genannt wurden. Die vollkommene Fixierung der Preissituation, also die Festschreibung der Preise auf dem Niveau des heutigen Tages, ist aber nicht die einzige Möglichkeit des Umgangs mit unsicheren Preisentwicklungen, die durch Derivate eröffnet wird. Bestimmte Derivate (nämlich solche mit einer asymmetrischen Risikostruktur wie Optionen) ermöglichen es dem Preissicherheit suchenden Marktteilnehmer, unter Ausschaltung des Risikos der negativen Preisentwicklung an möglichen für ihn positiven Preisentwicklungen teilzunehmen.[247] Für die andere Vertragsseite (z.B. die Bank) bringt dies aber ungleich größere Risiken mit sich, die sie sich durch eine Prämie bezahlen lässt. Der Erhalt von Prämien kann ein Grund sein, warum Banken zur Übernahme von Risiken bereit sind.

7. Zusammenfassung: Derivate als Risikotransfergeschäfte

Die Beispiele sollten veranschaulichen, was die zu Beginn zitierten Beschreibungen in der Literatur bedeuten. Mit Hilfe von Derivaten werden Marktpreisrisiken, die bei Gelegenheit eines Geschäfts mit Basiswerten am Markt entstehen, an andere Marktteilnehmer weitergegeben, die zur Übernahme bereit sind, weil sie darin Vorteile für sich sehen. Daher wird von Risikotransfergeschäften gesprochen. Risikotransfer setzt voraus, dass immer auch ein anderer Marktteilnehmer existiert, der bereit ist, das gewünschte Derivategeschäft abzuschließen. Dies setzt wiederum einen liquiden Markt voraus. Existiert ein solcher liquider Markt, werden Risiken tatsächlich „handelbar", da sie beliebig weitergegeben werden können. Die Begriffe „Risikotransfer" bzw. „Übertragung von Risiken" haben in

246 Zur Spekulation vgl. unten 2. Kapitel, § 6II.

247 Diese Möglichkeiten spielen eine bedeutende Rolle beim Einsatz von Derivaten. Zur Illustration der besonderen ökonomischen Funktion der Derivate reichen obige Beispiele aber schon aus.

diesem Zusammenhang nicht die juristische Bedeutung einer dinglichen Übertragung. Der Transfer von Risiken durch Derivate ist vielmehr das wirtschaftliche Ergebnis einer Kombination der oben geschilderten (schuld-) rechtlichen Vereinbarungen. [248]

II. Die Hebelwirkung (Leverage-Effekt)

Die zweite spezielle Eigenschaft der Derivate ist ihre so genannte Hebelwirkung[249]. Unter Hebelwirkung oder Leverage-Effekt wird die Möglichkeit verstanden, „mit Derivaten bei verhältnismäßig geringem Einsatz von Eigenkapital vergleichsweise hohe Gewinne zu erzielen, aber auch vergleichsweise hohe Verluste zu erleiden."[250] Die Wahl des Begriffs „Hebelwirkung" erfolgt in Anlehnung an den Hebel in der Mechanik. Ähnlich wie sich in der Mechanik mit einem großen Hebelarm unter kleinem Kraftaufwand große Kräfte an einem entsprechend kleinen Hebelarm erzeugen lassen (z.B. Brechstange)[251], können bei einem Engagement in Derivaten mit relativ wenig Kapitaleinsatz – im Vergleich zu einem Engagement in den dem Derivat zugrundeliegenden Basiswert[252] – relativ große Wirkungen (hoher Gewinn oder Verlust) hervorgerufen werden.

Der Hebel oder Leverage eines Derivats ist ein Vergleichswert, der sich berechnen lässt aus dem Quotienten der prozentualen Preisänderung des Derivats und der prozentualen Preisänderung des zugrundeliegenden Basiswerts.[253] Der Hebel einer Option gibt beispielsweise an, um wie viel Prozent der Wert der Option steigt oder fällt, wenn der Basiswert (z.B. Aktien) um ein Prozent steigt oder fällt.[254] Je größer der Hebel des Derivats, umso größer ist die prozentuale Veränderung des Werts des Derivats im Vergleich zur prozentualen Veränderung des Werts des zugrundeliegenden Basiswerts, d.h. umso größer ist das Verlustrisiko bzw. die Gewinnchance. Die Hebelwirkung kann niemals kleiner als eins sein.

---

248 *Reiner*, Derivative Finanzinstrumente im Recht, S. 42: „Risikobetrachtung ist wirtschaftliche Betrachtung."

249 Basisinformationen über Finanzderivate, S. 118; *Deutsche Bank*, Basisinformationen über Termingeschäfte, S. 89.

250 Basisinformationen über Finanzderivate, S. 118; *Deutsche Bank*, Basisinformationen über Termingeschäfte, S. 89; *Krumnow* (Hrsg.), Gabler Banklexikon, Stichwort: Hebel, Hebeleffekt; *Henssler*, Risiko als Vertragsgegenstand, S. 684; *Reiner*, Derivative Finanzinstrumente im Recht, S. 41.

251 Vgl. die Definition in *Brockhaus*, Die Enzyklopädie, Stichwort: Hebel.

252 *Reiner*, Derivative Finanzinstrumente im Recht, S. 39; *Henssler*, Risiko als Vertragsgegenstand, S. 684.

253 *Büschgen*, Das kleine Börsenlexikon, S. 577 (Stichwort: leverage (2)).

254 *Krumnow* (Hrsg.), Gabler Banklexikon, Stichwort: Hebel, S. 680.

Das heißt, dass bei übereinstimmenden Geldanlagesummen der absolute Gewinn/Verlust immer größer ist als beim zugrundeliegenden Kassageschäft.[255]

Die Hebelwirkung der Derivate führt dazu, dass der Nutzer des Derivats bei Eingehung des Geschäfts nicht den gesamten Wert des zugrundeliegenden Basiswerts aufbringen muss. Die beiderseitigen Hauptleistungspflichten aus dem Termingeschäft, d.h. die Pflicht zur Zahlung des Ausübungspreises und die Lieferung des Handelsobjekts bzw. der Barausgleich, sind erst zum Termin fällig. Bei Festgeschäften ist bei Abschluss des Geschäfts an der Börse „lediglich“[256] der Einschuss (*margin*) zu zahlen, bei OTC-gehandelten Festgeschäften grundsätzlich nicht einmal dies. Bei Optionsgeschäften ist die Optionsprämie aufzubringen. Diese Zahlungen stellen jedoch nur einen Bruchteil, nämlich in der Regel zwischen 5 und 15% des Basiswerts dar, an dessen Kursbewegungen der Nutzer während der Laufzeit des Geschäfts teilnimmt.[257] Trotz dieses verhältnismäßig geringen Einsatzkapitals kann der Nutzer des Derivats aber an den vollen Wertveränderungen des Basiswerts teilnehmen. Dies führt einerseits zu der Chance, über das eingesetzte Kapital hinausgehende Gewinne zu machen, gleichzeitig aber auch je nach Typ des Derivats zu der Gefahr, über das eingesetzte Kapital hinausgehende Verluste erleiden zu müssen.[258]

Die Bedeutung der Hebelwirkung wird anschaulich, wenn man die Anlage in ein Derivat mit der direkten Anlage desselben Betrags in den dem Derivat zugrundeliegenden Basiswert vergleicht. Anhand des Erwerbs einer Option auf Aktien verglichen mit dem direkten Aktienkauf soll dies beispielhaft verdeutlicht werden:

A erwartet, dass der Kurs der X-Aktie, der im Mai EURO 100,- beträgt, im Verlauf der nächsten 6 Monate steigen wird. Er möchte gleichwohl sein Risiko begrenzen, weil er weiß, wie unsicher die Entwicklung an den Aktienmärkten sein kann. Der Optionspreis für eine Option mit sechsmonatiger Laufzeit auf die X-Aktie beträgt bei dem Basiskurs von EURO 100,- (entspricht dem Kassa-Aktienkurs von April) EURO 5,-. A kauft zwei Optionskontrakte auf jeweils 50 X-Aktien, d.h. auf insgesamt 100 Aktien, mit einem Verfalltermin 15. Oktober. Er hat dafür eine Optionsprämie von EURO 500,- an den Stillhalter zu zahlen. Übt A die Option nach dem erwarteten Anstieg auf EURO 110,- aus, so erwirbt er 100 Aktien zum Basispreis von EURO 100,- nach Kassabedingungen, d.h. er hat insgesamt EURO 10.000,- aufzubringen. Der sofortige Verkauf erbringt ihm einen Erlös von EURO 11.000,-. A hat folglich mit einem Kapitaleinsatz von EURO 500,- einen Ge-

---

255 *Deutsche Bank*, Basisinformationen über Termingeschäfte, S. 89; *Büschgen*, Das kleine Börsenlexikon, S. 577 (Stichwort: leverage (2)).

256 Dieser Betrag kann allerdings im Einzelfall im Laufe der Zeit nicht unerheblich steigen, wenn wegen Wertverlusts des Derivats Nachschüsse zu leisten sind.

257 *Wach*, Terminhandel in Recht und Praxis, Rn. 642.

258 *Casper*, WM 2003, 161, 163.

winn von EURO 500,- (EURO 1000,- Kursgewinn abzüglich der Optionsprämien von EURO 500,-) erzielt, was einer Rendite von 100% entspricht.[259]

Bei dem direkten Aktienkauf hätte A im Mai für 100 X-Aktien à EURO 100,- EURO 10.000,- bezahlen müssen. Bei einem Weiterverkauf nach erwartetem Kursanstieg im Oktober auf EURO 110,- pro Aktie hätte er EURO 11.000,- erzielt. Die Rendite würde 10% betragen, sie wäre also ungleich kleiner als beim Optionskauf.

Das Beispiel verdeutlicht die positiven Wirkungen des Hebeleffekts, wenn die Kurse entsprechend den Erwartungen steigen. Dann erlaubt es die Hebelwirkung, mit einem relativ geringen Einsatz von Eigenkapital vergleichsweise – d.h. in Relation zum Engagement in ein Kassageschäft – hohe Gewinne zu erwirtschaften.[260]

Die Kehrseite der Hebelwirkung, nämlich die Gefahr, über das eingesetzte Kapital hinausgehende Verluste zu erleiden, lässt sich anhand des Beispiels eines Optionskaufs nicht aufzeigen. Da der Anleger eine Option nicht ausüben muss, ist sein Verlust immer auf die eingesetzte Optionsprämie beschränkt. Einen Totalverlust (nämlich die gesamte Optionsprämie) erleidet der Käufer einer Option dann, wenn die Kurse überhaupt nicht steigen oder sinken. Da die Optionsprämie aber immer nur einen Bruchteil des einzusetzenden Kapitals darstellt, ist auch der Totalverlust immer nur ein Bruchteil im Vergleich zu dem Totalverlust bei einem Direktkauf der Aktien.

Die negative Seite der Hebelwirkung lässt sich besser anhand eines Festgeschäfts verdeutlichen. Da hier der Anleger am Ende der Laufzeit des Geschäfts verpflichtet ist, den vereinbarten Kurs zu bezahlen, erleidet er immer einen Verlust, wenn die Kurse sinken. Der Verlust ist umso größer, je mehr die Kurse sinken. Wurde das Festgeschäft an einer Börse erworben, kann es aufgrund des Wertverlusts des Festgeschäfts erforderlich sein, dass der Anleger entsprechend dem Wertverlust „Nachschüsse" zahlt. In diesem Fall geht sein Verlust noch über das eingesetzte Kapital hinaus. Dieser Fall ist bei einem Direktkauf ausgeschlossen.

Die Hebelwirkung hat also zweischneidige Folgen. Diese Zweischneidigkeit macht den Einsatz der Derivate im Vergleich zu einer Investition in den Basiswert für den Nutzer attraktiv, gleichzeitig aber auch gefährlich.[261] Durch ein Engagement in ein Derivat können auf Grund der Hebelwirkung die finanziellen Folgen des Engagements verstärkt werden. Entwickeln sich die Kurse entsprechend den Erwartungen, sind die finanziellen Ergebnisse bei nur geringem Kapi-

---

259 Beispiel nach *Henssler*, Risiko als Vertragsgegenstand, S. 589.

260 *Henssler*, Risiko als Vertragsgegenstand, S. 684.

261 *Reiner*, Derivative Finanzinstrumente im Recht, S. 5; *Wach*, Der Terminhandel in Recht und Praxis, Rn. 642; *Häuser/Welter*, in Assmann/Schütze, Handbuch des Kapitalanlagerechts, § 16 Rn. 91.

taleinsatz für den Nutzer überproportional gut; entwickeln sich Preise entgegen den Erwartungen, sind die finanziellen Ergebnisse überproportional schlecht.[262] Die Möglichkeit der überproportionalen Gewinne kann die Nutzer dazu verleiten, die entsprechend überproportional höheren Verlustrisiken in Kauf zu nehmen, obwohl sie sie weder überblicken noch wirtschaftlich verkraften können. Preisbewegungen von einigen Prozentpunkten können bewirken, dass ein Anleger binnen weniger Stunden seinen gesamten Einsatz vollständig verliert.[263] Kurz: Die Hebelwirkung ist ein Anreiz zur Spekulation.

In dieser Zweischneidigkeit der Hebelwirkung liegen zugleich die Ursachen für die besonderen Chancen und die besonderen Gefahren von Derivaten[264], wie weiter unten noch ausgeführt wird.

§ 6 Einsatzmöglichkeiten von Derivaten

Ihre Eignung für den Risikotransfer wie auch ihre Hebelwirkung ermöglichen den Einsatz von Derivaten zu speziellen Zwecken. Die Möglichkeit der Übertragung von Risiken erlaubt es Nutzern von Derivaten, Vermögenspositionen, die zu ihrer Geschäftstätigkeit gehören, gegen das Risiko negativer Marktpreisentwicklung zu sichern. Die Möglichkeit der Übernahme von Risiken verbunden mit der Hebelwirkung als Ursache für die Chance auf überproportional hohe Gewinne kommt demjenigen zugute, dessen Ziel es ist, durch Kauf und Verkauf von Derivaten an Preisveränderungen des zugrundeliegenden Basiswerts teilzunehmen und daraus Profit zu schlagen. Schließlich bewirkt die Zukunftsbezogenheit der Derivate, dass durch Kauf eines Derivats auf dem Terminmarkt und Verkauf des zugrundeliegenden Basiswerts auf dem Kassamarkt aus eventuellen Preisunterschieden zwischen diesen beiden Märkten Gewinne gezogen werden können. Die klassischen Einsatzmöglichkeiten von Derivaten sind dementsprechend ihre Verwendung zur Absicherung (Hedging) von Risiken, zur Spekulation und zur Preisarbitrage.[265]

---

262 *Hull*, Options, Futures and Other Derivatives, S. 13.

263 *Wach*, Der Terminhandel in Recht und Praxis, Rn. 642.

264 *Henssler*, Risiko als Vertragsgegenstand, S. 684, 685; *Uszczapowski*, Optionen und Futures verstehen, S. 56, *Jaskulla*, Die Einführung derivativer Finanzinstrumente an den deutschen Wertpapierbörsen als Regelungsproblem, S. 140; hierzu vgl. unten 2. Kapitel, § 8.

265 *Hull*, Options, Futures and Other Derivatives, S. 11 ff; *Dubofsky/Miller*, Derivatives, S. 154; *Hudson*, The Law On Financial Derivatives, S. 9 ff.; *Clouth*, Rechtsfragen der außerbörslichen Finanz-Derivate, S. 100 ff.; *v. Westphalen*, Derivatgeschäfte, Risikomanagement und Aufsichtsratshaftung, S. 56.

Freilich lassen sich die Ziele der Risikoabsicherung, der Spekulation und der Arbitrage in zahlreichen Situationen auch mit Hilfe herkömmlicher Finanzinstrumente verwirklichen. Die Möglichkeiten, die Derivate eröffnen, sind nicht ausschließlich Derivaten vorbehalten.[266] So kann die Sicherung von Fremdwährungsforderungen vor Wechselkursänderungen statt wie oben gesehen mit einem Devisentermingeschäft auch durch Aufnahme eines entsprechenden Fremdwährungsdarlehens erfolgen, durch „Tausch“ der Fremdwährungsdarlehensvaluta „in der Kasse“ gegen den EURO-Gegenwert zum aktuellen Wechselkurs, durch Anlage des EURO-Gegenwerts und Tilgung des Fremdwährungsdarlehens mittels des bei Fälligkeit des Grundgeschäfts anfallenden Fremdwährungsbetrags.[267] Spekulation auf steigende Kurse ist andererseits auch durch eine Geldanlage in Aktien und den späteren Verkauf der Aktien möglich. Wird die Geldanlage ganz oder teilweise fremdfinanziert, lässt sich darüber hinaus sogar eine Hebelwirkung erzeugen, die mit der Hebelwirkung der Derivate vergleichbar ist.[268]

Nicht alle Situationen lassen sich aber gleichermaßen mit herkömmlichen Finanzinstrumenten bewältigen. Optionen beispielsweise können nicht ohne weiteres allein durch ein Kassageschäft mit dem Basiswert nachgebildet werden, weil der Kapitalmarkt unvollkommen und unvollständig ist. Unvollkommenheit und Unvollständigkeit des Kapitalmarkts bedeuten, dass nicht alle Finanzinstrumente zu jeder Zeit oder zu einem angemessenen Preis verfügbar sind. Der Vorteil von

---

266 *Reiner*, Derivative Finanzinstrumente im Recht, S. 21 („Merkmal der jederzeitigen Reproduzierbarkeit von Derivaten durch ein Kassainstrument“); *Rudolph*, in Rudolph (Hrsg.), Derivate Finanzinstrumente, S. 3, 16.

267 *Clouth*, Rechtsfragen der außerbörslichen Finanz-Derivate, S. 107, Fn. 51; *Groh*, DB 1986, 869, 871. Die beschriebene Strategie wird anhand eines Zahlenbeispiels deutlich: X hat eine Fremdwährungsforderung i.H.v. 10 Mio. USD, die in sechs Monaten fällig wird. Die Forderung von 10 Mio. USD entspricht heute einem Betrag von 9 Mio. EURO. X will sich vor der Gefahr des Sinkens des USD/EURO-Wechselkurses schützen. Er nimmt heute ein Fremdwährungsdarlehen i.H.v. 10 Mio USD mit dem gleichen Fälligkeitsdatum wie das seiner Fremdwährungsforderung auf. Den erhaltenen Dollarbetrag von 10 Mio. USD tauscht er sofort „in der Kasse“ gegen den entsprechenden EURO-Betrag i.H.v. 9 Mio. USD. Den EURO-Betrag von 9 Mio. USD legt er an. Bei Fälligkeit tilgt er das Fremdwährungsdarlehen mit dem zur gleichen Zeit fällig werdenden Betrag aus der Fremdwährungsforderung i.H.v. 10 Mio. USD.

268 Vgl. Beispiel nach *Henssler*, Risiko als Vertragsgegenstand, S. 581: X hat 10.000,-EURO zur Verfügung und kauft damit 50 Aktien à 200,- EURO. Bei einem Kursanstieg binnen Jahresfrist auf 250,-EURO erzielt er einen Gewinn von 2500,-EURO und damit eine Rendite von 25%. Finanziert er dagegen den Kauf zur Hälfte fremd, kann er mit dem gleichen Eigenkapitaleinsatz 100 Aktien erwerben. Sein Kursgewinn beträgt in diesem Fall 5000,-EURO, sein effektiver Ertrag nach Abzug der Kreditzinsen von angenommen 10% immer noch 4000,-EURO. Seine Eigenkapitalrendite hat sich damit auf 40% erhöht.

Derivaten in Form von Optionen liegt darin, dass sie den herkömmlichen Möglichkeiten am Kapitalmarkt eine weitere hinzufügen, ihn also vervollkommnen und vervollständigen.[269] Die Besonderheit von Derivaten gegenüber herkömmlichen Finanzinstrumenten besteht außerdem darin, dass sie aufgrund ihrer Kombinationsmöglichkeiten das Aufteilen und Verlagern von Risiken in vielfältigen Situationen möglich machen, in denen man früher nicht auf die Idee gekommen ist, die Risiken zu teilen.[270] So komplex die Risikosituation auch sein mag, es werden immer exotischere und notgedrungen komplexere Derivate entwickelt, die auch in der entsprechenden Situation eine Risikoverlagerung ermöglichen. Daher und aufgrund ihrer mittlerweile weitverbreiteten Handelbarkeit, der damit verbundenen Flexibilität für die Nutzer und der relativ kostengünstigen Möglichkeit ihres Abschlusses[271] sind Derivate für die Ziele der Risikoabsicherung, der Spekulation und der Arbitrage besonders gut geeignet.[272] Im Folgenden sollen die Möglichkeiten des Einsatzes von Derivaten daher näher erläutert werden.

I. Sicherung von Grundgeschäften gegen Marktpreisrisiken (Hedging)

Derivate werden als Mittel zur Sicherung gegen Marktpreisrisiken genutzt, die aus einem erst in der Zukunft zu erfüllenden, auf tatsächliche Lieferung z.B. einer Ware oder von Devisen gerichteten Grundgeschäft resultieren. Abgeleitet aus der englischen Terminologie bezeichnet man diesen Vorgang im deutschen Sprachgebrauch als Hedging.[273] Ziel des Hedging ist es, das Risiko des Wertverlusts des Grundgeschäfts, das sich aus der Gefahr von Wechselkurs-, Zins-, Aktienkurs- oder Rohstoffpreisänderungen in der Zukunft ergeben kann, in Richtung einer Risikominimierung bewusst zu steuern.

1. Der Vorgang des Hedging

Beim Hedging geht derjenige, der die Absicherung eines Preisrisikos sucht, das aus einem erst in der Zukunft zu erfüllenden, auf tatsächliche Lieferung des Vertragsgegenstands (z.B. Ware oder Devisen) gerichteten Grundgeschäfts resultiert

---

269 *Rudolph*, in Rudolph (Hrsg.), Derivate Finanzinstrumente, S. 17.

270 *Rudolph*, in Rudolph (Hrsg.) Derivative Finanzinstrumente, S. 17; *Reiner*, Derivative Finanzinstrumente im Recht, S. 4 („Die Besonderheit von Derivaten gegenüber anderen Hedge- Instrumenten besteht darin, dass sie das Aufteilen von „früher unteilbaren" (oder besser: früher nicht geteilten) Risiken möglich machen").

271 *Rudolph*, in Rudolph (Hrsg.), Derivate Finanzinstrumente, S. 17.

272 *Reiner*, Derivative Finanzinstrumente im Recht, S. 5.

273 Das Wort „*hedging*" kommt von dem englischen „*to hedge*" und bedeutet „umzäunen, abgrenzen".

(Hedger), neben dem Grundgeschäft ein nach Art, Betrag und Fälligkeit gleiches zweites (Termin-) Geschäft am Markt für Derivate ein, in dem er die entgegengesetzte Vertragspartnerstellung einnimmt. Ist er beispielsweise in dem Grundgeschäft in der Position des Käufers (*long position*), so wird er am Derivatemarkt die Position des Verkäufers (*short position*) einnehmen. Die Verbindung von Grundgeschäft mit einem danebenlaufenden Derivat soll dazu dienen, das in dem Grundgeschäft liegende Risiko aus nicht vorhersehbaren Kurs- oder Preisschwankungen in geeigneter Weise auszugleichen.[274] Dies geschieht, indem sich die Risiken der aus beiden Geschäften gebildeten Risikogesamtposition vollständig bzw. möglichst gut kompensieren.[275] Durch Eingehung des zweiten Geschäfts (=Derivat) wird das Preisrisiko des Grundgeschäfts auf einen dritten Marktteilnehmer übertragen, der besser in der Lage ist, es zu übernehmen. Die Vertragspartner des Hedgers im Grundgeschäft und im Derivat sind regelmäßig nicht identisch.

Voraussetzung jeder Absicherung gegen das Risiko von Marktpreisschwankungen mittels Derivaten ist es, dass der Hedger einen Vertragspartner findet, der gewillt ist, die gegenläufige Position einzunehmen und damit das Risiko zu übernehmen. Kann ein Derivat zu Konditionen erworben werden, die denen des Grundgeschäfts genau entgegengesetzt sind, spricht man von einem *perfect hedge*. Denn dann ergibt sich die Möglichkeit, Risiken nicht nur einigermaßen zu verlagern, sondern gänzlich zu eliminieren.[276] In den seltensten Fällen wird es allerdings einen anderen Hedger geben, der exakt die entgegengesetzten Sicherungsinteressen hat. Wahrscheinlicher ist es, dass nur ein annäherungsweise entsprechendes Sicherungsgeschäft abgeschlossen werden kann, um damit das Risiko zumindest annähernd zu kompensieren.[277] Notwendig ist es jedenfalls, Marktteilnehmer zu finden, die in dem Moment, in dem der Hedger eine Absicherung sucht, bereit sind, diesem Absicherungsinteresse durch Einnehmen der entgegengesetzten Position zu entsprechen. Nur bei einer ausreichenden Teilnehmerzahl am Markt ist die Möglichkeit des jederzeitigen Abschlusses eines Gegengeschäfts gewährleistet. Die Hedger allein können diese Marktliquidität nicht herbeischaffen.[278] Denn der Bedarf an Verkaufspositionen (zur Sicherung einer

---

274 Vgl. die grundlegende Entscheidung des Reichsgerichts vom 28.03.1923 zum Hedge-Geschäft, RGZ 107, 22, 24; siehe auch RGZ 117, 267, 269; RGZ 146, 190, 193; BGHZ 58, 1, 5; *Häuser/Welter*, in Assmann/Schütze, Handbuch des Kapitalanlagerechts, § 16 Rn. 183; *Henssler*, Risiko als Vertragsgegenstand, S. 546.

275 *Rudolph*, in Rudolph (Hrsg.), Derivate Finanzinstrumente, S. 15.

276 *Henssler*, Risiko als Vertragsgegenstand, S. 547.

277 *Henssler*, Risiko als Vertragsgegenstand, S. 546; *v. Westphalen*, Derivatgeschäfte, Risikomanagement und Aufsichtsratshaftung, S. 58.

278 *Müller*, Hedgegeschäfte, S. 50.

Kaufposition am Kassamarkt) ist am Terminmarkt ungleich höher als der Bedarf an Kaufpositionen.[279] In der Realität kann deswegen der Sicherungsbedarf der Hedger nur gedeckt werden, weil es Marktteilnehmer gibt, die durch ihre Teilnahme am Markt für Derivate nicht ein eigenes Sicherungsbedürfnis befriedigen wollen, sondern die im Gegenteil, weil sie auf Kursgewinne setzen, bereit sind, das Risiko, dessen sich die Hedger durch Einnehmen einer Position in einem Derivat entledigen wollen, zu übernehmen. Das sind die so genannten Spekulanten. Ein Ausgleich von Terminpositionen ohne Beteiligung des Spekulationspublikums wäre in großem Umfang nicht möglich. In der Praxis des Terminhandels tritt dieser Umstand meist nicht offen zutage, weil der Marktteilnehmer, sei er nun Spekulant oder Hedger, bei den börsengehandelten Derivaten nur mit der Bank bzw. dem Börsenmakler in Kontakt tritt, nicht aber mit der eigentlichen Marktgegenseite.[280]

Das Derivat, das zu Sicherungszwecken erworben wird, dient in der Regel nicht wirklich der Vermittlung des zugrundeliegenden Basiswerts. Es ist also nicht auf den effektiven Umsatz der zugrundeliegenden Rohstoffe, Devisen, Aktien etc. gerichtet, sondern wird meistens vor Fälligkeit durch ein gegenläufiges Geschäft glattgestellt. Das Sicherungsgeschäft ist aber mit einem Grundgeschäft verbunden, das die effektive Lieferung des Rohstoffs, der Devisen oder der Aktien zum Inhalt hat.[281] Dabei besteht das Risiko, dass sich der Preis (Kurs) des Derivats nicht völlig parallel zum Kurs des zugrundeliegenden Basiswerts entwickelt. Somit kann ein Hedge, bei dem zwischenzeitlich eine Glattstellung erfolgen soll, wegen dieses Risikos (Basisrisikos) nie ganz sicher kalkuliert werden.[282]

2. *Festschreibung des Wertes des Grundgeschäfts auf dem Niveau des Abschlusstages – Hedging mittels Devisentermingeschäft*

Der Mechanismus der Absicherung eines Grundgeschäfts vor Marktpreisveränderungen mittels Derivaten soll anhand des bereits oben verwendeten Beispiels der Sicherung einer ausländischen Währungsforderung vor Wertverlust mit Hilfe eines Devisentermingeschäfts verdeutlicht werden. In dem gewählten Beispiel kommt es den Hedgern auf die tatsächliche Lieferung des Basiswerts an. Dies ist, wie gesagt, in der Praxis eher der Ausnahmefall. Es erleichtert aber das Verständnis und entspricht gleichzeitig dem, was bei einem Hedge, der nicht auf tatsächliche Lieferung des Basiswerts gerichtet ist, abläuft.

279 *Henssler*, Risiko als Vertragsgegenstand, S. 549; *Müller*, Hedgegeschäfte, S. 50.
280 *Henssler*, Risiko als Vertragsgegenstand, S. 549.
281 *Müller*, Hedgegeschäfte, S. 14, 50 Fn. 30.
282 *Deutsche Bank*, Basisinformationen über Termingeschäfte, S. 103.

Der Inhaber (A) einer in sechs Monaten fälligen Fremdwährungsforderung i.H.v. 10 Mio. USD, die er gegen X aus einem Exportgeschäft hat (=Grundgeschäft), will sich vor einem Wertverlust, der durch die mögliche Abwertung des USD im Verhältnis zum EURO droht, schützen, indem er heute ein Devisentermingeschäft abschließt. Er verpflichtet sich am Abschlusstag (z.B. dem 1.4.) gegenüber einem Dritten als Vertragspartner (z.B. einer Bank), zum Zeitpunkt der Fälligkeit seiner USD-Forderung in sechs Monaten (1.10.), den Betrag i. H. v. 10 Mio. USD an die Bank zu „verkaufen" Als Gegenleistung bekommt er zum Fälligkeitszeitpunkt in sechs Monaten von der Bank einen EURO-Betrag, dessen Höhe anhand des am 1.4. gültigen EURO/USD-Wechselkurses[283] von beispielsweise 0,80EURO/USD errechnet wird. Fällt der Dollarkurs in dem Sechs-Monatszeitraum auf 0,70 EURO/USD, erhält A unabhängig von dieser für ihn negativen Preisentwicklung von der Bank den vereinbarten EURO-Betrag i.H.v 8 Mio. EURO gegen „Lieferung" der 10 Mio. USD. Steigt der EURO/USD-Wechselkurs im Sechs-Monatszeitraum hingegen auf 0,90 EURO/USD und würde A daher am 1.10. am Kassamarkt für seine 10 Mio. USD 9 Mio. EURO erhalten, hat das für ihn keine Wirkung; er bekommt aufgrund des Devisentermingeschäfts trotzdem „nur" den vereinbarten EURO-Betrag i.H.v. 8 Mio. EURO. [284]

Wie das Beispiel zeigt, ist der Wert der USD-Forderung i.H.v. 10 Mio. USD durch das Devisentermingeschäft unter vollständiger Ausschaltung des Risikos der Wechselkursänderung (=Währungstransaktionsrisikos) auf der vereinbarten Höhe von 8 Mio. EURO fixiert[285], so dass Kursänderungen „nach unten" nicht mehr schaden, gleichzeitig aber auch die Chance, von Kurssteigerungen zu profitieren, nicht mehr besteht. Sollte der EURO/USD-Wechselkurs bei Fälligkeit der Forderung auf 0,70 EURO/USD gefallen sein, wäre die Forderung von 10 Mio. USD am Kassamarkt nur noch 7 Mio. EURO wert. Das Devisentermingeschäft

283 Dieser Wechselkurs wird als Terminkurs bezeichnet. Bei dem Terminkurs handelt es sich nicht etwa um einen „Prognosekurs" im Sinne einer Vorwegnahme der zukünftigen Entwicklung des Kassakurses. Er ist vielmehr Ausdruck der Differenz des Zinsniveaus der beiden auszutauschenden Währungen. Der Devisenterminkurs setzt sich zusammen aus Kassakurs und Swapsatz, der entweder als Aufschlag (Report, Prämie) oder Abschlag (Deport/Diskont) vom Kassakurs zu berücksichtigen ist. Der Swapsatz entspricht dabei dem Nettoaufwand oder –ertrag aus dem Zins der per Kasse „gekauften" und bis zur Fälligkeit des Termingeschäfts angelegten Währung und der per Kasse „verkauften" und bis zur Fälligkeit des Termingeschäfts aufgenommenen Gegenwährung, *Clouth*, Rechtsfragen der außerbörslichen Finanz-Derivate, S. 13, Fn. 34; Basisinformationen über Finanzderivate, S. 38 f.; *Hadding/Hennrichs*, in FS für Claussen S. 447.

284 Beispiel nach *Clouth*, Rechtsfragen der außerbörslichen Finanz-Derivate, S. 109.

285 „festgezurrt", vgl. *Hadding/Hennrichs*, in FS für Claussen, S. 450.

erfährt demgegenüber eine Aufwertung von 1 Mio. EURO, da es zum Erhalt eines Betrags von 8 Mio. EURO berechtigt. Der positive Marktwert des Devisentermingeschäfts (plus 1 Mio. EURO) kompensiert also den Wertverlust des Grundgeschäfts (minus 1 Mio. EURO).

Steigt der Wechselkurs hingegen auf z.B. 0,90 EURO/USD, hat die Fixierung des Wertes des Grundgeschäfts zur Folge, dass A auch unter diesen Voraussetzungen bei Fälligkeit zur „Lieferung" des Betrags von 10 Mio. USD gegen eine Zahlung von 8 Mio. EURO verpflichtet ist. Dies entspricht dann nicht dem aktuellen Marktwert der USD-Forderung. Denn am Kassamarkt würde A nun 9 Mio. EURO für 10 Mio. USD erhalten. Das Grundgeschäft erfährt wegen der Wechselkurssteigerung eine Aufwertung von 1 Mio. EURO. Diese hätte A auch für sich verbuchen können, wenn er kein Devisentermingeschäft zur Absicherung abgeschlossen hätte. Der Abschluss des Devisentermingeschäfts bewirkt hier wirtschaftlich gesehen, dass A auf den „Wertzuwachs" seiner USD-Forderung verzichten und ihn als Preis für das Devisentermingeschäft an die Bank abgeben muss.[286]

3. *Reduzierung des Risikos des Wertverlusts des Grundgeschäfts unter gleichzeitiger Wahrung von Gewinnchancen – Hedging mittels Devisenoption*

Die Wirkung der „Festschreibung"[287] des Wechselkurses auf dem (Marktpreis-) Niveau des Abschlusstages unter Verzicht auf die Teilnahme an positiven Kursveränderungen lässt sich mit einem Devisentermingeschäft herstellen. Eine der „Festschreibung" vergleichbare Wirkung hat der Abschluss eines Zinsswap, durch den eine variable Zinsverbindlichkeit in eine Festzinsverbindlichkeit zur Sicherung gegen einen Zinsanstieg getauscht wird.[288] Die Möglichkeit der „Festschreibung" von Preisen ist eine der spezifischen Eigenschaften von Devisentermingeschäft und Zinsswap als Festgeschäft. Die Steuerung von Marktpreisrisiken zur Risikominimierung mittels Derivaten wird nämlich wesentlich durch die typischen Merkmale der beiden Grundtypen des Termingeschäfts, Festgeschäft und Option, bestimmt.[289] Die Risikominimierung allein kann, wie das Beispiel zeigt, durch den Abschluss eines Termingeschäfts in Form eines Festgeschäfts erreicht werden. Optionen ermöglichen hingegen die Reduzierung von Risiken unter gleichzeitigem Erhalt von Chancen auf – aus der jeweiligen Sicht des Nutzers – positive Preisentwicklungen, dies allerdings nur gegen den Preis einer Prämie.

---

286 *Clouth*, Rechtsfragen der außerbörslichen Finanz-Derivate, S. 109.
287 Begriff bei *Clouth*, Rechtsfragen der außerbörslichen Finanz-Derivate, S. 107.
288 Vgl. Beispiel bei *Kümpel*, Bank- und Kapitalmarktrecht, Rn. 14.91 ff.
289 *Clouth*, Rechtsfragen der außerbörslichen Finanz-Derivate, S. 107.

Ursache für diese unterschiedlichen Risikosteuerungsmöglichkeiten ist das unterschiedliche Risiko-Chance-Profil von Festgeschäft und Option.[290] Dieses wiederum basiert rechtlich gesehen auf den unterschiedlichen vertraglichen Leistungspflichten der Vertragspartner bei Festgeschäft und Option.[291] Die beiderseitige Erfüllungspflicht der Vertragsparteien und die sich daraus ergebende symmetrische Risikoverteilung beim Festgeschäft hat zur Folge, dass ein Vertragspartner des Festgeschäfts sich jeglichen Risikos und jeglicher Chance, die in einer Preisveränderung liegen kann, begibt, während der andere Vertragspartner sowohl Risiko als auch Chance übernimmt. Im Gegensatz dazu führt das Wahlrecht z.B. des Inhabers einer Kauf-Option bezüglich deren Ausübung und das daraus resultierende asymmetrische Risiko-Chance-Profil zu der Möglichkeit, die Marktpreisrisiken eines Grundgeschäfts zu reduzieren, ohne zugleich auf die Chance verzichten zu müssen, an einer günstigen Entwicklung des Basiswerts teilzunehmen. Die Chance ergibt sich, weil der Optionsinhaber die Kauf-Option nicht ausüben muss, sondern Kurssteigerungen des Basiswerts am Kassamarkt nutzen kann. Diese „Chancennutzungsmöglichkeit"[292] aufgrund Nichtausübung der Option hat allerdings ihren Preis. Der Stillhalter der Kauf-Option, d.h. also derjenige Vertragspartner, der das Risiko der negativen Marktpreisentwicklung übernimmt und gleichzeitig seinem Kontrahenten die Chance auf eine positive Marktpreisentwicklung belässt, lässt sich dies mit der Optionsprämie bezahlen. Das Risiko des Inhabers der Kauf-Option ist also anders als das Risiko des Inhabers eines Futures nie vollständig ausgeschaltet. Denn selbst dann, wenn der Inhaber einer Kauf-Option die Option nicht ausübt, muss er von dem erzielten Gewinn jedenfalls die schon bezahlte Optionsprämie abziehen.

Die Sicherung einer Fremdwährungsforderung vor Wertverlust unter Wahrung der Chancen auf eine Wertsteigerung soll durch Abänderung des obigen Beispiels anhand einer Devisenoption deutlich gemacht werden:

Die Ausgangslage ist die gleiche wie im obigen Fall. Anders als im obigen Beispiel erwirbt A am 1.4. zur Sicherung seiner Fremdwährungsforderung i.H.v. 10 Mio. USD gegen einen Wertverlust jedoch eine Devisenoption. A erhält gegen die Zahlung einer Optionsprämie i.H.v. 0,02 EURO/USD (= 200 000,- EURO) das Recht, am Fälligkeitstermin der Forderung in sechs Monaten (1.10) der stillhaltenden Bank den Betrag von 10 Mio. USD gegen die Zahlung eines Betrags von 8 Mio. EURO (es wird wiederum von einem EURO/USD-Wechselkurs von 0,80 EURO/USD am 1.4. ausgegangen) zu übertragen, A ist

290 *Clouth*, Rechtsfragen der außerbörslichen Finanz-Derivate, S. 107.

291 Vgl. schon oben 1. Kapitel, § 4; *Clouth*, Rechtsfragen der außerbörslichen Finanz-Derivate, S. 10; *Häuser/Welter*, in Assmann/Schütze, Handbuch des Kapitalanlagerechts § 16 Rn. 74.

292 Begriff bei *Clouth*, Rechtsfragen der außerbörslichen Finanz-Derivate, S. 107.

dazu aber nicht verpflichtet. Unter diesen Bedingungen würde A bei Ausübung der Option bei Fälligkeit der USD-Forderung am 1.10. für den Betrag von 10 Mio. USD effektiv einen Betrag von 7,8 Mio. EURO (8 Mio. EURO – 200 000,- EURO Optionsprämie) erhalten. Die Wertsicherung der USD-Forderung durch eine Devisenoption kann also aufgrund der Optionsprämie immer nur auf einem niedrigeren Wertniveau erfolgen als mit Hilfe eines entsprechenden Devisentermingeschäfts. Der Abschluss der Devisenoption und die Ausübung der Option lohnen sich daher im Vergleich zum Abschluss eines Devisentermingeschäfts erst dann, wenn der EURO/USD-Wechselkurs unter 0,78 EURO/USD sinkt. Denn dann sind die Konditionen am Kassamarkt für den „Verkauf" der 10 Mio. USD schlechter als die Bedingungen der Devisenoption.[293]

Wie im obigen Beispiel (§ 6 I. 2) gesehen, ermöglicht die Wertsicherung mittels Devisentermingeschäft eine Festschreibung des EURO/USD-Wechselkurses auf 0,8 EURO/USD. Mit Hilfe des Devisentermingeschäfts kann sich A den bei Abschluss des Geschäfts am 1.4. gültigen Wechselkurs für den Tag der Fälligkeit der Forderung am 1.10. erhalten. Bei einer Absicherung mittels Devisenoption kommt A zum wirtschaftlich gleichen Ergebnis nur, wenn der EURO/USD-Kassakurs am Fälligkeitstag auf 0,82 EURO/USD gestiegen ist. Dann wird A die Option nicht ausüben.[294] Denn er bekommt für seine 10 Mio. USD am Kassamarkt 8,2 Mio. EURO. Davon muss er 200 000 EURO abziehen, die er für die (nun verlorene) Option schon aufgebracht hat. Nach Abzug von 200 000 EURO bleiben ihm 8 Mio. EURO und damit das gleiche Ergebnis wie bei Abschluss des Devisentermingeschäfts. Hinzu kommt, dass anders als bei der Wertsicherung mittels Devisentermingeschäfts die Möglichkeit der Nichtausübung der Option es A erlaubt, an jeder weiteren Aufwertung des USD im Verhältnis zum EURO am Kassamarkt teilzunehmen. Steigt also der Wechselkurs beispielsweise auf 0,84 EURO/USD, übt A die Option nicht aus und es ergibt sich für ihn nach Abzug des Preises für die (verlorene) Option iHv. 0,02 EURO/USD ein effektiver Wechselkurs von 0,82 EURO/USD. Dieser ist um 0,02 EURO/USD „besser" als der ursprüngliche Wechselkurs von 0,8 EURO/USD und führt zu einem „Mehrer-

293 Die Ausübung der Devisenoption lohnt sich für A auch noch dann, wenn der Wechselkurs auf ein Niveau zwischen 0,78 und 0,80 EURO/USD gesunken ist. Denn dann würde A zwar am Kassamarkt eine besseren Kurs erhalten als bei Ausübung der Devisenoption, davon müsste er aber immer noch die 0,02 EURO/USD abziehen, die er für den Erwerb der verlorenen Option aufgebracht hat. Danach läge er immer unter dem Niveau von 0,78 EURO/USD, die er bei Ausübung der Option erhält.

294 A wird die Option auch dann nicht ausüben, wenn der Wechselkurs auf ein Niveau zwischen 0,80 und 0,82 EURO/USD gestiegen ist. Denn dann bekommt A auch nach Abzug der Prämie i.H.v. 0,02 EURO/USD für die verlorene Option mehr, als wenn er die Option ausüben würde.

trag" des A von 200 000,- EURO. Die (Möglichkeit der Nichtausübung der) Option erlaubt dem Hedger also, sich Chancen des Kursanstiegs auf dem Kassamarkt zu erhalten.

Der Vergleich der beiden Beispiele zeigt die unterschiedliche Wirkungsweise von Devisentermingeschäft und Devisenoption zur Sicherung einer Fremdwährungsforderung. Das Devisentermingeschäft erlaubt eine vollständige Abkoppelung des Wertes der Fremdwährungsforderungen von den Preisentwicklungen am Kassamarkt. Die Wertsicherung erfolgt auf dem Kursniveau des Abschlusstags des Devisentermingeschäfts. Kursentwicklungen „nach unten" lassen den Wert der Forderung unberührt. Für diese größtmögliche Risikominimierung ist kein Kapitaleinsatz notwendig.[295] Die Loslösung von den Preisentwicklungen am Kassamarkt hat aber auch zur Folge, dass an Kurssteigerungen des Basiswerts am Kassamarkt nicht teilgenommen werden kann und daraus keine Gewinne gezogen werden können. Dies ist der „Preis" des Devisentermingeschäfts.

Bei der Devisenoption erfolgt die Abkoppelung des Wertes der Fremdwährungsforderung von Preisentwicklungen am Kassamarkt für den Inhaber der Option fakultativ. Seine Forderung ist auf einem festen Kursniveau gesichert, das effektiv allerdings immer niedriger ist als das gesicherte Kursniveau beim Devisentermingeschäft. Denn der Optionsinhaber muss eine Optionsprämie bezahlen, deren Wert er von dem aktuellen Kursniveau des Abschlusstages abziehen muss. Aufgrund der Prämienzahlung ermöglicht die Devisenoption im Vergleich zum Devisentermingeschäft also nur eine risikoreduzierte, nicht aber risikominimale Absicherung. Die Optionsprämie ist der Preis dafür, dass der Optionsinhaber durch Nichtausübung der Option die Abkoppelung von der Preisentwicklung am Kassamarkt wieder aufgeben und sich an der Preisentwicklung am Kassamarkt beteiligen kann. Dies wird er dann tun, wenn dort die Kurse gestiegen sind. Das führt dann bei ihm zu Gewinnen aus der Wertsteigerung seiner Fremdwährungsforderung. Allerdings sind auch diese Gewinne im Vergleich zu einer vollkommenen Nichtabsicherung der Forderung um die Optionsprämie zu reduzieren, denn die Optionsprämie hat er in jedem Fall aufzubringen, auch wenn er die Option nicht ausübt.

4. Verfeinerte Strategien des Hedging mittels Kombinationen von Derivaten

Die an den Beispielen Devisentermingeschäft und Devisenoption aufgezeigten Unterschiede gelten allgemein für Festgeschäft und Option. Festgeschäft und Op-

295 Die bei börsengehandelten Termingeschäften zu zahlenden Margins, sind nicht der Preis für den Abschluss des Termingeschäfts, sondern sind Sicherheitszahlungen an die Börse zur Sicherung von Ausfallrisiken.

tion sind jedoch keine sich ausschließenden Alternativen der Sicherung vor Risiken mittels Derivaten. In der Praxis werden beide Geschäftsarten zur Verbesserung von Risikosteuerungsstrategien vielmehr in unterschiedlicher Weise kombiniert. Eine Möglichkeit der Kombination ist es beispielsweise – anders als in den obigen Beispielen eines auf den Fälligkeitszeitpunkt der Grundforderung bezogenen statischen Hedging (Buy and Hold-Strategie) – durch den zeitlich hintereinandergeschalteten Einsatz von Derivaten des Festgeschäfts- und Optionstypus bezüglich ein und desselben Grundgeschäfts zu versuchen, Marktpreisschwankungen des Basiswerts während der Laufzeit zu berücksichtigen und hieraus resultierende Kurschancen zu nutzen (dynamisches Hedging).[296] Verfeinerte Hedging-Möglichkeiten ergeben sich auch durch Verknüpfung der Elemente von Festgeschäft und Option zu neuen, komplexeren Derivaten, die das Optionsinstrumentarium erweitern und gleichzeitig die Voraussetzungen für die Anreicherung des Festgeschäfts um Elemente der „Chancenwahrung" schaffen.[297] Diese verfeinerten Hedging-Möglichkeiten sind insbesondere bei der Risikosteuerung in Industrie- und Handelsunternehmen interessant.[298] Hierauf und speziell auf die Praxis des Hedging in Industrie- und Handelsunternehmen wird weiter unten eingegangen.[299] Wichtig ist an dieser Stelle jedoch zu erkennen, dass auch die komplizierten Strategien der Risikoabsicherung sich immer wieder auf den hier dargestellten Mechanismus der Absicherung von Grundgeschäften gegen Marktpreisschwankungen zurückführen lassen.

5. Zusammenfassung: Charakteristika des Einsatzes von Derivaten zur Sicherung von Grundgeschäften gegen Marktpreisrisiken

Zusammenfassend ist festzuhalten, dass der Zweck des Hedging immer die Sicherung eines Grundgeschäfts vor Preisrisiken ist, und zwar vor Preisverlusten in der Zukunft. Hedging dient dem Ziel der Steuerung grundgeschäftsbezogener Risiken in Richtung einer Risikominimierung. Dies geschieht, anders als man auf den ersten Blick meinen könnte, nicht dadurch, dass die grundgeschäftsbezogenen Risiken mittels Derivaten völlig „aus der Welt geschafft" werden. Das ist praktisch

---

296 *Clouth*, Rechtsfragen der außerbörslichen Finanz-Derivate, S. 111 mit Beispiel; *v. Westphalen*, Derivatgeschäfte, Risikomanagement und Aufsichtsratshaftung, S. 58; *Höfner/Klein*, in Rudolph (Hrsg.), Derivate Finanzinstrumente, S. 171, 177 ff.; *Klein*, in Achleitner/Thoma, Handbuch Corporate Finance, 9.3.2. S. 14 ff.

297 Vgl. *Clouth*, Rechtsfragen der außerbörslichen Finanz-Derivate, S. 113 mit Beispielen von Derivaten der dritten Generation.

298 *Clouth*, Rechtsfragen der außerbörslichen Finanz-Derivate, S. 113 ff.

299 Vgl. 3. Kapitel § 10III.

kaum möglich.[300] Es geschieht vielmehr durch das bewusste Eingehen eines neuen Risikos, das aber deshalb nicht „gefährlich" ist, weil es dem grundgeschäftsbezogenen Risiko genau bzw. so genau wie möglich entgegengesetzt ist. Die beiden Risiken heben sich quasi gegenseitig (so weit wie möglich) auf. Wirtschaftlich gesehen wird das grundgeschäftsbezogene Risiko mittels des durch das Derivat eingegangenen Risikos weitgehend kompensiert und im günstigsten Fall eliminiert.[301] Die verbreitete Vorstellung, der Hedger gehe kein Risiko ein, trifft daher nicht zu. Der Hedger geht sehr wohl ein Risiko ein, nur eben ein zu den grundgeschäftsbezogenen Risiken gegenläufiges mit dem Ziel der Wertkompensation.[302] Durch die Verknüpfung des Hedgegeschäfts (in Form eines Derivats) mit dem Grundgeschäft verliert das Derivat sein Risiko und erlangt den Charakter eines Versicherungsgeschäfts, da ein Gewinn nur den Verlust im Grundgeschäft ausgleichen soll. Umgekehrt sichert das Grundgeschäft aber auch das Risiko aus dem Derivat, weil ein Verlust im Derivat durch einen Gewinn im Grundgeschäft kompensiert wird.[303] Wird die Verbindung zwischen beiden Geschäften zerrissen und ihre Erfolgsgemeinschaft aufgehoben, stehen Grundgeschäft und Derivat wieder voll in ihrem Risiko.

Hedging ist kein Mittel zur zusätzlichen Gewinnerzielung. Ein zusätzlicher Gewinn kann zwar als Nebeneffekt eines Hedgegeschäfts auftreten, beispielsweise wie oben gesehen bei Wahl einer Option als Sicherungsgeschäft. Die zusätzliche Gewinnerzielung stellt aber nie den Primärzweck des Hedging dar.[304] Die reine Gewinnerzielung ohne Grundgeschäftsbezug ist nur bei der im Folgenden zu betrachtenden Spekulation mit Derivaten möglich.[305]

---

300 *Maier/Lengefeld*, ZfgK 1996, 356, 361. Vgl. zu der seltenen Möglichkeit der Risikoeliminierung, oben § 6I.1.

301 *Henssler*, Risiko als Vertragsgegenstand, S. 547; *Hadding/Hennrichs*, in FS für Claussen, S. 455, 456. Aufgrund dieser risikoreduzierenden Wirkung wird das Hedging auch als ein Sonderfall der Diversifikation bezeichnet, vgl. *Gebhardt/Mansch*, Risikomanagement und Risikocontrolling in Industrie- und Handelsunternehmen, S. 35. Ausführlich zur Risikoreduktion durch Diversifikation, vgl. *Koch*, Diversifizierung und Vorstandskompetenzen, S. 35 ff.

302 *Hadding/Hennrichs*, in FS für Claussen, S. 456; *Brackert/Prahl/Naumann*, WPg 1995, 544, 549.

303 *Groh*, DB 1986, 869, 872; *Hadding/Hennrichs*, in FS für Claussen, S. 455, 456.

304 *Müller*, Hedgegeschäfte, S. 13.

305 *Kümpel*, Bank- und Kapitalmarktrecht, Rn. 14.86.

II. Eingehen offener Risikopositionen zur Gewinnerzielung (Spekulation/Trading)

Neben dem Einsatz als Mittel zur Sicherung von Grundgeschäften gegen Marktpreisrisiken werden Derivate auch zur reinen Erzielung von Preis-, Kurs- und Zinsgewinnen genutzt. Preisgewinne lassen sich dann realisieren, wenn der Derivatenutzer entsprechend einer erwarteten Entwicklung der Marktpreise von Rohstoffen, der Kurse von Devisen und Wertpapieren oder des Zinsniveaus bestimmte Positionen in Derivaten einnimmt und/oder wieder auflöst, und die Preisentwicklung danach auch tatsächlich den Erwartungen entsprechend erfolgt. Diese Vorgehensweise ist mit dem (bewussten) Eingehen von offenen Risiken verbunden, denn es besteht keine Sicherheit, dass sich die Preise den Erwartungen entsprechend entwickeln werden. Der Nutzer läuft vielmehr Gefahr, dass sich die Preise genau entgegengesetzt zu seinen Erwartungen verhalten und er entsprechende Verluste erleidet. Der Einsatz von Derivaten zur reinen Gewinnerzielung unter Eingehung von Risiken wird allgemein und in den Fachkreisen als Spekulation oder, in englischer Terminologie, als *Trading* bezeichnet.[306]

1. Der Begriff der Spekulation

Die undifferenzierte Bezeichnung des Einsatzes von Derivaten zur Gewinnerzielung als Spekulation ist in zweierlei Hinsicht unbefriedigend. Das liegt zum einen daran, dass zwar im allgemeinen Sprachgebrauch und auch im wirtschafts- und rechtswissenschaftlichen Schrifttum eine Vorstellung über den Bedeutungsgehalt des Begriffs der Spekulation besteht.[307] Eine eindeutige Definition, die alle Interpretationsmöglichkeiten des Begriffs der Spekulation umfasst, hat allerdings weder die Wirtschafts- noch die Rechtswissenschaft gefunden.[308] Das Unbehagen bei der Verwendung des Begriffs der Spekulation rührt des Weiteren daher, dass mit dem Wort Spekulation unmittelbar eine (negative) Bewertung der zugrundeliegenden Handlung verbunden ist. Spekulation hat für viele etwas Anrüchiges. Der Spekulant hat einen moralisch zweifelhaften Ruf, weil er in der Absicht handelt, hohe Gewinne nicht durch Leistung (sei es durch die Erbringung von Dienstleistungen, sei es durch die Lieferung von Gütern), sondern durch Risikoübernahme zu erzielen, und weil diese Vorgehensweise als wirtschaftlich wertlos

306 Vgl. stellvertretend für die wirtschaftswissenschaftliche Literatur, *Rudolph*, in Rudolph (Hrsg.), Derivate Finanzinstrumente, S. 15 ff. und für die rechtswissenschaftliche Literatur *Clouth*, Rechtsfragen der außerbörslichen Finanz-Derivate, S. 122.

307 *Henssler*, Risiko als Vertragsgegenstand, S. 289.

308 Vgl. den Versuch einer zivilrechtlichen Bestimmung des Begriff des Spekulationsgeschäfts bei *Henssler*, Risiko als Vertragsgegenstand, S. 290 ff.

angesehen wird.[309] Die allgemein negative Bewertung des Begriffs der Spekulation wird aber dem Umstand nicht gerecht, dass gewissen Betätigungsweisen, die mit Spekulation bezeichnet werden, von den Wirtschaftswissenschaften seit jeher positive und notwendige Effekte für die Gesamtwirtschaft zugeschrieben werden.[310]

Auch bei dem Bemühen um eine Abgrenzung der dem Vorstand eines Industrie- oder Handelsunternehmens erlaubten von den nicht erlaubten Derivategeschäften ist die undifferenzierte Verwendung des Begriffs Spekulation aufgrund des negativen Werturteils hinderlich. Denn sie lässt Geschäfte mit Derivaten in negativem Licht erscheinen, die möglicherweise sowohl eine wirtschaftliche Berechtigung haben als sich auch im Rahmen des „rechtlich Erlaubten" halten. Gleichzeitig verschleiert die Verwendung des Begriffs den Blick dafür, was als „wirkliche", d.h. als (aktien-) rechtlich unerlaubte Spekulation einzuordnen ist.[311]

Um ein wenig Klarheit für den Umgang mit der schwierig zu erfassenden Spekulation zu schaffen, soll im folgenden kurz der Begriff und die Bedeutung der Spekulation aus wirtschaftswissenschaftlicher und rechtlicher Sicht aufgezeigt werden, um dann konkret die Spekulation mittels Derivaten zu beschreiben. Dabei werden allgemeine Einsatzmöglichkeiten dargestellt. Auf den Einsatz von Derivaten zu Spekulationszwecken speziell in Industrie- und Handelsunternehmen wird weiter unten im Dritten Kapitel eingegangen. Allerdings werden schon vorher Bezüge zu dem Einsatz in Industrie- und Handelsunternehmen hergestellt, wenn sie das allgemeine Verständnis erleichtern.

a. Wirtschaftliche Betrachtungsweise

Unter Spekulation wird nach wirtschaftswissenschaftlicher Sicht ein Verhalten verstanden, das darauf gerichtet ist, aus in der Zukunft erwarteten Preisschwankungen von bestimmten Handelsobjekten, wie beispielsweise Devisen, Zinsen, Wertpapieren oder Rohstoffen, Gewinne zu ziehen.[312] Spekulation liegt vor bei einem Kauf bzw. Verkauf eines dieser Handelsobjekte in der Absicht, den Vertragsgegenstand zu einem späteren Zeitpunkt wieder zu verkaufen (bzw. zu kau-

---

309 *Henssler*, Risiko als Vertragsgegenstand, S. 294, 295.

310 *Henssler*, Risiko als Vertragsgegenstand, S. 295; *Wach*, Der Terminhandel in Recht und Praxis, Rn. 6, 55.

311 Ähnlich *Prahl*, Wpg 1996, 830, 833, ebenso bezüglich der Unterscheidung zwischen verbindlicher und unverbindlicher Spekulation, *Henssler*, Risiko als Vertragsgegenstand, S. 292.

312 *Büschgen*, Das kleine Börsenlexikon, S. 803 (Stichwort: Spekulation); *Henssler*, Risiko als Vertragsgegenstand, S. 289.

fen).[313] Das Geschäft wird jeweils in Erwartung einer Preisänderung und mit der Absicht einer sich daraus ergebenden Gewinnerzielung vorgenommen, nicht dagegen, weil aus dem Besitz des Handelsobjekts ein Nutzen gezogen werden soll. Bei niedrigen Kursen kauft der Spekulant das Handelsobjekt in der Annahme, dass der Kurs in naher Zukunft steigen wird und er es teurer verkaufen kann, als er es gekauft hat. Da das Risiko besteht, dass die Kurse weiter sinken, riskiert er entsprechende Verluste.[314]

Aus der Sicht der Wirtschaftswissenschaften hat die Spekulation eine durchaus positive Bedeutung für die Gesamtwirtschaft. Die positiven Seiten der Spekulation sollen zum einen in der stabilisierenden Wirkung auf das Preisniveau liegen, da die Spekulation die Wirkung habe, die Amplitude der Preisschwankungen zu verkleinern.[315] Zum anderen führe Spekulation zu einer Erhöhung der Markttransparenz[316] sowie zu einer Verbesserung des Preisausgleichs.[317] Schließlich schafften Spekulanten Marktliquidität und ermöglichten somit das Hedging, indem sie bereit sind, die notwendige Gegenposition einzunehmen.

b. Rechtliche Betrachtungsweise

Aus rechtlicher Sicht ist eine begriffliche Bestimmung der Spekulation schwierig.[318] Weder das BGB noch Spezialgesetze bieten eine Definition, auch wenn sie den Begriff des Spekulationsgeschäfts verwenden (vgl. nur § 283 Abs. 1 Nr. 2 StGB, §§ 22 Nr. 2, 23 EStG, § 89 BörsG a.F.). Wegen der allgemein moralisch negativen Bewertung der Spekulation wird sie häufig schnell dem (unverbindlichen) Spiel (§ 762 BGB) gleichgesetzt und im juristischen Schrifttum überwiegend im Zusammenhang mit § 762 BGB bzw. mit der durch das 4. Finanzmarktförderungsgesetz abgeschafften Regelung des unverbindlichen Differenzgeschäfts in § 764 BGB als lex specialis zu § 762 BGB diskutiert.[319] Spekulation ist aber nicht immer ein unverbindliches Spiel.[320] Von dem Begriff der Spekulation werden vielmehr auch verbindliche Geschäftsformen erfasst. Die Diskussion erstreckt sich dabei vor allem auf die Frage, wann ein Geschäft, weil es an einem

313 *Henssler*, Risiko als Vertragsgegenstand, S. 289.

314 *Büschgen*, Das kleine Börsenlexikon, S. 803 (Stichwort: Spekulation).

315 *Henssler*, Risiko als Vertragsgegenstand, S. 296.

316 *Brestel*, AG 1959, 132, 133; *Schottelius*, BB 1956, 452.

317 *Brestel*, AG 1959, 132, 133.

318 *Henssler*, Risiko als Vertragsgegenstand, S. 286, 290 ff. mit dem Versuch einer zivilrechtlichen Begriffsbestimmung.

319 Die Abschaffung des § 764 BGB wird nicht zur Folge haben, dass die Diskussion ganz erlischt, sondern sie wird sich zu § 762 BGB hinverlagern.

320 *Sprau*, in Palandt, BGB, § 762 Rn. 4; vgl. auch *Henssler*, Risiko als Vertragsgegenstand, S. 291.

Willen zum Austausch von Gütern fehlt und vielmehr nur Preisunterschiede ausgenutzt werden sollen, als Differenzgeschäft, möglicherweise sogar als Spiel, einzuordnen und daher unverbindlich ist. Diese Diskussion, die im Rahmen des früheren § 764 BGB geführt wurde, belegt aus rechtlicher Sicht ein gewisses Misstrauen gegenüber der Spekulation. Sie macht aber zugleich deutlich, dass der Gesetzgeber von dem Bestehen wirtschaftlich berechtigter und unberechtigter (dem Spiel gleichzustellender) Spekulationsformen ausgeht.[321]

Einfachstes Beispiel einer Spekulation ist der Kauf von Aktien bei niedrigen Kursen in der Erwartung von steigenden Kursen und Verkauf der Aktien nach erfolgter Kurssteigerung. Der aus der Kursdifferenz gezogene Erlös ist der Spekulationsgewinn. Da diese Art der Spekulation nicht über den Terminmarkt, sondern den Kassamarkt erfolgt, nennt man sie Kassaspekulation. Der Spekulant handelt gerade in der Absicht, einen Gewinn zu erzielen. Allein die Absicht, Gewinne zu erzielen, ist aber noch nicht charakteristisch für die Spekulation. Vielmehr ist jede gewerbsmäßige Tätigkeit auf Gewinnerzielung ausgerichtet. Das Besondere der Spekulation liegt vielmehr darin, dass der Gewinn nicht durch die Verwertung eines Wirtschaftsguts (also z.B. durch das langfristige Halten von Aktien mit der Aussicht auf Dividenden) erzielt werden soll, sondern durch die Ausnutzung eines Unsicherheitselements, das in der mehr oder weniger zufallsbedingten Veränderung der Aktienkurse liegt.[322]

Nach der Definition von *Henssler* sind rechtsverbindliche Spekulationsgeschäfte demnach solche Verträge, die eine bewusste Risikoübernahme zumindest einer Partei enthalten, indem sie subjektiv durch die Hoffnung auf einen Gewinn motiviert sind, der in hauptsächlicher Abhängigkeit von einem Unsicherheitselement erzielt werden soll, und die nicht in den Normbereich des §§ 762 (und ehemaligen § 764) BGB fallen.[323]

Für die Spekulation besonders gut geeignet sind aufgrund ihrer spezifischen Eigenschaften Derivate. Die Spekulation mittels Derivaten wird im Folgenden betrachtet.

2. Spekulation mittels Derivaten

Die Spekulation mit Hilfe von Derivaten ermöglicht dem Spekulanten, an den Preisveränderungen des Basiswerts wie bei einem direkten spekulativen Engagement in den Basiswert teilzunehmen, ohne aber den gleichen Kapitaleinsatz aufbringen zu müssen. Anstelle des Kaufs von Aktien und des Verkaufs der Akti-

---

321 *Henssler*, Risiko als Vertragsgegenstand, S. 295.
322 *Henssler*, Risiko als Vertragsgegenstand, S. 291.
323 *Henssler*, Risiko als Vertragsgegenstand, S. 292.

en nach erfolgten Kurssteigerungen kauft der Spekulant Kaufoptionen auf diese Aktien. Nach erfolgter Kurssteigerung übt er die Optionen zu dem regelmäßig niedrigeren Basispreis aus und kann die erworbenen Aktien sogleich am Kassamarkt teurer verkaufen. Er macht einen Gewinn, wenn der daraus resultierende Erlös größer ist als das für die Optionsprämie eingesetzte Kapital.[324] Hat sich für die Option ein Sekundärmarkt gebildet, d.h. ist die Option fungibel, kann er alternativ auch die Option wieder verkaufen.[325] Auch das führt zu einem Gewinn, da die Kurssteigerung des Basiswerts „Aktie" zu einer Wertsteigerung der Option führt. Auf die effektive Lieferung des zugrundeliegenden Basiswertes kommt es bei der Terminspekulation, wie die Spekulation mit Derivaten auch bezeichnet wird, (ebenso wie bei der Kassaspekulation) nicht an.[326]

Termingeschäfte und somit auch Derivate eignen sich besonders gut zur Spekulation.[327] Dies liegt an der oben beschriebenen spezifischen Eigenschaft der Derivate, dem Hebeleffekt. Die Hebelwirkung stellt einen Anreiz dar, Derivate zu Zwecken der Spekulation zu nutzen. Denn wie oben gesehen, ermöglicht sie es, an den Preisbewegungen des Basiswerts vollständig teilzunehmen, ohne aber bei Erwerb des Derivats den vollständigen Preis des Basiswerts bezahlen zu müssen. Vielmehr muss der Erwerber nur einen Bruchteil des Preises in Form der Optionsprämie oder eventuell von Margins aufbringen. Die Möglichkeit, unter nur geringem Kapitaleinsatz hohe Gewinne zu machen, führt allerdings auch leicht dazu, den Spekulanten zu risikoreichen Geschäften zu verleiten, bei denen er innerhalb kürzester Zeit zwar viel gewinnen, aber auch viel verlieren kann.[328]

Neben den oben beschriebenen wirtschaftlichen Funktionen der Spekulation spielt speziell die Terminspekulation eine weitere besondere wirtschaftliche Rolle. Die Terminspekulanten ermöglichen das Hedging. Ohne Spekulanten, die bewusst Marktrisiken übernehmen und versuchen, ihre Einschätzung der Marktentwicklung durch offene Positionen gewinnbringend umzusetzen[329], gäbe es für diejenigen, die Sicherung vor Marktpreisrisiken suchen, nicht zu jedem Zeitpunkt die Möglichkeit, ein ihrem Absicherungsbedürfnis entsprechendes Geschäft abzuschließen. Da sich die verschiedenen Sicherungsinteressen am Markt nicht

---

324 *Wach*, Der Terminhandel in Recht und Praxis, Rn. 61; Vgl. hierzu das Beispiel zur Verdeutlichung des Hebeleffekts, 2. Kapitel, § 5II.

325 *Wach*, Der Terminhandel in Recht und Praxis, Rn. 61; *Henssler*, Risiko als Vertragsgegenstand, S. 603; *Dannhoff*, Recht der Warentermingeschäfte, S. 43, 44 insbesondere Fn. 23.

326 *Wach*, Der Terminhandel in Recht und Praxis, Rn. 6.

327 *Henssler*, Risiko als Vertragsgegenstand, S. 296; *Wach*, Der Terminhandel in Recht und Praxis, Rn. 55.

328 *Wach*, Der Terminhandel in Recht und Praxis, Rn. 642.

329 *Schäfer*, in Rudolph (Hrsg.), Derivate Finanzinstrumente, S. 47.

ausgeglichen gegenüberstehen, ist die Beteiligung der Spekulanten unverzichtbare Voraussetzung für die Funktionsfähigkeit der Terminmärkte.[330]

3. Zusammenfassung: Charakteristika des Einsatzes von Derivaten zur Spekulation

Spekulation mittels Derivaten unterscheidet sich von deren Einsatz als Sicherungsinstrument in objektiver und subjektiver Hinsicht. Spekulation erfolgt anders als das Hedging unabhängig von einem zu sichernden Grundgeschäft. Der Spekulant engagiert sich in Derivate ohne dass ein bestehendes Risiko aus einem Grundgeschäft kompensiert werden müsste. Der objektiv fehlende Grundgeschäftsbezug wird flankiert von einer im Vergleich zum Hedger subjektiv anderen Motivation des Spekulanten. Der Spekulant will bewusst das Risiko einer planwidrigen Preisentwicklung übernehmen, denn nur dieses ermöglicht ihm das Erzielen von Gewinnen.[331] Spekulation und Hedging mittels Derivaten gleichen sich darin, dass neue Risiken eröffnet werden.[332] Beim Hedging bewirkt allerdings das Bestehen eines grundgeschäftsbezogenen Risikos die sofortige Kompensation des neuen Risikos. Bei der Spekulation bewirkt hingegen das Fehlen eines derartigen grundgeschäftsbezogenen Risikos das Offenhalten des zielgerichtet eingegangen Risikos. Bei der Spekulation ist gerade dies gewollt. Das Offenlassen einer Risikoposition bringt aber die Gefahr von entsprechenden Verlusten mit sich.

III. Insbesondere: Die subjektive Absicht des Nutzers beim Einsatz von Derivaten zum Hedging und zur Spekulation

Die Ausführungen zum Hedging und zur Spekulation haben zwei Unterschiede dieser Einsatzmöglichkeiten von Derivaten deutlich gemacht.[333] In objektiver Hinsicht unterscheiden sich die beiden Arten des Einsatzes von Derivaten durch den bestehenden (Hedging) bzw. fehlenden (Spekulation) Bezug zu einem Grundgeschäft. Auf subjektiver Ebene unterscheiden sich Hedging und Spekulation durch die jeweils mit dem Einsatz von Derivaten verfolgte Absicht des Nutzers der Derivate.[334] Der Hedger geht Risiken ein in der Absicht, schon bestehende Risiken zu kompensieren und sie damit zu reduzieren. Der Spekulant geht

---

330 *Henssler*, Risiko als Vertragsgegenstand, S. 297.
331 *Henssler*, Risiko als Vertragsgegenstand, S. 301.
332 *Hadding/Hennrichs*, in FS für Claussen, S. 455.
333 Vgl.oben § 6II.3.
334 So auch *Vosshenrich*, Die Bank 1987, 447, 452.

Risiken ein und hält sie bewusst offen in der Absicht, Chancen zu nutzen und daraus Gewinne zu erzielen.[335]

Dieser Unterschied in der subjektiven Ausrichtung des Hedgers und des Spekulanten spielt bei der rechtlichen Abgrenzung von Hedging und Spekulation unter verschiedenen Gesichtspunkten eine Rolle.

So mündet die fast über ein Jahrhundert[336] während der Geltung des § 764 BGB[337] geführte Diskussion[338], unter welchen Voraussetzungen ein Geschäft, das nicht auf den Austausch von Waren, sondern auf das Ausnutzen von Preisdifferenzen gerichtet ist, ein Spekulationsgeschäft und damit unverbindliches Differenzgeschäft iSd. § 764 BGB ist, und wann es als Sicherungsgeschäft (wegen seiner wirtschaftlichen Berechtigung) aus dem Anwendungsbereich des § 764 BGB auszunehmen ist[339], letztendlich in die Frage nach den subjektiven Vorstellungen zumindest einer Vertragspartei.[340] Nicht die unscharfe „wirtschaftliche Berechtigung" des Geschäfts oder allein das objektive Vorliegen eines zu sichernden Austauschvertrages ist ausschlaggebend für die Einordnung als verbindliches Hedgegeschäft.[341] Es ist vielmehr allein auf subjektive Faktoren abzustellen und nur bei kumulativem Vorliegen der Absicht der Nichterfüllung und

---

335 Die gedankliche Trennung zwischen den objektiv existierenden Einsatzmöglichkeiten von Derivaten und der jeweiligen Motivation des Nutzers wird nicht immer eingehalten. Die Schwierigkeiten äußern sich schon in der Wortwahl. In der Literatur werden die Kapitel, in denen Hedging, Spekulation und Arbitrage beschrieben werden, einerseits mit „Einsatzmöglichkeiten" von Derivaten überschrieben, vgl. *Clouth*, Rechtsfragen der außerbörslichen Finanz-Derivate, S. 99.; *v. Westphalen*, Derivatgeschäfte, Risikomanagement und Aufsichtsratshaftung, S. 56; *Kümpel*, Bank- und Kapitalmarktrecht, Rn. 14.83. Andere Autoren betiteln diese Abschnitte mit „Einsatzmotive" oder „Die Motivation beim Einsatz", vgl. *Rudolph*, in Rudolph (Hrsg.), Derivate Finanzinstrumente, S. 15; *Steiner/Tebroke/Wallmeier*, Wpg 1995, 533; *Krumnow* (Hrsg.), Risikosteuerung von Derivaten, S. 1; *Beike/Barckow*, Risk-Management mit Finanzderivaten, S. 10. Mitunter wird die Trennung auch aufgegeben und die Begriffe Einsatzmöglichkeiten und –motive synonym verwendet, vgl. *v. Westphalen*, Derivatgeschäfte, Risikomanagement und Aufsichtsratshaftung, S. 56; *Clouth*, Rechtsfragen der außerbörslichen Finanz-Derivate, S. 100 unten und Fn. 10.

336 RGZ 107, 22, 24; 117, 267, 269; 146, 190, 193.

337 § 764 BGB ist durch das 4. Finanzmarktförderungsgesetz vom 21.6.2002 (BGBl. I, S. 2010) ersatzlos gestrichen worden.

338 Auf diese Diskussion wird im Rahmen dieser Arbeit nicht weiter eingegangen, da sie mit Abschaffung des § 764 BGB durch das 4. Finanzmarktförderungsgesetz hinfällig geworden ist.

339 Vgl. die Rspr. des RG 107, 22, 24; 117, 267, 269; 146, 190, 193; *Hopt*, in FS für Werner, S. 339, 341; *Hellwig/de Lousanoff*, in FS für Stiefel, S. 309, 321.

340 *Henssler*, Risiko als Vertragsgegenstand, S. 532, 550, 552 ff.

341 RGZ 146, 190, 193; *Hellwig/de Lousanoff*, in FS für Stiefel, S. 309, 322 ff.

der Spekulationsabsicht wenigstens einer Partei, das Geschäft dem unverbindlichen Differenzgeschäft zu subsumieren.[342]

Auch bei der Abgrenzung erlaubter von nicht erlaubten Derivategeschäften in Industrie- und Handelsunternehmen spielt die Motivation der Unternehmensleitung beim Einsatz der Derivate eine Rolle. Daher soll die Absicht des Derivatenutzers beim Hedging und bei der Spekulation im Folgenden genauere Beachtung finden.[343]

Wird ein Derivat erworben, d.h. wird eine Kauf- oder Verkaufsposition in einem Derivat eingenommen, geschieht dies, ohne dass sich von außen unmittelbar erkennen lässt, ob der Erwerb zum Zweck des Hedging oder der Spekulation erfolgt. Geht beispielsweise im Handelsbereich einer Bank eine Order zum Erwerb von Futures auf USD ein, ist für den Händler nicht erkennbar, zu welchem Zweck die Derivate erworben werden. Die Einordnung eines Derivategeschäfts als Hedgegeschäft oder Spekulation lässt sich nur begrenzt anhand objektiver Merkmale vornehmen.[344] Das bedeutendste objektive Merkmal, das in einer Vielzahl von Fällen schon allein für die Abgrenzung zwischen Hedging und Spekulation entscheidend sein wird, ist der Bezug zu einem Grundgeschäft. Die Einordnung fällt relativ leicht, wenn, wie in den Beispielen oben unter § 6 I.2 gesehen, zu einem einzelnen Geschäft, das Marktpreisrisiken unterworfen ist, ein genau gegenläufiges Derivat erworben wird. Dann deutet das objektiv vorliegende Grundgeschäft darauf hin, dass das Derivat der Sicherung der aus dem Grundgeschäft resultierenden Marktrisiken dienen soll.

In der Praxis wird allerdings ein unmittelbarer Bezug zwischen Grundgeschäft und Sicherungsgeschäft nur unter aufwändigen Ermittlungen festzustellen sein bzw. mitunter auch gar nicht bestehen. Hedgegeschäfte erfolgen im modernen internationalen Wirtschaftsverkehr meistens im Rahmen einer pauschalen Preissicherung, bei der nicht bestimmte Einzelgeschäfte, sondern beispielsweise bestehende und künftige Fremdwährungsforderungen global gesichert werden, weil eine Einzelabsicherung infolge der Zahl der Einzelgeschäfte und ihres häu-

---

342 *Hopt*, FS für Werner, S. 339, 341 m.w.N.; *Henssler*, Risiko als Vertragsgegenstand, S. 550, 553.

343 Vgl. hierzu auch die englische Rechtsprechung und Literatur: *Hazell v. Hammersmith and Fulham LBC* (1992) 2 A.C. 1, 24B, 31F per Lord Templeman; *Edwards*, Legal Principles of Derivatives, 2002 J.B.L, 1, 3 Fn. 9: „The key to determining whether a derivatives trade is speculative or a hedge from the viewpoint of a particular counterparty is the intention of trader concerned.“, ebenso *Hudson*, The Law On Financial Derivatives, S. 157, 158.

344 Vgl. auch *Clouth*, Rechtsfragen der außerbörslichen Finanz-Derivate, S. 150: „Die ein- oder beidseitige Absicherungsabsicht bildet ein bloßes Motiv für den Abschluss des Geschäfts. Sie findet keinen Niederschlag im Inhalt der vertraglichen Abrede.“

fig relativ geringen Umfanges unpraktikabel und unwirtschaftlich wäre.[345] Dabei gibt es Fälle, in denen sich das Hedgegeschäft einem konkreten Einzelgeschäft nicht mehr zuordnen lässt, ein Grundgeschäftsbezug aber gleichwohl besteht, da die Absicherung volumenmäßig exakt den zu sichernden Geschäften entspricht. Darüber hinaus gibt es Situationen, in denen das Grundgeschäft aus irgendwelchen Gründen wegfällt und das Hedgegeschäft offen stehen bleibt, mit all den Risiken, die es in sich trägt. Dadurch wird eine Risikoposition eröffnet, die man als spekulativ bezeichnen kann. Wenn das Unternehmen diese Position offen lässt, um die Gewinnchancen mitzunehmen, muss dies nicht unbedingt (unzulässige) Spekulation, sondern kann wirtschaftlich gerechtfertigt sein. Hier hat also die Motivation der Unternehmensleitung eine entscheidende Bedeutung.

An dieser Stelle sollte nur die Bedeutung der Absicht des Derivatenutzers aufgezeigt werden. Auf die rechtlichen Implikationen der Absicht des Nutzers von Derivaten wird im Zweiten Teil der Arbeit eingegangen.[346]

IV. Arbitrage

Die dritte Möglichkeit, Derivate zu nutzen, ist ihr Einsatz zu Zwecken der Preisarbitrage. Mit dem Begriff Arbitrage werden Geschäfte bezeichnet, durch die räumliche und zeitliche Preis- oder Kursunterschiede desselben Finanzinstruments an verschiedenen Märkten ausgenutzt werden. Das Ausnützen von Preisunterschieden erfolgt durch den simultanen Kauf und Verkauf desselben Finanzinstruments an verschiedenen Märkten.[347] Arbitragemöglichkeiten entstehen dort, wo aufgrund von Informationsdivergenzen gleiche Produkte an verschiedenen Märkten mit unterschiedlichen Preisen bewertet werden. Sobald die Informationsunterschiede ausgeglichen sind, gleichen sich auch die Preise an. Dann sind Arbitragegewinne nicht mehr möglich. Arbitrage setzt also unvollkommene Kapitalmärkte voraus, an denen nicht jeder Marktteilnehmer über alles gleichermaßen informiert ist. An einem vollkommenen, gleich informierten Kapitalmarkt gibt es keine Marktpreisdifferenzen, er ist immer arbitragefrei. Voraussetzung für Arbitrage ist die schnelle individuelle Nachrichtenübertragung, um vor dem konkurrierenden Marktteilnehmer handeln zu können, der dieselben Preisunterschiede ausnutzen möchte. Aufgrund der schnellen Informationsverarbeitung per Computer

---

345 OLG München WM 1986, 586; *Henssler*, Risiko als Vertragsgegenstand, S. 550; *Hopt*, in FS für Werner, S. 339, 346; *Groh*, DB 1986, 869, 872; *Hadding/Hennrichs*, in FS für Claussen, S. 451, 456, 457, 465, 466; ausführlich hierzu vgl. unten 3. Kapitel, § 10III.2.

346 Vgl. 4. Kapitel, § 16.

347 *Schäfer*, in Rudolph (Hrsg.), Derivate Finanzinstrumente, S. 65.

an den Märkten und dem damit verbundenen schnellen Ausgleich von eventuellen Preisunterschieden ist die Arbitrage heute nur begrenzt möglich.[348]

Arbitrage liegt beispielsweise vor, wenn Börsenhändler zwischen zwei verschiedenen Börsenplätzen ungleiche Preise für gleichartige Kontrakte feststellen und den Kontrakt am billigen Ort kaufen und sofort am Platz mit dem augenblicklich höheren Preis wieder verkaufen.[349] Ist die Preisdifferenz an den beiden Orten höher als die anfallenden Transaktionskosten, ist das Arbitragegeschäft gewinnbringend. Durch Arbitrage lassen sich also (abgesehen von den Transaktionskosten) Gewinne ohne Kapitaleinsatz und theoretisch[350] risikolos realisieren.[351]

Es wird unterschieden zwischen Arbitrage in räumlicher Hinsicht und in zeitlicher Hinsicht.[352] Arbitrage in räumlicher Hinsicht wird durch das Ausnutzen von Preisdifferenzen für Kontrakte an verschiedenen Börsenplätzen erreicht. Zeitliche Arbitrage bedeutet das Ausnutzen nicht gerechtfertigter Differenzen zwischen den Preisen am Future- und Kassamarkt, die durch Über- oder Unterbewertung des Futures gegenüber dem Kassatitel entstehen. Derivate eignen sich zur Ausnutzung von Preisungleichgewichten zwischen Future- und Kassamarkt. So besteht beispielsweise die Chance zur Arbitrage durch den Verkauf von überbewerteten Futures auf dem Terminmarkt und gleichzeitigem Kauf des Basiswerts am Kassamarkt. Die Differenz zwischen dem erhaltenen Terminaufschlag und den Refinanzierungs- und Transaktionskosten stellt den Gewinn des Arbitrageurs dar.[353] Im Gegensatz dazu wird der Arbitrageur bei einer starken Unterbewertung des Future diesen kaufen und gleichzeitig am Kassamarkt einen Verkauf

---

348 *Gerke*, Börsenlexikon, S. 61 (Stichwort: Arbitrage); *Büschgen*, Das kleine Börsenlexikon, S. 61 (Stichwort: Arbitrage).

349 *v. Westphalen*, Derivatgeschäfte, Risikomanagement und Aufsichtsratshaftung, S. 60.

350 Nur theoretisch deshalb, weil aufgrund der unterschiedlichen Informations- und Reaktionszeit der Marktteilnehmer in der Wirklichkeit, sich auch bei einem Arbitragegeschäft Risiken ergeben können, so zum Beispiel wenn sich durch die Maßnahmen der schneller reagierenden Marktteilnehmer die Preisdifferenz bereits geschlossen hat, vgl. *v. Westphalen*, Derivatgeschäfte, Risikomanagement und Aufsichtsratshaftung, S. 59.

351 *Gerke*, Börsenlexikon, S. 61 (Stichwort: Arbitrage); *Rudolph*, in Rudolph (Hrsg.), Derivate Finanzinstrumente, S. 16; *Clouth*, Rechtsfragen der außerbörslichen Finanz-Derivate, S. 100.

352 *Rudolph*, in Rudolph (Hrsg.), Derivate Finanzinstrumente, S. 16; *Gerke*, Börsenlexikon S. 61 (Stichwort: Arbitrage); *Büschgen*, Das kleine Börsenlexikon, S. 61 (Stichwort: Arbitrage).

353 *Schäfer*, in Rudolph (Hrsg.), Derivate Finanzinstrumente, S. 68. Diese Art der Arbitrage wird als *Cash and Carry-Arbitrage* bezeichnet.

des Basiswerts vornehmen.[354] Arbitrage zwischen Kassa- und Terminmarkt bewirkt einen Ausgleich von markttechnisch bedingten, ungerechtfertigten Bewertungsunterschieden zwischen beiden Märkten durch sofortige und möglichst gleichzeitige, regelmäßig gegenläufige Aktivitäten im Termin- und Kassamarkt. Arbitrage hat damit einen kursstabilisierenden Effekt und ist somit auch volkswirtschaftlich nützlich.[355]

Arbitrage ist abzugrenzen von der Spekulation. Zwar werden bei der Arbitrage wie bei der Spekulation auch aus Kurs- und Preisunterschieden Gewinne ohne Bezug zu einem Grundgeschäft gezogen. Im Unterschied zur Spekulation, mit der sowohl Chancen als auch Risiken verbunden sind, enthält die Arbitrage zumindest theoretisch nur das Chancenelement einer risikolosen Gewinnmöglichkeit.[356] Die Spekulation beruht auf unsicheren Erwartungen, die Arbitrage auf tatsächlich bestehenden Wertdifferenzen.

Der Einsatz von Derivaten zu Arbitragezwecken spielt in Industrie- und Handelsunternehmen lediglich eine untergeordnete Rolle.[357] Aus diesem Grund wird diese Einsatzmöglichkeit im Rahmen dieser Arbeit nicht weiter untersucht.

§ 7 Eigene Risiken der Derivate

Nutzen und Gefahren des Einsatzes von Derivaten sind erst vollständig zu erfassen, wenn man sich auch über die eigenen Risiken der Derivate im Klaren ist. Die Aussagen zu Derivaten und ihren Risiken erscheinen gespalten.[358] Das Geschäft mit Derivaten gilt im Vergleich zu herkömmlichen Finanzgeschäften als besonders risikoreich.[359] Auf der anderen Seite wird immer wieder betont, dass mit Hilfe von Derivaten Risiken limitiert werden können, und die Risiken der Derivate weder neu noch derivatespezifisch sind[360], sondern vielmehr den traditionellen Risiken entsprechen, die für jede Art von Finanzgeschäften charakteristisch

---

354 Sogenannte *Reverse Cash and Carry-Arbitrage*, vgl. *Schäfer*, in Rudolph (Hrsg.), Derivate Finanzinstrumente, S. 68. Zur Arbitrage mit Optionen, vgl. *Schäfer*, in Rudolph (Hrsg.), Derivate Finanzinstrumente, S. 66 ff.

355 *Kümpel*, Bank- und Kapitalmarktrecht, Rn. 8.150.

356 *Schäfer*, in Rudolph (Hrsg.), Derivate Finanzinstrumente, S. 65.

357 *Clouth*, Rechtsfragen der außerbörslichen Finanz-Derivate, S. 100 mit dem Beispiel für eine bedeutsame Ausnahme.

358 Vgl. statt vieler *Hull*, Options, Futures and Other Derivatives, S. 15: „That is, they (=*derivatives*, Anm. d. Verf.) can be used either to reduce risks or to take risks."

359 *Hudson*, The Law on Financial Derivatives, S. x („derivatives are risky, if not downright dangerous.").

360 *Group of Thirty*, Derivatives: Practices and Principles, S. 43.

sind.[361] Eine Klärung dieser augenscheinlich widersprüchlichen Äußerungen ergibt sich schnell, wenn man bei dem Begriff des Risikos ansetzt und differenziert:

Wie oben gesehen, lassen sich durch den Einsatz von Derivaten die Risiken der Marktpreisveränderung, die in Geschäften mit Basiswerten wie Devisen, Aktien, Rohstoffen (Grundgeschäften) etc. liegen, in Richtung einer Risikominimierung steuern oder zur Gewinnerzielung absichtlich eingehen.[362] Dabei handelt es sich um den Umgang mit Risiken, die nicht die Risiken der Derivate sind. Die Steuerung der Risiken aus den Geschäften mit den Basiswerten funktioniert in der Weise, dass geeignete Derivate erworben werden. Erwerb eines Derivats bedeutet Einnehmen der Position einer Vertragspartei in einem Derivat.[363] Dieses wiederum hat die Folgen, die jeder Abschluss eines Vertrages hat. Es werden Risiken eingegangen, und zwar zum einen spezifische Risiken, die sich aus der besonderen Gestaltung des Vertrags (Derivats) und der Position des jeweiligen Nutzers in dem Vertrag (Derivat) ergeben[364], und generelle Risiken wie z.B. Bonitätsrisiken, Liquiditätsrisiken, Rechtsrisiken und Betriebsrisiken, die praktisch jedem Vertrag und insbesondere Finanzgeschäften eigen sind. Beide Risikogruppen sind eigene Risiken der Derivate (inhärente Risiken[365]). Der Umgang mit den eigenen Risiken der Derivate mag schwieriger sein als der mit den Risiken herkömmlicher Finanzgeschäfte.[366] Dies liegt aber nicht daran, dass es sich um besondere und neuartige Risiken handelt, sondern vielmehr an einem nicht kompetenten, unsachgemäßen Umgang mit den (traditionellen) Risiken der Derivate.[367] Der Grund für die Schwierigkeiten beim Umgang mit den Risiken der Derivate liegt darin, dass das Derivategeschäft mit hochkomplizierten Produkten verhältnismäßig jung ist, vertiefte Kenntnisse über Derivate (noch) nicht verbreitet sind, und durch die rasante Weiterentwicklung immer komplexer strukturierter Derivate ein Überblick auch nur schwer zu erhalten und beizubehalten ist.[368] Aufgrund

---

361 *Krumnow* (Hrsg.), Risikosteuerung von Derivaten, S. 2; *Clouth*, Rechtsfragen der außerbörslichen Finanz-Derivate, S. 128.

362 Vgl. oben 2. Kapitel, § 6I.5 und § II.3.

363 Vgl. so speziell zum Swap, *Priermeier/Stelzer*, Zins- und Währungsmanagement in der Unternehmenspraxis, S. 152.

364 *Clouth*, Rechtsfragen der außerbörslichen Finanz-Derivate, S. 130 („produktbezogene Verlustrisiken").

365 *Krumnow* (Hrsg.), Risikosteuerung von Derivaten, S. 2.

366 *Group of Thirty*, Derivatives: Practices and Principles, S. 43.

367 *Krumnow* (Hrsg.), Risikosteuerung von Derivaten, S. 2.

368 *Group of Thirty*, Derivatives: Practices and Principles, S. 2 („Many see it as complex and obscure, potentially subject to abuse that might lead to the failure of individual firms or even to a crisis in the financial system.")

von Unkenntnis nur unzureichend eingerichtete Kontrollmechanismen können dann schnell zu unbeherrschbaren Situationen führen.[369]

Bei der Beurteilung der Risiken im Zusammenhang mit einem Derivategeschäft ist also zu unterscheiden: Derivate dienen der Steuerung fremder (Marktpreis-) Risiken. Dabei entstehen eigene Risiken der Derivate. Wenn demnach gesagt wird, mit Derivaten ließen sich Risiken limitieren, und sie beinhalteten allgemein bekannte, traditionelle Risiken, gleichzeitig seien sie aber sehr risikoreich, sind diese Aussagen jeweils alle für sich gesehen (halb-)richtig.[370]

Ein weiterer Gesichtspunkt kommt hinzu. Die Risiken eines Derivats werden entscheidend davon beeinflusst, ob das Derivat zum Zwecke des Hedging oder zur Spekulation eingesetzt wird.[371] Wird ein Derivat zur Sicherung von Marktpreisrisiken eines bestehenden Grundgeschäfts eingesetzt, geschieht das mit dem Ziel, die Risiken aus dem Grundgeschäft soweit wie möglich zu reduzieren. Dies soll dadurch erreicht werden, dass sich die Risiken aus dem Grundgeschäft und dem Derivat –wirtschaftlich betrachtet[372]- (möglichst vollständig) kompensieren. Die vollständige Kompensation gelingt allerdings nur in den seltenen Fällen eines *perfect hedge*, also einer an die Konditionen des Grundgeschäfts genau angepassten, kongruenten Absicherung.[373] Dann wirken sich optimalerweise Risiken nicht mehr aus, und zwar weder solche des Grundgeschäfts, noch solche des Derivats. Das heißt aber nicht, dass Risiken nicht mehr in der Welt sind. Dies wird sofort erkennbar, wenn eine genau kongruente Absicherung nicht möglich ist. Dann bleibt das (insoweit) ungedeckte Risiko des Grundgeschäfts bestehen. Entsprechendes gilt, wenn das (eigentlich abgesicherte) Grundgeschäft „ausfällt", etwa weil der Schuldner im Grundgeschäft nicht zahlt.[374] Dann nämlich treten die Risiken des Derivats zu Tage. Ebenso verhält es sich beim spekulativen Eingehen

---

369 *Hudson*, The Law On Financial Derivatives, S. x.

370 *Gebhardt/Mansch*, Risikomanagement und Risikocontrolling in Industrie- und Handelsunternehmen, S. 35 (Derivate eignen sich zur Risikoreduktion. Sie unterliegen aber ihrerseits ebenfalls den nachfolgend diskutierten Risiken.); *Burghard*, Einsatz und Risiken derivativer Finanzinstrumente in Versicherungsunternehmen, S. 10 (Derivate lassen nicht nur Risiken hedgen, sie besitzen typische eigene Risiken (Marktpreisrisiken, Kreditrisiken, Rechtsrisiken, Operationale Risiken, Imagerisiken, Systemrisiken). Bei den Preisrisiken handelt es sich prinzipiell um diejenigen, denen auch die underlyings ausgesetzt sind.)

371 *Clouth*, Rechtsfragen der außerbörslichen Finanz-Derivate, S. 130, 142 („anwendungsbezogene Verlustrisiken").

372 *Reiner*, Derivative Finanzinstrumente im Recht, S. 42: „Risikobetrachtung ist wirtschaftliche Betrachtung."

373 *Clouth*, Rechtsfragen der außerbörslichen Finanz-Derivate, S. 143.

374 *Hadding/Hennrichs*, in FS für Claussen, S. 456; *Henssler*, Risiko als Vertragsgegenstand, S. 297.

offener Risikopositionen mittels Derivaten, bei dem per se kein Grundgeschäft vorliegt.

Zusammenfassend lässt sich sagen: Risiken der Derivate sind in erster Linie konkrete Risiken des einzelnen Derivats. Diese Risiken hängen von dem speziellen Produkt ab, von der Position, die der jeweilige Vertragspartner in dem Derivat einnimmt, und von dem Zweck, zu dem das Derivat eingesetzt wird. Eine allgemeine Darstellung der Risiken der Derivate ist daher schwierig.[375] Gleichwohl soll im Folgenden versucht werden, generell die Risiken zu benennen, die bei allen Derivaten – wenn auch in jeweils unterschiedlicher Ausprägung – auftreten.

I. Marktpreisrisiko der Derivate

In Abschnitt § 5 I. 2. wurde das Marktpreisrisiko der Basiswerte der Derivate definiert. Es handelt sich dabei um das Risiko von Vermögenseinbußen, das aufgrund von möglichen Veränderungen der Marktpreise oder der preisbildenden Parameter oder der Volatilität der Basiswerte wie Waren, Finanztitel oder Zinsen besteht.

Als von den Basiswerten abgeleitete Geschäfte unterliegen Derivate grundsätzlich den gleichen Marktpreisrisiken wie ihre jeweiligen Basiswerte selbst.[376] Das Marktpreisrisiko von Derivaten gründet letztlich in der Abhängigkeit des Preises des Derivats von der Preisentwicklung des zugrundeliegenden Basiswerts.[377] Auch bei Geschäften mit Derivaten droht dem Nutzer das Risiko von Vermögenseinbußen aufgrund von Veränderungen der Marktpreise und der preisbildenden Parameter der Basiswerte. Diese Abhängigkeit ist dabei in ihrer rechnerischen Struktur so komplex, dass die Änderungen des Basiswerts und die Wertveränderungen beim Derivat nicht parallel verlaufen. Der Wert eines Optionsrechts beispielsweise nimmt aufgrund des Hebeleffekts an den Preisschwankungen des Optionsgegenstands nicht proportional, sondern deutlich überpropor-

---

375 Vgl. *Clouth*, Rechtsfragen der außerbörslichen Finanz-Derivate, S. 130 ff., der bei seiner Übersicht der Risiken immer zwischen den unterschiedlichen Derivaten differenziert; *Krämer*, Finanzswaps und Swapderivate in der Bankpraxis, S. 34, der seine Übersicht der Risiken auf das Beispiel der Risikoarten der Finanzswaps beschränkt. Vgl. auch die Darstellung in Basisinformationen über Finanzderivate, die zwischen generellen Risiken bei allen Derivaten, S. 115 ff. und speziellen Risiken bei einzelnen Derivaten, S. 125 ff. unterscheidet. Ebenso *Deutsche Bank*, Basisinformationen über Termingeschäfte, S. 85 ff. und 101 ff.

376 Basisinformationen über Finanzderivate, S. 117; *Deutsche Bank*, Basisinformationen über Termingeschäfte, S. 86; *Reiner*, Derivative Finanzinstrumente im Recht, S. 38.

377 *Clouth*, Rechtsfragen der außerbörslichen Finanz-Derivate, S. 130.

tional teil.[378] Mitunter können sich die Preisentwicklungen von Basiswert und Derivat sogar entgegengesetzt verhalten.[379]

Abgesehen von den Marktpreisen des Basiswerts beeinflussen noch weitere Faktoren das Marktpreisrisiko der Derivate.[380] Verändern sich diese Parameter, verändert sich auch der Preis des Derivats. Zum einen ist das Marktpreisrisiko des einzelnen Derivats davon abhängig, ob es zu dem Grundtypus des Termingeschäfts in Form eines Festgeschäfts oder in Form einer Option gehört und welche Vertragsposition der jeweilige Derivatnutzer in diesem Geschäft einnimmt[381]. Zum anderen wird beispielsweise der Preis von Festgeschäften (*Futures, Forwards*) neben dem Kassapreis des Basiswerts auch von den so genannten *Cost of Carry* (Bestandshaltungs- und Lagerkosten bzw. Zinskosten)[382] und sonstigen Einflüssen wie der Liquidität des Marktes, von Erwartungen der Marktteilnehmer und von Tagesereignissen bestimmt. Der Preis von Optionen, der bei Bestellung der Option in der Optionsprämie zum Ausdruck kommt, wird außer von den Preisen des Basiswerts von preisbestimmenden Faktoren wie den Veränderungen der Volatilität des Basiswerts, von Schwankungen des Zinssatzes und der Verminderung der Restlaufzeit der Option beeinflusst.[383] Einfluss haben auch die Entwicklung benachbarter Märkte und die Nachfrage nach Hedge- oder Spekulationsgeschäften.[384] Steigen oder sinken diese Kosten, verändern sich dementsprechend auch die Preise der Derivate. Einfluss auf das Marktpreisrisiko von Derivaten haben darüber hinaus auch das unterschiedliche Risiko-Chance-Profil bei Festgeschäft und Option und die Komplexität des Derivats.[385]

---

378 *Clouth*, Rechtsfragen der außerbörslichen Finanz-Derivate, S. 131.

379 Basisinformationen über Finanzderivate, S. 117; *Deutsche Bank*, Basisinformationen über Termingeschäfte, S. 86.

380 *Clouth*, Rechtsfragen der außerbörslichen Finanz-Derivate, S. 130; *Scharpf/Luz*, Risikomanagement, Bilanzierung und Aufsicht von Finanzderivaten, S. 88.

381 Vgl. hierzu schon oben 1. Kapitel, § 4III.

382 *Deutsche Bank*, Basisinformationen über Termingeschäfte, S. 102. Der Wert/Preis eines Futures setzt sich zusammen aus dem Kassapreis des Basiswerts zuzüglich der Kosten, die der Erwerber tragen müsste, wenn er den Basiswert nicht erst zum Termin, sondern schon heute kaufen würde (z.B. Lagerhaltungskosten, Bestandshaltungskosten bei Warentermingeschäften (Commodity-Futures) und Zinskosten bei Finanztermingeschäften = *Cost of Carry*), vgl. statt vieler *Schäfer*, in Rudolph (Hrsg.), Derivate Finanzinstrumente, S. 45, 69 ff.

383 *Deutsche Bank*, Basisinformationen über Termingeschäfte, S. 106; *Schäfer*, in Rudolph (Hrsg.), Derivate Finanzinstrumente, S. 45, 81 ff.

384 *Wach*, Der Terminhandel in Recht und Praxis, Rn. 107; *Widmayer*, Risikomanagement mit Derivaten im Internationalen Steuerrecht, S. 45.

385 *Clouth*, Rechtsfragen der außerbörslichen Finanz-Derivate, S. 130 ff.

Unter dem Begriff Liquiditätsrisiko werden zwei unterschiedliche Risiken verstanden. Zum einen ist damit die Gefahr der unzureichenden Marktliquidität eines Derivats gemeint und zum anderen das allgemeine Finanzierungsrisiko von Unternehmen.[386] Das ehemalige Bundesaufsichtsamt für das Kreditwesen unterschied dementsprechend auch begrifflich zwischen dem Marktliquiditätsrisiko und dem Liquiditätsrisiko.[387]

Das Marktliquiditätsrisiko besteht darin, dass eine Vertragspartei in einem Derivat ihre Position aufgrund unzureichender Marktliquidität nicht oder nicht zu einem fairen Marktpreis auflösen oder glattstellen kann. Sie kann sich dann nur zu schlechteren Bedingungen aus dem Vertrag lösen und muss bei ungünstiger Marktentwicklung, wenn die Fälligkeit des Geschäfts eintritt, gegebenenfalls den maximalen Verlust realisieren.[388] Eine unzulängliche Markttiefe kann sich daraus ergeben, dass ein entsprechender Kontrahent nicht zu finden ist, dass die Anzahl der Marktteilnehmer zu gering, das gehandelte Volumen unzulänglich ist oder dass ganz allgemein Marktstörungen aufgetreten sind.[389] Das Risiko, zu einem gewünschten Zeitpunkt keinen Geschäftspartner zu finden, betrifft alle Derivatgeschäfte.[390] Es ist verhältnismäßig gering bei börsengehandelten Derivaten und bei solchen Derivaten des OTC-Handels, die sich als Standardprodukte etabliert haben, wie beispielsweise Devisentermingeschäfte, Devisenoptionen, Zinssatz- und Währungsswaps.[391] Besonders ausgeprägt ist es dagegen im OTC-Handel mit neuartigen, komplexen Derivaten.[392] Die maßgeschneiderte, individuelle Gestaltung der OTC-Verträge kann zur Folge haben, dass die Handelbarkeit der Instrumente auf dem Sekundärmarkt nur eingeschränkt möglich ist, so dass das OTC-Derivat nicht glattgestellt oder an einen anderen Marktteilnehmer weiterveräußert werden kann. Es muss nämlich ein Partner mit genau jenen Interessen gefunden werden, die dem ausgehandelten Vertrag entsprechen. Je spezieller

386 *Bürger*, in Rudolph (Hrsg.), Derivate Finanzinstrumente, S. 241, 256; *Gebhardt/Mansch*, Risikomanagement und Risikocontrolling in Industrie- und Handelsunternehmen, S. 37.

387 *BaKred*, Mindestanforderungen an das Betreiben von Handelsgeschäften der Kreditinsitute (abgedr. in *Consbruch/Möller/Bähre/Schneider*) Ziff. 4.270, Punkt 3.2.3; *Dickmann*, in Lutter/Scheffler/Schneider, Handbuch der Konzernfinanzierung, Rn. 27.62.

388 *Clouth*, Rechtsfragen der außerbörslichen Finanz-Derivate, S. 141.

389 *Scharpf/Luz*, Risikomanagement, Bilanzierung und Aufsicht von Finanzderivaten, S. 82.

390 *Clouth*, Rechtsfragen der außerbörslichen Finanz-Derivate, S. 141.

391 *Clouth*, Rechtsfragen der außerbörslichen Finanz-Derivate, S. 141.

392 *Bürger*, Rudolph (Hrsg.), Derivate Finanzinstrumente, S. 241, 256.

Kontrakte auf Bedürfnisse von Marktteilnehmern zugeschnitten sind, umso schwieriger ist es, im Bedarfsfall einen neuen Geschäftspartner zu finden. Es kommt hinzu, dass die Übertragbarkeit des Derivats auf Dritte oft an die Zustimmung der Gegenpartei gebunden ist.[393]

Das allgemeine Finanzierungsrisiko oder auch Liquiditätsrisiko (im engeren Sinne) besteht in dem potentiellen Verlust, der dadurch entstehen kann, dass die Geldmittel fehlen, um Einschusspflichten und Zahlungsverpflichtungen bei Fälligkeit des Derivats erfüllen zu können, und dass deshalb wertvolle Positionen aufgegeben werden müssen.[394] Wie gesehen, erfordern börsliche Derivategeschäfte tägliche Marginzahlungen. Margins oder auch Einschüsse dienen der Clearing-Stelle an der Terminbörse als Sicherheiten für einen möglichen Ausfall des Derivatenutzers. Verliert das Derivat aufgrund von Preisschwankungen des Basiswerts an Marktwert, ist der Nutzer des Derivats zur Zahlung von Nachschüssen an die Clearing-Stelle verpflichtet. Die Höhe der Marginzahlungen ist von der Entwicklung der Kurse der eingegangenen Derivatepositionen abhängig und im Voraus nicht exakt bestimmbar.[395] Kommt der Verpflichtete den Zahlungen der Sicherheiten nicht nach, besteht die Gefahr, dass der Gläubiger das Derivat vorzeitig glattstellt. Der Derivatenutzer sieht sich dann einer sofort fälligen Ausgleichszahlung ausgesetzt, die unter Umständen seine Liquidität erheblich beeinträchtigen kann.[396] Auch bei OTC-Geschäften können Marginzahlungen oder vergleichbare Zahlungsverpflichtungen vereinbart sein.[397] Im Falle von Verlusten führen die zu leistenden Margin-Zahlungen zu einem fortlaufenden Liquiditätsentzug.[398] Dass dies zu ganz erheblichen Liquiditätsengpässen und -krisen führen kann, haben die Ereignisse um die Metallgesellschaft AG im Jahre 1993 gezeigt.[399]

---

393 Basisinformationen über Finanzderivate, S. 118, 119.

394 *Dickmann*, in Lutter/Schäffler/Schneider, Handbuch der Konzernfinanzierung, Rn. 27.62; *v. Westphalen*, Derivatgeschäfte, Risikomanagement und Aufsichtsratshaftung, S. 67; *v. Randow*, ZGR 1996, 595, 627.

395 Basisinformationen über Finanzderivate, S. 118; *Deutsche Bank*, Basisinformationen über Termingeschäfte, S. 90.

396 *Clouth*, Rechtsfragen der außerbörslichen Finanz-Derivate, S. 144.

397 Basisinformationen über Finanzderivate, S. 118; *Deutsche Bank*, Basisinformationen über Termingeschäfte, S. 90.

398 *Dickmann*, in Lutter/Scheffler/Schneider, § 27, Rn. 27.64.

399 Die Praxis hat gezeigt, dass bei ungewöhnlichen Gestaltungen und sehr hohen Volumina wie 1993 bei den Öltermingeschäften der Metallgesellschat hohe Einschussverpflichtungen zu Liquiditätsproblemen bzw. –krisen führen können, vgl. *Dickmann*, Lutter/Scheffler/Schneider, Rn. 27.64, 27.65. Daher ist der Aussage, Derivate böten den Vorteil geringerer Liquiditätsanforderungen, da bei börsengehandelten Derivaten lediglich die Marginbeträge aufgebracht werden müssten (vgl. *v.West-*

III. Korrelationsrisiko (Inkongruenzrisiko)

Unter dem Korrelationsrisiko ist die Gefahr zu verstehen, dass eine hundertprozentige Absicherung gegen Kursrisiken (*pure hedge*) nicht möglich ist, weil für die abzusichernde Position kein vollständig abbildendes Derivat verfügbar ist oder weil das entsprechende Derivat aus bestimmten Gründen bewusst nicht gewählt wird.[400] Dann besteht die Gefahr, dass eine Wertminderung des Grundgeschäfts nicht vollständig durch Gewinne aus dem Derivatgeschäft kompensiert wird oder umgekehrt einem Verlust aus dem Absicherungsgeschäft kein entsprechender Gewinn aus dem Grundgeschäft gegenübersteht.[401] Insbesondere bei börsengehandelten Derivaten kann es vorkommen, dass der Basiswert des Derivats nicht mit dem Vertragsgegenstand des abzusichernden Grundgeschäfts übereinstimmt oder die Beträge und Laufzeiten von Grund- und Derivatposition nicht genau deckungsgleich, d.h. inkongruent, sind.[402] Wird beispielsweise ein Grundgeschäft in Aktien durch einen Aktien-Index-Future gesichert, besteht das Risiko, dass sich die Aktienposition und der Index-Future nicht genau parallel entwickeln. Eine vollständige Absicherung des Grundgeschäfts ist daher nicht zu erzielen.

IV. Adressenausfallrisiko (Bonitäts- oder Kreditrisiko)

Mit Adressenausfallrisiko bezeichnet man das Risiko, dass ein Vertragspartner aus finanziellen oder sonstigen Gründen nicht vertragskonform handelt und ausfällt. Der andere Vertragspartner erleidet dadurch einen finanziellen Schaden, da er Ersatzgeschäfte zu ungünstigeren Preisen abschließen muss.[403] Das Adressenausfallrisiko, das synonym auch Bonitäts- oder Kreditrisiko genannt wird, kann jederzeit auftreten und ist vom Marktgeschehen grundsätzlich unabhängig. Ein Vertragspartner kann ausfallen, weil er zahlungsunfähig wird, weil er Insolvenz angemeldet hat oder weil ein Moratorium über ihn verhängt wird. Durch den Ausfall eines Kontrahenten kann aus einer geschlossenen Hedge-Position eine of-

---

phalen, Derivategeschäfte, Risikomanagement und Aufsichtsratshaftung, S. 61, Fn. 231) mit Vorsicht zu begegnen.

400 Basisinformationen über Finanzderivate, S. 120; *Clouth*, Rechtsfragen der außerbörslichen Finanz-Derivate, S. 143.

401 *Clouth*, Rechtsfragen der außerbörslichen Finanz-Derivate, S. 143.

402 Basisinformationen über Finanzderivate, S. 120; *Deutsche Bank*, Basisinformationen über Termingeschäfte, S. 93.

403 *Group of Thirty*, Derivatives: Practices and Principles, S. 47; Basisinformationen über Finanzderivate, S. 120; *Gebhardt/Mansch*, Risikomanagement und Risikocontrolling in Industrie- und Handelsunternehmen, S. 36.

fene Position entstehen, die gegebenenfalls nur zu ungünstigeren Bedingungen wieder geschlossen werden kann. Der potentielle Verlust bei Ausfall des Kontrahenten beläuft sich daher auf den Aufwand für die Wiedereindeckung durch ein Ersatzgeschäft. Das Adressenausfallrisiko kann deshalb als Wiederbeschaffungs- oder als Substitutionsrisiko bezeichnet werden.

Insbesondere das OTC- Geschäft ist vom Adressenausfallrisiko betroffen.[404] Wegen seines individuellen Abschlusses zwischen zwei Vertragspartnern ohne Einschaltung einer Clearingstelle kann leicht der Fall eintreten, dass kein Ersatz gefunden werden kann, wenn ein Vertragspartner seine Verpflichtungen nicht erfüllt. Die Bonität des Vertragspartners kann sich während der Laufzeit der Verträge auch sehr schnell ändern. Bei börslich gehandelten Kontrakten ist das Adressenausfallrisiko dagegen in der Regel zu vernachlässigen, sofern die jeweilige Terminbörse über eine Clearingeinrichtung hoher Qualität verfügt.[405]

Ein Spezialfall des Adressenausfallrisikos ist das Vorleistungsrisiko. Es tritt dann auf, wenn der Geschäftspartner ausfällt und die andere Seite bereits eine Vorleistung erbracht hat. Das kommt vor, wenn eine Partei freiwillig oder auf Grund der vertraglichen Verpflichtung ihre Leistung erbringt, bevor die Gegenleistung erbracht wird. Bei manchen Derivaten ist ein solches Auseinanderfallen von Leistung und Gegenleistung bereits im Produkt angelegt, z. B. bei einem Swap, wenn vierteljährliche Zinszahlungen jährlichen Zinszahlungsverpflichtungen gegenüberstehen. Das Verlustrisiko besteht in der Höhe der im Voraus erbrachten eigenen Leistung.[406]

V. Betriebsrisiko

Ein Betriebsrisiko entsteht, wenn Fehler in der eigenen Aufbau- und Ablauforganisation, im Informationssystem, bei internen Kontrollen oder durch menschliches Versagen zu unerwarteten Verlusten führen können.[407] Betriebsrisiken sind insbesondere bei Banken und Industrie- und Handelsunternehmen nicht zu unterschätzen, da der Handel mit Derivaten dort in großem Umfang getätigt wird und die Gefahr besteht, dass bei Einsatz von Derivaten in verschiedenen Bereichen des Unternehmens Informationen nicht in ausreichendem Maße an alle notwendigen Stellen weitergegeben werden.[408] Risiken, die durch menschliches Verhalten

---

404 *Bürger*, in Rudolph (Hrsg.), Derivate Finanzinstrumente, S. 241, 253.

405 Basisinformationen über Finanzderivate, S. 121.

406 Basisinformationen über Finanzderivate, S. 121.

407 Basisinformationen über Finanzderivate, S. 123; *Bürger*, in Rudolph (Hrsg.), Derivate Finanzinstrumente, S. 241, 258; *v. Randow*, ZGR 1996, 595, 631.

408 *Gebhardt/Mansch*, Risikomanagement und Risikocontrolling in Industrie- und Handelsunternehmen, S. 38.

bzw. Versagen, wie beispielsweise mangelndes Verständnis für das Wesen und die Risiken der Derivate, durch fehlende innerbetriebliche Risikokontrollen, durch fehlende Handelslimite oder das Eingehen unverhältnismäßig vieler offener Positionen entstehen, können nur eng begrenzt werden.[409] Schwächen in der Aufbau- und Ablauforganisation lassen sich durch eine strikte Trennung von Handelsbereich, Dokumentation und Abwicklung der Verträge eindämmen. Fehlerhafte Programmabläufe und Informationssysteme bergen insbesondere dann ein nicht unerhebliches Betriebsrisiko, wenn verschiedene Unternehmensbereiche mit unterschiedlichen Systemen arbeiten oder nicht auf dieselbe Datenbasis (Kurse, Volatilitäten etc.) zurückgreifen.[410]

VI. Rechtliches Risiko

Ein rechtliches Risiko besteht, wenn ein Geschäft aus Rechtsgründen nicht durchsetzbar ist.[411] Die Durchsetzbarkeit von Verträgen kann insbesondere wegen einer fehlenden Berechtigung des Geschäftspartners zum Geschäftsabschluss, wegen vertraglicher Mängel, unvollständiger Dokumentation der Geschäfte und/oder wegen rechtlicher Besonderheiten in den Ländern, in denen der Geschäftspartner seinen Sitz hat, gefährdet sein.[412]

Das Rechtsrisiko ist bei Derivatgeschäften besonders ausgeprägt. Dies hat seine Ursache darin, dass es eine umfassende rechtliche Ordnung der Derivate (noch) nicht gibt[413] und sich daher immer wieder Fragen nach der Einordnung der Derivate in die bestehende Rechtsordnung stellen.[414] Die mangelnde Durchsetzbarkeit eines Geschäfts kann sich beispielsweise dadurch ergeben, dass der Geschäftspartner das Geschäft nicht wirksam abschließen kann oder zur Wirksamkeit des Geschäfts erforderliche Genehmigungen nicht beibringt.[415] Rechtsrisiken entstehen auch dort, wo Geschäfte nicht unter anerkannten Rahmenverträgen dokumentiert werden, wo Nettingvereinbarungen[416] bei Zahlungsunfähigkeit

---

409 *Bürger*, in Rudolph (Hrsg.), Derivate Finanzinstrumente, S. 241, 258.

410 Basisinformationen über Finanzderivate, S. 123.

411 *Gebhardt/Mansch*, Risikomanagement und Risikocontrolling in Industrie- und Handelsunternehmen, S. 38.

412 Basisinformationen über Finanzderivate, S. 122; *v. Randow*, ZGR 1996, 595, 629.

413 *Claussen*, Bank- und Börsenrecht, § 9 Rn. 200.

414 Basisinformationen über Finanzderivate, S. 123; *v. Randow*, ZGR 1996, 595, 629.

415 Basisinformationen über Finanzderivate, S. 122; *v. Randow*, ZGR 1996, 595, 629;

416 Das Netting von gegenseitigen Ansprüchen ist ein wesentliches Element im Derivategeschäft. Netting erlaubt den Vertragspartnern das Verrechnen gegenläufiger Ansprüche. Durch den Abschluss einer rechtsverbindlichen Nettingvereinbarung wird das Bruttorisiko auf einen Nettobetrag reduziert, vgl. *Bürger*, in Rudolph (Hrsg.),

des Vertragspartners nicht durchsetzbar sind und wo bei grenzüberschreitenden Derivategeschäften ausländische Rechtsordnungen mit im Spiel sind.[417]

§ 8 Ergebnis: Vor- und Nachteile des Einsatzes von Derivaten im allgemeinen

Die Darstellung der Eigenschaften, Einsatzmöglichkeiten und Risiken und Chancen der Derivate erfolgte zu dem Zweck, die Vor- und Nachteile des Einsatzes von Derivaten benennen zu können. Eignung zur Risikoübertragung und Hebelwirkung sind die Eigenschaften der Derivate, die ihre Einsatzmöglichkeiten und ihre Risiken in erster Linie beeinflussen. Es sind damit gleichzeitig diese Eigenschaften, die die Vorteile und die Nachteile der Derivate entscheidend bestimmen. Dabei wird deutlich, dass ein und dieselbe Eigenschaft, nämlich sowohl die Eignung zur Risikoübertragung als auch die Hebelwirkung, jeweils sowohl Vorteile als auch Nachteile des Einsatzes von Derivaten ausmachen können.

I. Vorteile der Derivate

1. Um- und Neuverteilung von Preisrisiken unter den Marktteilnehmern

Der Nutzen der Derivate liegt darin, dass sie adäquate Lösungen für finanzwirtschaftliche Phänomene anbieten können, wie sie aufgrund von einschneidenden Veränderungen auf den internationalen Finanzmärkten in den letzten dreißig Jahren aufgetreten sind. Globalisierung, Liberalisierung und Deregulierung der internationalen Kapitalmärkte führen in Verbindung mit immer leistungsstärkeren Kommunikationstechniken zu der Möglichkeit eines ganztägigen, weltweiten Handels. Die sich daraus ergebende schnellere Informationsverarbeitung des Marktes hat in den vergangenen Jahren die Volatilitäten der Kurse und Zinsen an den Devisen-, Zins-, Aktien- und Rohstoffmärkten spürbar ansteigen lassen.[418] Folge verstärkter Preisvolatilitäten ist eine Erhöhung der Zins- und Kursänderungsrisiken und damit das Bedürfnis der Marktteilnehmer, für den Umgang mit

Derivate Finanzinstrumente, S. 241, 257; *Büschgen*, Das kleine Börsenlexikon, S. 1441.

417 Basisinformationen über Finanzderivate, S. 122.

418 *Krumnow* (Hrsg.), Risikosteuerung von Derivaten, S. 1; *Rudolph*, in Rudolph (Hrsg.), Derivate Finanzinstrumente, S. V; *Gebhardt/Mansch*, Risikomanagement und Risikocontrolling in Industrie- und Handelsunternehmen, S. 1.

den größeren Marktpreisrisiken geeignete Instrumente zur Verfügung zu haben.[419]

Derivate haben den Vorteil, diesen Bedürfnissen Rechnung tragen zu können. Grund hierfür ist die beschriebene Eignung der Derivate, Risiken zu übertragen. Größere Marktpreisrisiken machen verstärkt die Steuerung und Begrenzung von Risiken notwendig, um sich vor Verlusten, die aus Marktpreisschwankungen resultieren können, zu sichern. Die Risiken des einen Marktteilnehmers können begrenzt werden, indem sie an andere Marktteilnehmer, die gewillt bzw. besser in der Lage sind, Risiken zu tragen, abgegeben werden.[420] Derivate stellen hierfür die geeigneten Instrumente dar, wenn man sie im Rahmen einer geeigneten Hedging-Strategie nutzt. Die häufigen und starken Veränderungen der Zinsen und Kurse an den Märkten bergen auch die Chance auf Gewinne in sich. Mit Hilfe von Derivaten können diese realisiert werden. Die Eignung der Derivate zur Risikoübertragung ermöglicht nämlich die absichtliche Übernahme von Risiken. Dadurch werden offene Risikopositionen geschaffen, die sich bei richtiger Einschätzung der Preisentwicklungen in Gewinne umwandeln können, wenn sie geschlossen werden.

Derivate vereinfachen nicht nur die Risikoübertragung. Dieser vorgelagert erleichtern sie auch die Isolierung und Abtrennung bestimmter Risikokomponenten vom Gesamtrisikogehalt der Basiswerte.[421] Die Isolierung und Separation einzelner Risikokomponenten kann einzelwirtschaftlich zur besseren Bewältigung der Probleme einer asymmetrischen Informationsverteilung zwischen den Marktpartnern beitragen und gesamtwirtschaftlich im Zusammenhang mit einer Risikoübertragung eine bessere Risikoallokation ermöglichen.[422]

Insgesamt erweitern also Derivate aufgrund ihrer Eignung zur Risikoübertragung die Möglichkeiten zu einer den Präferenzen und Ausstattungen der Marktteilnehmer entsprechenden Um- und Neuverteilung von Marktpreisrisiken, die mit herkömmlichen Finanzinstrumenten nicht in gleicher Weise zu erreichen ist.[423]

---

419 *Krumnow* (Hrsg.), Risikosteuerung von Derivaten, S. 1; *Rudolph*, in Rudolph (Hrsg.), Derivate Finanzinstrumente, S. V.

420 Gängiges Vorgehen, um Risiken an andere abzugeben, ist der Abschluss einer Versicherung.

421 *Deutsche Bundesbank*, Monatsbericht November 1994, S. 41, 44.

422 *Rudolph*, in Rudolph (Hrsg.), Derivate Finanzinstrumente, S. 5, 17.

423 *Krumnow* (Hrsg.), Risikosteuerung von Derivaten, S. 1; *Rudolph*, in Rudolph (Hrsg.), Derivate Finanzinstrumente, S. V, S. 5, 16.

2. Geringe Liquiditätsanforderungen – Chance auf hohe Gewinne

Derivate haben weiter den Vorteil, dass sie die Möglichkeiten der Risikoabsicherung und -übernahme im Vergleich zu Investitionen in die Basiswerte mit verhältnismäßig geringen Liquiditätsanforderungen und niedrigen Transaktionskosten eröffnen. Grund hierfür ist die beschriebene Hebelwirkung. Der Einsatz von Derivaten erfordert die Aufbringung von relativ wenig Kapital. Dies macht Risikoabsicherungsstrategien vergleichsweise kostengünstig.

Gleichzeitig hindert der relativ geringe Kapitaleinsatz nicht, dass mit dem Einsatz von Derivaten hohe Gewinne gemacht werden können. Die Gewinne, die mit Derivaten realisiert werden, stehen den Gewinnen, die sich bei Engagements in die Basiswerte ergeben können, nicht nach. Im Verhältnis zu dem eingesetzten Kapital sind diese Gewinne verglichen mit dem Verhältnis von Kapitaleinsatz und Gewinn beim Engagement in den Basiswert sogar überdurchschnittlich hoch. Auch dies ist Folge des Hebeleffekts.

3. Vervollständigung des Kapitalmarkts

Derivative Finanztitel erweitern die Möglichkeit, Risikopositionen aufzubauen und auszugleichen, wo Optionen durch herkömmliche Finanzinstrumente nicht ohne weiteres nachgebildet werden können, weil der Kapitalmarkt unvollkommen und unvollständig ist. Derivate können den Kapitalmarkt vervollkommnen und vervollständigen.[424]

4. Verbesserung der Informationseffizienz

Derivate werden aufgrund der beschriebenen Vorteile gegenüber den Märkten für die Basiswerte bevorzugt. Dies führt zu einer besseren Umsetzung und Verwertung und damit beschleunigter Verarbeitung privater Informationen, was wiederum zur Folge hat, dass die Informationseffizienz des Kapitalmarkts verbessert wird.[425]

---

424 *Rudolph*, in Rudolph (Hrsg.), Derivate Finanzinstrumente, S. 5, 17.
425 *Rudolph*, in Rudolph (Hrsg.), Derivate Finanzinstrumente, S. 5, 17.

II. Nachteile der Derivate

1. Gefahr des Totalverlusts – Anreiz zu risikofreudigem Verhalten

Die Eignung der Derivate zur Risikoübertragung schließt auch Nachteile ein. Die Möglichkeit der Übernahme von Marktpreisrisiken verbunden mit der Hebelwirkung kann bei negativer Preisentwicklung zu erheblichen Verlusten führen. Das Verlustrisiko kann je nach Derivat nahezu unbegrenzt sein.[426] Ein weiterer Nachteil der Hebelwirkung ist der verführerische Anreiz, den sie auf die Marktteilnehmer ausübt. Die Verlockung, Risiken zu übernehmen[427], ist bei Derivaten ungleich größer als bei Erwerb der Basiswerte, da eben kein großer Kapitaleinsatz erforderlich ist, gleichzeitig aber die Chance auf große Gewinne besteht.[428] Die finanzielle und psychologische Barriere, die in der Notwendigkeit des Aufbringens eines nicht unerheblichen Kapitals gleich zu Beginn eines Geschäfts mit Basiswerten liegen kann, fällt bei einem Engagement in Derivate weg. Es ist vielmehr die Aussicht, mit relativ geringem Einsatz an – durch die Hebelwirkung verstärkten, durchschnittlich ca. verzehnfachten – Kursschwankungen teilzunehmen, die viele Marktteilnehmer dazu verleitet, die entsprechend höheren Risiken in Kauf zu nehmen, die sie weder übersehen noch wirtschaftlich verkraften können.[429]

Folge dieser Anreizwirkung ist ein nicht unerhebliches Verhaltensrisiko. Denn werden beispielsweise im operativen Geschäft Verluste realisiert und gibt es wenig Aussicht auf eine Besserung der Situation, besteht die Gefahr, dass (mutwillig[430]) nach einem Strohhalm gegriffen wird und in großem Umfang Derivategeschäfte in der Hoffnung getätigt werden, mit „schnellem Geld" alles zu retten[431] (*gambling for resurrection*)[432].

---

426 *Hadding/Hennrichs*, in FS Claussen, S. 447, 455.

427 *Hadding/Hennrichs*, in FS Claussen, S. 447, 455 („Spielverlockung").

428 *Kümpel*, Bank- und Kapitalmarktrecht, Rn. 15.123; 15.124; *v. Randow*, ZGR 1996, 595, 596.

429 *Kümpel*, Bank- und Kapitalmarktrecht, Rn. 15.123, 15.124; *Wach*, Der Terminhandel in Recht und Praxis, Rn. 642.

430 *Gebhardt/Mansch*, Risikomanagement und Risikocontrolling in Industrie- und Handelsunternehmen, S. 8.

431 *Rudolph*, in Rudolph (Hrsg.), Derivate Finanzinstrumente, S. V; *Kümpel*, Bank- und Kapitalmarktrecht, Rn. 15.124.

432 *v. Randow*, ZGR 1996, 594, 601; *Jensen/Meckling*, Journal of Financial Economics 3 (1976), 305 ff.

2. *Feste Endfälligkeit*

Aufgrund der festen Endfälligkeit des Termingeschäfts sind eventuell Verluste zum Termin auch dann zu realisieren, wenn ein Kurseinbruch der Basiswerte (vermeintlich oder tatsächlich) nur von vorübergehender Dauer ist.[433] Der grundsätzlichen festen Endfälligkeit der Derivate kann jedoch eine Prolongation[434] die Schärfe nehmen. Dadurch wird die Realisation eines etwaigen Verlustes jedenfalls zunächst vermieden.[435]

3. *Neuigkeit und Komplexität*

Neuigkeit und Komplexität der Derivate stellen Gefahren dar, die durch geeignete organisatorische Maßnahmen begrenzt werden müssen.[436] Die Unkenntnis über Funktionen, Wirkungsweise, Bewertung und die Handhabbarkeit der Derivate ist (noch immer) weit verbreitet. Die Unsicherheit im Umgang mit Derivaten kann insbesondere zu technischen und menschlichen Fehlern beim Einsatz von Derivaten führen.[437]

4. *Mangelnde Transparenz*

Schließlich erwachsen Gefahren aus der mangelnden Transparenz der Derivate.[438] Derivate gelten als schwebende Geschäfte nach deutschen Rechnungslegungsvorschriften als bilanzunwirksam. Ihr Einsatz insbesondere in Industrie- und Handelsunternehmen ist daher aus der Bilanz bislang nicht zwangsläufig erkennbar. Mit der Anwendung der IAS spätestens ab dem 01.01.2005 (IAS 32, 39) soll sich dies allerdings ändern.

5. *Systemrisiko*

Als Systemrisiko sieht man die Gefahr an, dass der Zusammenbruch eines Marktteilnehmers oder eines Marktes durch eine Art „Dominoeffekt" zur Insolvenz an-

---

433 *Hadding/Hennrichs*, FS Claussen, S. 447, 455; vgl. aber auch *Reiner*, Derivative Finanzinstrumente im Recht, S. 42 ff., der die feste Endfälligkeit nicht als besonderen Nachteil der Derivate ansieht.

434 Hierzu vgl. unten 3. Kapitel, § 10III.4.

435 *Hadding/Hennrichs*, FS Claussen, S. 447, 455.

436 *Rudolph*, in Rudolph (Hrsg.), Derivate Finanzinstrumente, S. V; *Krumnow* (Hrsg.), Risikosteuerung von Derivaten, S. 2.

437 *Krumnow* (Hrsg.), Risikosteuerung von Derivaten, S. 2.

438 *Rudolph*, in Rudolph (Hrsg.), Derivate Finanzinstrumente, S. V.

derer Unternehmen oder zum Zusammenbruch eines ganzen Marktes führt und dadurch das gesamte Finanzsystem geschädigt werden kann. Die Komplexität und ungeheure Dynamik der derivativen Finanzmärkte hat die Sorge um ein erhöhtes Systemrisiko des finanziellen Sektors wachsen lassen, das es aus Sicht der Gesamtwirtschaft und der Aufsichtsbehörden zu begrenzen gilt.[439]

Drittes Kapitel: Der Einsatz von Derivaten in Industrie- und Handelsunternehmen

Im vorstehenden Kapitel wurden Nutzen und Gefahren von Derivaten allgemein aus der Sicht aller Marktteilnehmer aufgezeigt. Während in der öffentlichen Meinung wegen der durch die Gefahren hervorgerufenen spektakulären Unternehmenskrisen[440] (immer noch) eine ablehnende Haltung gegenüber Derivaten vorherrscht, wird von Fachleuten nachdrücklich auf ihren Nutzen hingewiesen. Insbesondere für Industrie- und Handelsunternehmen in Form von Aktiengesellschaften bedeute der Einsatz von Derivaten eine Erweiterung der Handlungsspielräume.[441] In Anbetracht dieser divergierenden Ansichten und im Hinblick auf das Ziel dieser Arbeit, Kompetenzen und Pflichten des Vorstands beim Einsatz von Derivaten zu konkretisieren, ist es interessant zu erfahren, wie Industrie- und Handelsunternehmen in der Praxis Derivate einsetzen. Unternehmen nutzen Derivate im Rahmen des unternehmerischen Risikomanagements und dort speziell im finanzwirtschaftlichen Management (Finanzmanagement). Nach einer Erläuterung des Begriffs des Risikomanagements und einer Einordnung des Derivateeinsatzes in das finanzwirtschaftliche Management werden anhand einer Reihe von empirischen Studien Strategien des Derivateeinsatzes und die in Unternehmen am meisten verwendeten Derivate vorgestellt.

§ 9 Der Begriff des Risikomanagements

Der Begriff Risikomanagement oder *risk management* wird weder auf nationaler noch auf internationaler Ebene allgemeingültig definiert noch wird er in Wissen-

---

439 *Rudolph*, in Rudolph (Hrsg.), Derivate Finanzinstrumente, S. 5, 18.
440 Vgl. die Beispiele für Unternehmenskrisen in der Einleitung.
441 *v. Randow*, ZGR 1996, 594; *Gebhardt/Gerke/Steiner*, in *dies.*, Handbuch des Finanzmanagements, S. 3, 4.

schaft und Praxis einheitlich verwendet.[442] Bei aller Vielfalt an Definitions- und Erklärungsversuchen in der Literatur ist jedoch eines offensichtlich. Betriebswirtschaftslehre und Rechtswissenschaft haben ein unterschiedliches Verständnis von dem Begriff des Risikomanagements. Auch innerhalb der beiden Disziplinen ist ein einheitliches Verständnis nur mehr (Betriebswirtschaftslehre) oder weniger (Rechtswissenschaft) auszumachen. Gleichwohl lassen sich mannigfache Übereinstimmungen jeweils in den einzelnen Disziplinen als auch disziplinübergreifend finden.

Aufgabe der vorliegenden Untersuchung ist es nicht, eine allgemeingültige Definition des Risikomanagements herauszuarbeiten. Im folgenden wird daher der Begriff des Risikomanagements auch nicht definiert, sondern aus betriebswirtschaftlicher und rechtlicher Sicht (nur) soweit erläutert, wie er für das Verständnis und die Einordnung des Einsatzes von Derivaten in Industrie- und Handelsunternehmen und die Beurteilung der sich daraus ergebenden Kompetenzen und Pflichten des Vorstands notwendig ist.

I. Erläuterung des Begriffs Risikomanagement

1. Risikomanagement aus betriebswirtschaftlicher Sicht

a. Risikomanagement im weiteren Sinn im Unternehmen

Unternehmerisches Entscheiden und Handeln ist auf das Erreichen bestimmter Ziele gerichtet. Dabei sind Unternehmungen im Ablauf der Zeit unvorhersehbaren Entwicklungen ausgesetzt, so dass geplante Ziele nicht mit Sicherheit erfüllt bzw. erreicht werden können. Die aus der Unsicherheit über zukünftige Entwicklungen resultierende Gefahr, dass geplante Ziele oder Zielgrößen von einem angestrebten Referenzwert negativ abweichen, wird als unternehmerisches Risiko bezeichnet.[443] Die Beschäftigung mit unternehmerischen Risiken stellt einen grundlegenden Bestandteil unternehmerischer Tätigkeit dar.[444] Risikomanagement im weiteren Sinne dient generell dazu, dem allgemeinen betriebswirtschaft-

---

442 *v. Westphalen*, Derivatgeschäfte, Risikomanagement und Aufsichtsratshaftung, S. 70, Fn. 287; *Wall*, in Lange/Wall, Risikomanagement nach dem KonTraG, § 3 Rn. 117.

443 *Bitz*, in Gebhardt/Gerke/Steiner, Handbuch des Finanzmanagements, S. 641, 642; *Gebhardt/Mansch*, Risikomanagement und Risikocontrolling in Industrie- und Handelsunternehmen, S. 10.

444 *Wall*, in Lange/Wall, Risikomanagment nach dem KonTraG, § 3 Rn. 98; *Widmayer*, Risikomanagement mit Derivaten im Internationalen Steuerrecht, S. 7; *Helten/Bittl/Liebwein*, in Dörner/Horvath/Kagermann, Praxis des Risikomanagements, S. 155.

lichen Problem, unternehmerische Risiken zu bewältigen, bewusst und aktiv beizukommen.[445]

Risikomanagement im weiten Sinn bezieht sich auf die Bewältigung aller Risiken, die in den verschiedenen Bereichen eines Unternehmens auftreten können. Hierzu zählen beispielsweise die mit dem operativen Geschäft eines Unternehmens verbundenen betrieblichen Risiken wie Absatz-, Beschaffungs-, Bestandsrisiken[446] sowie allgemeine Unternehmensrisiken wie Unfall-, Produktionsausfall-, Produkt- und Verhaltensrisiken.[447] Dazu gehören aber auch die sich aus dem operativen Geschäft ergebenden Ertrags- und Finanzrisiken, die das Unternehmen nicht willkürlich eingeht, sondern denen es gezwungenermaßen als Reflex seiner wirtschaftlichen Betätigung ausgesetzt ist (z.B. Wertschwankungsgefahren aus einer Fremdwährungsforderung, die bei Gelegenheit eines Exports entstanden ist).[448] Schließlich hat das Risikomanagement sich auch mit den originär finanziellen Risiken des Finanzbereichs wie Zinsänderungs-, Wechselkursänderungs-, Kursänderungsrisiken zu befassen, die durch Finanzierungs- und Finanzanlagemaßnahmen und letztendlich auch durch den Einsatz von Derivaten entstehen können.[449]

Risiken der beschriebenen Art können in allen betrieblichen Bereichen unabhängig voneinander aus den jeweiligen bereichsspezifischen Aktivitäten entstehen. Dennoch kann nicht davon ausgegangen werden, dass die Wirkungen der bereichsweise entstandenen Risiken unabhängig voneinander sind. Vielmehr sind Überlagerungen, wechselseitige Verstärkungen, aber auch Kompensationseffekte denkbar.[450] Dem Risikomanagement im weiteren Sinn als Methode zur bewuss-

---

445 *Schneider*, in Lange/Wall, Risikomanagement nach dem KonTraG, § 3 Rn. 2; *Martin/Bär*, Grundzüge des Risikomanagements nach KonTraG, S. 82, 83; *Rudolph/ Johanning*, in Johanning/Rudolph, Handbuch Risikomanagement, Bd. 1, S. 16; *Hommel/Pritsch*, in Achleitner/Thoma, Handbuch Corporate Finance, 8.1.1., S. 6; *Zimmer/Sonneborn*, in Lange/Wall, Risikomanagement nach dem KonTraG, § 1 Rn. 174, *Krystek*, BFuP 2000, 273, 276.

446 *Gebhardt/Mansch*, Risikomanagement und Risikocontrolling in Industrie- und Handelsunternehmen, S. 5; *Glaum/PwC*, Finanzwirtschaftliches Risikomanagement deutscher Industrie- und Handelsunternehmen, S. 15.

447 *Glaum/PwC*, Finanzwirtschaftliches Risikomanagement deutscher Industrie- und Handelsunternehmen, S. 15.

448 *Gebhardt/Mansch*, Risikomanagement und Risikocontrolling in Industrie- und Handelsunternehmen, S. 5; *v. Randow*, ZGR 1996, 594, 599 („nicht-produktive Risiken“).

449 *Gebhardt/Mansch*, Risikomanagement und Risikocontrolling in Industrie- und Handelsunternehmen, S. 5.

450 *Bitz*, in Gebhardt/Gerke/Steiner, Handbuch des Finanzmanagements, S. 641, 643; *Krumnow*, in Johanning/Rudolph, Handbuch Risikomanagement, Bd. II, S. 688.

ten und aktiven Bewältigung aller unternehmerischen Risiken[451] kommt dementsprechend eine gesamtunternehmensbezogene, strategische Querschnittsfunktion zu[452], die bei der Gestaltung der unternehmerischen Aktivitäten systematisch die damit verbundenen Risiken und ihre Interdependenzen zu berücksichtigen hat und mit Hilfe geeigneter Maßnahmen bewältigen soll („risikobewusste Unternehmensführung").[453]

Zum Risikomanagement im weiten Sinn gehört aber nicht nur die Bewältigung von unternehmerischen Risiken, d.h. der Gefahr negativer Entwicklungen. Ebenso hat das Risikomanagement im weiten Sinn auch die jeweils sich ergebenden Chancen, d.h. die Möglichkeit positiver Entwicklungen, aktiv zu beachten, und ihre möglichen Auswirkungen bei der Bewältigung der Risiken in den Entscheidungsprozess einzubeziehen.[454]

Die Einordnung als „Risikomanagement im weiten Sinn" deutet darauf hin, dass es auch ein „Risikomanagement im engen Sinn" gibt.[455] Dem gesamtunternehmerischen, bereichsübergreifenden Risikomanagement im weiten Sinn wird vor allem in der theoretischen betriebswirtschaftlichen Literatur Bedeutung beigemessen.[456] Empirische Studien zeigen aber, dass in der Praxis der Unternehmen Risikomanagement vor allem als bewusste und aktive Bewältigung der gerade beschriebenen Einzelrisiken in den Teilbereichen des Unternehmens und eher nicht gesamtunternehmensbezogen betrieben wird.[457] Dies wird von der Literatur als Risikomanagement im engeren Sinn oder auch spezielles Risikomanagement bezeichnet.[458] Die Bewältigung bzw. (Um-)Gestaltung finanzwirtschaftlicher Risiken im Unternehmen stellt ein derartiges spezielles Risikomanagement (Fi-

451 *Hommel/Pritsch*, in Achleitner/Thoma (Hrsg.), Handbuch Corporate Finance, 8.1.1, S. 6.

452 *Bitz*, in Gebhardt/Gerke/Steiner, Handbuch des Finanzmanagements, S. 641, 643; *Martin/Bär*, Grundzüge des Risikomanagements nach KonTraG, S. 82, 83; *Glaum/ PwC*, Finanzwirtschaftliches Risikomanagement deutscher Industrie- und Handelsunternehmen, S. 15, 19.

453 *Wall*, in Lange/Wall, Risikomanagment nach dem KonTraG, § 3 Rn. 118.

454 *Wolf*, DStR 2002, 1729.

455 *Martin/Bär*, Grundzüge des Risikomanagements nach KonTraG, S. 82, 83.

456 *Glaum/PwC*, Finanzwirtschaftliches Risikomanagement deutscher Industrie- und Handelsunternehmen, S. 15; *Hommel/Pritsch*, in Achleitner/Thoma (Hrsg.), Handbuch Corporate Finance, 8.1.1, S.7; *Martin/Bär*, Grundzüge des Risikomanagements nach KonTraG, S. 82, 83.

457 *Widmayer*, Risikomanagement mit Derivaten im Internationalen Steuerrecht, S. 16; Vgl. zu den empirischen Studien statt vieler *Glaum/PwC*, Finanzwirtschaftliches Risikomanagement deutscher Industrie- und Handelsunternehmen, S. 15 ff.

458 *Martin/Bär*, Grundzüge des Risikomanagements nach KonTraG, S. 82, 83; *Wall*, in Lange/Wall, Risikomanagement nach dem KonTraG, § 3 Rn. 117, 118 (Risikomanagement als „Versicherungsmanagement" von Einzelrisiken).

nanzmanagement) dar. Es wird unter anderem mit Hilfe von Derivaten betrieben. Hierauf wird weiter unter eingegangen.

b. Risikomanagement als Prozess

Unabhängig davon, ob Risikomanagement im weiten oder engen Sinn betrachtet wird, lassen sich übereinstimmende Linien der Organisation und des Ablaufs des Risikomanagements ausmachen.[459] Risikomanagement im Unternehmen wird als Prozess verstanden, der (idealtypisch) in die folgenden Phasen unterteilt werden kann: Identifikation, Analyse und Quantifizierung der Unternehmensrisiken sowie ihre Bewältigung in Form der Steuerung und Kontrolle.[460] Dabei dürfen die Phasen des Risikomanagements nicht als zwangsläufig einmalige Abfolge angesehen werden. Risikomanagement als Prozess bedeutet vielmehr, dass wie in einem Kreislauf bei Bedarf auf vorgelagerte Prozessschritte zurückgesprungen werden soll.[461]

Bevor in die erste Phase (Risikoidentifikation) eingetreten wird, ist jedoch die geplante Risikostrategie des Unternehmens festzulegen. Bei der Entscheidung für oder gegen eine Risikostrategie hat die Unternehmensleitung sich an den von ihr festgelegten Unternehmenszielen zu orientieren.[462] Sie muss daher den Unternehmenszielen entsprechend in einem ersten Schritt für alle Risikobereiche strategische Vorgaben für die Handhabung der Risiken entwickeln[463] und dieses Konzept etwa in Form von Richtlinien schriftlich niederlegen.[464] Hierbei gilt es zu bestimmen, welche Risiken eingegangen werden sollen, in welchem Verhält-

---

459 *Wall*, in Lange/Wall, Risikomanagement nach dem KonTraG, § 3 Rn. 120.

460 *Hommel/Pritsch*, in Achleitner/Thoma (Hrsg.), Handbuch Corporate Finance, 8.1.1, S. 8; *Glaum/PwC*, Finanzwirtschaftliches Risikomanagement deutscher Industrie- und Handelsunternehmen, S. 13; *Oehler/Unser*, Finanzwirtschaftliches Risikomanagement, S. 16; *Scharpf/Luz*, Risikomanagement, Bilanzierung und Aufsicht von Finanzderivaten, S. 77 ff. Wenn auch über die einzelnen Phasen und (Teil-)aufgaben des Risikomanagements weitgehend Einigkeit besteht, werden diese oft unterschiedlich bezeichnet, *Wall*, in Lange/Wall, Risikomanagement nach dem KonTraG, § 3 Rn. 120. So wird für die Phase der Identifikation, Analyse und Quantifizierung auch der Begriff Risikoanalyse oder Risikocontrolling und für die Phase der Steuerung und Kontrolle auch Risikopolitik verwendet, vgl. *Bitz*, in Gebhardt/Gerke/Steiner, Handbuch des Finanzmanagements, S. 641, 643.

461 *Wall*, in Lange/Wall, Risikomanagement nach dem KonTraG, § 3 Rn. 120; *Lück*, Risikomanagementsystem und Überwachungssystem, S. 15 („Regelkreis").

462 Zu den mit dem Finanzmanagement verfolgten Unternehmenszielen, vgl. unten § 10II.

463 *Lück*, Risikomanagementsystem und Überwachungssystem, S. 57.

464 *Scharpf/Epperlein*, Risikomanagement derivativer Finanzinstrumente, BFuP 2/95, S. 209, 210.

nis Chancen und Risiken in den einzelnen Unternehmensbereichen und bereichsübergreifend mindestens stehen sollen und ab welcher Schadenshöhe Maßnahmen zur Risikosteuerung eingeleitet werden müssen.[465] Außerdem muss eine maximale Verlustgrenze für das Unternehmen vorgegeben werden. Auszugehen ist bei all diesen Überlegungen von folgendem Grundsatz: „Je höher der mögliche Schaden und je wahrscheinlicher ein Schadenseintritt ist, umso gründlicher ist die Ausschöpfung aller Erkenntnismöglichkeiten erforderlich.“[466] Schließlich gilt es, die Verantwortlichkeiten für das Risikomanagement innerhalb des Unternehmens festzulegen.[467] Im Rahmen der Risikostrategie werden somit grundsätzliche Einstellungen gegenüber unternehmerischen Risiken formuliert (Sicherheitsstreben, Risiko-/Sicherheitspräferenz).[468] Die Risikostrategie kann dann möglicherweise nach Abschluss der letzten Phase (Risikokontrolle/-überwachung) aufgrund der gefundenen Ergebnisse neu formuliert werden.[469]

In der Phase der Risikoidentifikation werden die auf das Unternehmen einwirkenden Risiken erkannt und beschrieben. Die identifizierten Risiken werden nach Unternehmensbereichen, nach Art und Ausmaß der Bedrohung sowie nach der Beeinflussbarkeit der Risiken systematisiert. Das wichtigste Instrument der Risikoidentifikation sind Frühwarnsysteme. Frühwarnsysteme sind Instrumente, die Risiken für ein Unternehmen so rechtzeitig identifizieren, dass Reaktionen des Unternehmens zur Abwehr der Risiken noch möglich sind. Sie beruhen auf dem Konzept der schwachen Signale. Diesem Konzept liegt die Erfahrung zugrunde, dass Unregelmäßigkeiten in der Entwicklung des Unternehmens nicht plötzlich auftreten, sondern sich in Form von schwachen Signalen (schlecht definierte und unscharf strukturierte Informationen) ankündigen.[470] Weitere Instrumente zur Risikoidentifikation sind Schadenkataloge, Checklisten über potentielle Störereignisse und Checklisten über gefährdete Objekte.[471]

Anschließend an die Risikoidentifikation sind Ursachen und Wirkungsweise der Risiken zu analysieren, um die möglichen Einflüsse auf das Unternehmen genauer abschätzen zu können. Dafür müssen die Risiken mit Hilfe anerkannter Ri-

---

465 *Wall*, in Lange/Wall, Risikomanagement nach dem KonTraG, § 3 Rn. 122.

466 *Lück*, Risikomanagementsystem und Überwachungssystem, S. 58.

467 *Scharpf/Epperlein*, Risikomanagement derivativer Finanzinstrumente, BFuP 2/95, S. 209, 210.

468 *Hommel/Pritsch*, in Achleitner/Thoma (Hrsg.), Handbuch Corporate Finance, 8.1.1, S. 8; *Lück*, Risikomanagementsystem und Überwachungssystem, S. 57, 58; *Wall*, in Lange/Wall, Risikomanagement nach dem KonTraG, § 3 Rn. 122.

469 *Wall*, in Lange/Wall, Risikomanagement nach dem KonTraG, § 3 Rn. 122; *Lück*, Risikomanagementsystem und Überwachungssystem, S. 58.

470 Vgl. zum Ganzen *Lück*, Risikomanagementsystem und Überwachungssystem, S. 59, 60.

471 *Lück*, Risikomanagementsystem und Überwachungssystem, S. 60.

sikomeßmethoden[472] gemessen und quantifiziert werden, d.h. es muss ermittelt werden, wie sensitiv die relevanten Ergebnisgrößen des Unternehmens (z.B. Gewinn, Cash Flow) auf Veränderungen der betreffenden Risikoparameter (z.B. Zins- oder Wechselkursänderung) reagieren, und es muss die Eintrittswahrscheinlichkeit der Parameteränderungen beziffert werden.[473] In dieser Phase geht es auch darum, Wechselwirkungen zwischen verschiedenen Risiken zu erkennen und die Gesamtwirkung zu bestimmen.[474]

Nachdem die Risiken identifiziert, analysiert und quantifiziert worden sind, ist in der Phase der Risikosteuerung zu entscheiden, wie die Risiken zu bewältigen sind. Maßstab hierfür ist die zuerst festgelegte Risikostrategie. Die Bewältigung der Risikosteuerung kann darin bestehen, unerwünschte Risiken ganz zu vermeiden, sie zu vermindern, sie auf andere überzuwälzen oder sie zu akzeptieren.[475]

Bei der Risikovermeidung werden bestimmte, insbesondere den leistungswirtschaftlichen Bereich betreffende Aktivitäten, die sich besonders negativ auf die Risikoposition des Unternehmens auswirken könnten, erst gar nicht unternommen. Dadurch entfällt auch die mit der Übernahme des Risikos verbundene Erfolgschance.

Die Strategie der Risikominderung umfasst alle geeigneten, meist technischen Maßnahmen und Verhaltensweisen, um die Eintrittswahrscheinlichkeiten von Zielabweichungen zu verringern oder deren Ausmaß zu begrenzen. Dazu gehören unternehmenseinheitliche Richtlinien und Limitierungen, durch die festgelegt wird, welche Risiken und bis zu welcher Höhe sie eingegangen werden dürfen und wie sie zu behandeln sind[476] sowie technische Vorkehrungen wie Brand- und Unfallschutz und die Sicherung gegen Einbruch und Diebstahl.[477]

---

472 Bei Banken und immer mehr auch bei Industrie- und Handelsunternehmen am meisten verbreitet ist mittlerweile die sog. Value-at-Risk Methode (=Money-at-Risk Methode).

473 *Glaum/PwC*, Finanzwirtschaftliches Risikomanagement deutscher Industrie- und Handelsunternehmen, S. 13; *Widmayer*, Risikomanagement mit Derivaten im Internationalen Steuerrecht, S. 19, *Wall*, in Lange/Wall, Risikomanagement nach dem KonTraG, § 3 Rn. 125.

474 *Glaum/PwC*, Finanzwirtschaftliches Risikomanagement deutscher Industrie- und Handelsunternehmen, S. 13.

475 *Glaum/PwC*, Finanzwirtschaftliches Risikomanagement deutscher Industrie- und Handelsunternehmen, S. 13; *Wall*, in Lange/Wall, Risikomanagement nach dem KonTraG, § 3 Rn. 126; *Lück*, Risikomanagementsystem und Überwachungssystem, S. 87.

476 *Lück*, Risikomanagementsystem und Überwachungssystem, S. 62.

477 *Widmayer*, Risikomanagement mit Derivaten im Internationalen Steuerrecht, S. 20.

Bei der Risikoüberwälzung werden Risiken auf andere Wirtschaftssubjekte übertragen. Hierzu gehören der Abschluss von Versicherungsverträgen und auch der Einsatz von Derivaten.[478]

Mit der Strategie der Risikoakzeptanz[479] wird die Risikoexposition des Unternehmens unverändert beibehalten.[480] Ein Unternehmen kann beispielsweise ein Risiko dann selbst tragen, wenn es das Risiko ohne Absicherung bewusst in Kauf nimmt.[481]

In den meisten Fällen wird das Ziel der Risikosteuerung eine Risikoreduktion sein, so dass die Verlustwahrscheinlichkeit und die Verlusthöhe vermindert werden.[482] Dies ist aber nicht zwangsläufig so. Schon die Strategie der Risikoakzeptanz zeigt, dass zur Wahrung etwaiger Chancen das Ziel der Risikosteuerung auch sein kann, die Risikoexposition des Unternehmens unverändert beizubehalten. Darüber noch hinausgehend kann zur aktiven Nutzung von Chancen die Risikoexposition im Unternehmen sogar erhöht werden. Auch eine derartige Strategie ist Teil der Risikosteuerung im Unternehmen, die sich insbesondere mit Hilfe von Derivaten verwirklichen lässt.

Die Risikoüberwachung (Risikokontrolle) als letzte Phase im Risikomanagementprozess soll gewährleisten, dass die tatsächliche Risikosituation des Unternehmens jederzeit mit dem Ziel-Risikoprofil übereinstimmt.[483] Basis der Risikokontrolle sind Soll-Ist-Vergleiche zwischen der Risikostrategie und der tatsächlichen Risikolage im Unternehmen. Insbesondere wird die Einhaltung der vorgegebenen Limits überprüft.[484] Die Kontrolle der einzelnen Schritte des Risikomanagements umfasst dabei sowohl die Vollständigkeit der Risikoidentifikation, die Richtigkeit der Risikoanalyse und –bewertung als auch die Angemessenheit der Risikosteuerung.[485] Ergeben sich Abweichungen zwischen der tatsächlichen Risikosituation des Unternehmens (Ist) und den vorgegebenen Zielen (Soll), hat die Unternehmensleitung die Risikostrategie zu überarbeiten und gegebenenfalls neu zu formulieren. Die einzelnen Maßnahmen des Risikomanagements sind dann auf

---

478 Hierzu vgl. unten § 9II.2.

479 Bei manchen Autoren wird die Steuerungsmöglichkeit der Risikoakzeptanz auch mit Risikokompensation bezeichnet, vgl. *Lück*, Risikomanagementsystem und Überwachungssystem, S. 62; *Wall*, in Lange/Wall, Risikomanagement nach dem KonTraG, § 3 Rn. 126.

480 *Oehler/Unser*, Finanzwirtschaftliches Risikomanagement, S. 37.

481 *Lück*, Risikomanagementsystem und Überwachungssystem, S. 62.

482 *Widmayer*, Risikomanagement mit Derivaten im Internationalen Steuerrecht, S. 20.

483 *Wall*, in Lange/Wall, Risikomanagement nach KonTraG, § 3 Rn. 127; *Glaum/PwC*, Finanzwirtschaftliches Risikomanagement deutscher Industrie- und Handelsunternehmen, S. 14.

484 *Martin/Bär*, Grundzüge des Risikomanagements nach KonTraG, S. 105.

485 *Lück*, Risikomanagementsystem und Überwachungssystem, S. 64.

der Grundlage der neuen Risikostrategie zu optimieren.[486] Mit diesen Schritten schließt sich der Kreislauf des Risikomanagementsystems.

Der beschriebene Prozess des Risikomanagements soll – organisatorisch getrennt[487] – von einem Überwachungssystem begleitet werden, das ebenfalls im Unternehmen einzurichten ist. Das Überwachungssystem dient dazu, die Funktionsfähigkeit der Maßnahmen des Risikomanagementsystems durch umfassende Prüfungen festzustellen und falls erforderlich zu korrigieren.[488] Zu einem Überwachungssystem gehören organisatorische Sicherungsmaßnahmen wie die Trennung von Kasse und Kassenbuchhaltung, Lagerverwaltung und Lagerbuchhaltung, die Zugriffsbeschränkungen auf Daten sowie Arbeitsanweisungen[489] und insbesondere interne Kontrollorgane (z.B. Interne Revision).[490] Die Interne Revision prüft in der Phase der Entwicklung und Einführung des Risikomanagementsystems dessen Wirksamkeit und den ordnungsgemäßen Vollzug der Einführung und nach der Einführung des Risikomanagementsystems dessen Funktionsfähigkeit in angemessenen Zeitabständen durch Systemprüfungen und Stichprobenprüfungen.[491] Flankierend tritt ein Risiko-Controlling hinzu, dem die Versorgung der Unternehmensleitung mit risikorelevanten Informationen obliegt.[492] Ziel des Controlling besteht in der Errichtung und Erhaltung der Reaktionsfähigkeit, der Anpassungsfähigkeit sowie der Koordinationsfähigkeit des Unternehmens.

2. *Risikomanagement aus juristischer Sicht*

Die Rechtswissenschaft verwendet den Begriff des Risikomanagements spätestens seit der Einführung des § 91 Abs. 2 AktG durch das Gesetz zur Kontrolle und Transparenz im Unternehmen (KonTraG) vom 21.4.1998. Die Vorschrift verpflichtet den Vorstand, geeignete Maßnahmen zu treffen, insbesondere ein Überwachungssystem einzurichten, damit den Fortbestand der Gesellschaft gefährdende Entwicklungen früh erkannt werden. Das Gesetz selbst verwendet den Begriff Risikomanagement nicht. In der Literatur wird § 91 Abs. 2 AktG aber überwiegend unter diesem Stichwort behandelt. Der Inhalt der Vorschrift ist noch in vieler Hinsicht ungeklärt. Aus juristischer Sicht wird primär die Frage gestellt,

---

486 *Lück*, Risikomanagementsystem und Überwachungssystem, S. 64.

487 *Zimmer/Sonneborn*, in Lange/Wall, Risikomanagement nach dem KonTraG, § 1 Rn. 175; *Wall*, in Lange/Wall, Risikomanagement nach dem KonTraG, § 3 Rn. 128.

488 *Lück*, Risikomanagementsystem und Überwachungssystem, S. 65.

489 *Lück*, Risikomanagementsystem und Überwachungssystem, S. 66.

490 *Wall*, in Lange/Wall, Risikomanagement nach dem KonTraG, § 3 Rn. 128; *Lück*, Risikomanagementsystem und Überwachungssystem, S. 65.

491 *Lück*, Risikomanagementsystem und Überwachungssystem, S. 67.

492 *Wall*, in Lange/Wall, Risikomanagement nach dem KonTraG, § 3 Rn. 128.

ob § 91 Abs. 2 AktG den Vorstand verpflichtet, ein Risikomanagement nach betriebswirtschaftlichen Maßstäben, wie sie gerade dargestellt wurden, einzurichten. Dieser Frage wird im Sechsten Kapitel nachgegangen.

II. Einordnung des Einsatzes von Derivaten in das unternehmerische Risikomanagement

Derivate werden im Rahmen des beschriebenen Risikomanagementprozesses in Industrie- und Handelsunternehmen in der Phase der Risikosteuerung eingesetzt. Aufgrund ihrer Einsatzmöglichkeiten zum Hedging[493] und zur Spekulation[494] können Derivate überall dort genutzt werden, wo finanzielle Ansprüche, Forderungen, Verbindlichkeiten, Vermögenswerte oder die erwarteten Erträge und Kosten des Unternehmens Wertschwankungen aufgrund von Veränderungen der Wechselkurse, Zinssätze, Rohstoff- und Güterpreise oder der Wertpapierkurse bzw. ihrer Volatilitäten ausgesetzt sind.[495] Der Einsatz von Derivaten in Industrie- und Handelsunternehmen dient also im Prozess des Risikomanagements der aktiven und bewussten Steuerung von Marktpreisrisiken[496]. Marktpreisrisiken werden in Abgrenzung zu betrieblichen Risiken auch als finanzielle Risiken bezeichnet und ihre Bewältigung im Unternehmen dementsprechend als finanzwirtschaftliches Risikomanagement oder kurz als Finanzmanagement.

Die Beurteilung der Pflichten und Kompetenzen des Vorstands beim Einsatz von Derivaten erfordert ein Verständnis für die Rolle des Finanzmanagements im Unternehmen und die Rolle der Derivate im Rahmen des Finanzmanagements. Im Folgenden wird daher kurz die Entwicklung des unternehmerischen Finanzmanagements skizziert, um danach den Einsatz der Derivate innerhalb des Finanzmanagements darzustellen.

1. Die Entwicklung des unternehmerischen Finanzmanagements

Es wurde unter § 9 I.1.a schon darauf hingewiesen, dass Risikomanagement im Unternehmen in der Praxis überwiegend als Management von Einzelrisiken in den verschiedenen Unternehmensbereichen betrieben wird. Zu einem derartigen speziellen Risikomanagement gehört auch die Bewältigung der finanziellen Risi-

---

493 Vgl. oben 2. Kapitel, § 6I.
494 Vgl. oben 2. Kapitel, § 6II.
495 *Gebhardt/Mansch*, Risikomanagement und Risikocontrolling in Industrie- und Handelsunternehmen, S. 6.
496 Zum Begriff vgl. oben 2. Kapitel, § 5I.2.

ken im Unternehmen – kurz: das unternehmerische Finanzmanagement.[497] Das unternehmerische Finanzmanagement umfasst alle Maßnahmen zur zielorientierten Gestaltung der Geldsphäre von Industrie- und Handelsunternehmen. Seine grundsätzliche Aufgabe besteht darin, die operative Tätigkeit durch geeignete geldwirtschaftliche Maßnahmen zu unterstützen. Dies enthält als zentrale Anforderung, die Zahlungsfähigkeit des Unternehmens zu gewährleisten und das Unternehmen gegen Risiken des finanziellen Bereichs zu sichern.[498] Traditionell beschränkten sich die Finanzabteilungen von Unternehmen in der Vergangenheit auf die Beschaffung und die Verwaltung von Finanzmitteln, die im Rahmen des operativen Geschäfts benötigt wurden. Die Funktion der Finanzabteilungen bestand in der Unterstützung des Leistungsbereichs.[499] In den letzten Jahrzehnten sind allerdings zunehmend eine Verselbständigung und Eigendynamik der Finanzbereiche in Unternehmen zu beobachten[500], was auch terminologisch mit dem moderneren Begriff „unternehmerisches Finanzmanagement“ zum Ausdruck gebracht wird.

Die Veränderung der Rolle des Finanzbereichs hin zu einem modernen Finanzmanagement im Unternehmen hat ihre Ursache in tiefgreifenden Veränderungen im wirtschaftlichen Umfeld von Unternehmen seit Beginn der 1970er Jahre.[501] Diese Veränderungen sind Folge der zunehmenden Internationalisierung bzw. Globalisierung des Wettbewerbs auf den Absatz- und Beschaffungsmärkten für Sachgüter und Dienstleistungen, verbunden mit einer rasanten technologischen Entwicklung, die die schnelle Nutzung aller Möglichkeiten an den nationalen und internationalen Märkten erst realisierbar macht.[502] Nicht nur Großunternehmen, sondern auch kleine und mittlere Unternehmen müssen, um wettbewerbsfähig zu bleiben, infolge dieser Entwicklungen auf den internationalen Märkten präsent sein und den dortigen Anforderungen gerecht werden. Mit die-

---

497 *Gebhardt/Mansch*, Risikomanagement und Risikocontrolling in Industrie- und Handelsunternehmen, S. 15 ff., 17.

498 *Gramlich*, DB 1998, 377.

499 *Gebhardt/Gerke/Steiner*, in dies., Handbuch des Finanzmanagements, S. 4 („Hilfsfunktion“); *Maier/Lengefeld*, ZfgKW, 1996, 356 („Hilfsfunktion zweiten Grades“).

500 *Gebhardt/Gerke/Steiner*, in dies., Handbuch des Finanzmanagements, S. 2. *Gramlich*, DB 1998, 377; *Maier/Lengefeld*, ZfgKW 1996, 356 ff.

501 *Maier/Lengefeld*, ZfgKW 1996, 356 ff.; *Gebhardt/Mansch*, Risikomanagement und Risikocontrolling in Industrie- und Handelsunternehmen, S. 1.

502 *Gebhardt/Gerke/Steiner*, in dies., Handbuch des Finanzmanagements, S. 2; *Gebhardt/Mansch*, Risikomanagement und Risikocontrolling in Industrie- und Handelsunternehmen, S. 1.

sen neuen Herausforderungen sind auch die Problemstellungen für das Finanzmanagement umfangreicher und komplexer geworden.[503]

Die Entwicklung in Richtung auf eine stärkere Internationalisierung macht sich für das Finanzmanagement eines Unternehmens in zweierlei Hinsicht bemerkbar. Zum einen sehen sich Unternehmen aufgrund verstärkter grenzüberschreitender Aktivität in besonderer Weise Wechselkursänderungsrisiken gegenüber.[504] Hinzukommt, dass ebenfalls im Zuge der ständig zunehmenden Globalisierung die Volatilitäten von Wechselkursen, aber auch von Zinssätzen sowie Rohstoff- und Güterpreisen sich in einem früher nicht gekannten Maße verändern.[505] Dies gilt für Wechselkurse insbesondere seit dem Übergang von dem Bretton-Woods-System fester Wechselkurse auf ein System flexibler Wechselkurse im Jahre 1973.[506] Zwar hat die Einführung des Euro auf EU-Ebene das Währungsrisiko innerhalb der Partnerländer eliminiert.[507] Wechselkursveränderungen bestehen aber weiterhin im Verhältnis zum USD,[508] zu den südostasiatischen Währungen und zu den Währungen Osteuropas. Auch die Zinssätze unterliegen seit Beginn der 1980er Jahre ausgeprägten Änderungen.[509] Gleiches gilt für die Entwicklung der Preise von Gütern und Rohstoffen, wie die Ölpreisentwicklung mit den beiden Ölpreisschocks in den 1970er Jahren und möglicherweise jetzt wieder beispielhaft zeigt.[510]

Folge dieser Veränderungen an den Finanzmärkten sind erhöhte Marktpreisrisiken auch für Unternehmen. Die Finanzmärkte haben hierauf mit der Schaffung

503 *Gebhardt/Gerke/Steiner*, in dies., Handbuch des Finanzmanagements, S. 3; *Hommel/Pritsch*, in Achleitner/Thoma (Hrsg.), Handbuch Corporate Finance, 8.1.1, S. 3.

504 *Gebhardt/Gerke/Steiner*, in dies., Handbuch des Finanzmanagements, S. 3.

505 *Gebhardt/Gerke/Steiner*, in dies., Handbuch des Finanzmanagements, S. 3; *Gebhardt/Mansch*, Risikomanagement und Risikocontrolling in Industrie- und Handelsunternehmen, S. 1; *Hommel/Pritsch*, in Achleitner/Thoma (Hrsg.), Handbuch Corporate Finance, 8.1.1, S. 4.

506 *Glaum/PwC*, Finanzwirtschaftliches Risikomanagement deutscher Industrie- und Handelsunternehmen, S. 39; vgl. die Beschreibung der Entwicklung der Wechselkurse bei *Priermeier/Stelzer*, Zins- und Währungsmanagement in der Unternehmenspraxis, S. 15 ff.

507 *Gramlich*, DB 1998, 377.

508 Vgl nur den starken Euro im Verhältnis zum Dollar zu Beginn des Jahres 2004.

509 Vgl. die Statistik der Zinssätze bei *Gebhardt/Mansch*, Risikomanagement und Risikocontrolling in Industrie- und Handelsunternehmen, S. 3.

510 Vgl. die Statistik der Ölpreise bei *Gebhardt/Mansch*, Risikomanagement und Risikocontrolling in Industrie- und Handelsunternehmen, S. 3, 4 und die Preissteigerungen um etwa ein Drittel bei den wichtigsten Industriemetallen im Jahre 2003, SZ v. 03./04.01.2004, S. 25: „Der Glanz der Metalle“.

immer neuer Finanzinstrumente zum Schutz gegen diese Risiken reagiert.[511] Derivate eignen sich aufgrund ihrer Fähigkeit zur Risikoübertragung dafür besonders gut, was die rasante Entwicklung immer neuer Derivate und ihrer Kombinationen im letzten Jahrzehnt erklärt.[512] Für Unternehmen und ihr Finanzmanagement hat dies wiederum zur Folge, dass sie sich, neben der klassischen Aufgabe der Sicherung der Liquidität des Gesamtunternehmens, auch verstärkt mit der Bewältigung von Marktpreisrisiken beschäftigen müssen, um im Wettbewerb zu bestehen.[513] Denn es reicht für Unternehmen nicht mehr allein aus, eine führende Position in der Produktentwicklung zu behaupten, die Produktivität im Fertigungsbereich zu verbessern oder die besten Marketingstrategien zu konzipieren. Selbst operativ bestgeführte Unternehmen müssen u.U. auf Grund von Marktpreisrisiken drastische Verluste[514] und damit Verschlechterungen ihrer Wettbewerbspositionen hinnehmen.[515] Das Finanzmanagement kann sich inzwischen nicht mehr einfach darauf berufen, dass Marktpreisrisiken nicht vorhersehbar und daher auch von der Unternehmensleitung nicht beeinflussbar seien.[516] Die Tatsache, dass es Instrumente gibt, mit Hilfe derer sich Marktpreisrisiken steuern lassen, führt zwangsläufig zu der Notwendigkeit für das Finanzmanagement, sich mit Derivaten und ihrem eventuellen Einsatz im Unternehmen zu beschäftigen.

2. *Die Rolle der Derivate im Rahmen des unternehmerischen Finanzmanagements*

Um die Rolle der Derivate innerhalb des unternehmerischen Finanzmanagements zu verstehen, ist es hilfreich, sich den Planungs- und Entscheidungsprozess im Unternehmen vereinfachend in zwei aufeinanderfolgenden Schritten vorzustel-

---

511 *Hommel/Pritsch*, in Achleitner/Thoma (Hrsg.), Handbuch Corporate Finance, 8.1.1, S. 4; *Gebhardt/Gerke/Steiner*, in dies., Handbuch des Finanzmanagements, S. 3.

512 *Gebhardt*, Wpg 1995, 609; *Gebhardt*, RIW 1997, 390.

513 *Hommel/Pritsch*, in Achleitner/Thoma (Hrsg.), Handbuch Corporate Finance, 8.1.1, S. 7; *v. Randow*, ZGR 1996, 594; zu den Wettbewerbsvorteilen durch Finanzmanagement vgl. auch *Priermeier/Stelzer*, Zins- und Währungsmanagement in der Unternehmenspraxis, S. 101, 135.

514 Bei Volkswagen ist für das Jahr 2003 mit zwei Milliarden Euro weniger Gewinn aufgrund von ungesicherten Währungspositionen zu rechnen, Quelle: *Zydra*, Frankfurter Allgemeine Sonntagszeitung, 16.11.2003, Nr. 46, S. 53. Vgl. auch den Vorstandsvorsitzenden der BMW AG im Interview mit der FAZ: „Aber was am Ende des Jahres herauskommt, hängt auch von den Wechselkursen ab." FAZ v. 08.01.2004, Rubrik: Unternehmen.

515 *Gebhardt/Mansch*, Risikomanagement und Risikocontrolling in Industrie- und Handelsunternehmen, S. 3.

516 *Gebhardt/Mansch*, Risikomanagement und Risikocontrolling in Industrie- und Handelsunternehmen, S. 4, *Gebhardt/Ruß*, Zfbf Sonderheft 41, 23, 25.

len.[517] In einem ersten Schritt werden in den einzelnen Unternehmensbereichen Entscheidungen ohne Berücksichtigung von Risikoaspekten (z.B. Beschaffung von Rohstoff, Produktionsplanung, Absatz, Beschaffung von Liquidität im klassischen Finanzbereich) getroffen. Die Planung und Entscheidung über diese so genannten Primäraktivitäten erfolgt also gedanklich auf Basis sicherer Informationen.[518] Erst in einem zweiten Schritt wird die aus diesen Primäraktivitäten resultierende Risikoposition im Rahmen des Risikomanagementprozesses analysiert und in Abhängigkeit von der Bewertung des Risikos mit Hilfe risikopolitischer Maßnahmen gesteuert, d.h. entweder reduziert, modifiziert, ganz vermieden, beibehalten oder sogar erhöht[519] (so genannte Sekundäraktivitäten[520]). Zu den risikopolitischen Maßnahmen gehört auch der Einsatz von Derivaten.[521]

a. *Derivate als Instrument zur Risikosteuerung von Marktpreisrisiken aus Grundgeschäften*

Der Einsatz von Derivaten als risikopolitische Maßnahme in der Phase der Risikosteuerung im Rahmen des Risikomanagementprozesses bietet sich überall dort an, wo es im Unternehmen gilt, finanzielle Risiken, d.h. Marktpreisrisiken aus Grundgeschäften zu bewältigen. Denn wie im Zweiten Kapitel bereits in allgemeiner Form dargestellt, können Derivate aufgrund ihrer besonderen Eigenschaften als Hedging-Instrumente zur Übertragung von Marktpreisrisiken genutzt werden, die aus einem Grundgeschäft im Unternehmen bestehen, das Kurs-, Zins- oder Rohstoffpreisänderungen unterliegt.[522]

---

517 Zwar ist es offensichtlich, dass ein gedankliches Modell eines streng zweiphasigen Entscheidungsprozesses in den seltensten Fällen der unternehmerischen Realität entspricht. Es ist vielmehr davon auszugehen, dass risikopolitische Aspekte schon systematisch in die Entscheidungen über die Primäraktivitäten mit einbezogen werden (vgl. GB Siemens AG 2001, S. 42: „Daher ist das Risikomanagement integraler Bestandteil unserer Geschäftsprozesse und Unternehmensentscheidungen."; GB Bayer 2002, S. 43: „Risikomanagement ist im Bayer-Konzern ein integraler Bestandteil aller Entscheidungen und Geschäftsprozesse."). Gleichwohl ist es angesichts der Vielzahl denkbarer risikopolitischer Maßnahmen für ein leichteres Verständnis zweckmäßig, von einer als idealtypisch unterstellten Zweiteilung des Entscheidungsprozesses auszugehen, vgl. *Bitz*, in Gebhardt/Gerke/Steiner, Handbuch des Finanzmanagements, S. 641, 651.

518 *Oehler/Unser*, Finanzwirtschaftliches Risikomanagement, S. 36; *Bitz*, in Gebhardt/Gerke/Steiner, Handbuch des Finanzmanagements, S. 641, 651.

519 Vgl. die Phase der Risikosteuerung im Risikomanagementprozess, oben § 9I.1.b.

520 *Oehler/Unser*, Finanzwirtschaftliches Risikomanagement, S. 36; *Bitz*, in Gebhardt/Gerke/Steiner, Handbuch des Finanzmanagements, S. 641, 651.

521 *Oehler/Unser*, Finanzwirtschaftliches Risikomanagement, S. 36, 37.

522 Vgl. oben 2. Kapitel, § 6I.

Der Einsatz von Derivaten zum Zweck des Hedging von Marktpreisrisiken aus Grundgeschäften ist die am meisten genutzte Einsatzmöglichkeit von Derivaten in deutschen Industrie- und Handelsunternehmen.[523] Marktpreisrisiken treten in Industrie- und Handelsunternehmen im Zusammenhang mit dem operativen Geschäft des Unternehmens auf[524], beispielsweise wenn eine Forderung, die dem Unternehmen als Folge des Exports einer Ware ins Ausland entstanden ist, in fremder Währung fakturiert wird und somit der Wert der Forderung dem Risiko der Veränderung der Wechselkurse unterliegt. Der Vorrat von Öl eines ölverarbeitenden Unternehmens ist den Schwankungen des Ölpreises an den Ölmärkten ausgesetzt. Marktpreisrisiken können aber auch und vor allem im originären Finanzbereich beispielsweise durch Finanzierungs- und Finanzanlagemaßnahmen entstehen.[525] Ist ein Unternehmen gezwungen, Fremdkapital aufzunehmen, muss es mit eventuellen Schwankungen der Zinssätze rechnen. Eine Finanzanlage in Aktien eines fremden Unternehmens ist den Veränderungen der Aktienkurse dieses Unternehmens ausgesetzt. In der Sprache der Bilanz gesprochen: Marktpreisrisiken wirken sowohl von der Aktivseite[526] als auch von der Passivseite[527] der Bilanz her auf das Unternehmen.[528]

b. Speziell: Einsatz von Derivaten im Zins- und Wechselkursrisikomanagement

Auch wenn sich Derivate zur Steuerung von Marktpreisrisiken aller Art aus Grundgeschäften, d.h. also Wechselkurs- und Zinsrisiken, Rohstoff- und Warenpreisrisiken sowie Aktienpreisrisiken, einsetzen lassen, werden sie in Deutschland von Industrie- und Handelsunternehmen ganz überwiegend zur Bewältigung

---

523 Nach einer von Glaum/PwC bei den größten börsennotierten deutschen Aktiengesellschaften (ohne Banken und Versicherungen) durchgeführten Studie zum finanzwirtschaftlichen Risikomanagement deutscher Industrie- und Handelsunternehmen aus dem Jahre 1998 nutzten 88% der teilnehmenden Unternehmen Derivate ausschließlich zur Absicherung von Grundgeschäften gegen Marktpreisrisiken, vgl. *Glaum/PwC*, Finanzwirtschaftliches Risikomanagement deutscher Industrie- und Handelsunternehmen, S. 35. Ausführlich zu der Studie vgl. unten § 10I.2.b.

524 *Gebhardt/Mansch*, Risikomanagement und Risikocontrolling in Industrie- und Handelsunternehmen, S. 5; *Bitz*, in Gebhardt/Gerke/Steiner, Handbuch des Finanzmanagements, S. 641, 643, 644.

525 *Gebhardt/Mansch*, Risikomanagement und Risikocontrolling in Industrie- und Handelsunternehmen, S. 5; *Bitz*, in Gebhardt/Gerke/Steiner, Handbuch des Finanzmanagements, S. 641, 643.

526 Rohstoffe und Güter des Anlage- und Umlaufvermögens können Preisschwankungen unterliegen. Forderungen können Wechselkursveränderungen ausgesetzt sein.

527 Auf der Passivseite spielen vor allem Zinsrisiken eine Rolle.

528 *Hommel/Pritsch*, in Achleitner/Thoma (Hrsg.), Handbuch Corporate Finance, 8.1.1, S. 3; *Kümpel*, Bank- und Kapitalmarktrecht, Rn. 14.91.

von Wechselkurs- und Zinsrisiken genutzt.[529] Auch die betriebswirtschaftliche Literatur zum Einsatz von Derivaten in der Unternehmenspraxis beschäftigt sich hauptsächlich mit dem Zins- und vor allem dem Wechselkursrisikomanagement.[530] Dies bedeutet aber nicht, dass in den deutschen Industrie- und Handelsunternehmen nicht auch Rohstoff- und Warenpreisrisiken[531] oder Aktienpreisrisiken aus Unternehmensbeteiligungen[532] mittels Derivaten gesteuert werden. Insgesamt hat das Management dieser Risiken in der Praxis allerdings eine geringere Bedeutung.[533]

---

529 *Gebhardt*, RIW 1997, 390, 391; vgl. auch die Studie von *Gebhardt/Ruß*, Einsatz von derivativen Finanzinstrumenten im Risikomanagement deutscher Industrieunternehmen, nach der von den 98 größten deutschen Nicht-Finanzunternehmen, die Derivate einsetzen, 95,9 % der Unternehmen Derivate im Rahmen eines Managements von Währungsrisiken und 88, 8 % im Rahmen eines Managements von Zinsrisiken einsetzen, *Gebhardt/Ruß*, S. 23, 41 sowie die Studie von *Glaum/PwC*, Finanzwirtschaftliches Risikomanagement deutscher Industrie- und Handelsunternehmen, aus der sich anhand der Befragung nach den in Industrie- und Handelsunternehmen am meisten eingesetzten Derivaten (Ergebnis: Devisentermingeschäfte, Zinsswaps, Währungsswaps, etc.) ergibt, dass das Währungs- und Zinsrisikomanagement im Vordergrund steht, *Glaum/PwC*, S. 34. Ausführlich zu den Studien unten § 10I.2.a. und § 10I.2.b.

530 Vgl. nur aus der neueren Zeit *Priermeier/Stelzer*, Zins- und Währungsmanagement in der Unternehmenspraxis, 2001; *Ruß*, Hedging-Verhalten deutscher Unternehmen, 2002 (Wechselkursrisikomanagement); *Mahayni*, Determinanten des unternehmerischen Währungsderivateinsatzes, 2002.

531 Insbesondere im Bereich der Derivate zur Steuerung von Rohstoff- und Warenpreisrisiken zeichnen sich für Industrie- und Handelsunternehmen interessante Entwicklungen ab. Zunehmende Bedeutung gewinnen beispielsweise Energie-Derivate, die den energieerzeugenden Unternehmen eine bessere Abstimmung von Kapazitäten und Kapazitätszusagen an Abnehmer ermöglichen, vgl. *Gebhardt/Mansch*, Risikomanagement und Risikocontrolling in Industrie- und Handelsunternehmen, S. 22; Als Beispiel für einen praktischen Einsatz von Energie-Derivaten zur Steuerung von Marktpreisänderungsrisiken im Energiebereich vgl. GB EO.N AG 2002, S. 38.

532 Im Abschnitt „Aktienportfoliomanagement" berichtet DaimlerChrysler beispielsweise in seinem Geschäftsbericht 2001, dass aus seinem Aktienbesitz Kursrisiken resultieren, die mittels derivativer Finanzinstrumente gesteuert werden, *Gulden*, Risikoberichterstattung in den Geschäftsberichten der deutschen Automobilindustrie, S. 56.

533 Nach der Studie von *Gebhardt/Ruß*, Einsatz von derivativen Finanzinstrumenten im Risikomanagement deutscher Industrieunternehmen, S. 23, 40 werden Rohstoff- und Warenpreisrisiken von 46,9% der 98 Unternehmen, die Derivate einsetzen, mit Derivaten gesteuert, wohingegen Derivate zur Steuerung von Aktienpreisrisiken nur von 19,4% der Unternehmen genutzt werden. Auch nach der Studie von *Glaum/PwC*, Finanzwirtschaftliches Risikomanagement deutscher Industrie- und Handelsunternehmen, S. 35 spielen Aktienderivate sowie Commodity-Derivate in der Unternehmenspraxis eine untergeordnete Rolle.

Die vorliegende Arbeit orientiert sich an den Gegebenheiten in der Praxis deutscher Industrie- und Handelsunternehmen. Soweit für die juristische Untersuchung der Pflichten und Kompetenzen des Vorstands von Industrie- und Handelsunternehmen beim Einsatz von Derivaten auf Beispiele zurückgegriffen wird, werden Beispiele in erster Linie aus dem Bereich des Wechselkursrisiko- und Zinsrisikomanagements und von in diesem Rahmen eingesetzten Derivaten gewählt. Die Steuerung von Rohstoff- und Warenpreisrisiken sowie Aktienkursrisiken mittels Derivaten wird hingegen grundsätzlich nicht berücksichtigt. Der juristischen Beurteilung schadet diese Einschränkung nicht. Zwar werden aufgrund von unterschiedlichen theoretischen Erklärungsansätzen für die Notwendigkeit und Adäquanz der Steuerung der einzelnen Marktpreisrisiken und aufgrund von unterschiedlichen ökonomischen Faktoren[534] durchaus unterschiedliche Strategien bei der Steuerung der einzelnen Marktpreisrisikoarten verfolgt[535]. Diese mögen im Einzelfall auch eine unterschiedliche juristische Beurteilung erfahren. Die Vielgestaltigkeit der risikopolitischen Maßnahmen beim tatsächlichen Einsatz von Derivaten erfordert aber für die juristische Untersuchung zur Vereinfachung die Bildung von Fallgruppen, die hier auf das Wechselkurs- und Zinsrisikomanagement beschränkt werden sollen.

c. Derivate als Instrument zur zusätzlichen Gewinnerzielung

Wie ebenfalls im Zweiten Kapitel in allgemeiner Form gesehen, lassen sich Derivate auch einsetzen, um durch bewusstes Eingehen von offenen Marktpreisrisiken zur aktiven Nutzung von Chancen zusätzliche Gewinne zu erzielen. Aufgrund der Möglichkeit zur Risikoübernahme, verstärkt durch den Hebeleffekt,[536] sind Derivate für Industrie- und Handelsunternehmen attraktiv, wenn es darum geht, unabhängig von Grundgeschäften durch Kauf und Verkauf von Derivaten aus Preis-, Kurs- und Zinsschwankungen der Basiswerte oder der Derivate oder ihrer Volatilitäten Gewinne zu machen. Und in der Tat setzen deutsche Industrie- und Han-

---

534 So *Ruß*, Hedging-Verhalten deutscher Unternehmen, S. 144 bezüglich des Währungsderivate- und Zinsderivateeinsatzes.

535 Vgl. nur zu den unterschiedlichen Strategien der Unternehmen beim Wechselkursrisiko- und Zinsmanagement, *Glaum/PwC*, Finanzwirtschaftliches Risikomanagement deutscher Industrie- und Handelsunternehmen, S. 39 ff., S. 55 ff. und unten § 10III. und § 10IV. Die Erkenntnis der unterschiedlichen empirischen Evidenz speziell beim Zinsderivate- und Währungsderivateeinsatz in Unternehmen gipfelt daher auch in der Forderung, in weiteren empirischen Forschungsarbeiten den Einsatz von Währungs- und Zinsderivaten getrennt zu untersuchen, vgl. *Ruß*, Hedging-Verhalten deutscher Unternehmen, S. 144.

536 Vgl. hierzu ausführlich oben 2. Kapitel, § 6II.

delsunternehmen Derivate ein, um an den Finanzmärkten Gewinne zu erzielen.[537] Dabei haben manche Unternehmen ihr Finanzmanagement als Profit Center organisiert, von dem neben der klassischen Aufgabenerfüllung eines Finanzbereichs auch ein eigenständiger Beitrag zum Unternehmensgewinn erwartet wird.[538] Da Gewinne letztlich nur durch das aktive Eingehen risikobehafteter Positionen an den Finanzmärkten erzielt werden können[539], ist davon auszugehen, dass diese Unternehmen Risikopositionen auch mittels Derivaten eröffnen. Soweit es konkretere Informationen zu dem Einsatz von Derivaten zur Gewinnerzielung unabhängig von Grundgeschäften (Spekulation) in der Praxis von Unternehmen gibt, wird darauf unten in dem Abschnitt über die Strategien des Einsatzes von Derivaten in Industrie- und Handelsunternehmen[540] eingegangen.

d. Risikomanagement mit Derivaten in Abgrenzung zum Risikomanagement von Derivaten

Untersucht man den Einsatz von Derivaten im Rahmen des unternehmerischen Risikomanagements, gilt es, sich einer bestimmten Unterscheidung gedanklich bewusst zu sein.

Wie in den voranstehenden Abschnitten gesehen, werden Derivate innerhalb des Risikomanagementprozesses in der Phase der Risikosteuerung zur Übertragung von Marktpreisrisiken aus Grundgeschäften auf andere Marktteilnehmer oder zur Übernahme von Marktpreisrisiken zur Gewinnerzielung genutzt. Derivate dienen also im Unternehmen als Instrument zur Umgestaltung von gewissen (im Unternehmen u. U. schon bestehenden) Marktpreisrisiken. Derivate sind hier

---

537 Nach der Studie von *Glaum/PwC* setzen 12% der teilnehmenden größten börsennotierten deutschen Aktiengesellschaften Derivate ein, um an den Finanzmärkten Gewinne zu erzielen, vgl. *Glaum/PwC*, Finanzwirtschaftliches Risikomanagement deutscher Industrie- und Handelsunternehmen, S. 35. In der Studie von *Gebhardt/Ruß*, Einsatz von derivativen Finanzinstrumenten im Risikomanagement deutscher Industrieunternehmen, S. 23, 59 geben 50,6 % der Unternehmen an, dass sie gelegentlich oder auch häufig aktiv (spekulative) Positionen im Währungsmanagement nehmen.

538 *Glaum/PwC*, Finanzwirtschaftliches Risikomanagement deutscher Industrie- und Handelsunternehmen, S. 25; vgl. zur Entwicklung des unternehmerischen Finanzmanagements von einer eher passiven Finanzmittelverwaltung zu einem auf Gewinnerzielung ausgerichteten aktiven und entscheidungsorientierten Teilbereich im Unternehmen, *Maier/Lengefeld*, ZfgKW 1996, 356, 358 und oben § 9II.1.

539 *Glaum/PwC*, Finanzwirtschaftliches Risikomanagement deutscher Industrie- und Handelsunternehmen, S. 25.

540 Vgl. hierzu unten § 10.

Mittel zum Zweck. Insofern kann man von einem Risikomanagement (anderer Risiken) *mit* (Hilfe von) Derivaten sprechen.[541]

Wie schon im Zweiten Kapitel gesehen[542], ruft jeder Einsatz von Derivaten, sei es nun zu Zwecken des Hedging, sei es zur Spekulation, aber auch eigene Risiken der Derivate hervor. Dies können die eigenen Marktpreisrisiken der Derivate[543] sein, aber auch die allgemein bei allen Rechtsgeschäften bekannten Risiken, wie Liquiditäts-[544], Ausfall-[545] und Betriebsrisiken.[546] Die beim Einsatz von Derivaten selbständig entstehenden Risiken bedürfen ebenso wie alle anderen Risiken im Unternehmen der Identifikation, Analyse und Quantifizierung sowie der Steuerung und insbesondere der Kontrolle durch entsprechende organisatorische Maßnahmen. Kurz gesagt: Die eigenen Risiken der Derivate erfordern ebenfalls ein Risikomanagement. In Abgrenzung zum Risikomanagement *mit* Derivaten soll daher hier vom Risikomanagement (der Risiken) *von* Derivaten gesprochen werden.

Die gedankliche Unterscheidung zwischen Risikomanagement mit Derivaten und Risikomanagement von Derivaten ist nicht nur theoretischer Art, sondern wird in der Praxis, wenngleich das nicht immer zum Ausdruck kommt, konkret beachtet. So ist die Notwendigkeit eines speziellen Managements der Risiken von Derivaten (Risikomanagement von Derivaten) für Banken schon frühzeitig erkannt worden. Darauf haben nationale[547] und internationale[548] Aufsichtsbehörden mit dem Erlass von Mindestanforderungen für das Risikomanagement speziell im Derivativgeschäft von Kreditinstituten reagiert. Nach diesen darf die Handelstätigkeit der Banken mit Derivaten nur im Rahmen von Richtlinien, die die Bank selbst aufgestellt hat, unternommen werden. In den Richtlinien müssen u.a. Grundsätze zur Organisation festgelegt werden mit einer klaren funktionalen und

---

541 Andeutungsweise so auch *Scharpf/Epperlein*, Risikomanagement derivativer Finanzinstrumente, BFuP 2/95, S. 209.

542 Vgl. oben 2. Kapitel, § 7.

543 Vgl. oben 2. Kapitel, § 7I.

544 Vgl. oben 2. Kapitel, § 7II.

545 Vgl. oben 2. Kapitel, § 7IV.

546 Vgl. oben 2. Kapitel, § 7V.

547 Im Oktober 1995 sind von dem damaligen Bundesaufsichtsamt für das gesamte Kreditwesen „Mindestanforderungen an das Betreiben von Handelsgeschäften (MaH) der Kreditinstitute" veröffentlicht worden. Die MaH werden nun nach Vereinigung der Bundesaufsichtsämter für das gesamte Kreditwesen und den Wertpapierhandel zur Bundesanstalt für die Finanzdienstleistungsaufsicht durch Gesetz über die integrierte Finanzdienstleistungsaufsicht vom 22.04.2002, BGBl. 2002, I S. 1310 von dieser herausgegeben. Abgedruckt sind die MaH in *Consbruch/Möller/Bähre/Schneider*, KWG, 4.270.

548 Baseler Ausschuss für Bankenaufsicht, Richtlinien für das Risikomanagement im Derivativgeschäft von Juli 1994, www.bis.org.

organisatorischen Trennung der Bereiche (Handelsbereich, Abwicklung, Dokumentation, Rechnungswesen und Überwachung) bis zur Ebene der Geschäftsleitung. Darüber hinaus muss die tägliche Information der Geschäftsleitung über Risikopositionen und die Beurteilung des Risikogehalts der Derivatgeschäfte sowie das Risikocontrolling besonders geregelt werden.[549]

Auch wenn diese Mindestanforderungen nur für Kreditinstitute verbindlich sind, wird empfohlen, dass sie auch von Industrie- und Handelsunternehmen, die Derivate nicht nur als Endverbraucher, sondern auch als Händler nutzen, beachtet werden.[550] Dies tun weitgehend zumindest die großen deutschen Industrie- und Handelsunternehmen. Die jüngeren Geschäftsberichte deutscher Industrie- und Handelsunternehmen belegen, dass in den Unternehmen neben dem Risikomanagement mit Derivaten zur Steuerung insbesondere von Wechselkurs- und Zinsrisiken gleichzeitig Maßnahmen getroffen werden, um die Risiken, die aus dem Risikomanagement mit Derivaten entstehen, zu bewältigen (Risikomanagement von Derivaten).

So beinhalten die meisten Geschäftsberichte neben einem speziellen Risikobericht, in dem zu dem umfassenden Risikomanagementsystem des Unternehmens Stellung genommen wird[551], im Anhang zum Jahres- (bzw. Konzern-) abschluss unter dem Stichpunkt „Sonstige Angaben“ oder „Sonstige Erläuterungen“, konkrete Angaben zu dem Einsatz von Derivaten zur Steuerung von Marktpreisrisiken aus Grundgeschäften (Risikomanagement mit Derivaten) und darüber hinaus Angaben, wie die dadurch entstehenden Risiken aus den Derivaten in Grenzen gehalten werden (Risikomanagement von Derivaten).[552] Dabei dienen vielen Unternehmen als Richtlinie die schon erwähnten „Mindestanforderungen an das Betreiben von Handelsgeschäften der Kreditinstitute (MaH)“ des ehemaligen Bundesaufsichtsamt für das gesamte Kreditwesen.[553] Hinweise in Geschäftsberichten dahingehend, dass der Abschluss von Derivatgeschäften nach einheitlichen Richtlinien erfolgt und einer strengen Überwachung unterliegt, die insbesondere durch eine strikte Funktionstrennung in Handel, Abwicklung und Kontrolle gewährleistet ist[554], deuten darauf hin, dass sich die Unternehmen in der Tat an den MaH orientieren. Das Management der Risiken von Derivaten zeigt sich beispielsweise aber auch an Hinweisen, dass zur Reduzierung von Aus-

---

549 Deutsche Bundesbank, Monatsbericht März 1996, S. 55, 56.
550 Deutsche Bundesbank, Monatsbericht März 1996, S. 55, 64.
551 Vgl. statt vieler GB Bayer 2002, S. 43 ff.; GB Volkswagen AG 2002, S. 39 ff.; GB E.ON AG 2002, S. 38 ff.
552 Vgl. statt vieler GB Bayer 2002, S. 111 f.; GB Volkswagen AG 2002, S. 129 f.; GB E.ON AG 2002, S. 147 ff.
553 Vgl. oben Fn. 547.
554 Vgl. GB MAN 2002, S. 117.

fallrisiken der Derivate nur solche mit bonitätsmäßig einwandfreien Banken im Rahmen vorgegebener Kontrahenten-Limite abgeschlossen werden.[555]

Das Risikomanagement von Derivaten ist in gleicher Weise eine Aufgabe der Geschäftsleitung in Unternehmen wie das Risikomanagement aller sonstigen Risiken. Untersucht man die Pflichten und Kompetenzen des Vorstands von Aktiengesellschaften beim Einsatz von Derivaten, ist es daher auch notwendig, die Pflichten des Vorstands bezüglich des Risikomanagements von Derivaten zu untersuchen. Hierauf wird unten im Rahmen der juristischen Analyse eingegangen.[556]

§ 10 Strategien des Einsatzes von Derivaten in Industrie- und Handelsunternehmen

Die Ausführungen unter § 9 hatten das Ziel, in allgemeiner Form zu verdeutlichen, wo und wie Derivate in Industrie- und Handelsunternehmen eingesetzt werden. Derivate werden im Rahmen des Managements finanzwirtschaftlicher Risiken zur Steuerung von Marktpreisrisiken aus Grundgeschäften und zur zusätzlichen Gewinnerzielung genutzt. Die juristische Untersuchung der Kompetenzen und Pflichten des Vorstands von Aktiengesellschaften beim Einsatz von Derivaten erfordert aber eine eingehendere Auseinandersetzung mit konkreten Strategien des Einsatzes von Derivaten im Einzelfall, um die für die juristische Beurteilung notwendigen Abgrenzungen vornehmen zu können. Will man die Strategien der Unternehmen beim Einsatz von Derivaten kennen lernen, ist es notwendig, Einblick in die unternehmerische Praxis zu erhalten. Als Erkenntnisquelle bieten sich für den Außenstehenden dabei empirische Studien wirtschaftswissenschaftlicher Institute an, die Strategien der Unternehmen beim Einsatz von Derivaten untersucht haben. Anhand dieser Studien lassen sich die Strategien der Unternehmen beim Hedging und bei der spekulativen Gewinnerzielung genauer betrachten.

Im folgenden Abschnitt werden nach einem Überblick über die empirischen Studien zum Einsatz von Derivaten in Industrie- und Handelsunternehmen Strategien des Hedging und der Spekulation, die in der Praxis der Unternehmen angewandt werden, und die dabei am häufigsten verwendeten Derivate dargestellt. Dabei ist die Tatsache im Blick zu behalten, dass es in der unternehmerischen Praxis eine Vielzahl von Gestaltungsmöglichkeiten des Einsatzes von Derivaten gibt, die u.a. von der Größe des die Derivate einsetzenden Unternehmens, der

555 Vgl. GB MAN 2002, S. 118.
556 Vgl. unten 6. Kapitel, § 20 f.

Verschiedenartigkeit denkbarer mit dem Derivateeinsatz verfolgter Unternehmensziele, der Art der zu steuernden Marktpreisrisiken und der Vielfalt der angebotenen derivativen Produkte abhängig sind. Die Zahl der Strategien des Einsatzes von Derivaten ist quasi unbegrenzt.[557]

In einer juristischen Arbeit wäre es uferlos, all diese unternehmerischen Möglichkeiten in die Untersuchung einzubeziehen. Es sind deswegen Vereinfachungen erforderlich, die dadurch zu erreichen sind, dass typische Sachverhalte und typische Strategien als Grundtatbestände herausgegriffen werden. Typisierung hat zwar den Nachteil, dass die Wirklichkeit nur vergröbert dargestellt wird. Sie ermöglicht jedoch eine tatbestandliche Eingrenzung, die wiederum notwendig ist, um eine juristische Einordnung vorzunehmen. Auf das dabei entstehende „Raster“ kann dann bei der möglicherweise erforderlichen Beurteilung der Vielzahl von konkreten Strategien zurückgegriffen werden.

I. Empirische Studien zum Einsatz von Derivaten in Industrie- und Handelsunternehmen

Das Interesse der betriebswirtschaftlichen Wissenschaft an einem Einblick in die Praxis von Industrie- und Handelsunternehmen beim Einsatz von Derivaten ist sowohl im Ausland als auch in Deutschland beachtlich. Dementsprechend ist die Zahl der empirischen Studien zu diesem Thema sehr groß und wächst wegen der Aktualität der Thematik beständig. Die folgende Darstellung beschränkt sich auf einen Überblick über die vorhandenen empirischen Studien, um zum Schluss zwei Studien herauszugreifen, an welchen sich die nachfolgende Beschreibung von typischen Strategien des Einsatzes von Derivaten in deutschen Industrie- und Handelsunternehmen insbesondere orientiert.

Um bei der großen Zahl von empirischen Studien einen gewissen Überblick zu erhalten, ist eine Systematisierung der Untersuchungen hilfreich. Ganz grob lassen sich zwei verschiedene Untersuchungsansätze ausmachen.

1. Empirische Studien zu den Bestimmungsgründen des Einsatzes von Derivaten zu Zwecken des Hedging

Ein Teil der – überwiegend aus dem amerikanischen Raum stammenden – Studien beschäftigt sich mit den Bestimmungsgründen für einen Einsatz von Derivaten zu Zwecken des Hedging auf Unternehmensebene. Die Relevanz von Hedging-Maßnahmen mittels Derivaten auf Unternehmensebene ist nämlich in der

557 *Priermeier/Stelzer*, Zins- und Währungsmanagement in der Unternehmenspraxis, S. 105.

– ebenfalls vorwiegend aus dem anglo-amerikanischen Raum stammenden – ökonomischen (Kapitalmarkt-) Theorie nicht unumstritten. Diese Theorie geht unter der idealisierenden Annahme eines vollkommenen Kapitalmarkts[558] davon aus, dass Hedging von Marktpreisrisiken auf Unternehmensebene den Anteilseignern keine Vorteile bringt. Dieser Ansicht liegt die aus der finanzwirtschaftlichen Wissenschaft stammende Überlegung zugrunde, dass die Leitung eines Unternehmens hauptsächlich – wenn nicht gar ausschließlich – die Interessen der (breit diversifizierten) Anteilseigner zu verfolgen habe (Shareholder-Value-Ansatz).[559] Das dominierende Ziel der Unternehmensführung sei die Steigerung des Marktwertes des Unternehmens, da diese gleichzeitig den Wert der Beteiligungen der Anteilseigner erhöhe.[560] Auf einem vollkommenen Kapitalmarkt können aber breit diversifizierte Anteilseigner, d.h. Anteilseigner, die Wertpapiere verschiedenster Unternehmen in ihrem Portfolio haben, jede beliebige Risikoeinstellung gegenüber Marktpreisrisiken durch weitere Diversifikation bzw. den eigenen Erwerb von Derivaten kostenlos selbst erreichen.[561] Wenn aber die Anteilseigner ihre bevorzugte Risikoeinstellung kostenlos selbst herbeiführen können, führt ein Hedging auf Unternehmensebene aus ihrer Sicht nicht zu einer Erhöhung des Unternehmenswerts[562] und bringt daher für sie keinen Vorteil.[563] Hedging auf Unternehmensebene kann für sie vielmehr sogar unvorteilhaft sein,

558 Ein vollkommener Kapitalmarkt zeichnet sich durch fehlende Transaktionskosten, fehlende Steuern, fehlende Konkurskosten, fehlende Informationsasymmetrien, beliebige Teilbarkeit aller Wertpapiere sowie fehlende Marktzugangsbeschränkungen aus, vgl. *Ruß*, Hedging-Verhalten deutscher Unternehmen, S. 19.

559 *Mülbert*, ZGR 1997, 129, 141.

560 *Glaum/PwC*, Finanzwirtschaftliches Risikomanagement deutscher Industrie- und Handelsunternehmen, S. 82; *Koch*, Diversifizierung und Vorstandskompetenzen, S. 32; *Mülbert*, ZGR 1997, 129, 132.

561 *Ruß*, Hedging-Verhalten deutscher Unternehmen, S. 20; *Scholes*, 88 Am. Econ. Rev. (1998), 350, 365.

562 Vgl. *Ruß*, Hedging-Verhalten deutscher Unternehmen, S. 19, 20. m.w.N. für diese Überlegungen in Analogie zum sog. Modigliani/Miller-Theorem, *Modigliani/ Miller*, The Cost of Capital, Corporation Finance and The Theory of Investment, American Economic Review, Vol. 48, No. 3, 1958, S. 261-297. Das Modigliani/Miller-Theorem besagt, dass auf einem vollkommenen Kapitalmarkt der Marktwert einer Unternehmung von der gewählten Kapitalstruktur unabhängig ist. Begründet wird die Irrelevanz der Kapitalstruktur für den Marktwert des Unternehmens damit, dass bei einem vollkommenen Kapitalmarkt jede vom Unternehmen gewählte Kapitalstruktur von den Anteilseignern durch private Verschuldung kostenlos repliziert werden kann. Da jede Kapitalstruktur auf Anteilseignerebene kostenlos replizierbar ist, führt eine Veränderung der Kapitalstruktur des Unternehmens nicht zu einer Erhöhung des finanziellen Nutzens der Anteilseigner.

563 *Gebhardt/Mansch*, Risikomanagement und Risikocontrolling in Industrie- und Handelsunternehmen, S. 56.

wenn durch den Aufbau und den Betrieb eines Risikomanagementsystems mittels Derivaten dem Unternehmen zusätzliche Kosten entstehen.[564]

Werden demgegenüber Marktunvollkommenheiten wie Transaktionskosten, Steuern, Konkurskosten, Marktzugangsbeschränkungen und Informationsasymmetrien, wie sie in der Realität tatsächlich bestehen, berücksichtigt (unvollkommener Kapitalmarkt), kann nach der ökonomischen Theorie das Hedging mittels Derivaten auf Unternehmensebene insbesondere für wenig diversifizierte Anteilseigner, d.h. Anteilseigner, die einen erheblichen Teil ihres Vermögens in nur ein Unternehmen investiert haben, durchaus wertsteigernde Wirkungen haben.[565] Zum einen sind diese Anteilseigner aufgrund ihres geringen Diversifikationsgrades den Unternehmensrisiken und daraus resultierenden Änderungen des Unternehmenswertes mehr ausgesetzt als breit diversifizierte Anteilseigner. Eine durch Marktpreisrisiken bedingte Minderung des Unternehmenswertes beeinflusst direkt die Vermögensposition der wenig diversifizierten Anteilseigner. Hedging auf Unternehmensebene zur Absicherung von Marktpreisrisiken erhöht damit den finanziellen Nutzen der wenig diversifizierten Anteilseigner.[566] Darüber hinaus können Unternehmen aufgrund von Größenvorteilen zu günstigeren Konditionen Derivate erwerben als Privatanleger. Über die größenbedingten Transaktionskostennachteile an den Derivatemärkten hinaus bestehen teilweise für Privatanleger überhaupt Marktzugangsbeschränkungen. Ein weiterer größenbedingter Kostenvorteil der Unternehmen liegt in der günstigeren Möglichkeit der Aneignung des für einen Derivateeinsatz notwendigen Know-How.[567] Aus Kostengesichtspunkten berühren somit Marktpreisrisiken und ihre Steuerung mit Derivaten Privatanleger stärker als Unternehmen. Auf unvollkommenen Kapitalmärkten liegt Hedging auf Unternehmensebene daher im Interesse der (wenig diversifizierten) Anteilseigner.

Eine große Zahl von Studien untersucht den empirischen Gehalt der gerade beschriebenen ökonomischen Theorie des Hedging mittels Derivaten auf Unternehmensebene[568], und zwar insbesondere auf die Frage hin, ob der Einsatz von

---

564 *Ruß*, Hedging-Verhalten deutscher Unternehmen, S. 22.

565 *Gebhardt/Mansch*, Risikomanagement und Risikocontrolling in Industrie- und Handelsunternehmen, S. 56, 57; *Ruß*, Hedging-Verhalten deutscher Unternehmen, S. 19, 22 ff; *Kuhner*, DBW 61 (2001) 1, 25, 26; *Scholes*, 88 Am. Econ. Rev. (1998), 350, 365, 366.

566 *Gebhardt/Mansch*, Risikomanagement und Risikocontrolling in Industrie- und Handelsunternehmen, S. 56 f.; *Ruß*, Hedging-Verhalten deutscher Unternehmen, S. 23.

567 *Ruß*, Hedging-Verhalten deutscher Unternehmen, S. 23.

568 Ausführlich hierzu *Ruß*, Hedging-Verhalten deutscher Unternehmen, S. 57 ff. mit einer umfassenden Darstellung der existierenden Studien und einer eigenen Studie, S. 145 ff. Vgl. auch exemplarisch die Studien von *Mian*, Evidence on Corporate

Derivaten zu Zwecken des Hedging einen Einfluss auf den Unternehmenswert hat.[569] Im Rahmen der vorliegenden Arbeit bleiben diese Studien außer Betracht. Für die hier vorgenommene juristische Untersuchung der Kompetenzen und Pflichten des Vorstands beim Einsatz von Derivaten kommt es nämlich lediglich darauf an, dass in der Wirklichkeit die Unternehmensleitungen Derivate auf Unternehmensebene tatsächlich einsetzen und welche Strategien sie dabei verwenden.

2. *Empirische Studien zum Einsatz von Derivaten im Rahmen des finanzwirtschaftlichen Risikomanagements von Industrie- und Handelsunternehmen*

Aus diesem Grund ist für die vorliegende juristische Arbeit die Gruppe der Studien aufschlussreicher, die den Einsatz von Derivaten in der Praxis des Risikomanagements von Industrie- und Handelsunternehmen eher deskriptiv behandeln.[570]

Hedging Policy, Journal of Financial and Quantitative Analysis, Vol. 31, No. 3, 1996, S. 419-439; *Géczy/Minton/Schrand*, Why Firms Use Currency Derivatives, The Journal of Finance, Vol. 52, No. 4, 1997, S. 1323-1354; *Howton/Perfect*, Currency and Interest-Rate Derivatives Use in US-Firms, Financial Management, Vol. 27, No. 4, 1998, S. 111-121; *Guay*, The impact of derivatives on firm risk, Journal of Accounting&Economics 26 (1999), S. 319-351.

569 Vgl. hierzu aus jüngster Zeit *Allayannis/Lel/Miller*, Corporate Governance and the Hedging Premium Around the World, University of Virginia, Working Paper No. 03-10, October 2003. Die Autoren untersuchten in einer länderübergreifenden Studie den Einsatz von Fremdwährungsderivaten und ihren möglichen Einfluss auf den Unternehmenswert in Unternehmen aus 35 Ländern zwischen 1990 und 1999. Die Studie ermöglicht den Autoren, die unterschiedlichen Corporate Governance-Systeme der verschiedenen Länder auf ihren Einfluss auf die Risikomanagement-Methoden in Unternehmen und deren Auswirkungen auf den Unternehmenswert hin auszuwerten. Die Studie zeigt, dass Hedging-Maßnahmen mit Derivaten im Durchschnitt in allen Ländern zum Unternehmenswert beitragen, und zwar sowohl in Ländern mit einem mehr auf interne Kontrolle gerichteten Corporate Governance-System (wie in Deutschland) als auch in Ländern, in denen ein eher externes Kontrollsystem durch die Anleger (wie in England oder USA) vorherrscht.

570 *Ruß*, Hedging-Verhalten deutscher Unternehmen, S. 57, der diese Studien ausklammert, aber m.w.N; vgl. auch die amerikanischen Studien von *Bodnar/Hayt/Marston/Smithson*, Wharton Survey of Derivatives Usage by U.S. Non-Financial Firms, Financial Management, Vol. 24, No. 2, Summer 1995, S. 104-114; *Bodnar/Hayt/Marston*, 1995 Wharton Survey of Derivatives Usage by US Non-Financial Firms, Financial Management, Vol. 25, No. 4, Winter 1996, S. 113-133; *Bodnar/Hayt/Marston*, 1998 Wharton Survey of Financial Risk Management by US Non-Financial Firms, Financial Management, Vol. 27, No. 4, Winter 1998, S. 70-91; *Hentschel/Kothari*, Are Corporations Reducing or Taking Risks with Derivatives, Journal of Financial and Quantitative Analysis, Vol. 36, No. 1 March 2001,

Vorbild der meisten Studien dieser Gruppe ist die von 1994 an geführte und über mehrere Jahre hinweg bis 1998 wiederholte amerikanische „*Wharton Survey*“ verschiedener Wissenschaftler der Wharton School an der University of Pennsylvania in Philadelphia.[571] Im Rahmen dieser Studie wurden eigens erstellte und im Laufe der Zeit verbesserte Fragebögen an 2000 US-amerikanische Unternehmen aus 40 verschiedenen Industriezweigen versandt, die zu der Organisation ihres Risikomanagements, ihren Unternehmenszielen, den am meisten eingesetzten Derivaten, den Strategien des Derivateeinsatzes, der Berichterstattung und der Kontrolle des Derivateeinsatzes befragt wurden.[572] Die Umfrage wurde ausschließlich bei Nichtfinanzunternehmen (also nicht bei Banken) durchgeführt. Eine Reihe von nicht-amerikanischen Studien haben sich in der Folgezeit an der Wharton Survey orientiert.[573] Insbesondere deutsche Wissenschaftler von der Universität Frankfurt haben eng mit der Wharton School zusammengearbeitet. Die Kooperation mündete in einer deutschen Umfrage, die sich des Fragebogens der Wharton Survey von 1995 bedient. Die Ergebnisse wurden für eine vergleichende deutsch-amerikanische Studie verwendet[574] und 1999 von *Gebhardt/Ruß* auch als rein deutsche Studie veröffentlicht.[575] Ausdrücklich in Abgrenzung zu den Wharton Surveys und zu *Gebhardt/Ruß* wurde im Jahr 2000 eine weitere deutsche Studie von *Glaum* von der Universität Gießen in Zusammenarbeit mit

---

S. 93-118; s. a. ländervergleichende Studien von *Berkman/Bradbury/Magan*, An International Comparison of Derivatives Use, Financial Management, Vol. 26, No. 4, Winter 1997, S. 69-73 (Neuseeland); *Grant/Marshall*, Large UK companies and derivatives, European Financial Management, Vol. 3, No. 2, 1997, S. 191-208; *Bodnar/Gebhardt*; Derivatives Usage in Risk Management by US and German Non-Financial Firms: A Comparative Survey, Journal of International Financial Management and Accounting, Vol. 10, No. 3, 1999, S. 153-187; deutsche Studien von *Gebhardt/Ruß*, Einsatz von derivativen Finanzinstrumenten im Risikomanagement deutscher Industrieunternehmen, Zfbf, Sonderheft 41, 1999, S. 23, 83; *Glaum/PwC*, Finanzwirtschaftliches Risikomanagement deutscher Industrie- und Handelsunternehmen, 2000, teilweise abgedruckt in ZBB 2000, S. 74-88.

571 Vgl. die Fundstellen dieser Umfragen in Fn. 570.

572 *Bodnar/Hayt/Marston/Smithson*, Wharton Survey of Derivatives Usage by U.S. Non-Financial Firms, Financial Management, Vol. 24, No. 2, Summer 1995, S. 104.

573 Vgl. z.B. *Berkman/Bradbury/Magan*, An International Comparison of Derivatives Use, Financial Management, Vol. 26, No. 4, Winter 1997, S. 69-73 (Neuseeland).

574 *Bodnar/Gebhardt*; Derivatives Usage in Risk Management by US and German Non-Financial Firms: A Comparative Survey, Journal of International Financial Management and Accounting, Vol. 10, No. 3, S. 153-187.

575 *Gebhardt/Ruß*, Einsatz von derivativen Finanzinstrumenten im Risikomanagement deutscher Industrieunternehmen, Zfbf, Sonderheft 41, 1999, S. 23-83.

PwC Deutsche Revision AG veröffentlicht.[576] Alle Studien untersuchen allein den Einsatz von Derivaten in Industrie- und Handelsunternehmen. Die beiden deutschen Studien werden im Folgenden kurz vorgestellt, da ihre Ergebnisse als „Material“ für die nachfolgende Darstellung der in Industrie- und Handelsunternehmen verfolgten Strategien beim Einsatz von Derivaten verwendet werden.

a. Die Studie von Gebhardt/Ruß *(1999)*

Die Untersuchung von *Gebhardt/Ruß* basiert auf einem Fragebogen, der im Februar/März 1997 an insgesamt 368 deutsche Nicht-Finanzunternehmen versandt wurde. Bei den Unternehmen handelt es sich um die größten börsennotierten Aktiengesellschaften und große nicht-börsennotierte Gesellschaften in anderen Rechtsformen. Untersucht wurden neben dem Währungs- und Zinsmanagement auch das Management von Rohstoff- und Aktienpreisrisiken. Die Studie enthält nicht nur Fragen zu den verwendeten derivativen Instrumenten, sondern auch zu Zielgrößen und Motiven sowie zur Risikoquantifizierung, zur Berichterstattung und zum Risikocontrolling.[577] Die Untersuchung zeigt, dass deutsche Unternehmen (im Vergleich beispielsweise mit US-amerikanischen Unternehmen) Derivate häufig einsetzen. Überdurchschnittlich hoch ist der Einsatz in den Branchen Maschinenbau, Metall, Elektro und Chemie. Größere Unternehmen verwenden Derivate tendenziell eher, was mit den Fixkosten beim Aufbau und Betrieb eines Risikomanagements erklärt wird. Jedoch setzen durchaus auch viele kleinere Gesellschaften Derivate vor allem zur Steuerung ihres Währungsrisikos ein. Wichtigstes Ziel beim Risikomanagement mittels Derivaten ist die Reduzierung der Volatilität des handelsrechtlichen Ergebnisses. Bei größeren Unternehmen spielt die Reduzierung der Volatilität der Cash Flows eine größere Rolle. Zahlreiche deutsche Unternehmen bestätigen einen Einfluss von Rechnungslegungsnormen auf die Hedging-Aktivitäten.

Beim Management von Währungsrisiken legen die deutschen Unternehmen regelmäßig die bilanzierten und in starkem Umfang auch nicht-bilanzierte vertraglich fixierte Geschäfte zugrunde. Viele Unternehmen gehen noch einen Schritt weiter und berücksichtigen bei ihren Absicherungsentscheidungen auch geplante Geschäfte. Bevorzugte Instrumente des Währungsmanagements sind Devisentermingeschäfte. Beim Zinsmanagement sind die Unternehmen primär an

576 *Glaum/PwC*, Finanzwirtschaftliches Risikomanagement deutscher Industrie- und Handelsunternehmen, 2000, teilweise abgedruckt in ZBB 2000, S. 74-88.

577 *Gebhardt/Ruß*, Einsatz von derivativen Finanzinstrumenten im Risikomanagement deutscher Industrieunternehmen, Zfbf, Sonderheft 41, 1999, S. 26.

einer Absicherung der künftigen Zinszahlungen interessiert. Hier sind ebenfalls Termingeschäfte und insbesondere Swaps bevorzugte Instrumente.

Eine größere Anzahl der Unternehmen stützt ihr Risikomanagement auf eine detaillierte Risiko-Exposure-Bestimmung und führt es in bankenähnlichen Strukturen durch. Insgesamt zeigt die Untersuchung, dass sich deutsche Unternehmen intensiv mit den Erfordernissen eines Managements von Marktpreisrisiken auseinandersetzen und dazu hoch entwickelte Risikoquantifizierungs- und Berichterstattungssysteme einsetzen.[578]

b. Die Studie von Glaum/PwC *(2000)*

Die Untersuchung von *Glaum/PwC* beruht auf Fragebögen, die Ende 1998 an die Finanzvorstände deutscher Aktiengesellschaften versandt wurden. Angeschrieben wurden alle Gesellschaften, deren Aktien im DAX-100 enthalten waren und darüber hinaus alle Aktiengesellschaften, die bestimmte Größenkriterien erfüllten und nicht ihrerseits Tochtergesellschaften anderer Konzerne waren. Die Studie richtete sich ausschließlich an deutsche Industrie- und Handelsunternehmen.

Anders als bei *Gebhardt/Ruß* bezieht sich die Untersuchung im ersten Teil auf das gesamtunternehmensbezogene Risikomanagement der Teilnehmer, auf die Bedeutung der verschiedenen Risikoarten für das Unternehmen sowie auf die Organisation und die Ziele des Risikomanagements. Erst der zweite Teil untersucht wie *Gebhardt/Ruß* speziell die Praxis des finanzwirtschaftlichen Risikomanagements. Neben der Organisation des Finanzmanagements wird insbesondere der Einsatz derivativer Finanzinstrumente und zwar speziell im Management von Wechselkurs- und Zinsrisiken untersucht. Die Studie schließt mit einer Befragung zur Rechnungslegung für Finanzinstrumente.

Die Studie zeigt, dass das dominierende Ziel des Risikomanagements in deutschen Unternehmen die Sicherung des Fortbestands der Unternehmung ist. Weitere wichtige Ziele sind die Steigerung des Marktwerts und die Steigerung des Ergebnisses. Die Unternehmungen nehmen gegenüber den verschiedenen Risikoarten eine leicht risikoaverse bis risikoneutrale Haltung ein. Am stärksten ausgeprägt ist die Risikoabneigung gegenüber Wechselkurs- und Adressenausfallrisiken.

90 % der teilnehmenden Unternehmen setzen derivative Finanzinstrumente ein. Am häufigsten werden Devisentermingeschäfte genutzt. Weitere praktische bedeutsame Derivate sind Zinsswaps, Währungsswaps Caps und Floors, Forward

578 *Gebhardt/Ruß*, Einsatz von derivativen Finanzinstrumenten im Risikomanagement deutscher Industrieunternehmen, Zfbf, Sonderheft 41, 1999, S. 79, 80.

Rate Agreements und Devisenoptionen. Exotische und komplexe Derivate werden von den meisten Unternehmen nicht oder nur sehr selten genutzt.

II. Bestimmung der mit dem Finanzmanagement verfolgten (betriebswirtschaftlichen) Unternehmensziele[579]

Bevor die Unternehmensleitung eine Entscheidung über die Wahl der risikopolitischen Maßnahmen mit Derivaten treffen kann, bevor sie also bestimmt, ob und gegebenenfalls welche Strategien der Risikoabsicherung (Hedging-Strategien) sie einsetzt und ob Derivate auch zur Gewinnerzielung genutzt werden, muss sie sich über die Ziele, die sie mit ihrem Finanzmanagement verfolgt, im Klaren sein. Sind die Unternehmensziele einmal festgelegt, kann die Unternehmensleitung ihre Risikostrategie danach ausrichten.[580] Die Ziele, die Unternehmen mit ihrem Finanzmanagement verfolgen, sind vielfältig. Sie reichen von „der Optimierung der Wahrscheinlichkeitsverteilung des Unternehmenserfolges“[581] über die „kontrollierte und bewusste Verminderung der Cash Flow-Volatilität und damit der Volatilität des Unternehmenswertes“[582], die „Sicherung künftiger Unternehmenserfolge und die Minimierung der Risikokosten“[583] bis hin zur „Sicherung des Fortbestands des Unternehmens“[584]. Die empirischen Untersuchungen bei den Unternehmen selbst ergeben: Wichtigste Ziele des Risikomanagements sind die Reduzierung der Volatilität der Stromgrößen „handelsrechtliches Ergebnis“ und „Cash Flow“ und die Sicherung des Fortbestands des Unternehmens.[585]

Vor dem Hintergrund des im jeweiligen Unternehmen primär verfolgten Unternehmensziels gilt es, das optimale Verhältnis von individueller Risikobereitschaft und Ertragserwartung im Unternehmen bewusst festzulegen und aktiv zu

579 Die Konkretisierung als „betriebswirtschaftliche“ Unternehmensziele erfolgt hier bewusst, um die Abgrenzung von dem Begriff des „Unternehmensziels“ im juristischen Sinne deutlich zu machen. Zum „Unternehmensziel“ im juristischen Sinne, vgl. *Tieves*, Der Unternehmensgegenstand der Kapitalgesellschaft, S. 13 ff.

580 Vgl. oben § 9I.1.b. zur Bestimmung der Risikostrategie als erster Schritt vor Eintritt in den Prozess des Risikomanagements.

581 *Widmayer*, Risikomanagement mit Derivaten im Internationalen Steuerrecht, S. 15.

582 *Hommel/Pritsch*, in Achleitner/Thoma (Hrsg.), Handbuch Corporate Finance, 8.1.1. S. 6.

583 *Martin/Bär*, Grundzüge des Risikomanagements nach KonTraG, S. 84.

584 *Lück*, Risikomanagementsystem und Überwachungssystem, S. 55; *Martin/Bär*, Grundzüge des Risikomanagements nach KonTraG, S. 84.

585 *Gebhardt/Ruß*, Einsatz von derivativen Finanzinstrumenten im Risikomanagement deutscher Industrieunternehmen, Zfbf Sonderheft 41, 1999, S. 23, 43; *Glaum/PwC*, Finanzwirtschaftliches Risikomanagement deutscher Industrie- und Handelsunternehmen, S. 19 ff. („Sicherung des Fortbestands der Unternehmung“).

beherrschen.[586] Die Kunst des erfolgreichen Finanzmanagements liegt darin, den richtigen Weg zwischen den konkurrierenden Zielen Rentabilität und Sicherheit zu finden.[587] Diesen Grundsätzen entsprechend hat die Unternehmensleitung die Strategien des Einsatzes von Derivaten auszuwählen.

III. Hedging-Strategien mit Derivaten

Die Zahl der Strategien des Einsatzes von Derivaten zur Sicherung von Grundgeschäften gegen Marktpreisrisiken (Hedging-Strategien) im Unternehmen ist fast unbegrenzt. Die verschiedenen Gestaltungsmöglichkeiten hängen u.a. ab von der Größe des Unternehmens, von den mit dem Derivateeinsatz verfolgten Unternehmenszielen, von der Art der zu steuernden Marktpreisrisiken und der Vielfalt der angebotenen Produkte. Aus der Vielzahl der möglichen Strategien lassen sich gleichwohl Grundstrategien herausarbeiten. Die folgende Darstellung beschränkt sich, wie schon erwähnt[588], auf die Sicherung von Wechselkurs- und Zinsänderungsrisiken. Die Ausführungen sind aber auf das Management von anderen Marktpreisrisiken wie das Rohstoff- und Güterpreisrisiko oder das Aktienkursrisiko übertragbar.[589]

1. Strategien der Absicherung von Wechselkurs- und Zinsrisiken

Wechselkursrisiken ergeben sich im Unternehmen überall dort, wo Währungspositionen aus Grundgeschäften „offen stehen“. Unter „offenen“ Positionen versteht man den Aufbau nicht kursgesicherter Grundgeschäfte am Devisenmarkt, bei denen auf eine Deckungsposition geeigneter Fälligkeit („Gegengeschäft“) verzichtet wird.[590] Eine offene Währungsposition entsteht beispielsweise dann, wenn ein Unternehmen aus Exporten Forderungen in einer Fremdwährung (Grundgeschäft) hat, diese noch nicht erfüllt sind und nicht gegen das Wechselkursrisiko abgesichert werden. Der Wert der Fremdwährungsforderung unterliegt dann der Gefahr des Wertverlusts. Gleichzeitig besteht die Chance auf eine Wertsteigerung der Fremdewährungsforderung aufgrund der Möglichkeit der Verbesserung des jeweiligen Wechselkurses. In gleicher Weise ist ein Unternehmen Zinsrisiken ausgesetzt, wenn es beispielsweise Fremdkapital aufgenommen und einen variablen

---

586 *v. Westphalen*, Derivatgeschäfte, Risikomanagement und Aufsichtsratshaftung, S. 71; *Glaum/PwC*, Finanzwirtschaftliches Risikomanagement deutscher Industrie- und Handelsunternehmen, S. 13.
587 *Maier/Lengefeld*, ZfgKW 1996, 356, 358.
588 Vgl. oben § 9II.2.b.
589 Vgl. so auch *Ruß*, Hedging-Verhalten deutscher Unternehmen, S. 19.
590 So die Definition in BGH, Urteil vom 12.7.1979, AG 1980, 53, 54 („Herstatt-Fall“).

Zins (Grundgeschäft) vereinbart hat. Aus Vereinfachungsgründen wird bei der folgenden Darstellung der Absicherungsstrategien die Position unterstellt, dass steigende Kurse und steigende Zinsen für ein Unternehmen „gut" und fallende Kurse/Zinsen für ein Unternehmen „schlecht" sind. Je nach Vertragsposition, die das Unternehmen in einem Geschäft innehat, könnte sich das auch genau andersherum verhalten. Das hier Gesagte würde dann entsprechend nur mit umgekehrten Vorzeichen gelten.

Auf offene Währungs- bzw. Zinspositionen lässt sich mit folgenden Maßnahmen reagieren.

a. Sofortige Totalabsicherung

Eine Möglichkeit des Umgangs mit offenen Währungs- oder Zinspositionen ist es, alle offenen Positionen aus Grundgeschäften durch den Abschluss von Gegengeschäften in Form von Derivaten, die das offene Risiko ganz oder so gut wie möglich kompensieren, sofort und zwangsläufig ohne weitere Überlegungen vollständig abzusichern (Hedging in Form der Totalabsicherung).[591] Wird als Absicherungsinstrument ein Derivat vom Typ eines Festgeschäfts gewählt (z.B. Devisentermingeschäft), entledigt sich das Unternehmen jeglichen Kurs- oder Zinsänderungsrisikos, nimmt sich aber gleichzeitig auch die Chance auf bessere Kurse oder Zinsen bei Fälligkeit. Entspricht der Kurs/Zins am Markt bei Fälligkeit genau dem Kurs/Zins, der in dem Derivat vereinbart wurde, hat sich die Absicherung nicht gelohnt, was bei einem Derivat vom Typ des Festgeschäfts nicht weiter ins Gewicht fällt, weil es bei Abschluss keine Absicherungskosten hervorgerufen hat. Sind die Kurse/Zinsen gefallen, erweist sich die Absicherungsstrategie des Unternehmens im nach hinein (ex post) als gelungen. Sind die Kurse/Zinsen am Markt bis zur Fälligkeit hingegen gestiegen, könnte das Unternehmen nun am Markt ein günstigeres Geschäft abschließen. Durch die Totalabsicherung steht das Unternehmen bei Fälligkeit schlechter, als es ohne Absicherung gestanden wäre. Die finanziellen Nachteile, die das Unternehmen durch die Totalabsicherung erleidet, werden als Opportunitätskosten bezeichnet. Durch die Gefahr von Opportunitätskosten relativiert sich die Aussage, Festgeschäfte verursachten keine Kosten.[592]

---

591 *Glaum/PwC*, Finanzwirtschaftliches Risikomanagement deutscher Industrie- und Handelsunternehmen, S. 44, 58; *Priermeier/Stelzer*, Zins- und Währungsmanagement in der Unternehmenspraxis, S. 101 f. Zu den Grundlagen des Hedging, vgl. oben 2. Kapitel § 6I.

592 *Priermeier/Stelzer*, Zins- und Währungsmanagement in der Unternehmenspraxis, S. 102.

Soll gleichwohl eine Strategie der Totalabsicherung verfolgt werden, bieten eventuell Optionen eine Alternative. Bei Erwerb einer Option ist zwar, wie gesehen, eine Prämie zu entrichten, so dass eine Sicherung gegen fallende Kurse/Zinsen immer nur abzüglich der Prämie gewährleistet ist. Steigen die Kurse/Zinsen aber über den Betrag hinaus, der für die Prämie aufgewendet wurde, profitiert der Käufer einer Option von den positiven Kurs-/Zinsverläufen dafür uneingeschränkt.[593]

b. Partielle Absicherung offener Positionen (Absicherungsmix)

Manche Unternehmen verfolgen die Strategie, nicht jede offene Position sogleich abzusichern (Totalabsicherung), sondern nach im Vorhinein festgelegten Regeln offene Positionen nur teilweise abzusichern. Als Möglichkeit der partiellen Absicherung bietet es sich beispielsweise an, von vornherein festzulegen, immer 50% aller offenen Währungs- oder Zinspositionen durch Termingeschäfte abzusichern. Eine andere Möglichkeit wäre es, immer ein Drittel der offenen Positionen durch Termingeschäfte abzusichern, ein weiteres Drittel durch Optionen, während das restliche Drittel ungesichert bleibt.[594]

Der Vorteil einer partiellen Absicherungsstrategie im Vergleich zu einer Totalabsicherung liegt auf der Hand. Es wird nicht nur auf eine Strategie gesetzt. Das Risiko, das in jeder Absicherungsstrategie steckt, wird damit gestreut.[595] Die partielle Absicherung weist außerdem den Vorteil auf, dass das Unternehmen zumindest teilweise an vorteilhaften Kursentwicklungen partizipiert und dadurch möglicherweise übermäßige Opportunitätsverluste, die sich aus einer vollständigen Absicherung ergeben können, vermieden werden.[596]

c. Selektive Sicherungsstrategie

Manche Unternehmen wenden eine selektive Kurs- bzw. Zinssicherungsstrategie an. Dabei werden diejenigen offenen Positionen, für die aufgrund prognostizier-

---

593 Allgemein zum Hedging mit Optionen, vgl. oben 2. Kapitel § 6I.3.

594 *Glaum/PwC*, Finanzwirtschaftliches Risikomanagement deutscher Industrie- und Handelsunternehmen, S. 44 f; Vgl. auch den Vorstandsvorsitzenden der BMW AG im Interview mit der FAZ: „Unsere Währungspositionen sind in diesem Jahr (2004) zu etwa zwei Dritteln abgesichert." FAZ v. 08.01.2004,Rubrik: Unternehmen.

595 *Glaum/PwC*, Finanzwirtschaftliches Risikomanagement deutscher Industrie- und Handelsunternehmen, S. 44.

596 *Priermeier/Stelzer*, Zins- und Währungsmanagement in der Unternehmenspraxis, S. 103; *Glaum/PwC*, Finanzwirtschaftliches Risikomanagement deutscher Industrie- und Handelsunternehmen, S. 45.

ter künftiger Marktzins- oder -kursveränderungen Verluste erwartet werden, abgesichert; Positionen, für die aufgrund prognostizierter Zins- oder Währungsänderungen Gewinne erwartet werden, bleiben hingegen unbesichert (d.h. offen).[597] Die Strategie selektiver Kurs-/Zinssicherung basiert auf Prognosen der zukünftigen Kurs- bzw. Zinsentwicklungen. Im Bezug auf Währungsrisiken beispielsweise müssen die für die Strategie Verantwortlichen vorhersagen, welche Währungen im Laufe der Zahlungsfristen von Forderungen und Verbindlichkeiten im Vergleich zur Heimatwährung des Unternehmens voraussichtlich aufgewertet werden und welche eine Abwertung erfahren. Bei der Wahl einer selektiven Kurs- bzw. Zinssicherungsstrategie gehen die Entscheidungsträger davon aus, durch den bewussten Verzicht auf eine Absicherung offener Positionen im Zeitablauf gegenüber einer Strategie der Totalabsicherung eventuell einen Gewinn erzielen zu können. Sie nehmen dabei die Möglichkeit von Währungs- oder Zinsverlusten in Kauf.[598] Eine selektive Sicherungsstrategie hat in dieser Hinsicht einen spekulativen Charakter.[599]

Diese Vorgehensweise der verantwortlichen Finanzmanager ist insofern bemerkenswert, als es außerordentlich schwierig ist, durch eigene Kurs- bzw. Zinsprognosen Gewinne an den Devisen– bzw. Zinsmärkten zu erzielen.[600] Ihr Erfolg setzt voraus, dass die Finanzmanager in der Lage sind, bessere Prognosen vorzunehmen als der Devisen- oder Zinsmarkt. Geht man mit der modernen Finanztheorie von der These aus, die Finanzmärkte seien informationseffizient[601], bedeutet dies, dass die verantwortlichen Finanzmanager, um Gewinne zu erzielen, Informationen haben müssen, die der Markt nicht hat. Sie müssen daher, um besser als

597 *Glaum/PwC*, Finanzwirtschaftliches Risikomanagement deutscher Industrie- und Handelsunternehmen, S. 45.

598 *Glaum/PwC*, Finanzwirtschaftliches Risikomanagement deutscher Industrie- und Handelsunternehmen, S. 48.

599 Vgl. *Gebhardt*, Wpg 1995, 609, 613; RIW 1997, 390, 395. Zu dem Aspekt der Spekulation beim Verzicht auf Absicherung von Risikopositionen vgl. unten § 10III.5.

600 *Glaum/PwC*, Finanzwirtschaftliches Risikomanagement deutscher Industrie- und Handelsunternehmen, S. 49.

601 Informationseffizienz der Finanzmärkte bedeutet, dass sich die Preise an den Märkten jederzeit sofort an neue Informationen anpassen, so dass es individuellen Marktteilnehmern nicht möglich ist, durch Ausnutzen ihres Informationsstandes systematisch erfolgreiche Prognosen zu stellen. So wird beispielsweise davon ausgegangen, dass sich in den Terminkursen die Erwartungen des Marktes über die künftigen Kassakurse niederschlagen und die Terminkurse daher unverzerrter Indikator künftiger Wechselkurse darstellen. Bei Zinsen wird davon ausgegangen, dass die langfristigen Zinsen den Erwartungen des Marktes über die künftigen kurzfristigen Zinsen entsprechen, vgl. *Glaum/PwC*, Finanzwirtschaftliches Risikomanagement deutscher Industrie- und Handelsunternehmen, S. 48 f. und 59 f.

der Markt zu sein, sehr genau prüfen, ob ihre Unternehmen im jeweiligen Bereich tatsächlich komparative Vorteile, wie beispielsweise Zugang zu privilegierten Informationen oder bessere Fähigkeiten der Interpretation öffentlich verfügbarer Informationen hat, die es sinnvoll erscheinen lassen, den Versuch zu wagen, durch Offenhalten von Positionen an den Devisen- oder Zinsmärkten Gewinne zu erzielen.

Als Variante einer selektiven Sicherungsstrategie wird von manchen Unternehmen auch die Regel verfolgt, immer eine gewisse Mindestabsicherung einzuhalten (z.B. 50%-ige Absicherung) und nur die jeweilige Restposition in Abhängigkeit von eigenen Prognosen entweder ebenfalls abzusichern oder offen zu lassen.[602]

2. *Einzelgeschäftsbezogene (Mikro-Hedging) und pauschale Absicherung (Makro-Hedging)*

Die beschriebenen Strategien der Absicherung von Wechselkurs- und Zinsrisiken können auf zwei verschiedene Arten realisiert werden. Zum einen besteht die Möglichkeit, einzelne Geschäfte oder einzelne Vermögens- oder Schuldpositionen, die einem Wechselkurs- oder Zinsrisiko ausgesetzt sind, durch einzelne Derivate abzusichern (einzelgeschäftsbezogenes oder Mikro-Hedging). Diese individuelle Absicherung setzt voraus, dass für in Höhe und Laufzeit unter Umständen sehr unterschiedliche Risikopositionen so gut wie möglich passende Derivate gefunden werden. Für derartig spezielle Derivate gibt es nicht unbedingt einen ständigen Markt, so dass für konkrete Laufzeiten die Preise taggenau berechnet werden müssen.[603] Einzelgeschäftsbezogene Absicherung ist daher teuer und kann im Einzelfall die Gesamtrisikosituation eines Unternehmens sogar erhöhen, nämlich dann, wenn die jeweilige Einzelposition bei Gesamtbetrachtung durch gegenläufige andere bestehende Positionen bereits gesichert ist (natürlicher Hedge).[604]

Für viele Unternehmen erweist sich eine Einzelabsicherung als unpraktikabel und unwirtschaftlich, wenn ein Überblick über die in den einzelnen Abteilungen bestehenden Marktpreisrisikopositionen und ihre Fälligkeiten nur schwer zu erlangen ist und einer Vielzahl von Einzelpositionen eine nur geringe Risikoexposition gegenübersteht.[605] In der Praxis der Unternehmen werden daher viele Risikopositionen pauschal abgesichert. Hierbei werden Fremdwährungsforderungen

602 *Glaum/PwC*, Finanzwirtschaftliches Risikomanagement deutscher Industrie- und Handelsunternehmen, S. 45.
603 *Hopt*, FS für Werner, S. 339, 346.
604 *Hadding/Hennrichs*, FS für Claussen, S. 447, 451.
605 OLG München, WM 1986, 586.

und/oder –verbindlichkeiten oder offene Zinspositionen zu einer „Nettorisikoposition" zusammengefasst und global (en bloc) über pauschalierte Zeiträume und pauschalierte „runde" Beträge abgesichert[606] (Makro-Hedging). Die Absicherungsgeschäfte mit Derivaten sind dabei den Grundgeschäften zuweilen weder zeitlich noch betraglich kongruent.[607] Vor allem in Unternehmen mit einem hohen Internationalisierungsgrad ermöglicht eine pauschale Absicherung erhebliche Ersparnisse, da sich das Volumen der Absicherungsgeschäfte verringert.[608]

Pauschales Hedging ist zwangsläufig eine ungenaue Absicherung, da Vermögenspositionen ungleicher Fälligkeit und Höhe gemeinsam abgesichert werden. Wird beispielsweise eine Fremdwährungsforderung innerhalb des Makro-Hedges erfüllt, entstehen zumindest zeitweise „ungesicherte (offene) Spitzen" bei den Absicherungsgeschäften.[609] Auch kann die Laufzeit der Sicherungsgeschäfte kürzer sein als die der zu sichernden Grundgeschäfte. Bei Fälligkeit der Derivate sind dann die Risikopositionen der Grundgeschäfte wieder offen. Wird die Position nicht sofort wieder geschlossen, sondern in der Hoffnung auf steigende Kurse oder Zinsen, offengelassen, liegt auch hier der Gedanke an Spekulation nahe.[610] Welche rechtlichen Konsequenzen dies hat, wird weiter unten betrachtet.

3. *Absicherung bestehender (bestandsbezogenes Hedging) und geplanter Forderungen (antizipatives Hedging)*

Ein Unternehmen kann sich darauf beschränken, nur die Risiken von schon bestehenden Grundgeschäften abzusichern (bestandsbezogenes Hedging). Möglich ist es aber auch, eine Absicherung von nur geplanten Transaktionen vorzunehmen (antizipatives Hedging).[611] Dies bietet sich insbesondere bei großen Unternehmen an, die sich an Ausschreibungen zur Vergabe von Projekten beteiligen. Je nachdem wie weit sich die Wahrscheinlichkeit, den Auftrag zu erhalten, ver-

---

606 *Glaum/PwC*, Finanzwirtschaftliches Risikomanagement deutscher Industrie- und Handelsunternehmen, S. 42; *Hadding/Hennrichs*, in FS für Claussen, S. 447, 451; *Hopt*, FS für Werner, S. 339, 346; *Groh*, DB 1986, 869, 872; OLG München WM 1986, 586.

607 *Groh*, DB 1986, 869, 872; *Hadding/Hennrichs*, in FS für Claussen, S. 451, 456, 457, 465, 466; OLG München, WM 1986, 586, 588.

608 *Glaum/PwC*, Finanzwirtschaftliches Risikomanagement deutscher Industrie- und Handelsunternehmen, S. 42.

609 *Hadding/Hennrichs*, in FS für Claussen, S. 456.

610 *Hopt*, in FS für Werner, S. 339, 349; *Hadding/Hennrichs*, in FS für Claussen, S. 451, 456; *Clouth*, Rechtsfragen der außerbörslichen Finanz-Derivate, S. 100, Fn. 10. Zum Aspekt der Spekulation beim Verzicht auf Absicherung von Risikopositionen, vgl. unten § 10III.5.

611 *Prahl*, Wpg 1996, 830, 832.

dichtet hat, bietet es sich an, die sich wahrscheinlich daraus ergebenden Zahlungsströme vorwegnehmend abzusichern.[612]

4. Prolongation von Devisentermingeschäften

Wie gerade gesehen, bringt die Strategie der pauschalen Absicherung das Problem mit sich, die Absicherungsgeschäfte in Form von Derivaten mit den zu sichernden Grundgeschäften „abzustimmen". Fremdwährungsforderungen oder – verbindlichkeiten beispielsweise lauten nicht über runde Beträge und werden auch nicht unbedingt zu „geraden" Terminen fällig. Auch können sich Zahlungseingänge in Fremdwährungen über den zunächst vereinbarten Termin hinaus verzögern, so dass das Unternehmen den mittels eines Devisentermingeschäfts verkauften Fremdwährungsbetrag am Termin noch nicht aus dem Grundgeschäft decken kann. Daher ist es bei pauschaler Sicherung zwingend erforderlich, dass einmal erworbene Derivate nachträglich noch an die möglicherweise veränderten wirtschaftlichen Rahmendaten angepasst werden können.[613] Das Mittel, das es erlaubt, eine zeitliche „Feinabstimmung" zwischen Grundgeschäft und Absicherungsgeschäft zu erreichen, wird „Prolongation" genannt.[614]

Prolongation eines Devisentermingeschäfts liegt vor, wenn das Geschäft zum Termin weder effektiv beliefert noch durch ein Gegengeschäft zu aktuellen Kursen glattgestellt wird, sondern in beiderseitigem Einvernehmen der Parteien verlängert und die Erfüllung auf einen bestimmten späteren Termin hinausgeschoben wird.[615] Die Anpassung erfolgt in der Regel in der Form eines Devisen-Swap-Geschäfts. Hierbei werden ein Devisenkassa- und ein Devisentermingeschäft miteinander dergestalt kombiniert, dass die Parteien des Ausgangsdevisengeschäfts zunächst mit sozusagen umgekehrtem Vorzeichen ein Kassageschäft und sogleich (mit wiederum „ursprünglichem Vorzeichen") ein Termingeschäft auf den neuen Termin abschließen.[616] Prolongationen erfolgen in der Praxis zumeist auf alter Kursbasis. Dies bedeutet, dass der Prolongation nicht der Kurs am Devisenmarkt im Zeitpunkt des Abschlusses des Prolongationsgeschäfts, sondern der ursprüngliche, im Zeitpunkt des Abschlusses des Erstgeschäfts geltende Kurs zugrundegelegt wird.[617] Prolongation auf alter Kursbasis hat zur Folge, dass die Realisation des sich aus dem Devisentermingeschäft zum ursprünglichen Fällig-

---

612 *Gebhardt/Mansch*, Risikomanagement und Risikocontrolling in Industrie- und Handelsunternehmen, S. 11, 12.

613 *Hopt*, FS für Werner, S 339, 348.

614 *Hadding/Hennrichs*, FS für Claussen, S. 452.

615 *Schefold*, in Schimansky/Bunte/Lwowski, Bankrechts-Handbuch, § 116 Rn. 253.

616 *Hadding/Hennrichs*, FS für Claussen, S. 452.

617 *Schefold*, in Schimansky/Bunte/Lwowski, Bankrechts-Handbuch, § 116 Rn. 253.

keitstermin ergebenden Gewinns oder Verlusts (zunächst) vermieden wird. Erreicht wird dies dadurch, dass der Kassateil des Swap-Geschäfts dem ersten Terminkurs entspricht. Der „neue" Terminkurs (Prolongationskurs) wird auf der Basis des Alt-Kurses fortgeschrieben. Volle Identität von Alt- und Prolongationskurs ist dabei praktisch nicht zu erreichen, da bei der Berechnung des Prolongationskurses die Zinsunterschiede zwischen den beiden Währungen (sog. „Swap-Satz") und die Refinanzierungskosten der Bank berücksichtigt werden.[618] Rechtlich ist die Prolongation eines Devisentermingeschäfts als Inhaltsänderung des bestehen Termingeschäfts anzusehen.[619]

Die Prolongation bietet einen Ausweg, wenn die Kursentwicklung entgegen den Erwartungen des Unternehmens verläuft und die Erfüllung des Devisentermingeschäfts bei Fälligkeit einen Verlust mit sich bringen würde. Diese Möglichkeit birgt aber gleichzeitig die Gefahr in sich, dass zur Vermeidung des Verlusts immer weiter prolongiert wird und sich der Kurs des Prolongationsgeschäfts immer weiter vom marktüblichen Kurs entfernt. Das Verlustrisiko steigt, bis die Banken weitere Prolongationen verweigern und das Devisentermingeschäft glattstellen. Die als „Rettungsanker" für unerwartete Kursverläufe eingesetzte Prolongation kann so zu einem spekulativen Verhalten führen, nämlich dem Abschluss von immer mehr Prolongationsgeschäften ohne jeglichen Bezug zu Grundgeschäften mit dem Risiko immer höherer Verluste.[620]

5. *Verzicht auf Absicherung von Grundgeschäften*

Das Gegenteil einer Hedging-Strategie mit Derivaten liegt vor, wenn das Unternehmen auf eine Absicherung von offenen Positionen vollkommen verzichtet.[621] Jeder Hedging-Strategie vorgelagert steht die Überlegung, ob überhaupt und wenn ja, ob mit Derivaten abgesichert wird. Es ist daher angebracht, die Entscheidung eines Unternehmens gegen eine Absicherungsstrategie mit Derivaten ebenfalls an dieser Stelle zu behandeln.

Verzichtet ein Unternehmen angesichts beispielsweise einer offenen Fremdwährungsforderung (Grundgeschäft) auf eine Absicherung mit Derivaten, bedeutet dies, dass das Unternehmen sich bis zur Fälligkeit der Forderung passiv verhält und erst bei Fälligkeit nach Erhalt der Fremdwährung diese mittels eines

618 *Hadding/Hennrichs*, FS für Claussen, S. 452; *Schefold*, in Schimansky/Bunte/Lwowski, Bankrechts-Handbuch, § 116 Rn. 253.
619 *Hadding/Hennrichs*, FS für Claussen, S. 453; OLG München, WM 1986, 586, 587.
620 *Schwark*, Einl. §§ 50-70 BörsG Rn. 32.
621 *Müller*, Hedgegeschäfte, S. 13.

Kassageschäfts in die Heimatwährung tauscht.[622] Das Unternehmen überlässt sozusagen die Fremdwährungsforderung ihrem „wertmäßigen Schicksal“. Die Fremdwährungsforderung (Grundgeschäft) wird „offengelassen“ und ist den Wechselkursveränderungen am Markt voll ausgesetzt. Entwickeln sich die Wechselkurse positiv, ist dies eine ideale Strategie, denn das Unternehmen profitiert uneingeschränkt vom positiven Kursverlauf und realisiert Kursgewinne, wenn es bei Fälligkeit die Währungen tauscht. Gleichzeitig entstehen keine Absicherungskosten. Dieses Ergebnis ist mit keiner Absicherungsstrategie und keinem Derivat zu erreichen.[623] Bei einem Termingeschäft vom Typ des Festgeschäfts wäre eine Teilnahme am günstigen Kursverlauf nicht möglich gewesen, bei einer Option hätte das Unternehmen zwar vom positiven Kurs profitiert, aber die zu zahlende Prämie hätte den Einstand verschlechtert. Vor der Frage, ob eine Absicherung mit Derivaten vorgenommen oder darauf verzichtet wird, steht ein Unternehmen nicht nur angesichts einer bisher noch ungesicherten Risikoposition aus einem Grundgeschäft. Die gleiche Frage stellt sich vielmehr kontinuierlich sowohl bei einer pauschalen Absicherungsstrategie, da in deren Rahmen, wie gesehen, immer wieder offene Spitzen auftreten, als auch bei einer selektiven Sicherungsstrategie, die ja gerade auf dem Offenlassen von gewissen Positionen beruht.

Der Erfolg der Strategie des Absicherungsverzichts hängt ausschließlich von der Entwicklung der Wechselkurse bzw. Zinsen ab, die man immer erst im Nachhinein (ex post) kennt. Darin liegt die Brisanz des Verzichts auf Absicherung von Grundgeschäften. Ein Unternehmen, das Positionen offen lässt, hat eine bestimmte Erwartung hinsichtlich der Entwicklung der Kurse/Zinsen und zeigt gleichzeitig die Bereitschaft, das volle Währungs- bzw. Zinsänderungsrisiko zu übernehmen, falls sich die Erwartung nicht realisiert. Fallen nämlich die Kurse/Zinsen macht das Unternehmen aufgrund seiner Strategie des Absicherungsverzichts Verluste, da es bei Fälligkeit seine offenen Positionen an dem (schlechteren) Kassamarkt schließen muss. Mit dem Verzicht auf Absicherung eines offenen Grundgeschäfts wird somit eine klare Positionierung vorgenommen: Das Unternehmen schätzt das Chancenpotential höher ein als das Risiko.[624] Dabei kann

---

622 *Priermeier/Stelzer*, Zins- und Währungsmanagement in der Unternehmenspraxis, S. 100.

623 Vgl. den Vorstandsvorsitzenden der BMW AG im Interview mit der FAZ: „Zu den aktuellen Dollar-Kursen machen wir keine Absicherung – ausgehend von den wirtschaftlichen Fundamentaldaten, ist der Euro zur Zeit stark überbewertet. Ich bin davon überzeugt, dass der Dollar bald wieder stärker wird.“, FAZ v. 08.01.2004, Rubrik: Unternehmen.

624 *Priermeier/Stelzer*, Zins- und Währungsmanagement in der Unternehmenspraxis, S. 100.

diese „Einschätzung" des Unternehmens unbewusst sein, d.h. die Entscheidungsträger denken gar nicht darüber nach, dass sie das Unternehmen mit dem Offenhalten eines Grundgeschäfts einem erheblichen Risiko aussetzen. Sie entscheiden sich nicht aktiv für einen Absicherungsverzicht, sondern verhalten sich einfach passiv.[625] Die Einschätzung des Unternehmens kann aber auch auf einer genauen Analyse der Märkte möglicherweise unter Verwendung von besonderen Informationen, die das Unternehmen aufgrund seiner Tätigkeit hat, beruhen.[626]

Der Eindruck, der in beiden Fällen entsteht, nämlich dass es sich bei diesem Vorgehen um spekulatives Verhalten handelt[627], trügt nicht. Die beschriebene Vorgehensweise erfüllt objektiv den oben dargestellten Begriff der Spekulation aus wirtschaftlicher Sicht.[628] Hier wird ein Grundgeschäft in Erwartung einer Kurs- oder Zinsänderung und mit der Chance auf eine sich daraus ergebende Gewinnererzielung offen gehalten. Nicht umsonst gibt es den Satz: *„Auch wer nichts tut, spekuliert."*[629] Im ersten Fall allerdings fehlt die für eine Spekulation erforderliche Absicht der Gewinnerzielung, da das Verhalten unbewusst ist. Im zweiten Fall hingegen liegt die Absicht der Gewinnerzielung vor. Ob und welche rechtlichen Konsequenzen diese Unterschiede bei der Einordnung von erlaubten und unerlaubten Derivatgeschäften von Vorständen in Aktiengesellschaften haben, wird weiter unten betrachtet.[630]

Bringt man die Strategie des Verzichts auf Absicherung von Grundgeschäften mit Spekulation in Verbindung, gilt es, eines zu beachten. Es handelt sich hierbei nicht um Spekulation mit Derivaten. Denn Derivate werden gerade nicht eingesetzt. Es handelt sich vielmehr um Spekulation mit offenen Positionen in den Basiswerten.[631] Spekulation mit den Basiswerten ist eigentlich nicht Gegenstand dieser Arbeit. Die Tatsache, dass Derivate geeignet sind, Spekulation mit den Basiswerten zu unterbinden, legt es aber nahe, auf diese Thematik im Rahmen der vorliegenden Arbeit einzugehen.[632]

---

625 *Priermeier/Stelzer*, Zins- und Währungsmanagement in der Unternehmenspraxis, S. 100.

626 *Priermeier/Stelzer*, Zins- und Währungsmanagement in der Unternehmenspraxis, S. 100.

627 *Müller*, Hedgegeschäfte, S. 13.

628 Vgl. oben 2. Kapitel, § 6II.1.a.

629 *v. Randow*, ZGR 1996, 594, 599; *Priermeier/Stelzer*, Zins- und Währungsmanagement in der Unternehmenspraxis, S. 100; *Hopt*, FS für Werner, S. 339, 349.

630 Vgl. unten 5. Kapitel, § 16.

631 So auch *Gebhardt*, Wpg 1995, 609, 613; *Gebhardt*, RIW 1997, 390, 395.

632 Dass auch der Verzicht auf Absicherung von Fremdwährungsforderungen mit Derivaten negative Schlagzeilen und den Vorwurf der Spekulation hervorrufen kann, zeigt die sog. Devisen-Affäre bei VW im Jahre 1987. Dabei erlitt die VW AG Verluste von 400 Mio. DM aufgrund von Wertverlusten von Fremdwährungsforderun-

Der geplante Einsatz von Derivaten zur Gewinnerzielung, d.h. also Spekulation mit Derivaten, kommt in Industrie- und Handelsunternehmen ebenfalls vor. Daher wird dies nachfolgend betrachtet.

IV. Einsatz von Derivaten zur Gewinnerzielung – Spekulation mit Derivaten

1. Schwierigkeit der Informationsbeschaffung

Es ist nicht ganz einfach, Informationen darüber zu erhalten, ob Unternehmen Derivate tatsächlich aktiv einsetzen, um neue Risikopositionen zu eröffnen, und ob sie versuchen, aus den sich daraus ergebenden Chancen zusätzliche Gewinne zu erzielen. Zugespitzt ausgedrückt: Kein Unternehmen sagt ausdrücklich und öffentlich, dass es Derivate zur Spekulation nutzt. Gleichwohl lassen sich Hinweise darauf verschiedenen Informationsquellen entnehmen.

Als am leichtesten zugängliche Informationsquelle bieten sich die Geschäftsberichte der Unternehmen an. Dementsprechend sind Geschäftsberichte von der betriebswirtschaftlichen Wissenschaft u.a. auf diesen Gesichtspunkt hin in den letzten Jahren gezielt untersucht worden.[633] Während in manchen älteren Geschäftsberichten aufgrund der Formulierungen der Eindruck erweckt wird, dass in begrenztem Umfang mit Derivaten spekulative Risiken eingegangen werden[634], finden sich in späteren Geschäftsberichten kaum mehr Formulierungen, die auf einen spekulativen bzw. ertragsverbessernden Einsatz derivativer Instrumente schließen lassen.[635] Vielmehr stellen die meisten Unternehmen, und insbesondere

---

gen, die gerade nicht mit Derivaten abgesichert worden waren. Vgl. *Vosshenrich*, Die Bank 1987, 447.

633 Zur Berichterstattung deutscher Industrie- und Handelsunternehmen in den Geschäftsberichten über den Einsatz derivativer Finanzinstrumente, vgl. *Gebhardt*, Wpg 1995, 609, 610 ff. (Geschäftsberichte für das Geschäftsjahr 1994 der jeweils nach Umsatz oder Börsenkapitalisierung 100 größten deutschen Unternehmen, ohne Kreditinstitute), *Gebhardt*, RIW 1997, 390, 391 ff. (Geschäftsberichte für das Geschäftsjahr 1995 der selben Unternehmen). Zum Einsatz von Währungsderivaten in Unternehmen vgl. die Auswertung der Geschäftsberichte 1998 der im DAX 100, SDAX und am Neuen Markt notierten Unternehmen bei *Mahayni*, Determinanten des unternehmerischen Währungseinsatzes. Zur Risikoberichterstattung in den Geschäftsberichten von 9 Unternehmen der deutschen Automobilindustrie für das Geschäftsjahr 2001 vgl. *Gulden*, Risikoberichterstattung in den Geschäftsberichten der deutschen Automobilindustrie, S. 52 ff., 58.

634 GB Daimler-Benz 1994, S. 83: „Die derivativen Finanzinstrumente dienen der Absicherung von Zins- und Währungsrisiken. Sie decken im wesentlichen die zugrundeliegenden Liefer- und Leistungsgeschäfte (Grundgeschäfte). In geringem Umfang werden sie zur Optimierung des Zins-Währungsergebnisses eingesetzt."

635 *Gebhardt*, RIW 1997, 390, 391.

auch solche, die früher Andeutungen auf spekulative Geschäfte machten, mittlerweile explizit klar, dass sie Derivate ausschließlich zur Absicherung von Risiken aus dem operativen Geschäft sowie aus Geldanlagen und sonstigen Finanzierungsvorgängen nutzen.[636] Wird der Einsatz von Derivaten zu spekulativen Zwecken in den Geschäftsberichten nicht ausdrücklich ausgeschlossen, wird bisweilen angenommen, dass die Unternehmen Derivate auch zur Spekulation einsetzen.[637]

In der Tat bedeutet der Umstand, dass Unternehmen nicht über spekulative Zwecke beim Einsatz von Derivaten berichten, nicht, dass sie Derivate nicht eventuell doch zu diesen Zwecken einsetzen. Denn die Unternehmen sind nach den bisher geltenden Rechnungslegungsvorschriften nicht verpflichtet, über die Zwecke ihres Derivateeinsatzes zu berichten. Setzen Unternehmen Derivate also zur Gewinnerzielung ein, müssen die verwendeten Derivate u.U. zwar in der Bilanz ausgewiesen werden; darüber, ob der Einsatz zu Spekulationszwecken erfolgt, lässt sich der Bilanz aber nichts entnehmen, wenn es nicht ausdrücklich gesagt wird.

Eine weitere Quelle der Information über den Einsatz von Derivaten zu spekulativen Zwecken sind die oben beschriebenen empirischen Studien. Am aufschlussreichsten ist dabei die Studie von *Glaum/PwC*. In dieser Studie stellten die Autoren im Rahmen ihrer Fragebogenaktion den ausgewählten Industrie- und Handelsunternehmen explizit die Frage, ob (a) Derivate ausschließlich zur Absicherung offener Positionen eingesetzt werden, ob (b) sie in geringem Maße auch eingesetzt werden, um durch den gezielten Aufbau offener Positionen Gewinne an den Finanzmärkten zu erzielen, oder ob (c) sie sogar in größerem Maße zur Gewinnerzielung eingesetzt werden.[638] 12% der teilnehmenden Unternehmen sagten danach aus, in ihren Unternehmungen würden Derivate „in geringem Maße" genutzt, um Gewinne an den Finanzmärkten zu erzielen. Keine einzige Unternehmung setzt diesen Angaben zufolge Derivate in größerem Maße zur Gewinnerzielung ein.[639]

Derartigen Angaben, wie überhaupt Angaben von Unternehmensvertretern zur Risikoneigung ihrer Unternehmung, ist allerdings mit Vorsicht zu begegnen. Sie beruhen möglicherweise „lediglich" auf Annahmen der befragten Unterneh-

---

636 *Gebhardt*, RIW 1997, 390, 391; *Gulden*, Risikoberichterstattung in den Geschäftsberichten der deutschen Automobilindustrie, S. 58, Fn. 121.

637 *Gulden*, Risikoberichterstattung in den Geschäftsberichten der deutschen Automobilindustrie, S. 58, Fn. 121.

638 *Glaum/PwC*, Finanzwirtschaftliches Risikomanagement deutscher Industrie- und Handelsunternehmen, S. 35.

639 *Glaum/PwC*, Finanzwirtschaftliches Risikomanagement deutscher Industrie- und Handelsunternehmen, S. 35.

mensvertreter und resultieren nicht aus einer gezielten Beobachtung des tatsächlichen Verhaltens und der tatsächlichen Handlungen im jeweiligen Unternehmen. Zurückhaltung gegenüber den Angaben von Unternehmensvertretern ist aber auch deswegen angebracht, weil Aussagen zu Risikoneigung und damit zur Spekulation möglicherweise als politisch heikel angesehen werden und nur sehr vorsichtig gemacht werden.[640] Insofern ist die Feststellung: „*Understandably, firms that speculate might be reluctant to admit doing so in a survey*"[641] gut nachvollziehbar.

Diese Vermutungen bestätigen sich auch im persönlichen Gespräch mit Vertretern aus der Treasury-Abteilung von Industrie- und Handelsunternehmen. Die Verwendung des Begriffs Spekulation wird vollständig vermieden, und selbst die konkrete Aussage, dass eventuell bzw. u.U. versucht werde – wenn auch nur in einem gewissen Rahmen –, mit Hilfe von Derivaten Gewinne zu erzielen, ist in dieser Klarheit nicht zu erhalten. Allein der Beschreibung dessen, was manche Treasurer nach ihrem eigenen Bekunden tatsächlich tun, kann entnommen werden, dass sie Derivate auch zur zusätzlichen Gewinnerzielung einsetzen.

Für die Zwecke der vorliegenden Arbeit reichen diese Informationen aber aus. Die Gewissheit, dass es einen derartigen Einsatz von Derivaten in der unternehmerischen Wirklichkeit tatsächlich gibt, berechtigt die Frage, ob das Gesellschaftsrecht den Vorstand beim Einsatz von Derivaten zur zusätzlichen Gewinnerzielung rechtliche Grenzen setzt.

2. *Arten der Spekulation mit Derivaten*

Spekulation mit Derivaten zur zusätzlichen Gewinnerzielung ist in Industrie- und Handelsunternehmen auf verschieden Arten möglich.

Zum einen besteht die Möglichkeit der Warenterminspekulation. Das bedeutet, dass Termingeschäfte, sei es in Form von Festgeschäften, sei es in Form von Optionen, auf Basiswerte wie Rohstoffe (Öl, Metall) oder Güter (Wolle, Schweinehälften) abgeschlossen werden. Dabei kommt es dem Unternehmen nicht auf die tatsächliche Lieferung der Rohstoffe oder Waren an. Vielmehr nutzen sie besondere Kenntnisse dieser Märkte und der dort möglichen Preisentwicklungen, um durch Kauf und späteren Verkauf der Derivate oder der Basiswerte Preisgewinne zu realisieren.

---

640 *Zydra*, Frankfurter Allgemeine Sonntagszeitung, 16.11.2003, Nr. 46, S. 53.

641 *Fenn u.a.*, Does Corporate Risk Management Create Shareholder Value?, S. 22 zitiert bei *Glaum/PwC*, Finanzwirtschaftliches Risikomanagement deutscher Industrie- und Handelsunternehmen, S. 35.

Daneben besteht die Möglichkeit, mit Finanzderivaten zu spekulieren. Der Mechanismus ist der gleiche wie bei der Warenterminspekulation. Nur beziehen sich die Derivate nicht auf Rohstoffe oder Waren, sondern auf Devisen, Zinsen oder andere Finanztitel wie Wertpapiere oder gar Indices. Bei der Finanzterminspekulation wird noch deutlicher, dass es den Unternehmen nicht auf die Lieferung der Basiswerte, sondern allein auf die Realisierung von Preisgewinnen durch Ausnutzen von Preisschwankungen ankommt; denn wie beispielsweise bei Derivaten auf Indices ist oftmals die Lieferung des Basiswerts tatsächlich gar nicht möglich.

§ 11 Die in Industrieunternehmen eingesetzten Derivate

Die wichtigsten Derivate wurden im Ersten Kapitel beschrieben. An dieser Stelle soll nur kurz über das Ergebnis der Studie von *Glaum/PwC* hinsichtlich der in Industrie- und Handelsunternehmen eingesetzten Derivate berichtet werden. Die am häufigsten eingesetzten Derivate sind Devisentermingeschäfte, Zinsswaps, Währungsswaps, Caps/Floors, Forward Rate Agreements, OTC-Devisenoptionen. Derivate von eher untergeordneter Bedeutung für Industrieunternehmen sind Waren/Commodity-Derivate, Currency Futures, Aktien-Derivate, börsengehandelte Zinsfutures, börsengehandelte Devisenoptionen.[642] In den meisten Unternehmen werden überwiegend „*plain-vanilla-Instrumente*" genutzt, also Derivate in ihren Grundformen. Weniger verwendet werden kompliziert strukturierte oder „exotische" Derivate.

642 *Glaum/PwC*, Finanzwirtschaftliches Risikomanagement deutscher Industrie- und Handelsunternehmen, S. 34.

Zweiter Teil: Kompetenzen und Pflichten des Vorstands von Aktiengesellschaften beim Einsatz von Derivaten

Der Erste Teil der Arbeit diente der Klarstellung der betriebswirtschaftlichen und rechtlichen Grundlagen der Derivate und ihrer Einordnung in die Praxis von deutschen Industrie- und Handelsunternehmen. Zu diesem Zweck wurde zunächst im Ersten Kapitel der Begriff der Derivate definiert und systematisch erfasst. Im Zweiten Kapitel wurden generell Nutzen und Gefahren der Derivate dargestellt, dies, um im Dritten Kapitel Derivate konkret in die unternehmerische Praxis einordnen zu können und insbesondere Strategien ihres Einsatzes aufzuzeigen. Ziel dieser Einordnung war es, eine Grundlage für die Untersuchung der rechtlichen Kompetenzen und Pflichten des Vorstands beim Einsatz von Derivaten in Aktiengesellschaften zu schaffen.

Der Zweite Teil der Arbeit widmet sich der Konkretisierung der aktienrechtlichen Kompetenzen und Pflichten des Vorstands beim Einsatz von Derivaten auf Unternehmensebene. In diesem Rahmen beschäftigt sich das Vierte Kapitel zunächst mit der Frage der Zuständigkeit (Kompetenz) des Vorstands für die Entscheidung, Derivate im Unternehmen einzusetzen (Entscheidungskompetenz über das „Ob“ des Derivateeinsatzes). Im Fünften Kapitel wird versucht, Konkretisierungen für ein pflichtgemäßes Verhalten des Vorstands bei der Wahl und Ausgestaltung der Strategie des Derivateeinsatzes anhand von Grundstrategien herauszuarbeiten und die Grenzen seines unternehmerischen Ermessens zu bestimmen. Die Beurteilung der Pflichten des Vorstands bei der Organisation des Derivateeinsatzes und der Handhabung der Risiken der Derivate (Risikomanagement von Derivaten) ist zuletzt Gegenstand des Sechsten Kapitels.

Viertes Kapitel: Kompetenzen des Vorstands hinsichtlich der Entscheidung über den Einsatz von Derivaten in Industrie- und Handelsunternehmen

Wenn man festzustellen versucht, was der Vorstand von Aktiengesellschaften beim Einsatz von Derivaten „darf“ oder „nicht darf“, findet man in den wenigen Stellungnahmen, die es überhaupt in der Literatur gibt, immer wieder – und zwar in der Regel bezogen auf den Einsatz von Derivaten zur Spekulation – Hinweise auf den Unternehmensgegenstand (bzw. Satzungs- oder Gesellschaftszweck). So wird die Meinung vertreten, dass „spekulative derivative Geschäfte bei Wirtschaftsunternehmen in der Regel vom Satzungs- bzw. Gesellschaftszweck abgedeckt sein müssen".[643] Der Einsatz von Derivaten könne „insbesondere dann unbequeme Fragen aufwerfen, wenn die Satzung bzw. der Gesellschaftsvertrag die Möglichkeit der Spekulation mit Finanzgeschäften nicht explizit vorsieht oder gar verbietet".[644] Einschätzungen derart, dass es „bei der Beurteilung der wirtschaftlichen Ermessensentscheidung (...) eine Rolle spielt, ob der Unternehmensleiter beim Abschluss eines Risikogeschäfts auf der Grundlage des Unternehmensgegenstandes und des satzungsmäßigen Zwecks handelte"[645] und „reine Spekulationsgeschäfte" nur unverantwortlich seien, „wenn (...) kein Verhältnis zum Unternehmensgegenstand" bestehe[646], gipfeln in dem lapidaren Vorschlag, zur Kontrolle des Handelns des Vorstands „die Einsatzgebiete der Derivate in der Aktiengesellschaft ganz einfach ab(zu)klopfen auf ihre Satzungskonformität: Gehören sie noch mittelbar zur Erreichung des Geschäftszwecks, wie ihn die Satzung umreißt?".[647]

Zur konkreten Bestimmung dessen, was dem Vorstand beim Einsatz von Derivaten erlaubt ist oder nicht, tragen diese allgemeinen Stellungnahmen relativ wenig bei. Die Bezugnahmen auf den Unternehmensgegenstand im Zusammenhang mit dem Einsatz von Derivaten im Unternehmen machen aber offensichtlich, dass der Einsatz von Derivaten neben der Frage nach dem pflichtgemäßen Verhalten des Vorstands auch kompetenzrechtliche Relevanz hat. Die Beurteilung eines konkreten Einsatzes von Derivaten durch den Vorstand erfolgt nicht nur danach, ob der Vorstand seine aktienrechtlichen Pflichten korrekt ausgeübt und die Grenzen seines Ermessens nicht überschritten hat, sondern auch und primär danach, ob der Einsatz von Derivaten überhaupt von den Grenzen des Unternehmensgegenstands gedeckt ist, wie ihn die Satzung bestimmt. Die Frage nach der Vereinbarkeit des Derivateeinsatzes mit dem Unternehmensgegenstand aber stellt sich – anders gewendet – als die Frage nach der Kompetenz des Vorstands für die Entscheidung über einen Einsatz von Derivaten dar. Darf der Vorstand Derivate im Unternehmen einsetzen oder einsetzen lassen, unabhängig davon, wie der Unternehmensgegenstand in der Satzung beschrieben ist, bzw. darf er es, wenn der Formulierung des Unternehmensgegenstands nichts zu einem Einsatz von Derivaten zu entnehmen ist, wie das in den meisten Satzungen der Fall ist? Oder muss der in der Satzung festgelegte Unternehmensgegenstand den

643 *Braun*, in FS für Hahn, S. 324; *Scharpf*, BFuP 1995, 166, 167.
644 *Scharpf/Luz*, Risikomanagement, Bilanzierung und Aufsicht von Finanzderivaten, S. 89.
645 *Abeltshauser*, Leitungshaftung im Kapitalgesellschaftsrecht, S. 171.
646 *Roth*, Unternehmerisches Ermessen und Haftung des Vorstands, S. 130.
647 *Frerk*, AG 1995, 212, 217; vgl. auch *v. Westphalen*, Derivatgeschäfte, Risikomanagement und Aufsichtsratshaftung, S. 273 ff.

Einsatz von Derivaten ausdrücklich oder zumindest durch Auslegung ermittelbar als Tätigkeitsgebiet der Aktiengesellschaft bestimmen, damit der Vorstand Derivate zulässigerweise einsetzen kann ? Die Beurteilung dieser Fragen fällt unterschiedlich aus, je nachdem, ob der Einsatz von Derivaten in der Aktiengesellschaft zu Zwecken des Hedging oder zur Spekulation erfolgt.

Nach einer kurzen Darstellung der Kompetenzverteilung zwischen den Organen der Aktiengesellschaft im Hinblick auf die Entscheidung über den Einsatz von Derivaten werden die Kompetenzen des Vorstands in Bezug auf den Einsatz von Derivaten zu Zwecken des Hedging und zur Spekulation – jeweils getrennt – untersucht.

§ 12 Die Entscheidung über das „Ob" des Einsatzes von Derivaten als kompetenzrechtliche Fragestellung

Gemäß § 76 Abs. 1 AktG hat der Vorstand die Gesellschaft unter eigener Verantwortung zu leiten. Als Leitungsorgan hat er die Geschäfte der Gesellschaft zu führen, und zwar eigenverantwortlich und weisungsfrei.[648] Dem Vorstand obliegt jedwede tatsächliche und rechtsgeschäftliche Tätigkeit für die Aktiengesellschaft[649] einerseits mit Wirkung nach innen (§ 77 Abs. 1 AktG), andererseits – in Form der Vertretung der Aktiengesellschaft – mit Wirkung nach außen (§ 78 Abs. 1 AktG). Zu seinen Aufgaben gehört somit, jedenfalls wenn sich die Gesellschaft damit befassen soll, die tatsächliche Gestaltung und Organisation des Einsatzes von Derivaten sowohl zum Zwecke des Hedging als auch zur Spekulation.

Mit dieser Feststellung ist jedoch noch nichts darüber gesagt, ob Derivate überhaupt und (damit verbunden) zu welchem Zweck sie im Unternehmen verwendet werden dürfen. Wenngleich der Vorstand als Inhaber der Leitungsmacht bei seiner Geschäftsführung eigenverantwortlich und weisungsfrei handelt, ist die Kompetenz des Vorstands hinsichtlich der Entscheidung über das „Ob" des Einsatzes von Derivaten im Unternehmen nicht zweifelsfrei. Da es sich möglicherweise um eine Aktivität handelt, die über den durch den Unternehmensgegenstand in der Satzung gesteckten Tätigkeitsbereich der Aktiengesellschaft hinausgeht, stellt sich die Frage, ob die Entscheidung über das „Ob" des Derivateeinsatzes nicht in die Zuständigkeit der Gesellschaftsgründer bzw. der Hauptversammlung als dem Organ der Aktionäre, das für die Festlegung des Unternehmensgegenstands in der Satzung zuständig ist, fällt. Eine Antwort auf diese Frage ist in dem Verhältnis von Leitungsbefugnis des Vorstands (§ 76 Abs. 1 AktG) und

648 *Hüffer*, AktG, § 76 Rn. 1, 10; *Mertens*, in KölnKomm AktG, § 76, Rn. 4.
649 *Hüffer*, AktG, § 76 Rn. 7; § 77 Rn. 3; *Mertens*, in KölnKomm AktG, § 77 Rn. 2.

Kompetenz der Aktionäre zur Bestimmung des Unternehmensgegenstands (§ 23 Abs. 3 Nr. 2 AktG) zu suchen.

I. Die Leitung durch den Vorstand gemäß § 76 Abs. 1 AktG als Kompetenzzuweisung

1. Leitung der Gesellschaft

§ 76 Abs. 1 AktG stellt die Leitung der Gesellschaft in die eigene Verantwortung des Vorstands. Der Inhalt dieser Vorschrift ist in vielfacher Hinsicht nicht völlig geklärt.[650] So sind beispielsweise die Bedeutung und das Verhältnis der Begriffe „Leitung" in § 76 Abs. 1 AktG und „Geschäftsführung" zueinander, wie ihn § 77 Abs. 1 AktG verwendet, Gegenstand der Diskussion.[651] Als gesichert erscheint mittlerweile die Ansicht, dass es sich bei den Begriffen „Leitung" und „Geschäftsführung" nicht um Synonyme handelt[652], sondern dass die Leitung vielmehr einen Teilausschnitt der weiter gefassten Geschäftsführung bildet.[653]

Einigkeit herrscht außerdem darüber, dass eine der Funktionen des § 76 Abs. 1 AktG darin besteht, im Verhältnis der Gesellschaftsorgane zueinander eine Kompetenzzuweisung vorzunehmen. § 76 Abs. 1 AktG legt die Unternehmensleitung in die exklusive Zuständigkeit des Vorstands und schließt damit Aufsichtsrat und Hauptversammlung von ihr aus.[654] Abgesichert wird die ausschließliche Zuständigkeit des Vorstands für die Geschäftsführung (und a maiore ad minus damit auch für die Leitung[655]) durch § 119 Abs. 2 AktG, wonach die Hauptversammlung über Fragen der Geschäftsführung nur entscheiden kann, wenn der Vorstand es verlangt, und § 111 Abs. 4 Satz 1 AktG, der bestimmt, dass Maßnahmen der Geschäftsführung dem Aufsichtsrat nicht übertragen werden können. Demgegenüber erstreckt sich die Kompetenz der Hauptversammlung grundsätzlich auf die Beschlussfassung in wesentlichen Gesellschaftsangelegenheiten (§ 119 Abs. 1 AktG). Der Aufsichtsrat ist dagegen zuständig für die Überwachung der Geschäftsführung durch den Vorstand (§ 111 AktG).[656] Lei-

---

650 Vgl. die ungeklärten Fragen aufzeigend, *Fleischer*, ZIP 2003, 1 ff.

651 *Hüffer*, AktG, § 76 Rn. 7; *Mertens*, in KölnKomm AktG, § 76 Rn. 4; *Kort*, in Großkomm AktG, § 76 Rn. 28 f.; *Fleischer*, ZIP 2003, 1, 3.

652 Vgl. dazu *Semler*, Leitung und Überwachung der Aktiengesellschaft, Rn. 3 ff., 6.

653 *Kort*, in Großkomm AktG, § 76 Rn. 28, 29; *Henze*, BB 2000, 209; *Mertens*, in KölnKomm AktG, § 76 Rn. 4; *Fleischer*, ZIP 2003, 1, 3.

654 *Kort*, in Großkomm AktG, § 76 Rn. 2; *Hüffer*, AktG, § 76 Rn. 2, 4; *Wiesner*, in MünchHdb AktR, § 19 Rn. 12.

655 *Fleischer*, ZIP 2003, 1, 2.

656 *Hüffer*, AktG, § 76 Rn. 4.

tungskompetenz des Vorstands bedeutet demnach, dass dieser nicht nur die Befugnis hat, die Gesellschaft zu leiten, sondern auch die Aufgabe, dies zu tun. Gemäß § 76 Abs. 1 AktG „hat" der Vorstand die Gesellschaft zu leiten. Im Verhältnis des Vorstands zur Gesellschaft begründet damit § 76 Abs. 1 AktG neben der Kompetenzzuweisung eine organschaftliche Pflicht zur Unternehmensleitung.[657]

2. Eigenverantwortlichkeit der Leitung

Im Rahmen seiner Kompetenz hat der Vorstand die Gesellschaft „unter eigener Verantwortung" zu leiten. Eigenverantwortlichkeit der Leitung bedeutet, dass der Vorstand selbständig und unabhängig von Weisungen anderer Organe tätig wird.[658] Darüber hinaus bedeutet Leitung unter eigener Verantwortung, dass der Vorstand für seine Leitungsentscheidungen einen eigenen Ermessensspielraum hat.[659] Unter der Voraussetzung der sachgerechten Wahrnehmung der mit dem Unternehmen verfolgten Ziele und der in der Gesellschaft zusammenlaufenden Interessen verschiedener Interessenträger (Aktionäre, Arbeitnehmer, sonstige Gläubiger, Öffentlichkeit) ist der Vorstand in seinen Entscheidungen frei. Zu diesem Zweck muss dem Vorstand ein weit gefasster Bereich autonomer Entscheidungsbefugnis zur Verfügung stehen.[660] Dies gilt insbesondere auch gegenüber den Bestimmungen der Satzung.[661]

3. Typische Leitungsaufgaben

Die Leitungsaufgaben des Vorstands finden sich nur vereinzelt im Aktiengesetz normiert, wie beispielsweise die Vorbereitung und Ausführung von Hauptversammlungsbeschlüssen (§ 83 AktG), die Berichterstattung gegenüber dem Aufsichtsrat (§ 90 AktG), die Buchführung (§ 91 Abs. 1 AktG), die Einrichtung eines Früherkennungs- und Überwachungssystems (§ 91 Abs. 2 AktG) etc.

---

657 *Hefermehl*, in Geßler/Hefermehl, AktG, § 76 Rn. 9; *Geßler*, AktG, § 76 Anm. 1; *Semler*, Leitung und Überwachung der Aktiengesellschaft, Rn. 8; *Mutter*, Unternehmerische Entscheidungen und Haftung des Aufsichtsrats der Aktiengesellschaft, S. 35; *Fleischer*, ZIP 2003, 1, 2.

658 *Hüffer*, AktG, § 76 Rn. 10; *Kort*, in Großkomm AktG, § 76 Rn. 42.

659 BGHZ 125, 239, 246 („Deutsche Bank"); *Kort*, in Großkomm AktG, § 76 Rn. 41; *Hüffer*, AktG, § 76 Rn. 12.

660 *Mertens*, in KölnKomm AktG, § 82 Rn. 14 f.; *Schön*, ZGR 1996, 429, 439.

661 *Mertens*, in KölnKomm AktG, § 82 Rn. 14 f.; *Zöllner*, in KölnKomm AktG, § 179 Rn. 73; *Schön*, ZGR 1996, 429, 439; näher unten § 13II.

Daneben gibt es eine Vielzahl ungeschriebener Aufgaben des Vorstands, die durch Auslegung des Begriffs der Leitung zu ermitteln sind. Anhaltspunkte dafür bieten indirekt zwar einige Vorschriften des Aktiengesetzes, wie beispielsweise § 90 Abs. 1 AktG, der bestimmt, worüber der Vorstand dem Aufsichtsrat zu berichten hat. Inzident sind der Vorschrift damit auch Hinweise zu Leitungsaufgaben des Vorstands zu entnehmen, denn er kann nur über Aktivitäten berichten, die in sein Aufgabengebiet fallen. In der Regel erfolgt die Auslegung des Begriffs der Leitung aber im Wege einer typologischen Konkretisierung in Frage kommender Tätigkeiten.[662] Die juristische Eingrenzung der Leitungsaufgaben kann nicht ohne Berücksichtigung der Größe des Unternehmens, der Erheblichkeit der Entscheidung für die mittel- und langfristige Entwicklung des Unternehmens, ihrer Bedeutung für die Finanz-, Ertrags- und Beschäftigungslage sowie der Umstände der Entscheidungssituation vorgenommen werden.[663]

Als Ausgangspunkt für die Bestimmung der Leitungsaufgaben des Vorstands können betriebswirtschaftliche Erkenntnisse dienen.[664] Bei der Heranziehung betriebswirtschaftlicher Erkenntnisse ist allerdings zu beachten, dass nicht zwangsläufig jede Maßnahme, die aus betriebswirtschaftlicher Sicht für eine gute Unternehmensführung geboten und erforderlich gehalten wird, im Wege einer „Verrechtlichung" auch gleich zu einer Leitungsaufgabe des Vorstands im Sinne des § 76 Abs. 1 AktG erhoben werden kann.[665] Grundsätzlich lassen sich aber folgende Maßnahmen als Leitungsaufgaben einordnen:

- die Unternehmensplanung (Zielsetzung sowie mittel- und langfristige Festlegung der Unternehmenspolitik);
- die Unternehmensstruktur (Organisation und Koordinierung der mit Führungsaufgaben ausgestatteten Teilbereiche des Unternehmens; Festlegung der Grundzüge der Markt-, Produkt-, Finanz-, Investitions- und Personalpolitik);
- die Unternehmenskontrolle (laufende und nachträgliche Kontrolle der Durchführung und des Erfolgs delegierter Geschäftsführungsaufgaben);
- die Überwachung von Geschäfts- und Ergebnisentwicklung;
- die Besetzung der oberen Führungspositionen sowie

662 *Henze*, BB 2000, 209, 210; *Hüffer*, AktG, § 76 Rn. 8; *Mertens*, in KölnKomm AktG, § 76 Rn. 5.

663 *Henze*, BB 2000, 209, 210; *Mertens*, in KölnKomm AktG, § 76 Rn. 5.

664 *Hüffer*, AktG, § 76 Rn. 8; *Kort*, in Großkomm AktG, § 76 Rn. 38.

665 *Kort*, in Großkomm AktG, § 76 Rn. 38; *Finken/Kowalski*, Schärfere Gesetze zur Haftung schwächen Unternehmensgeist, BZ vom 06.06.2003, S. 10.

- sonstige Maßnahmen und Geschäfte, die für die Gesellschaft von außergewöhnlicher Bedeutung sind oder mit denen ein außergewöhnliches Risiko verbunden ist.[666]

Bei dieser typologischen Konkretisierung der Leitungsaufgaben[667] des Vorstands anhand von Erkenntnissen der Betriebswirtschaftslehre darf aber nicht übersehen werden, dass dem Vorstand auch unter Berücksichtigung betriebswirtschaftlicher Überlegungen ein weites unternehmerisches Ermessen zusteht. Betriebswirtschaftliche Regeln bestimmen daher nicht zwangsläufig verbindlich den Inhalt der Leitungsaufgabe.[668] Vielmehr kann sich der Vorstand im konkreten Fall im Rahmen seines unternehmerischen Ermessens auch gegen betriebswirtschaftliche Regeln entscheiden.

4. Einsatz von Derivaten als Leitungsaufgabe

Der Aufzählung typischer Leitungsaufgaben lässt sich entnehmen, dass das unternehmerische Finanzmanagement, wie es im ersten Teil der Arbeit beschrieben wurde, zu den Aufgaben der Unternehmensleitung gehört, die in die Kompetenz des Vorstands fallen.[669] Als Instrument zur Steuerung von Marktpreisrisiken im Rahmen des unternehmerischen Finanzmanagements ist daher auch der Einsatz von Derivaten Teil der Aufgaben des Vorstands. Hierzu gehören insbesondere die Information über mögliche Strategien des Marktpreisrisikomanagments mit Hilfe von Derivaten, die Entwicklung von für das Unternehmen und seine Risikoeinstellung adäquaten Strategien des Hedging und der Gewinnerzielung mit Derivaten, die konkrete Gestaltung, die Durchführung und Organisation sowie die Kontrolle und Überwachung des Derivateeinsatzes. Bezüglich der Organisation, Kontrolle und Überwachung des Einsatzes von Derivaten lässt sich die Leitungsaufgabe mittlerweile sogar an einer konkreten Norm festmachen. Gemäß § 91 Abs. 2 AktG hat der Vorstand geeignete Maßnahmen zu treffen, insbesondere ein Überwachungssystem einzurichten, damit den Fortbestand der Gesellschaft gefährdende Entwicklungen früh erkannt werden. Der exakte Inhalt der Vorschrift, die durch das Gesetz zur Kontrolle und Transparenz im Unternehmensbereich (KonTraG) vom 27. April 1998 eingeführt worden ist, ist noch in vieler Hinsicht ungeklärt.[670] Fest steht aber, dass es u.a. ihr Zweck ist, den Vorstand zur

---

666 *Henze*, BB 2000, 209, 210; *Kort*, in Großkomm AktG, § 76 Rn. 36; *Semler*, Leitung und Überwachung der Aktiengesellschaft, Rn. 11.

667 *Henze*, BB 2000, 209, 210; *Hüffer*, AktG, § 76 Rn. 8.

668 *Kort*, in Großkomm AktG, § 76 Rn. 38.

669 *Wiesner*, in MünchHdb AktR, § 19 Rn. 13; *Mertens*, in KölnKomm AktG, § 76 Rn. 5.

670 Näher unten 6. Kapitel, § 21.

Vornahme von Maßnahmen zum Schutz gegen Unternehmensrisiken, die existenzbedrohend sein können, zu verpflichten.[671] Als explizites Beispiel für Quellen existenzbedrohender Unternehmensrisiken nennt der Gesetzgeber ausdrücklich Geschäfte mit Derivaten.[672] Bei der Organisationspflicht aus § 91 Abs. 2 AktG handelt es sich nach der Gesetzesbegründung um eine gesetzliche Hervorhebung der allgemeinen Leitungsaufgabe des Vorstands aus § 76 Abs. 1 AktG.[673] Dies bedeutet aber nicht, dass nur die Organisation der Risiken des Derivateeinsatzes in den Aufgabenbereich des Vorstands fällt. Die Durchführung und Gestaltung des Einsatzes von Derivaten durch den Vorstand sind vielmehr Leitungsaufgaben und bleiben als solche bei § 76 Abs. 1 AktG verankert.

Fraglich ist allerdings, ob dem Vorstand nicht hinsichtlich der Entscheidung, ob überhaupt Derivate im Unternehmen eingesetzt werden, kompetenzrechtliche Grenzen gesetzt sind.

5. Grenzen der Leitungskompetenz des Vorstands

Grenzen der Leitungskompetenz des Vorstands bestehen dort, wo die Kompetenzbereiche der anderen Organe der Aktiengesellschaft beginnen. Für die Hauptversammlung ist dies, wie schon gesehen, gemäß § 119 Abs. 1 AktG die Zuständigkeit für wesentliche Gesellschaftsangelegenheiten, für den Aufsichtsrat gemäß § 111 Abs. 1 AktG die Überwachung der Geschäftsführung des Vorstands. Im Gesetz finden die Grenzen der Leitungskompetenz des Vorstands in § 82 Abs. 2 AktG Ausdruck, der bestimmt, dass die Vorstandsmitglieder im Verhältnis zur Gesellschaft verpflichtet sind, die Beschränkungen einzuhalten, die die Satzung, der Aufsichtsrat, die Hauptversammlung und etwaige Geschäftsordnungen des Vorstands und des Aufsichtsrats für die Geschäftsführungsbefugnis bestimmt haben.

Im Zusammenhang mit der Leitungskompetenz des Vorstands hinsichtlich der Entscheidung über den Einsatz von Derivaten im Unternehmen sind in erster Linie Beschränkungen in Betracht zu ziehen, die dem Vorstand durch die Satzung der Gesellschaft auferlegt werden. In der Satzung wird mit dem Unternehmensgegenstand der gewerbliche Tätigkeitsbereich festgelegt, in dem die Gesellschaft durch Herstellung und Handel von Erzeugnissen oder Waren oder durch die Erbringung von Dienstleistungen den Erfolg des Unternehmens realisieren will.[674] Zuständig für Inhalt und Gestaltung der Satzung und damit für die Be-

---

671 BegrRegE KonTraG, BT-Drucks. 13/9712, S. 15.

672 BegrRegE KonTraG, BT-Drucks. 13/9712, S. 15.

673 BegrRegE KonTraG, BT-Drucks. 13/9712, S. 15.

674 *Tieves*, Der Unternehmensgegenstand der Kapitalgesellschaft, S. 12; *Röhricht*, in Großkomm AktG, § 23 Rn. 80; *Pentz*, in MünchKomm AktG, § 23 Rn. 69.

stimmung des Unternehmensgegenstands ist die Hauptversammlung.[675] Soweit es um die Festlegung des Unternehmensgegenstands geht, ist somit der Kompetenzbereich der Hauptversammlung eröffnet. Entscheidungen des Vorstands für Maßnahmen, die eine Überschreitung des Unternehmensgegenstands bedeuten, sind nicht von der Leitungskompetenz des Vorstands gedeckt. Sie stellen einen Satzungsverstoß dar[676], der den Vorstand im Verhältnis zur Gesellschaft schadensersatzpflichtig machen kann. Im Verhältnis der Gesellschaft zu Dritten (Außenverhältnis) sind jedoch auch in solchen Fällen rechtsgeschäftliche Handlungen des Vorstands wirksam, da Beschränkungen der Leitungsbefugnis des Vorstands durch die Satzung nichts an der unbeschränkten Vertretungsmacht des Vorstands nach außen ändern (§ 82 Abs. 1 AktG).[677]

Plant der Vorstand also den Einsatz von Derivaten im Unternehmen, stellt sich die Frage, ob dies in den Tätigkeitsbereich der Aktiengesellschaft fällt, wie er durch den Unternehmensgegenstand umrissen wird. Ist dies der Fall, handelt der Vorstand bei der Entscheidung über den Einsatz von Derivaten im Rahmen seiner Kompetenzen; er kann Derivate einsetzen. Ist dies nicht der Fall, wäre zuvorderst eine Änderung des Unternehmensgegenstands durch eine Satzungsänderung erforderlich. Hierfür ist die Hauptversammlung zuständig, wie sich im Folgenden erweisen wird.

II. Zuständigkeit der Hauptversammlung für die Festlegung des Unternehmensgegenstands

1. Kompetenz für die erstmalige Festlegung und für Änderungen des Unternehmensgegenstands

Gemäß § 23 Abs. 3 Nr. 2 1. Hs. AktG muss die Satzung einer Aktiengesellschaft den Gegenstand des Unternehmens bestimmen. Für die Gestaltung der Satzung und somit für die Festlegung des Unternehmensgegenstands sind zunächst die Gründer der Aktiengesellschaft zuständig (§ 2 AktG).[678] Soll der Unternehmensgegenstand nach Entstehen der Aktiengesellschaft geändert werden, ist dafür eine Satzungsänderung notwendig. Für Satzungsänderungen ist nach dem Entstehen der Aktiengesellschaft ausschließlich die Hauptversammlung berufen (§§ 119

---

675 Hierzu näher sogleich § 12II.

676 *Kort*, in Großkomm AktG, § 76 Rn. 36.

677 *Pentz*, in MünchKomm AktG, § 23 Rn. 86. Zur Nichtexistenz der sog. Ultra-vires-Doktrin im deutschen Recht, vgl. *Pentz*, in MünchKomm AktG, § 23 Rn. 86; *Tieves*, Der Unternehmensgegenstand der Kapitalgesellschaft, S. 270 ff.

678 *Koch*, Diversifizierung und Vorstandskompetenzen, S. 124; *Schön*, ZGR 1996, 429, 437.

Abs. 1 Nr. 5, 179 Abs. 1 Satz 1 AktG). Lediglich die Befugnis zu Änderungen, die nur die Fassung der Satzung betreffen, kann die Hauptversammlung dem Aufsichtrat übertragen (§ 179 Abs. 1 Satz 2 AktG). Gemäß § 179 Abs. 1 Satz 1, Abs. 2 Satz 1 AktG bedarf eine Änderung des Unternehmensgegenstands eines Hauptversammlungsbeschlusses, der mit einer Mehrheit von mindestens drei Vierteln des bei der Beschlussfassung vertretenen Grundkapitals gefasst werden muss. Die Satzung kann grundsätzlich eine andere Kapitalmehrheit, für eine Änderung des Unternehmensgegenstands jedoch ausdrücklich nur eine größere Kapitalmehrheit bestimmen (§ 179 Abs. 2 Satz 2 AktG).

In der Regel beruft der Vorstand die Hauptversammlung ein, damit diese über die Änderung des Unternehmensgegenstands entscheidet (§ 121 Abs. 2 Satz 1 AktG). Nur ausnahmsweise hat der Aufsichtsrat die Hauptversammlung einzuberufen, wenn das Wohl der Gesellschaft es erfordert (§ 111 Abs. 3 AktG). Der Vorstand beschließt über die Einberufung der Hauptversammlung mit einfacher Mehrheit (§ 121 Abs. 2 Satz 1 AktG). Beschließt die Hauptversammlung mit der erforderlichen Mehrheit die Änderung des Unternehmensgegenstands, ist der Vorstand verpflichtet, alles weitere zu veranlassen, damit die Satzungsänderung wirksam wird (§ 83 Abs. 2 AktG).[679] Hierzu gehört primär die Anmeldung der Satzungsänderung zur Eintragung in das Handelsregister (§ 181 Abs. 1 Satz 1 AktG).

2. Bestimmung des gewerblichen Tätigkeitsgebiets der Aktiengesellschaft

a. Wahlfreiheit hinsichtlich der gewerblichen Tätigkeit

Der Unternehmensgegenstand legt den gewerblichen Tätigkeitsbereich fest, in dem die Gesellschaft durch Herstellung und Handel von Erzeugnissen oder Waren oder durch die Erbringung von Dienstleistungen den Erfolg des Unternehmens realisieren will.[680] Unter dem Begriff des Unternehmensgegenstands ist damit nur die Tätigkeit zu verstehen, die von der Gesellschaft entfaltet werden soll.[681] Nicht umfasst ist der im Recht der GmbH hiervon ausdrücklich unterschiedene Gesellschafts- (oder Unternehmens-)zweck.[682] Es besteht jedoch Einigkeit, dass auch bei der Aktiengesellschaft der Gegenstand des Unternehmens

679 *Koch*, Diversifizierung und Vorstandskompetenzen, S. 126.
680 *Tieves*, Der Unternehmensgegenstand der Kapitalgesellschaft, S. 12; *Röhricht*, in Großkomm AktG, § 23 Rn. 80; *Pentz*, in MünchKomm AktG, § 23 Rn. 69.
681 *Kraft*, in KölnKomm AktG, § 23 Rn. 43.
682 *Wiesner*, in MünchHdb AktR, § 9 Rn. 10; *Kraft*, in KölnKomm AktG, § 23 Rn. 43.

und der Zweck der Gesellschaft nicht identisch sind.[683] Der Gesellschaftszweck ist aber bei der Aktiengesellschaft nicht Gegenstand einer obligatorischen Angabe in der Satzung. Er betrifft die von den Aktionären mit der Gesellschaft verfolgten Ziele. In der Regel sind sie auf Gewinnerzielung gerichtet; die Aktionäre können mit der Gesellschaft aber auch gemeinwirtschaftliche, gemeinnützige oder andere Zwecke verfolgen.[684]

In der Wahl des Unternehmensgegenstands ist die Hauptversammlung frei. Es bestehen diesbezüglich grundsätzlich keine besonderen Beschränkungen. Alle Tätigkeiten stehen der Aktiengesellschaft offen, soweit sie nicht gegen das Gesetz oder die guten Sitten verstoßen.[685] Gesetzliche Schranken sind § 134, 138 BGB. Demnach sind beispielsweise Tätigkeiten wie verbotene Glücksspiele, gewerbsmäßige Hehlerei oder Betrieb eines Bordells keine zulässigen Unternehmensgegenstände.[686] Spekulative Aktivitäten, wie auch Geschäfte mit Derivaten, sind hingegen nicht per se unzulässige Unternehmensgegenstände, da sie nicht gesetzeswidrig sind oder gegen die guten Sitten verstoßen (arg. e § 762 BGB). Auf der anderen Seite stehen der Aktiengesellschaft eine Reihe von Betätigungsmöglichkeiten offen, die natürlichen Personen oder anderen Gesellschaften verschlossen sind, z.B. der Betrieb von Hypothekenbanken (§ 2 Abs. 2 HypBG) oder Bausparkassen.[687]

b. Grad der Individualisierung des Gegenstands

Die durch den Unternehmensgegenstand vorgegebene Tätigkeitsbeschreibung lässt sich in zwei Bestandteile zerlegen. Zum einen wird durch den Gegenstand das Gebiet festgelegt, auf dem die Gesellschaft tätig werden soll, also die Branche (z.B. Computer oder Autos); zum anderen wird die Art der Tätigkeit (z.B. Handel oder Produktion) umschrieben, welche die Gesellschaft innerhalb der Branche verfolgen wird.[688]

Davon abgesehen ist aber hinsichtlich der Anforderungen, die an die Formulierung des Unternehmensgegenstands zu stellen sind, noch einiges im Unklaren.

---

683 *Zöllner*, in KölnKomm AktG, § 179 Rn. 112; *Wiesner*, in MünchHdb AktR, § 9 Rn. 10.

684 *Wiesner*, in MünchHdb AktR, § 9 Rn. 19; *Zöllner*, in KölnKomm AktG, § 179 Rn. 111. Zu der Abgrenzung von Unternehmensgegenstand, -zweck und –ziel näher *Tieves*, Der Unternehmensgegenstand der Kapitalgesellschaft, S. 13 ff.; *Pentz*, in MünchKomm AktG, § 23 Rn. 70 ff.

685 *Kraft*, in KölnKomm AktG, § 23 Rn 43.

686 *Hüffer*, AktG, § 23 Rn. 23.

687 *Kraft*, in KölnKomm AktG, § 3 Rn. 12, 13.

688 *Tieves*, Der Unternehmensgegenstand der Kapitalgesellschaft, S. 99.

Der Wortlaut des § 23 Abs. 3 Ziff. 2 2. HS. AktG sagt nur[689], dass namentlich bei Industrie- und Handelsunternehmen die Erzeugnisse und Waren, die hergestellt und gehandelt werden sollen, „näher anzugeben“ sind. Dabei bestand von Anfang an Einigkeit darüber, dass die Beschränkung des Gesetzeswortlauts auf Industrie- und Handelsunternehmen lediglich exemplarischer Natur ist, die präzisierten Anforderungen des Gesetzes also gleichermaßen auch für Dienstleistungsunternehmen gelten.[690] Durch dieses Individualisierungsgebot sollten ganz allgemeine und farblose Bezeichnungen (Leerformeln) verhindert werden.[691]

Welchen Grad an Präzisierung des Gegenstands die Erfüllung des Tatbestandsmerkmals „näher anzugeben“ erfordert, ist nicht abschließend geklärt.[692] Fest steht nur, dass sich die Anforderungen, die an die Individualisierung und Konkretisierung des Gegenstands des Unternehmens zu stellen sind, weitgehend nach den Umständen des einzelnen Falles richten. In der Tendenz als nicht ausreichend individualisiert (und daher nicht gemäß § 39 Abs. 1 Satz 1 AktG eintragungsfähig) werden Formulierungen wie beispielsweise „Betrieb von Handelsgeschäften“, „Handel mit Waren aller Art“, „Betrieb aller weiteren für das Unternehmen förderlichen Geschäfte“, „...alle Geschäfte, die dem Zweck dienlich sind“ angesehen (nicht unstreitig).[693]

Die erforderliche Individualisierung des Unternehmensgegenstands wirft allerdings auf der anderen Seite die Frage auf, wie präzise (eng, genau) der Unternehmensgegenstand formuliert sein darf. Zu überlegen ist, ob der Hauptversammlung angesichts der eigenverantwortlichen Leitungsmacht des Vorstands hinsichtlich der Präzisierung der Tätigkeit der Gesellschaft nicht Grenzen gesetzt sind. Diese Frage wird sogleich behandelt.[694]

3. *Funktionen der Unternehmensgegenstandsangabe*

Die Angabe des Unternehmensgegenstands in der Satzung hat verschiedene Funktionen. Zunächst erfüllt die Angabe eine Informationsfunktion. Dem Rechtsverkehr und den Gesellschaftern gegenüber soll die Art der Geschäftstätigkeit der

---

689 Vorschrift eingeführt mit der Aktienrechtsreform von 1965, BGBl. 1965 Teil I, S. 1089 ff.

690 *Kraft*, in KölnKomm AktG, § 23 Rn. 47; *Tieves*, Der Unternehmensgegenstand der Kapitalgesellschaft, S. 107.

691 BegrRegE 1965, *Kropff*, § 23 S. 43; *Eckhardt*, in Geßler/Hefermehl, § 23 Rn. 59; *Pentz*, in MünchKomm AktG, § 23 Rn. 68.

692 Ausführlich hierzu *Tieves*, Der Unternehmensgegenstand der Kapitalgesellschaft, S. 117 ff.

693 *Eckhardt*, in Geßler/Hefermehl, § 23 Rn. 61; *Wiesner*, in MünchHdb AktR, § 9 Rn. 14; *Tieves*, Der Unternehmensgegenstand der Kapitalgesellschaft, S. 100, 101.

694 Näher § 12II.4.b.

Gesellschaft offengelegt werden.[695] Dem Registergericht erleichtert die Angabe des Unternehmensgegenstands die Prüfung seiner Zulässigkeit und einer eventuellen Genehmigungsbedürftigkeit.[696] Die Hauptfunktion der Gegenstandsangabe liegt aber darin, die Grenzen der den Gesellschaftsorganen zustehenden Kompetenzen zu bestimmen.[697] Für das hier interessierende Verhältnis von Vorstand und Hauptversammlung bedeutet dies beispielsweise, dass die Hauptversammlung durch Festlegung des Unternehmensgegenstands in der Satzung in der Lage ist, die Leitungsbefugnis des Vorstands zu beschränken.[698]

4. *Unternehmensgegenstand als Schranke und Vorgabe der Leitungsbefugnis des Vorstands*

a. *Grundsatz*

Die Ausführungen haben gezeigt: Der Vorstand hat die Kompetenz für die Leitung und Geschäftsführung der Aktiengesellschaft, die Hauptversammlung ist zuständig für die Bestimmung des Unternehmensgegenstands in der Satzung. Anders als die Gesellschafterversammlung in der GmbH hat die Hauptversammlung der Aktiengesellschaft keine übergeordnete Kompetenz in Geschäftsführungsfragen (arg. ex § 119 Abs. 2 AktG). Sie ist insbesondere nicht befugt, dem Vorstand Kompetenzen zu entziehen.[699]

Mit der Kompetenz, den Unternehmensgegenstand festzulegen, ist der Hauptversammlung aber ein Mittel in die Hand gegeben, den Tätigkeitsrahmen der Gesellschaft und damit den Rahmen für die Geschäftsführungsbefugnis des Vorstands abzustecken.[700] Der Unternehmensgegenstand gibt dem Vorstand verbindlich vor, in welchem Wirtschaftsbereich das Unternehmen am Markt tätig werden soll. Er grenzt denjenigen gewerblichen Tätigkeitsbereich ein, auf dem der Vorstand den Erfolg des Unternehmens durch Herstellung und Handel von Erzeugnissen und Waren oder durch die Erbringung von Dienstleistungen suchen darf.[701] Nur insoweit besteht die Kompetenz des Vorstands zur Leitung der Akti-

---

695 *Pentz*, in MünchKomm AktG, § 23 Rn. 78; *Tieves*, Der Unternehmensgegenstand der Kapitalgesellschaft, S. 73 ff.

696 *Kraft*, in KölnKomm AktG, § 23 Rn 43; *Pentz*, in MünchKomm AktG, § 23 Rn. 78; *Tieves*, Der Unternehmensgegenstand der Kapitalgesellschaft, S. 80.

697 *Tieves*, Der Unternehmensgegenstand der Kapitalgesellschaft, S. 80.

698 *Wiesner*, in MünchHdb AktR, § 10 Rn. 16; *Pentz*, in MünchKomm AktG, § 23 Rn. 78; *Tieves*, Der Unternehmensgegenstand der Kapitalgesellschaft, S. 81 ff.

699 *Zöllner*, in KölnKomm AktG, § 179 Rn. 73.

700 *Pentz*, in MünchKomm AktG, § 23 Rn. 78; *Mertens*, in KölnKomm AktG, § 82 Rn. 14; *Koch*, Diversifizierung und Vorstandskompetenzen, S. 125.

701 *Mertens*, in KölnKomm AktG, § 82 Rn. 15; *Wiedemann*, ZGR 1975, 385, 416.

engesellschaft.[702] Dabei betrifft die Bindung des Vorstands an den Unternehmensgegenstand nur das Innenverhältnis zwischen Vorstand und Gesellschaft. Im Außenverhältnis, d.h. im Verhältnis der Gesellschaft zu Dritten, besteht dagegen unbeschränkte Vertretungsbefugnis des Vorstands für die Gesellschaft (§ 82 Abs. 1 AktG). Dies bedeutet, dass Rechtsgeschäfte, die der Vorstand für die Gesellschaft mit Dritten tätigt, verbindlich sind, auch wenn er dabei die Grenzen des satzungsmäßig festgelegten Unternehmensgegenstands überschreitet.[703]

Der Unternehmensgegenstand begrenzt nicht nur die Leitungsbefugnis des Vorstands, sondern ist gleichzeitig auch Tätigkeitsvorgabe für die Unternehmensleitung.[704] Der Vorstand ist verpflichtet, die Entscheidung der Gründer bzw. der Hauptversammlung hinsichtlich des Tätigkeitsbereichs der Aktiengesellschaft umzusetzen. Erst diese Pflicht des Vorstands, den Unternehmensgegenstand zu verwirklichen, sorgt dafür, dass das tatsächliche Betätigungsfeld der Gesellschaft nicht hinter dem in der Satzung angegebenen zurückbleibt.[705]

b. Unzulässige Beschränkung der Leitungsmacht des Vorstands durch zu konkrete Tätigkeitsvorgaben

Der Unternehmensgegenstand als Schranke und Vorgabe für die Leitungskompetenz des Vorstands bedeutet aber nicht, dass der Vorstand nicht auch befugt ist, Handlungen vorzunehmen, die in der Satzung nicht ausdrücklich aufgeführt sind. Anders ausgedrückt: Die Hauptversammlung darf zwar den Unternehmensgegenstand gegenständlich sehr eng bestimmen.[706] Sie ist aber nicht verpflichtet und auch nicht berechtigt, im Rahmen des Unternehmensgegenstands dem Vorstand die Vornahme konkreter Maßnahmen vorzuschreiben.[707] Unzulässig sind beispielsweise satzungsmäßige Anweisungen an den Vorstand derart, dass dieser gewisse Aktivitäten mit Vorrang betreiben, bestimmte absatzpolititsche Grundsätze einhalten, den Schwerpunkt auf bestimmte Teile des Unternehmensgegenstands legen oder bestimmte Produktionsverfahren zu Lasten anderer fördern

---

702 *Mertens*, in KölnKomm AktG, § 82 Rn. 15, 16; *Wiedemann*, ZGR 1975, 385, 416; *Koch*, Diversifizierung und Vorstandskompetenzen, S. 127.

703 Vgl. *Zöllner*, Die Schranken mitgliedschaftlicher Stimmrechtsmacht bei den privatrechtlichen Personenverbänden, S. 330.

704 *Tieves*, Der Unternehmensgegenstand der Kapitalgesellschaft, S. 300 ff.; *Koch*, Diversifizierung und Vorstandskompetenzen, S. 131 ff.

705 *Tieves*, Der Unternehmensgegenstand der Kapitalgesellschaft, S. 300; *Koch*, Diversifizierung und Vorstandskompetenzen, S. 133.

706 *Pentz*, in MünchKomm AktG, § 23 Rn. 78; *Habersack*, in Großkomm AktG, § 82 Rn. 26.

707 *Habersack*, in Großkomm AktG, § 82 Rn. 26.

oder zugunsten anderer vernachlässigen soll.[708] Solche konkreten Anweisungen würden in unzulässigerweise in die Leitungsmacht des Vorstands eingreifen,[709] da sich der Vorstand nur noch als Exekutivorgan ohne unternehmerisches Entscheidungsermessen betätigen könnte.[710]

Der Umfang der einzelnen Geschäfte und Aktivitäten, die für die Leitung der Gesellschaft zur Erreichung des Unternehmenserfolgs erforderlich sind, geht also über den vom Unternehmensgegenstand abgegrenzten Bereich weit hinaus. Hierzu gehören neben den Geschäften, mit denen die konkreten Voraussetzungen der Tätigkeit im Bereich des Unternehmensgegenstands geschaffen werden (z.B die Errichtung der Produktionsanlagen, der Einkauf der Vorprodukte, der Erwerb und die Sicherung gewerblicher Schutzrechte sowie die Einstellung der Arbeitnehmer), vor allem die Organisation, Kapitalisierung und Finanzierung des Unternehmens sowie die Verbandsorganisation (Vorbereitung und Durchführung der Entscheidungs-, Informations- und Kommunikationsprozesse) und die Einordnung des Unternehmens in eine wirtschaftliche, soziale und politische Umwelt.[711]

c. *Grenze der Leitungsbefugnis des Vorstands: „Unternehmensgegenstand eigener Art“*

Die Kompetenz des Vorstands, den Unternehmenserfolg auch durch unternehmerische Maßnahmen zu fördern, die nicht ausdrücklich in der Satzung genannt sind bzw. die keinen spezifischen Bezug zum Unternehmensgegenstand aufweisen, ist allerdings nicht unbegrenzt. Der Vorstand ist nicht zu wirtschaftlichen Aktivitäten berechtigt, die für sich genommen als ein „Unternehmensgegenstand eigener Art“ zu qualifizieren wären.[712] Wann die Grenze zu einem „Unternehmensgegenstand eigener Art“ überschritten ist, lässt sich nicht immer mit letzter Sicherheit sagen. Hier gilt es, eine Grenzlinie zu finden zwischen den Aktivitäten, die nicht unmittelbar und spezifisch den gewerblichen Tätigkeitsbereich des Unternehmens betreffen, die aber der Verwirklichung der maßgeblichen unternehmerischen Zielsetzungen des Vorstands im Rahmen der erwerbswirtschaftlichen Ausrichtung der Gesellschaft auf der Basis des vorgegebenen Unternehmensgegen-

---

708 *Mertens*, in KölnKomm AktG, § 82 Rn. 21; *Röhricht*, in Großkomm AktG, § 23 Rn. 85.

709 *Mertens*, in KölnKomm AktG, § 82 Rn. 21; *Röhricht*, in Großkomm AktG, § 23 Rn. 85; *Pentz*, in MünchKomm AktG, § 23 Rn. 78.

710 *Pentz*, in MünchKomm AktG, § 23 Rn. 78; *Röhricht*, in Großkomm AktG, § 23 Rn. 84, 85; *Schön*, ZGR 1996, 429, 436 ff.

711 *Mertens*, in KölnKomm AktG, § 82 Rn. 15, 16.

712 *Mertens*, in KölnKomm AktG, § 82 Rn. 17.

stands dienen und daher von der Leitungsbefugnis des Vorstands umfasst sind, und solchen Aktivitäten, die über die Schaffung der allgemeinen und spezifischen Voraussetzungen zur Erreichung des vorgegebenen Unternehmensgegenstands und über die finanzwirtschaftliche Optimierung des daraus erwarteten Gewinns hinaus einen neuen gewerblichen Tätigkeitsbereich begründen, der nicht mehr von der Leitungsbefugnis des Vorstands erfasst ist. Dass diese Grenzlinie oft gerade bei finanzwirtschaftlichen Aktivitäten eines Industrie- und Handelsunternehmens schwierig zu bestimmen sein wird, ist schon seit längerem anerkannt.[713] Umso mehr gilt dies für finanzwirtschaftliche Aktivitäten mit Derivaten, die – wenn sie nicht ausdrücklich in der Satzung genannt sind – praktisch nie unmittelbar und spezifisch den gewerblichen Tätigkeitsbereich eines Industrie- und Handelsunternehmens betreffen. Hier zu versuchen, eine Grenzlinie zu finden zwischen Geschäften mit Derivaten, die noch vom Unternehmensgegenstand erfasst sind und daher in die Entscheidungskompetenz des Vorstands fallen, und solchen, die als „Unternehmensgegenstand eigener Art" nicht mehr von der Kompetenz des Vorstands gedeckt sind, ist Aufgabe der nächsten Abschnitte.

§ 13 Unternehmensgegenstand als Schranke und Vorgabe für die Entscheidung des Vorstands über den Einsatz von Derivaten

Das dargestellte Verhältnis der Kompetenzen des Vorstands zur Leitung der Aktiengesellschaft und der Zuständigkeit der Hauptversammlung für die Festlegung des Unternehmensgegenstands in der Satzung spielt für die Antwort auf die Frage eine Rolle, wer in einem Unternehmen die Entscheidung zu treffen hat, ob Derivate eingesetzt werden sollen. Es kommt nämlich darauf an, ob die Entscheidung, Derivate im Unternehmen einzusetzen, in die Kompetenz des Vorstands fällt oder in die Entscheidungskompetenz der Hauptversammlung, weil es etwa um eine Ausweitung des Unternehmensgegenstands geht.

Eine derartige Fragestellung ist, soweit ersichtlich, bisher in der Rechtssprechung nicht behandelt worden. Der BGH hatte sich allerdings, zwar nicht im Zusammenhang mit Kompetenzfragen des Vorstands, wohl aber im Zusammenhang mit Schadenersatzansprüchen von Genussrechtsinhabern gegen eine Kommanditgesellschaft auf Aktien, mit Spekulationsgeschäften dieser Gesellschaft zu beschäftigen; er hat dabei erstmals in der höchstrichterlichen Rechtsprechung die Frage nach der Rechtspflicht einer Gesellschaft gegenüber ihren Gläubigern auf Einhaltung ihres statutarischen Unternehmensgegenstands aufgeworfen.[714] Das

713 *Mertens*, in KölnKomm AktG, § 82 Rn. 17.
714 *Lutter*, ZGR 1993, 291, 300.

Klöckner-Urteil des BGH vom 5. Oktober 1992 liefert, auch wenn es primär andere Fragestellungen zu behandeln hatte, einige Hinweise für die hier zu untersuchenden Themen. Das Urteil wird daher zunächst vorgestellt.

I. Die Klöckner-*Entscheidung des BGH*[715]

1. Der zugrundeliegende Sachverhalt

Die Klöckner & Co. KGaA hatte Genussscheine im Nennbetrag von 135 Mio. DM ausgegeben mit einer Reihe von Bedingungen u.a. bezüglich einer etwaigen Herabsetzung des Grundbetrages des Genusskapitals. Im Jahre 1988 erlitt die Gesellschaft infolge fehlgeschlagener Öl-Termingeschäfte sehr hohe Verluste. Nach Auflösung aller Rücklagen beschloss die Hauptversammlung zur Deckung der verbleibenden Verluste eine Herabsetzung ihres Grundkapitals um 270 Mio. DM. Das wirkte sich nach den Genussscheinbedingungen zu 50% auf die Genussrechte aus. Die Hauptversammlung erklärte diese darum – da ihr gesamter Nominalwert bis auf einen Rest von DM 100 verbraucht war – für erloschen. In der Folgezeit erwiesen sich die Verluste jedoch als geringer als zunächst angenommen. Daher bot die Gesellschaft (ehemaligen) Genussrechtsinhabern eine Abfindung von DM 112 pro nom. DM 100 Genussrechte an. Dieses Angebot haben die meisten (ehemaligen) Genussrechtsinhaber angenommen. Der Kläger des Verfahrens in der Klöckner-Entscheidung war hingegen der Auffassung, dass die Genussrechte nicht erloschen seien. Er machte Schadenersatzansprüche gegen die Gesellschaft geltend, mit denen nach seiner Ansicht die Genussrechte wieder aufzufüllen waren.[716] Der BGH hat u.a. Schadenersatzansprüche der Genussrechtsinhaber gegen die Gesellschaft dem Grunde nach anerkannt.

2. Die Entscheidung

Die Entscheidung des BGH ist in mehrfacher Hinsicht bemerkenswert. So leistet sie einen erheblichen Beitrag zur Fortentwicklung des Rechts der Genussscheine.[717] Dies soll hier aber außer Betracht bleiben. Für die vorliegende Arbeit bedeutsam sind allein die Ausführungen des BGH zur Prüfung der Pflichtwidrigkeit von Spekulationsgeschäften mit Öltermingeschäften durch die Gesellschaft, die eine Voraussetzung für einen Schadenersatzanspruch der Genussscheinsinhaber gegen die Gesellschaft darstellt.

---

715 BGH Urteil vom 5. Oktober 1992, BGHZ 119, 305-334.
716 *Lutter*, ZGR 1993, 291, 292.
717 *Claussen*, AG 1993, 132; *Lutter*, ZGR 1993, 291, 292, 300.

Der BGH stellt in Leitsatz 5 der Entscheidung fest, dass „die Gesellschaft aufgrund des Genussrechtsvertrages in gewissem Umfang die Pflicht trifft, für die Erhaltung und den Schutz der Genussrechte (des Genussrechtskapitals) zu sorgen. Verletzt sie diese Pflicht durch eine Geschäftstätigkeit, die dem in der Satzung festgelegten Unternehmensgegenstand nicht entspricht oder die kaufmännisch schlechthin unseriös und verantwortungslos ist, haftet sie dem Genussrechtsinhaber auf Schadenersatz." Der BGH bejaht in diesem Teil der Klöckner-Entscheidung entgegen der älteren Rechtsprechung das Bestehen einer Anspruchsgrundlage auf Schadenersatz aus positiver Vertragsverletzung von Genussrechtsinhabern gegen ihre Gesellschaft.[718] Die für einen Schadenersatzanspruch erforderliche Pflichtverletzung eines Organs der Gesellschaft sieht der BGH darin, dass die Herabsetzung des Grundkapitals der KGaA, die zu einer entsprechenden Herabsetzung des Genusskapitals und damit zu einem Erlöschen der Genussrechte führte, durch Verluste erforderlich geworden war, die durch Spekulationsgeschäfte auf dem Rohölmarkt entstanden waren. Für die Bejahung eines Schadenersatzanspruchs werde das Berufungsgericht, laut BGH, zu prüfen haben, ob derartige Spekulationsgeschäfte auf dem Rohölmarkt noch zu dem Gegenstand des Unternehmens gerechnet werden können, wie ihn die Satzung der KGaA umschreibt. Sollten sie mit der Satzung vereinbar sein, werde es weiter prüfen müssen, ob solche Geschäfte von einem seriösen Kaufmann schlechterdings noch verantwortet werden können.

Die Klöckner-Entscheidung hat mit der hier zu verfolgenden Frage nach der Entscheidungskompetenz des Vorstands einer Aktiengesellschaft hinsichtlich des Einsatzes von Derivaten im Grunde nichts zu tun. Im Klöckner-Urteil geht es um Fragen der Haftung einer Gesellschaft, die sich das Handeln ihrer Organe gemäß § 31 BGB zurechnen lassen muss, gegenüber Dritten für Überschreiten des satzungsmäßigen Unternehmensgegenstands und pflichtwidriges Handeln. Es geht um die Haftung der Gesellschaft im Außenverhältnis. Die hier untersuchte Frage nach der Entscheidungskompetenz des Vorstands richtet sich dagegen auf eine eventuelle Haftung des Vorstands auf Schadenersatz gegenüber der Gesellschaft im Innenverhältnis gemäß § 93 Abs. 2 AktG. Denn ein Überschreiten der Kompetenzen, beispielsweise durch ein Handeln des Vorstands außerhalb des satzungsmäßigen Unternehmensgegenstands, begründet eine Pflichtverletzung im Sinne des § 93 Abs. 1 AktG.[719] Die Pflichten der Gesellschaft gegenüber Dritten im Außenverhältnis und die Pflichten des Vorstands gegenüber der Gesellschaft im Innenverhältnis sind dabei durchaus nicht identisch.[720]

---

718 BGHZ 119, 305, 331.

719 *Pentz*, in MünchKomm AktG, § 23 Rn. 86; *Hüffer*, AktG, § 82 Rn. 9 f., 14.

720 *Lutter*, ZGR 1993, 291, 301.

Dennoch ist die Klöckner-Entscheidung für die hiesigen Zwecke von Relevanz. Denn so verschieden der Pflichtenumfang der Gesellschaft und ihrer Organe auch sein mag, sind doch alle Beteiligten auf Einhaltung des Gesetzes und der Satzung, und damit auf die Einhaltung des Unternehmensgegenstands, verpflichtet.[721] Was der BGH also im Klöckner-Urteil dem Berufungsgericht als Prüfungsschritte für einen Schadensersatzanspruch gegen die Gesellschaft vorgibt, hat durchaus auch für die hier interessierende Frage nach den Kompetenzen des Vorstands Bedeutung. Der BGH verlangt zunächst die Prüfung, ob Spekulationsgeschäfte auf dem Rohölmarkt noch zu dem Gegenstand des Unternehmens gerechnet werden können, wie ihn die Satzung umschreibt. Dies entspricht der hier zu untersuchenden Frage, ob die Entscheidung über den Einsatz von Derivaten in einem Industrie- und Handelsunternehmen noch von dessen Unternehmensgegenstand gedeckt ist und somit in die Entscheidungskompetenz des Vorstands fällt. Sind derartige Geschäfte mit der Satzung vereinbar, sei weiter zu prüfen, ob sie von einem seriösen Kaufmann schlechterdings noch verantwortet werden können. Dieser zweite Prüfungsschritt weist auf die Frage der Pflichtmäßigkeit von Derivategeschäften durch den Vorstand und der Grenzen seines Ermessens diesbezüglich hin.

Während im folgenden entsprechend der Prüfungsreihenfolge in der Klöckner-Entscheidung die Frage nach der Vereinbarkeit von Derivategeschäften mit dem Unternehmensgegenstand untersucht wird, wird dem zweiten Prüfungsschritt, nämlich der Frage nach der Pflichtmäßigkeit von Derivategeschäften und den Grenzen des Ermessens des Vorstands, im Fünften Kapitel nachgegangen.

II. Ausdrückliche Bestimmung des Einsatzes von Derivaten in der Satzung

Ausgangspunkt für die Bestimmung der Kompetenz des Vorstands ist, wie das *Klöckner*-Urteil bestätigt, die Satzung der Gesellschaft. Keine Probleme bereitet die Beantwortung der eingangs aufgeworfenen Frage nach der Entscheidungskompetenz des Vorstands oder der Hauptversammlung, wenn der Unternehmensgegenstand der Satzung den Einsatz von Derivaten ausdrücklich erwähnt, insbesondere wenn auch der Zweck des Derivateeinsatzes explizit bestimmt ist. Die Entscheidung für einen Einsatz von Derivaten im Unternehmen und die Entscheidung für einen bestimmten Zweck lässt sich praktisch nicht trennen. Wenn der Einsatz von Derivaten und sein Zweck als Teil des Unternehmensgegenstands in der Satzung festgelegt sind, hat der Vorstand die Kompetenz und gleichzeitig auch die Vorgabe, den Einsatz von Derivaten durchzuführen. Ein in der Weise

721 *Lutter*, ZGR 1993, 291, 300.

eindeutig formulierter Unternehmensgegenstand stellt jedoch in der Praxis die Ausnahme dar.

III. Keine ausdrückliche Bestimmung in der Satzung – Auslegung des Unternehmensgegenstands

Wird der Einsatz von Derivaten nicht ausdrücklich als Tätigkeitsgebiet der Aktiengesellschaft in der Satzung erwähnt oder fehlt die Angabe des Zwecks des Derivateeinsatzes, so ist anhand anerkannter Auslegungsregeln zu klären, ob dem in der Satzung formulierten Unternehmensgegenstand der Gesellschaft nicht dennoch etwas für den Derivateeinsatz zu entnehmen ist.[722] Nach herrschender Ansicht ist die Bestimmung des Unternehmensgegenstands als körperschaftlicher Satzungsbestandteil, d.h. als Satzungsbestimmung, die auch für künftige Gesellschafter und Dritte von Bedeutung ist, ähnlich einer gesetzlichen Norm objektiv auszulegen[723], weil sie dem Formzwang der §§ 23 Abs. 1, 39 Abs. 1 AktG unterliegt und sich an einen unbestimmten Adressatenkreis richtet.[724] Nach dem Grundsatz der objektiven Auslegung darf zur Auslegung einer Satzungsbestimmung nur auf deren Wortlaut, deren Zweck, den jeweiligen Regelungskontext und gegebenenfalls auf zum Handelsregister eingereichte und somit allgemein zugängliche Unterlagen zurückgegriffen werden.[725] Der Wille der Gründer und ihre für Dritte nicht erkennbaren Vorstellungen sind für die Auslegung ebenso unbeachtlich wie die Entstehungsgeschichte der Satzung, sofern sie sich nicht aus dem Inhalt der öffentlich zugänglichen Registerakten erschließen.[726] Im Gegensatz dazu gelten für nicht korporative Bestandteile der Satzung, d.h. individualrechtliche Regelungen, die allgemeinen Regeln der Vertragsauslegung gemäß §§ 133, 157 BGB.

Hat man anhand objektiver Kriterien bestimmt, was nach der Satzung der Unternehmensgegenstand der Gesellschaft ist, ist in einem weiteren Schritt zu prüfen, ob sich der Einsatz von Derivaten (eventuell unter Berücksichtigung des geplanten Einsatzzwecks) unter den solchermaßen spezifizierten Gegendstand der Gesellschaft subsumieren lässt oder nicht. Eine solche Subsumtion kann nicht generell vorgenommen werden, sondern immer nur im Hinblick auf die konkrete

---

722 *Habersack*, in Großkomm AktG, § 82 Rn. 24.

723 *Pentz*, in MünchKomm AktG, § 23 Rn. 49; *Tieves*, Der Unternehmensgegenstand der Kapitalgesellschaft, S. 194 ff.

724 BGHZ 14, 25, 35; BGHZ 116, 359, 364; BGHZ 123, 347, 350.

725 BGHZ 116, 359, 366; *Tieves*, Der Unternehmensgegenstand der Kapitalgesellschaft, S. 195. vgl. *ders.*, S. 195 ff. ausführlich zu weiteren möglichen Auslegungsregeln.

726 BGHZ 96, 245, 250; *Wiesner*, in MünchHdb AktR, § 6 Rn. 4; *Eckhardt*, in Geßler/Hefermehl, § 23 Rn. 37.

Formulierung eines Unternehmensgegenstands und den konkret geplanten Derivateeinsatz.

IV. Einsatz von Derivaten im Unternehmen – grundsätzlich „Unternehmensgegenstand eigener Art"?

Abstrakt lässt sich an die Frage nur aus einer anderen Perspektive herangehen. Zu überlegen ist, ob der Einsatz von Derivaten, wenn er nicht ausdrücklich in der Satzung genannt ist, in einem Industrie- und Handelsunternehmen möglicherweise unabhängig von der Auslegung der Satzung grundsätzlich immer als „Unternehmensgegenstand eigener Art" zu werten ist und daher nicht in die Leitungskompetenz des Vorstands fällt.

1. Geschäfte mit Derivaten als Bankgeschäfte im Sinne des KWG

Der Gedanke liegt nahe, weil es sich bei der Anschaffung und Veräußerung von Derivaten um Bankgeschäfte im Sinne des § 1 Abs. 1 Nr. 4, Nr. 10 i.V.m Abs. 11 Satz 1 KWG handelt, die typischerweise zum Tätigkeitsbereich eines Kreditinstituts gehören, nicht aber zu dem eines Industrie- und Handelsunternehmens.[727] Ein Industrie- und Handelsunternehmen, dessen Gegenstand beispielsweise „die Herstellung und der Vertrieb von Beförderungsmitteln, insbesondere Kraftfahrzeugen, krafterzeugenden Maschinen und ähnlichen mechanischen Vorrichtungen, von Erzeugnissen ähnlicher Art" ist oder „die Herstellung und der Vertrieb von Anlagen", hat in seinem Tätigkeitsbereich mit Bankgeschäften eigentlich nichts zu tun.[728] Aktivitäten in Derivaten bedeuten für Industrie- und Handelsunternehmen daher ein Handeln außerhalb des formulierten Unternehmensgegenstands, d.h. grundsätzlich ein Agieren auf dem Feld eines „Unternehmensgegenstands eigener Art".

Diese Einordnung wird gestützt durch eine Parallele in einer spezialgesetzlichen Regelung für Versicherungsunternehmen. § 7 Abs. 2 Versicherungsaufsichtsgesetz (VAG) bestimmt in Satz 1, dass Versicherungsunternehmen neben

727 *Tieves*, Der Unternehmensgegenstand der Kapitalgesellschaft, S. 210.
728 So auch *Hellwig/de Lousanoff*, FS für Stiefel, S. 323 mit dem Beispiel eines Unternehmens, das eine Bohranlage zur Förderung von Erdöl liefert, als Gegenleistung statt Geld das mit der Anlage zu fördernde Öl erhält und das sich so ergebende Ölpreisrisiko durch Terminverkäufe auf Erdöl absichert. Obwohl diese Termingeschäfte Sicherungscharakter haben, liegen sie nach Ansicht von *Hellwig/de Lousanoff* doch außerhalb des eigentlichen Unternehmensgegenstands des Anlagenbauers. Im übrigen ist für das gewerbsmäßige Betreiben von Bankgeschäften die Erlaubnis der BaFin erforderlich, § 32 Abs. 1 Satz 1 KWG.

Versicherungsgeschäften nur solche Geschäfte betreiben dürfen, die hiermit in unmittelbarem Zusammenhang stehen. Der Vorschrift ist also zu entnehmen, dass zum Unternehmensgegenstand eines Versicherungsunternehmens „Versicherungsgeschäfte" und „Geschäfte, die hiermit in unmittelbarem Zusammenhang stehen" gehören. Für Termingeschäfte und Geschäfte mit Optionen und ähnlichen Finanzinstrumenten (Derivate) bestimmt Satz 2 des Weiteren, dass „ein solcher Zusammenhang anzunehmen ist, wenn....". Hierauf folgen spezielle Voraussetzungen, wann ein solcher Zusammenhang gegeben ist. Auf diese wird weiter unten eingegangen. An dieser Stelle genügt das Teil-Zitat des Satzes 2 schon für die e contrario gewonnene Erkenntnis, dass Termingeschäfte, Geschäfte mit Optionen und ähnlichen Finanzinstrumenten, d.h. Geschäfte mit Derivaten grundsätzlich nicht zum eigentlichen Unternehmensgegenstand eines Versicherungsunternehmens gehören.[729] Sie stellen also im Grundsatz einen „Unternehmensgegenstand eigener Art" dar. Nur unter bestimmten Voraussetzungen, die weiter unten betrachtet werden, können derartige Derivategeschäfte zum Unternehmensgegenstand eines Versicherungsunternehmens gerechnet werden. Auch wenn es sich bei den Bestimmungen des VAG um Spezialvorschriften handelt, sind die dahinterstehenden Überlegungen aber möglicherweise auch für Industrie- und Handelsunternehmen heranzuziehen.

2. *Geschäfte mit Derivaten als Hilfsgeschäfte zur Verwirklichung des satzungsmäßigen Unternehmensgegenstands ?*

Auf der anderen Seite werden in allen Industrie- und Handelsunternehmen Geschäfte getätigt, wie beispielsweise die Aufnahme oder Vergabe von Darlehen oder Bürgschaften, die Anlage liquider Mittel etc.[730], die weitgehend auch zu den spezifischen Bankgeschäften zu rechnen sind. Sie werden als Hilfsgeschäfte zur Verwirklichung des Unternehmensgegenstands eines Industrie- und Handelsunternehmens angesehen und sollen ganz unbestritten in die Kompetenz des Vorstands fallen. Es gilt deswegen herauszufinden, ob der Einsatz von Derivaten schlechthin als „Unternehmensgegenstand eigener Art" einzuordnen ist oder ob er sich nicht im konkreten Einzelfall nur als notwendiger (Hilfs-)Bestandteil einer auf einen ganz anderen Unternehmensgegenstand gerichteten Tätigkeit darstellt.[731] Es geht dabei um die Ausarbeitung einer Grenzlinie zwischen einem der Verwirklichung eines spezifischen Unternehmensgegenstands dienenden Deriva-

---

729 So auch *Bähr*, in Fahr/Kaulbach, VAG, § 7 Rn. 9.
730 *Hommelhoff*, Die Konzernleitungspflicht, S. 48.
731 In Spezialgesetzen hat der Gesetzgeber den Einsatz von Derivaten dem Unternehmensgegenstand ausdrücklich hinzugerechnet. Vgl. dazu unten § 14I.3.

teeinsatzes und einem Einsatz von Derivaten, der über die Verwirklichung des Unternehmensgegenstands hinaus einen „Unternehmensgegenstand eigener Art“ darstellt.

Mit allgemeinen Kriterien für eine solche Grenzziehung haben sich Rechtsprechung und Literatur bisher nur vereinzelt befasst.[732] Angesichts der Verschiedenheit der Unternehmensgegenstände, ihrer Formulierung in den Satzungen und der in Betracht kommenden Pläne neuer Tätigkeiten lassen sich für diese Grenzziehung auch nur schwer allgemein anwendbare Regeln aufstellen.[733] Speziell für den Fall des Einsatzes von Derivaten kann jedoch als ein Kriterium für die Grenzziehung der Zweck herangezogen werden, zu dem der Einsatz von Derivaten im Unternehmen geplant ist. Die Beurteilung, ob der Einsatz von Derivaten der Verwirklichung des spezifischen Unternehmensgegenstands der Aktiengesellschaft dient oder nicht, hängt wesentlich davon ab, ob Derivate zu Zwecken des Hedging oder zur Spekulation verwendet werden. Aus diesem Grund wird die Frage, ob sich eine Kompetenz des Vorstands für den Einsatz von Derivaten aus deren Hilfsfunktion für den spezifischen Unternehmensgegenstand ergibt oder ob die Kompetenz des Vorstands fehlt, weil es sich bei dem Derivateeinsatz um einen „Unternehmensgegenstand eigener Art“ handelt, in den folgenden beiden Kapiteln nach dem Zweck des Einsatzes der Derivate getrennt untersucht.

§ 14 Entscheidung über das „Ob“ des Einsatzes von Derivaten zum Hedging – Kompetenz des Vorstands oder „Unternehmensgegenstand eigener Art“?

Ziel dieses Abschnitts ist es herauszufinden, ob der Einsatz von Derivaten, der sich, wie gerade gesehen, bei einem Industrie- und Handelsunternehmen grundsätzlich als „Unternehmensgegenstand eigener Art“ darstellt, dadurch, dass er zum Zweck des Hedging erfolgt, möglicherweise derart der Förderung des gewerblichen Tätigkeitsbereichs eines Industrie- und Handelsunternehmens dient, dass er als Hilfsbeitrag zur Umsetzung des Unternehmensgegenstands, wie ihn die Satzung bestimmt, anzusehen ist, der in die Entscheidungskompetenz des Vorstands fällt.

---

732 *Mertens*, in KölnKomm AktG, § 82 Rn. 18; *Tieves*, Der Unternehmensgegenstand der Kapitalgesellschaft, S. 210; *Zöllner*, Schranken der mitgliedschaftlichen Stimmrechtsmacht bei den privatrechtlichen Personenverbänden, S 330 Fn. 45.

733 *Brandner*, in FS Rowedder, S. 41, 45; *Tieves*, Der Unternehmensgegenstand der Kapitalgesellschaft, S. 210.

I. Allgemeine Kriterien der Abgrenzung

1. Grenzfälle satzungskonformer Tätigkeiten

In der Literatur sind auf der Suche nach allgemeinen Kriterien für die Abgrenzung Fallgruppen herausgearbeitet worden, bei denen davon auszugehen ist, dass die fragliche (Rand-) Tätigkeit –noch- der Erfüllung des Unternehmensgegenstands zuzurechnen und daher satzungskonform ist. Unterschieden wird zwischen Hilfs- oder Annexgeschäften[734], unternehmensgegenständlichen Geschäften kraft sachlichen Zusammenhangs[735] und unternehmensgegenständlichen Geschäften kraft Natur der Sache.[736]

Bei Hilfs- oder Annexgeschäften handelt es sich um Tätigkeiten, die notwendig der Verfolgung der satzungsmäßigen Haupttätigkeit dienen und dieser daher zwingend zuzurechnen sind.[737] Zu diesen Geschäften gehören in Industrie- und Handelsunternehmen beispielsweise alle Tätigkeiten, die dem Warenabsatz dienen, wie etwa die Unterhaltung einer Leasinggesellschaft durch einen Kraftfahrzeughersteller oder auch der Betrieb einer eigenen Werbeagentur.[738]

Geschäfte kraft Sachzusammenhangs sind Tätigkeiten, die mit der durch den Unternehmensgegenstand beschriebenen Tätigkeit in einem so engen sachlichen Zusammenhang stehen, dass sie als vom Unternehmensgegenstand mitumfasst angesehen werden müssen, um eine marktorientierte Abrundung der angebotenen Unternehmensleistung sicherzustellen.[739] Es handelt sich um verwandte Geschäfte, die sich auf an den Unternehmensgegenstand angrenzende Bereiche erstrecken[740], wie beispielsweise – wenn auch nicht unbedenklich – die Geschäftsaktivitäten von Banken in dem angrenzenden Geschäft mit Lebensversicherungen.[741]

Bei den Geschäften kraft Natur der Sache schließlich handelt es sich um Aktivitäten, die sich auf Erzeugnisse und Techniken beziehen, die im Rahmen der Tätigkeiten des Unternehmensgegenstands mitentwickelt wurden und profitabel auch auf Märkten außerhalb des eigentlichen Unternehmensgegenstandes eingesetzt werden können oder die aus Sicht der Abnehmer mitangeboten werden müs-

---

734 *Timm*, Die Aktiengesellschaft als Konzernspitze, S. 102; *Hommelhoff*, Die Konzernleitungspflicht, S. 48; *Mertens*, in KölnKomm AktG, § 82 Rn. 16, 18.

735 *Mertens*, in KölnKomm AktG, § 82 Rn. 18; so auch § 7 Abs. 2 Satz 2 VAG.

736 Einteilung nach *Säcker*, in FS für Lukes, S. 547, 550 f., übernommen von *Tieves*, Der Unternehmensgegenstand der Kapitalgesellschaft, S. 211.

737 *Tieves*, Der Unternehmensgegenstand der Kapitalgesellschaft, S. 211; *Mertens*, in KölnKomm AktG, § 82 Rn. 16.

738 *Tieves*, Der Unternehmensgegenstand der Kapitalgesellschaft, S. 212.

739 *Tieves*, Der Unternehmensgegenstand der Kapitalgesellschaft, S. 217.

740 *Säcker*, in FS Lukes, S. 547, 551.

741 *Tieves*, Der Unternehmensgegenstand der Kapitalgesellschaft, S. 217.

sen, damit das Unternehmen sich im Markt behaupten kann.[742] Als Beispiel kann hier etwa ein Unternehmen angeführt werden, dessen Gegenstand die Herstellung von Lebensmitteln ist, und das die von ihm speziell entwickelten Verpackungsmaschinen zur Senkung der eigenen Kosten auch Dritten anbietet.

2. *Rückgriff auf die Verkehrsanschauung*

So verlockend es auch erscheinen mag, eine Abgrenzung über die Bildung von Fallgruppen zu suchen, darf man doch nicht verkennen, dass es im konkreten Einzelfall schwierig sein kann zu entscheiden, ob eine bestimmte Tätigkeit unter eine dieser Fallgruppen subsumiert werden kann oder nicht. Hierzu bedarf es letztendlich einer Wertung. Als Maßstab hierfür wird im Allgemeinen die Verkehrsanschauung herangezogen.[743] Es kommt darauf an, welche Geschäfte nach der Auffassung des Rechts- und Handelsverkehrs entweder als Hilfs- oder Annexgeschäfte, als Geschäfte kraft sachlichen Zusammenhangs oder als Geschäfte kraft Natur der Sache noch als zum Unternehmensgegenstand gehörig betrachtet werden können. Für diese Einordnung sind insbesondere von *Mertens* gewisse Kriterien in Frageform aufgestellt worden:[744]

- Wie eng ist der wirtschaftliche Zusammenhang der Tätigkeit mit dem eigentlichen Unternehmensgegenstand?
- Wiegt die Tätigkeit nach Art, Umfang, unternehmerischen Anforderungen, Organisationserfordernissen, Ergebnissen und Risiken im Verhältnis zu denjenigen Aktivitäten, die dem satzungsmäßigen Unternehmensgegenstand gelten, so schwer, dass sie nicht mehr als Annex zu diesen Aktivitäten angesehen werden kann?
- Handelt es sich um auf Dauer geplante Aktivitäten, die sich zur Aufnahme in den Unternehmensgegenstand der Gesellschaft eignen?
- Wird der Charakter des Unternehmens im Sinne seiner Zugehörigkeit zu einem bestimmten Wirtschaftszweig für die interessierte Öffentlichkeit verfälscht, wenn eine von ihm ausgeübte Aktivität nicht als Teil des Unternehmensgegenstands erscheint?

Bei der Beantwortung dieser Fragen ist zu berücksichtigen, dass auch die Verkehrsanschauung Änderungen unterliegt[745], die bewirken können, dass eine Tätigkeit zu einem Zeitpunkt x als nicht mehr zum Unternehmensgegenstand gehörig angesehen wird, sie aber zu einem späteren Zeitpunkt y aufgrund einer Än-

---

742 *Säcker*, in FS Lukes, S. 547, 551.

743 *Mertens*, in KölnKomm AktG, § 82 Rn. 18.

744 *Mertens*, in KölnKomm AktG, § 82 Rn. 18.

745 *Tieves*, Der Unternehmensgegenstand der Kapitalgesellschaft, S. 209; *Schmidt*, in Prölss, VAG, § 7 Rn. 11, 15.

derung der allgemeinen Auffassung nun doch dem Unternehmensgegenstand zugerechnet wird. Die Wandelbarkeit der Verkehrsauffassung kann daher zur Erweiterung der Grenzen zulässiger Tätigkeiten führen.[746]

3. *Einordnung von Derivategeschäften zur Absicherung von Kurs- und Zinsänderungsrisiken nach VAG und Hypothekenbankgesetz*[747]

Dass und wie die Verkehrsauffassung sich in dieser Hinsicht ändern kann, zeigt der durch das Gesetz zur Änderung versicherungsrechtlicher Vorschriften vom 17.12.1990 (BGBl. I S. 2864) an § 7 Abs. 2 VAG angefügte Satz 2. Wie oben schon gesehen, dürfen Versicherungsunternehmen gemäß § 7 Abs. 2 Satz 1 VAG neben Versicherungsgeschäften nur solche Geschäfte betreiben, die hiermit in unmittelbarem Zusammenhang stehen. Bei Termingeschäften und Geschäften mit Optionen und ähnlichen Finanzinstrumenten (also Derivaten) ist gemäß Satz 2 ein solcher Zusammenhang gegeben, wenn sie der Absicherung gegen Kurs- oder Zinsänderungsrisiken bei vorhandenen Vermögenswerten dienen sollen.

Die Vorschrift macht deutlich, wie sich in einem Markt der sich dynamisch verändernden Finanzdienstleistungen die Verkehranschauung ändern kann. Aufgrund der rasanten Entwicklung immer neu auftretender derivativer Produkte und der damit einhergehenden Unsicherheit bei den Nutzern sah sich der Gesetzgeber veranlasst, speziell für Versicherungsunternehmen eine Klarstellung hinsichtlich des Einsatzes von Derivaten zu Zwecken der Absicherung von Kurs- und Zinsänderungsrisiken vorzunehmen.[748] Dies führt zu einer Erweiterung der Tätigkeiten, die den Versicherungsgeschäften zugerechnet werden können. Der Gesetzgeber wertet Derivategeschäfte, die dem Hedging dienen, so, dass sie in einem solch unmittelbaren Zusammenhang mit Versicherungsgeschäften stehen, dass sie dem Unternehmensgegenstand eines Versicherungsunternehmens zugerechnet werden können. Dabei ist die Unmittelbarkeit des Zusammenhangs nicht in zeitlicher oder örtlicher Hinsicht zu sehen, sondern setzt eine sachlich- wirtschaftliche Relation voraus.[749] Wollte man die Einordnung des Gesetzgebers im Rahmen des VAG in eine der oben beschriebenen Fallgruppen übertragen, so handelte es sich bei Derivategeschäften zu Hedgingzwecken in Versicherungsunternehmen um

746 *Tieves*, Der Unternehmensgegenstand der Kapitalgesellschaft, S. 209; *Schmidt*, in Prölss, VAG, § 7 Rn. 14.

747 Vgl. auch §§ 8d f. KAGG/§ 51 Abs. 1 InvestmentG vom 15.12.2003; § 6a BausparkassenG.

748 *Schmidt*, in Prölss, VAG, § 7 Rn. 11, 15, 17.

749 *Schmidt*, in Prölss, VAG, § 7 Rn. 15.

Geschäfte, die kraft Sachzusammenhangs zum Unternehmensgegenstand zu rechnen sind.[750]

Eine andere Einordnung von Derivategeschäften zu Zwecken des Hedging, allerdings mit gleichem Ergebnis, wird im Rahmen von § 5 des Hypothekenbankgesetzes vorgenommen. § 5 zählt eine Reihe von Geschäften auf, die als Neben- oder Hilfsgeschäfte bezeichnet werden und die von Hypothekenbanken neben ihrer angestammten Tätigkeit als Spezialinstitut nach § 1 (Beleihung von inländischen Grundstücken, Ausgabe von Hypothekenpfandbriefen und Darlehen) betrieben werden dürfen. Die dort aufgezählten Tätigkeiten sind also quasi kraft Gesetzes dem Unternehmensgegenstand von Hypothekenbanken zuzurechnen. Über die in § 5 Hypothekenbankgesetz beschriebenen Geschäfte hinaus gibt es aber noch weitere Hilfsgeschäfte, die sich im Zusammenhang mit der Ausführung der Haupt- und der zugelassenen Nebengeschäfte ergeben. Sie können aus praktischen Gründen nicht alle im Gesetz aufgezählt werden, können aber durchaus zulässig sein, wenn sie einem der Haupt- oder Nebengeschäfte dienen, das Risiko von Verlusten begrenzt ist und das so genannten Spezialinstitutsprinzip der Hypothekenbanken nicht aufgeweicht wird.[751]

Nach einhelliger Meinung handelt es sich bei Geschäften mit Derivaten, die zur Absicherung eingesetzt werden, um derartige Hilfsgeschäfte, die der angestammten Tätigkeit einer Hypothekenbank dienen.[752] Der Gesetzgeber ordnet im Rahmen des Hypothekenbankgesetzes Derivategeschäfte zu Hedgingzwecken nun also nicht als Geschäfte kraft Sachzusammenhangs ein, sondern wertet sie als Hilfsgeschäfte. Im Ergebnis spielt diese unterschiedliche Wertung aber kein Rolle. Auch hier werden Derivategeschäfte zu Zwecken des Hedging noch dem Unternehmensgegenstand zugerechnet.

II. Anwendung der Grundsätze auf den Einsatz von Derivaten zur Sicherung von Marktpreisrisiken aus Grundgeschäften in Industrie- und Handelsunternehmen

Die dargestellten Grundsätze sollen nun auf den Einsatz von Derivaten zur Sicherung von Marktpreisrisiken aus Grundgeschäften in Industrie- und Handelsunternehmen angewandt werden.

---

750 *Bähr*, in Fahr/Kaulbach, VAG, § 7 Rn. 11 bezeichnet sie als Hilfsgeschäfte.

751 *Bellinger/Kerl*, Hypothekenbankgesetz, § 5 Rn. 8, 11, 13.

752 *Bellinger/Kerl*, Hypothekenbankgesetz, § 5 Rn. 18. Siehe die Paralleleinordnung bei § 6a Bausparkassengesetz (BSpKG).

1. Zur Erinnerung: Hedging mit Derivaten im Unternehmen

Im ersten Teil der Arbeit wurde ausgeführt[753], dass Derivate in Unternehmen überwiegend zur Sicherung von Marktpreisrisiken aus Grundgeschäften (Hedging) eingesetzt werden. Am weitesten verbreitet ist dabei wiederum der Einsatz zur Sicherung von Wechselkursrisiken aus Fremdwährungsforderungen und von Zinsrisiken aus Zinsverbindlichkeiten/-forderungen (Grundgeschäft). Je nachdem, welche Hedging-Strategie genutzt wird, ist es Ziel des Einsatzes von Derivaten zu Hedging-Zwecken, Fremdwährungsforderungen bzw. Zinsverbindlichkeiten/-forderungen (Grundgeschäfte) vor unerwarteten Veränderungen der Wechselkurse bzw. Zinsen zu schützen. Dies geschieht, indem je nach Wahl des eingesetzten Derivats entweder der Wert der Fremdwährungsforderung bzw. des Kreditgeschäfts auf den Abschlusstag „festgezurrt" wird (Derivat in Form eines Festgeschäfts) oder aber der Wert des Grundgeschäfts vor Kurs-/Zinsveränderungen „nach unten", d.h. vor Verlusten, gesichert wird, die Chance auf steigende Kurse/Zinsen aber gewahrt bleibt (Derivat in Form einer Option). Für das Unternehmen hat die Kurs-/Zinssicherung den Vorteil, mögliche Wertverluste der Grundgeschäfte aufgrund sinkender Kurse/Zinsen zu vermeiden und damit die Marktpreisrisiken im Unternehmen zu senken, unter Umständen sogar unter Wahrung von Chancen auf Kurs-/Zinsgewinne. Um aus betriebswirtschaftlicher Sicht zu sprechen: Der Einsatz von Derivaten dient der Sicherung von Marktpreisrisiken in der Phase der Risikosteuerung im Rahmen des unternehmerischen Risikomanagementprozesses.

2. Hedging mit Derivaten als Hilfsgeschäft

Der Einsatz von Derivaten zum Hedging hat also eine ganz bestimmte Funktion im Unternehmen. Hedging dient der Sicherung des Unternehmens vor Marktpreisrisiken. Dies geschieht dadurch, dass durch den Einsatz von Derivaten, die die Risiken eines Grundgeschäftes soweit wie möglich kompensieren, Wertverluste vermieden werden, die aufgrund von Veränderungen und Volatilitäten der Wechselkurse, Zinssätze, Rohstoff- oder Aktienpreise, auftreten können[754] und die, unabhängig von dem Erfolg der gewerblichen Tätigkeit, wie ihn der Unternehmensgegenstand bestimmt, das Ergebnis des Unternehmens erheblich (negativ) beeinflussen können.[755] Marktpreisrisiken bestehen in jedem Unternehmen, das Zahlungsströmen ausgesetzt ist, also in jedem erwerbswirtschaftlich tätigen

753 Vgl. 3. Kapitel, § 9II.2.a. und § 9II.2.b.
754 Näher hierzu vgl. oben 2. Kapitel, § 6I. und 3. Kapitel, § 9II.2.a.
755 Näher hierzu vgl. oben 3. Kapitel, § 9II.1.

Industrie- und Handelsunternehmen. So unterliegt beispielsweise ein Unternehmen, dessen Gegenstand

> „die Herstellung und der Vertrieb von Beförderungsmitteln, insbesondere Kraftfahrzeugen, von Teilen, Bestandteilen und Zubehör von Beförderungsmitteln, von krafterzeugenden Maschinen und ähnlichen mechanischen Vorrichtungen, von für Haushaltungen und Landwirtschaft bestimmten maschinellen Einrichtungen, von Erzeugnissen ähnlicher Art...“

ist[756], aufgrund dieser wirtschaftlichen Tätigkeit verschiedensten finanziellen Risiken, beispielsweise durch Bestehen von Fremdwährungsforderungen aus dem Verkauf von Kfz ins Ausland oder durch Aufnahme von Verbindlichkeiten in einer Fremdwährung, durch Bestehen von Zinsverbindlichkeiten aus aufgenommenen Krediten. All diese finanziellen Risiken können erheblichen Einfluss auf das Ergebnis haben, das sich das Unternehmen aus der Herstellung und dem Vertrieb von Kraftfahrzeugen erwartet. Indem Hedging mit Derivaten eine Sicherung des Unternehmens vor Marktpreisrisiken ermöglicht, steht es in einem engen wirtschaftlichen Zusammenhang zur gewerblichen Tätigkeit des Unternehmensgegenstands und trägt so zur Förderung dieser gewerblichen Tätigkeit bei. Der Abschluss von Derivaten zur Verminderung von Zins- oder Währungsrisiken durch ein Industrie- und Handelsunternehmen ist nicht anders zu beurteilen, als etwa der Abschluss einer Feuerversicherung für ein dem Unternehmen gehörendes Grundstück.[757] Es handelt sich um eine Maßnahme der Risikosteuerung, die der Förderung und Unterstützung der gewerblichen Tätigkeit, wie sie im Unternehmensgegenstand eines Industrie- und Handelsunternehmens festgelegt ist, dient. Alles in allem ist daher der Einsatz von Derivaten zu Zwecken des Hedging als Hilfsgeschäft dem Unternehmensgegenstand eines Industrie- und Handelsunternehmens zuzurechnen. Die Entscheidung über das „Ob“ des Einsatzes von Derivaten zur Sicherung von Marktpreisrisiken aus Grundgeschäften (Hedging mit Derivaten) fällt daher in die Kompetenz des Vorstands.

III. Grenze der Kompetenz des Vorstands beim Einsatz von Derivaten zu Zwecken des Hedging – Grenze der Unternehmensgegenstandskonformität

Fraglich ist allerdings, ob das gerade gefundene Ergebnis, dass nämlich der Einsatz von Derivaten zu Zwecken des Hedging als Hilfsgeschäft dem Unternehmensgegenstand eines Industrie- und Handelsunternehmens zuzurechnen ist und

756 So die Gegenstandsbestimmung der Adam Opel AG, zitiert bei *Tieves*, Der Unternehmensgegenstand der Kapitalgesellschaft, S. 210.

757 So für das Beispiel des Versicherungsunternehmens *Bähr*, in Fahr/Kaulbach, VAG, § 7 Rn. 11.

daher in die Entscheidungskompetenz des Vorstands fällt, unbegrenzt gilt. Die Kompetenz des Vorstands endet nämlich dann, wenn sein Handeln, also hier der Einsatz von Derivaten zum Hedging, nicht mehr als Hilfsgeschäft vom Unternehmensgegenstand gedeckt ist.

1. Die Grenzziehung in der rechtswissenschaftlichen Literatur

In der Literatur wird davon ausgegangen, dass Hilfsgeschäfte nur so lange dem Unternehmensgegenstand zugerechnet werden können, wie sie ihren dienenden bzw. untergeordneten Charakter bewahren.[758] Anders ausgedrückt: Die Grenzen der Satzungskonformität von Hilfsgeschäften sollen dann erreicht sein, wenn aufgrund des Umfangs der Geschäfte, der unternehmerischen Anforderungen an die Unternehmensführung und des Verhältnisses der mit der Hilfstätigkeit verbundenen Risiken und Erträge zum Gesamtrisiko bzw. Gesamtertrag nicht mehr von einer untergeordneten Tätigkeit gesprochen werden, der Rechtsverkehr vielmehr eine gesonderte Erwähnung dieser Tätigkeit als eigenen Unternehmensgegenstand in der Satzung erwarten kann.[759] Als Beispiel für ein derartiges Überschreiten der Grenzen wird ein Unternehmen genannt, das Handel mit Öl betreibt und dessen Termingeschäfte auf Öl eine solche Dimension annehmen, dass eine Schieflage in diesem Bereich massive Auswirkungen auf die wirtschaftliche Lage des Gesamtunternehmens haben kann.[760]

Interessant an dieser Grenzziehung ist, dass die Literatur die Frage, wann ein Hilfsgeschäft aus dem Unternehmensgegenstand eines Industrie- und Handelsunternehmens herausfällt, nicht an der Art der Tätigkeit festmacht, sondern an quantitativen Kriterien wie dem Umfang der Geschäfte oder dem Verhältnis von Risiken und Erträgen zum Gesamtrisiko/-ertrag bzw. dem Schwierigkeitsgrad der Tätigkeit (Anforderungen an die Unternehmensführung). Ein und dieselbe Tätigkeit kann danach also dem Unternehmensgegenstand zugerechnet werden, wenn sie in einem angemessenen Umfang vorgenommen wird bzw. einen gewissen Schwierigkeitsgrad nicht überschreitet; werden aber bestimmte Größen überschritten, soll genau die gleiche Tätigkeit aus dem Unternehmensgegenstand herausfallen.

Bei der Grenzziehung der Literatur kann man sich des Eindrucks nicht erwehren, dass hier mit zweierlei Maß gemessen wird bzw. unterschiedliche Dinge miteinander verglichen werden. Ob eine Tätigkeit als Hilfstätigkeit noch zum Unter-

758 *Mertens*, in KölnKomm AktG, § 82 Rn. 18; *Tieves*, Der Unternehmensgegenstand der Kapitalgesellschaft, S. 213.
759 *Mertens*, in KölnKomm AktG, § 82 Rn. 18; *Tieves*, Der Unternehmensgegenstand der Kapitalgesellschaft, S. 213; *Zöllner*, in KölnKomm AktG, § 179 Rn. 119.
760 *Tieves*, Der Unternehmensgegenstand der Kapitalgesellschaft, S. 214.

nehmensgegenstand gehört, ist eine Frage der Art dieser Tätigkeit. Können gewisse Geschäfte von ihrer Art her als Hilfsgeschäfte charakterisiert werden, dann sind sie dem Unternehmensgegenstand zuzurechnen. Können sie von ihren Eigenschaften und Funktionen her nicht als Hilfsgeschäfte eingeordnet werden, gehören sie nicht zum Unternehmensgegenstand. Die Frage, ob mit diesen Geschäften ein gewisser Umfang bzw. ein Volumen oder ein Schwierigkeitsgrad überschritten wird, der für das Unternehmen gefährlich werden kann, ist keine Frage des Unternehmensgegenstands, der ja die Art der Tätigkeit der Gesellschaft abgrenzt.[761] Bei der Größenordnung der Geschäfte und ihrer möglichen Folgen handelt es sich vielmehr um Probleme der inhaltlichen Gestaltung der Hilfsmaßnahmen, der Wahl der Strategien etc., kurz des „Wie" der Hilfstätigkeit. Und dies sind genaugenommen Fragen der sorgfältigen Geschäftsleitung bzw. der ordnungsgemäßen Ausübung seines Ermessens durch den Vorstand.

Es drängt sich daher der Gedanke auf, dass die Frage nach den Grenzen des Einsatzes von Derivaten zu Zwecken des Hedging als Hilfsgeschäfte nicht abschließend auf der Ebene des Unternehmensgegenstands beantwortet, sondern maßgeblich erst auf der Ebene der Sorgfaltspflichten des Vorstands und der Grenzen seines Ermessens entschieden werden kann. Diese werden im Fünften Kapitel behandelt. Auf der Ebene des Unternehmensgegenstands kann abschließend nur über die Kompetenz des Vorstands entschieden werden. Relevantes Kriterium für die Grenzen der Kompetenz des Vorstands ist allein die Art der Tätigkeit, d.h. hier speziell das Hedging mit Derivaten. Hedging mit Derivaten ist eine Tätigkeit, die von ihrer Art her als Hilfstätigkeit zu dem Unternehmensgegenstand eines Industrie- und Handelsunternehmens eingeordnet werden kann. Um sich dies klar vor Augen zu führen, wird im Folgenden auf die Funktionsweise und die Möglichkeiten des Hedging noch einmal eingegangen.

2. Die Art der Tätigkeit als Grenze

a. Einzelgeschäftsbezogenes Hedging

Zweck des Hedging ist immer die Sicherung eines Grundgeschäfts vor Preisrisiken und nicht die zusätzliche Gewinnerzielung. Hierbei werden zu bestimmten Grundgeschäften geeignete Derivate gewählt, die das Risiko des Grundgeschäfts so gut wie möglich kompensieren. Im besten Fall findet sich ein Derivat, dessen Risiko dem Risiko des Grundgeschäfts genau entgegengesetzt ist und das somit

---

761 So auch *Claussen*, AG 1993, 132, 134, allerdings bezüglich der Spekulation, hierzu vgl. unten § 15III.

die Risiken des Grundgeschäfts eliminiert.[762] Erreicht wird ein solches Ergebnis nur mit einer einzelgeschäftsbezogenen Hedging-Strategie, bei der jedem einzelnen Grundgeschäft ein genau passendes einzelnes Derivat gegenübersteht. Wählt ein Unternehmen ausschließlich einzelgeschäftsbezogene Hedging-Strategien mit Derivaten, dann stellt sich der Einsatz der Derivate von seiner Art her immer als Hilfsgeschäft dar, das sich im Rahmen des Unternehmensgegenstands hält.

Die „offenen Spitzen“, die dadurch entstehen können, dass nicht genau das Derivat gefunden werden kann, das das Risiko des Grundgeschäfts vollkommen eliminiert, und die den Hedginggeschäften für ihren Bereich einen spekulativen und damit vom Hilfsgeschäft abweichenden Charakter geben könnten, führen nicht zu dem Ergebnis, dass dadurch die Grenzen des Unternehmensgegenstands überschritten würden. Denn es ist das Wesen des einzelgeschäftsbezogenen Hedging, das aus einer Preis-Leistungs-Sicht am besten passende Derivat zu finden und somit die etwaigen „offenen Spitzen“ so gering wie möglich zu halten. Dies gilt auch für das einzelgeschäftsbezogene Hedging mit Optionen, bei dem durch die Möglichkeit des Nichtausübens der Option die Chance auf die Mitnahme von Kurs-/Zinsgewinnen verbleibt. Denn auch beim Hedging mit Optionen sind die Verlustrisiken nach unten begrenzt. Es entstehen bei der Absicherung mit Optionen also grundsätzlich keine offenen Positionen. Aus diesen Gründen ist einzelgeschäftsbezogenes Hedging immer als Hilfsgeschäft vom Unternehmensgegenstand gedeckt. Der Vorstand hat diesbezüglich Entscheidungskompetenz.

b. Pauschales Hedging

Anders sieht es möglicherweise aus, wenn man den Blick von der rein risikominimierenden Seite des Hedging abwendet und ihn auf die Möglichkeiten der Gewinnerzielung richtet, die sich grundsätzlich beim pauschalen Hedging ergeben. Pauschales Hedging ist eine ungenaue Absicherung, da Vermögenspositionen ungleicher Fälligkeit und Höhe gemeinsam abgesichert werden. Hier können sich sehr leicht offene Spitzen ergeben, die sich durch längerfristiges Offenhalten und Aufhäufen immer neuer offener Spitzen zu beachtlichen Beträgen akkumulieren können. Pauschales Hedging ermöglicht die beiläufige Mitnahme von Gewinnen bzw. durch bewusstes Offenlassen von Positionen auch das zielgerichtete Realisieren von Gewinnen. Wenn also im Zusammenhang mit Hedging von Derivategeschäften gesprochen wird, die ein derartiges Volumen erreichen können, dass das Gesamtunternehmen in eine Schieflage gerät, dann kann dies immer nur im Rahmen des pauschalen Hedging durch Offenhalten von ungesicherten Positio-

762 Ausführlich hierzu oben 2. Kapitel, § 6I.1., insbesondere § 6I.5.

nen, sei es aus den Grundgeschäften, sei es aus den Derivaten, und eventuellen Prolongationen entstehen.

Hier kann die Frage aufkommen, ob die Möglichkeit des Offenlassens von Risikopositionen beim pauschalen Hedging, die den Geschäften einen spekulativen Charakter geben kann, bewirkt, dass das pauschale Hedging von seiner Art her als eine Tätigkeit angesehen werden muss, die nicht mehr als Hilfstätigkeit gewertet werden kann und damit aus dem Unternehmensgegenstand eines Industrie- und Handelsunternehmens und der Kompetenz des Vorstands herausfällt. Dies ist jedoch zu verneinen, da auch das pauschale Hedging keinem anderen Zweck dient als der Sicherung von Grundgeschäften vor Marktpreisrisiken, also eine Art des Hedging ist. Wie bereits gesehen, ergibt sich die Zweckmäßigkeit bzw. Notwendigkeit pauschalen Hedgings aus der Größe der Zahl abzusichernder Grundgeschäfte bei einem Unternehmen. Die nicht immer erreichbare Korrelation der Risiken aus Grundgeschäft und Derivat lässt offene Spitzen zwangsläufig entstehen. Solange dies nur Folge der Wahl des besten Sicherungsmittels ist, ändert dies den Charakter des Derivateeinsatzes als Hilfsgeschäft jedoch nicht.

Eine andere Frage ist es, wann die Akkumulation offener Positionen vom Betrag und den Zeiträumen her eine Grenze erreicht, bei der die Verlustrisiken so groß werden, dass sie für ein Industrie- und Handelsunternehmen nicht mehr vertretbar sind. Dies ist keine Frage des Unternehmensgegenstands, sondern der Pflichtmäßigkeit des Handelns des Vorstands bzw. seines Ermessens. Dies wird im Fünften Kapitel untersucht. Bei der Suche nach einer Grenze ist zu berücksichtigen, dass angesichts der vorgegebenen Usancen auf dem Markt für Kurssicherungsgeschäfte, insbesondere der dort gehandelten Mindestvolumina, den Unternehmen ein gewisser Spielraum hinsichtlich der Zeiträume und der Beträge offener Positionen einzuräumen ist.[763]

IV. Ergebnis

Die Grenze der Kompetenz des Vorstands für die Entscheidung über den Einsatz von Derivaten zum Hedging wird durch den Unternehmensgegenstand gesteckt. Die Grenzen des Unternehmensgegenstands sind erreicht, wenn eine Tätigkeit von ihrer Art her nicht mehr als Hilfstätigkeit eingeordnet werden kann. Hedging mit Derivaten ist eine derartige vom Unternehmensgegenstand gedeckte Hilfstätigkeit. Die Entscheidung über das „Ob“ des Einsatzes von Derivaten zum Hedging liegt damit in der Kompetenz des Vorstands. Ob Hedging mit Derivaten aufgrund des Umfangs der Geschäfte, des Risikogehalts oder des Schwierigkeitsgrads dem Vorstand in einem Industrie- und Handelsunternehmens möglicher-

763 *Bellinger/Kerl*, Hypothekenbankgesetz, § 6 Rn. 54.

weise nicht erlaubt ist, ist keine Frage des Unternehmensgegenstands und damit nicht der Kompetenz, sondern der Sorgfaltspflichten und der Ermessensausübung des Vorstands. Der Unternehmensgegenstand ist nicht der einzige Anknüpfungspunkt für die Antwort auf die Frage, was dem Vorstand im Zusammenhang mit Derivaten erlaubt ist. Er sagt nur etwas über die Grenzen seiner Kompetenz für den Einsatz von Derivaten. Der darüber hinausgehenden Frage nach dem „Wie" der Absicherungsmaßnahmen und ihrem zulässigen Umfang ist auf der Ebene der Sorgfaltspflichten und der Ermessensausübung des Vorstands nachzugehen.[764]

§ 15 Entscheidung über das „Ob" des Einsatzes von Derivaten zur Spekulation – Kompetenz des Vorstands oder „Unternehmensgegenstand eigener Art"?

Derivate werden, wie oben gesehen[765], in Unternehmen auch zur bloßen Gewinnerzielung unabhängig von einem zu sichernden Grundgeschäft eingesetzt. Es wurde auch darauf hingewiesen, dass diese Art des Einsatzes von Derivaten, etwas abwertend[766], als „Spekulation" bezeichnet wird. Für Unternehmen bedeutet der spekulative Einsatz von Derivaten, dass neben der eigentlichen Tätigkeit des Unternehmens, die durch den Unternehmensgegenstand in der Satzung festgelegt ist (einschließlich etwaiger Hilfsgeschäfte), zusätzlich Geschäfte mit Derivaten abgeschlossen werden, die über den Gewinn des Unternehmens, der aus der satzungsmäßigen Tätigkeit stammt, hinaus einen eigenen zusätzlichen Gewinn erbringen sollen. Im folgenden Abschnitt wird der Frage nachgegangen, ob der Einsatz von Derivaten zum Zweck der Spekulation, der sich in Industrie- und Handelsunternehmen grundsätzlich immer als „Unternehmensgegenstand eigener Art" darstellt, und daher nicht in der Kompetenz des Vorstands liegt, möglicherweise unter bestimmten Umständen doch auch als eine Hilfstätigkeit zur Verwirklichung des Unternehmensgegenstands eingeordnet werden kann, die in die Entscheidungskompetenz des Vorstands fällt. Wie oben bei der Untersuchung des Einsatzes von Derivaten zum Hedging wird abstrakt von einem typischen Unternehmensgegenstand eines Industrie- und Handelsunternehmens ausgegangen, der z.B. in der Produktion und dem Handel mit KfZ, der Verarbeitung und Verkauf von Schwermetallen, etc. liegt und in dem der Einsatz von Derivaten zur zusätzlichen Gewinnerzielung nicht ausdrücklich erwähnt ist.

764 Vgl. unten 5. Kapitel, § 19.
765 Näher 3. Kapitel, § 10IV.
766 Vgl. 2. Kapitel, § 6II.1.

Spekulation mit Derivaten zur zusätzlichen Gewinnerzielung bedeutet, dass Unternehmen versuchen, Preisgewinne zu realisieren, indem sie entsprechend einer erwarteten Entwicklung der Marktpreise von Rohstoffen, der Kurse von Devisen und Wertpapieren oder des Zinsniveaus bestimmte Positionen in Derivaten einnehmen und/oder wieder auflösen in der Erwartung, dass die Preis-, Kurs- bzw. Zinsentwicklung dann auch tatsächlich wie angenommen eintritt. In der Praxis von Industrie- und Handelsunternehmen erfolgt die Spekulation mit Derivaten auf verschiedene Arten. Zum einen schließen Unternehmen, deren Unternehmensgegenstand beispielsweise der Handel mit Rohöl oder mit Wolle oder anderen Rohstoffen ist, auch Geschäfte mit Derivaten auf diese Rohstoffe entsprechend ihren Erwartungen hinsichtlich der Entwicklung der Preise dieser Rohstoffe ab, also beispielsweise durch Abschluss von Termingeschäften auf Rohöl oder Wolle. Sie nutzen dabei den oben beschriebenen Hebeleffekt, um mit wenig Kapitaleinsatz zusätzlich zu ihren direkten Geschäften mit Öl oder anderen Rohstoffen, Gewinne aus Kauf und Verkauf von Termingeschäften zu realisieren. Daneben besteht die Möglichkeit, mit Derivaten auf Basiswerte zu handeln, die mit dem Unternehmensgegenstand nichts zu tun haben. So beispielsweise, wenn ein im Ölhandel tätiges Unternehmen mit Derivaten auf Schweinehälften handelt. Schließlich versuchen Unternehmen auch mit Finanzderivaten zusätzliche Gewinne zu erzielen, d.h. mit auf Devisen, Zinssätze oder Wertpapiere bezogene Derivaten.

All diese Vorgehensweisen sind mit dem bewussten Eingehen offener Risiken verbunden, denn es besteht keine Sicherheit, dass sich die Preise den Erwartungen entsprechend entwickeln werden.[767] Nur das Eröffnen von Risikopositionen bietet jedoch die Chance auf die Realisation von Gewinnen. Anders als beim Hedging mit Derivaten ist bei der Spekulation mit Derivaten der Zweck nicht die Sicherung von im Unternehmen bestehenden Grundgeschäften, sondern allein das Erzielen von zusätzlichen Gewinnen. Nachdem Gewinne in Industrie- und Handelsunternehmen eigentlich aus der geschäftlichen Aktivität in dem Tätigkeitsbereich herrühren sollen, der durch den Unternehmensgegenstand gesteckt ist, wird deutlich, dass ein Engagement in Derivaten allein zur Gewinnerzielung in einem Industrie- und Handelsunternehmen grundsätzlich nicht vom Unternehmensgegenstand gedeckt ist. Die Gewinne des Unternehmens sollen mit den in der Satzung beschriebenen Tätigkeiten, wie der Produktion von KfZ, der Herstellung von Computern, dem Vertrieb von Lebensmitteln etc. realisiert werden und nicht mit einer Tätigkeit, die üblicherweise zu den Bankgeschäften gerechnet wird.

---

767 Näher 2. Kapitel, § 6II. ff.

Wie oben gezeigt, handelt es sich bei der Anschaffung und Veräußerung von Derivaten um Bankgeschäfte, die nach den bisherigen Feststellungen nur dort vom Unternehmensgegenstand gedeckt sind, wo sie sich als Hilfsgeschäfte der satzungsmäßigen Tätigkeit des Unternehmens erweisen. Das ist bei spekulativen Derivategeschäften grundsätzlich nicht der Fall.

Spekulation mit Derivaten lässt sich bei strenger Betrachtung auch nicht ausnahmsweise unter eine der oben beschriebenen Fallgruppen von Grenzfällen satzungskonformer Tätigkeiten subsumieren, die u.U. dem Unternehmensgegenstand noch hinzugerechnet werden können. Dies liegt an dem Zweck, der mit der Spekulation verfolgt wird.

Die zusätzliche Gewinnerzielung, die das Ziel der Spekulation ist, kann nicht als Hilfs- oder Annexgeschäft angesehen werden, das der Förderung des satzungsmäßigen Unternehmensgegenstands dient. Werden mit der Spekulation Gewinne erzielt, trägt dies zwar zu den Gewinnen, die aus dem satzungsmäßigen Tätigkeitsbereich herrühren, bei. Dies wäre aber beispielsweise auch der Fall, wenn ein Unternehmen, das Kfz produziert und handelt, zusätzlich auch Gewinne aus Handel mit Computern macht. In einem solchen Fall ist es offenkundig, dass es sich dabei nicht um ein Hilfs- oder Annexgeschäft zu Produktion und Handel mit Kfz handelt, sondern um eine selbständige Tätigkeit. Genauso verhält es sich mit der Spekulation mit Derivaten in einem Industrie- und Handelsunternehmen.

Auch als unternehmensgegenständliche Geschäfte kraft sachlichen Zusammenhangs bzw. kraft Natur der Sache können spekulative Geschäfte mit Derivaten grundsätzlich nicht angesehen werden. Geschäfte kraft Sachzusammenhangs sind, wie oben gesehen[768], Tätigkeiten, die mit der durch den Unternehmensgegenstand beschriebenen Tätigkeit in einem so engen sachlichen Zusammenhang stehen, dass sie als vom Unternehmensgegenstand mitumfasst angesehen werden müssen, um eine marktorientierte Abrundung der angebotenen Unternehmensleistung sicherzustellen. Spekulative Geschäfte mit Derivaten sind aber nicht derartige mit dem Unternehmensgegenstand eines Industrie- und Handelsunternehmens verwandte Geschäfte, die diesem zugerechnet werden müssen. Als spezifische Bankgeschäfte haben sie mit Tätigkeiten wie der Produktion und dem Handel von Gütern nichts zu tun. Dies gilt strenggenommen auch dann, wenn der Unternehmensgegenstand eines Unternehmens einmal (unzulässigerweise, weil zu unbestimmt) als „Handel mit Waren aller Art“ oder „Betrieb von Handelsgeschäften“ umschrieben ist.[769] Denn der Handel mit Warentermingeschäften oder Warenoptionen zur zusätzlichen Gewinnerzielung ist gerade nicht der Handel mit

768 Näher oben § 14I.1.

769 a.A. wohl *Claussen*, AG 1993, 132, 134, der bei einer Gesellschaft, deren Unternehmensgegenstand „Handel“ ist, auch Warentermingeschäfte darunter subsumiert.

den Waren selbst, aus dem die Gewinne resultieren sollen. Auf deren tatsächliche Lieferung kommt es nämlich nicht an. Dies gilt insbesondere für den Handel mit Finanzderivaten. Bei diesem muss der Basiswert nicht einmal die vom Unternehmensgegenstand umfasste Ware darstellen. Vielmehr können sie u.U. sogar auf Basiswerte bezogen sein, die tatsächlich gar nicht lieferbar sind (z.B. Index-Derivate). Gleiches gilt für Dienstleistungsunternehmen, bei denen Handel nicht ausdrücklich zum Unternehmensgegenstand gehört.

Bei Geschäften kraft Natur der Sache handelt es sich um Aktivitäten, die sich auf Erzeugnisse und Techniken beziehen, die im Rahmen der Tätigkeiten des Unternehmensgegenstands mitentwickelt wurden und profitabel auch auf Märkten außerhalb des eigentlichen Unternehmensgegenstandes eingesetzt werden können oder die aus Sicht der Abnehmer mitangeboten werden müssen, damit das Unternehmen sich im Markt behaupten kann.[770] Auch als derartige Geschäfte kann die Spekulation mit Derivaten nicht eingeordnet werden.

Im Ergebnis ist daher Spekulation mit Derivaten, wenn sie nicht ausdrücklich in der Satzung erlaubt ist, immer ein „Unternehmensgegenstand eigener Art." Damit hat der Vorstand grundsätzlich nicht die Kompetenz, über den Einsatz von Derivaten zu Zwecken der Spekulation zu entscheiden.

II. Ausnahme: Kompetenz des Vorstands

Dennoch gibt es Gründe, der Frage nachzugehen, ob es von diesem Grundsatz nicht Ausnahmen gibt, die dazu führen, dass auch die Entscheidung über den Einsatz von Derivaten zu Zwecken der Spekulation in die Kompetenz des Vorstands fällt.

1. Wirtschaftlicher Nutzen der Spekulation mit Derivaten für Unternehmen

Im Ersten Teil wurde darauf hingewiesen, dass die Spekulation generell und auch speziell die Spekulation mit Derivaten wirtschaftlich nicht vollkommen unsinnig ist, sondern für die Wirtschaft durchaus eine positive Bedeutung haben kann. Spekulation hat eine stabilisierende Wirkung auf das Preisniveau, steigert die Markttransparenz und fördert die Marktliquidität.[771] Spekulation mit Derivaten ermöglicht das Hedging, da die Spekulanten die Preisrisiken übernehmen, die die Hedger abgeben wollen.[772]

---

770 Näher oben § 14I.1.
771 Vgl. oben 2. Kapitel, § 6II.1.a.
772 Vgl. oben 2. Kapitel, § 6II.2.

Für Industrie- und Handelsunternehmen wird aus wirtschaftswissenschaftlicher Sicht sogar die Ansicht vertreten, dass es sich auch bei Geschäften mit Derivaten zur zusätzlichen Gewinnerzielung durchaus um wohlüberlegte und abgewogene Transaktionen im Rahmen einer strategischen Positionierung handeln kann.[773] So wird ein Unternehmen, das einen starken Exportanteil in ein anderes Land aufweist, über die wirtschaftliche und politische Entwicklung dieses Staates möglicherweise sehr fundierte Analysen erstellen, die selbst ein im Devisenhandel tätiges Kreditinstitut nicht hat. Für ein solches Unternehmen kann es von wirtschaftlichem Nutzen sein, sein Mehrwissen und seine daraus resultierenden Markterwartungen durch Eröffnen von Risikopositionen in Derivaten mit Chancen auf zusätzliche Gewinne umzusetzen. Dies hat mit einer ziellos auf eine glückliche Entwicklung hoffenden Spekulation nichts zu tun. Um im Markt zu bestehen, müssen Unternehmen immer Risiken eingehen. Wenn daher Industrie- und Handelsunternehmen aufgrund des mittlerweile in Form der Derivate verfügbaren Instrumentariums bereit sind, neben dem originären Geschäftsrisiko aus dem in der Satzung dokumentierten Unternehmensgegenstand auch bewusst bestimmte Marktrisiken einzugehen, so wird aus wirtschaftlicher Sicht dagegen nichts eingewandt, sondern dies eher befürwortet.[774]

In die gleiche Richtung gehen Stimmen in der Literatur, die in dem Einsatz von Derivaten zur zusätzlichen Gewinnerzielung eine wichtige strategische Komponente sehen.[775] Diese liege in der Möglichkeit, finanzielle Risiken durch Einsatz finanzieller Instrumente zu bewältigen und zum Aufbau von Wettbewerbsvorteilen zu nutzen. Aus dieser Sicht stellten finanzielle Risiken nicht nur eine Gefahrenquelle, sondern- in Verbindung mit einem klugen Risikomanagement- auch ein potentielles Mittel zu Verbesserung der Wettbewerbsposition des Unternehmens dar[776], die gerade mit Derivaten eingegangen werden können.

Darüber hinaus wird geäußert[777], dass das Eingehen von spekulativen Positionen die Kenntnisse der Unternehmensmitarbeiter von den Verhältnissen am Markt fördere, da sie sich mit dem Markt auseinandersetzen müssten. Von diesen Kenntnissen könne auch für Hedging-Entscheidungen profitiert werden. Außer-

---

773 *Prahl*, Wpg 1996, 830, 833.

774 *Prahl*, Wpg 1996, 830, 833.

775 *Hommel/Pritsch*, in Achleitner/Thoma (Hrsg.), Handbuch Corporate Finance, 8.1.1, S. 7, zu den Wettbewerbsvorteilen durch Finanzmanagement auch *Priermeier/Stelzer*, Zins- und Währungsmanagement in der Unternehmenspraxis, S. 101, 135.

776 *Hommel/Pritsch*, in Achleitner/Thoma (Hrsg.), Handbuch Corporate Finance, 8.1.1, S. 7.

777 Ergebnisse eines Gesprächs mit einem Mitarbeiter der HypoVereinsbank, München, am 20.12.2002.

dem gebe es kein perfektes Hedging. Zum Optimieren des Hedging komme man deshalb um das Offenlassen von Risikopositionen, also um spekulatives Verhalten, nicht herum.

Eine wohldosierte Spekulation mit Derivaten kann – jedenfalls aus wirtschaftlicher Sicht – für Unternehmen also eine positive wirtschaftliche Bedeutung haben. Die positiven wirtschaftlichen Effekte rechtfertigen aber für sich allein noch nicht die Kompetenz des Vorstands zum spekulativen Einsatz von Derivaten, wenn er nicht auch aus rechtlicher Sicht möglicherweise doch in Ausnahmefällen dem Unternehmensgegenstand eines Industrie- und Handelsunternehmens zugerechnet werden kann.

2. Rechtliche Würdigung

Es stellt sich also die Frage, ob die oben durchgeführte Einordnung, nämlich dass der Einsatz von Derivaten zur zusätzlichen Gewinnerzielung (Spekulation), der in Industrie- und Handelsunternehmen grundsätzlich immer einen „Unternehmensgegenstand eigener Art" darstellt, ausnahmslos gilt, oder ob der spekulative Einsatz von Derivaten nicht in manchen Fällen als Hilfsgeschäft zum Unternehmensgegenstand oder Geschäft kraft sachlichen Zusammenhangs anzusehen ist.

a. Hinweise in der Rechtsprechung

Hinweise zur Beantwortung dieser Frage könnte hier möglicherweise wiederum die oben vorgestellte Klöckner-Entscheidung des BGH liefern.[778] In dieser Entscheidung gibt der BGH dem Berufungsgericht angesichts von Spekulationsgeschäften mit Öltermingeschäften der Klöckner KGaA auf zu prüfen, ob derartige Geschäfte noch zu dem Gegenstand des Unternehmens, wie ihn die Satzung bestimmt, gerechnet werden können.[779] Dem Sachvortrag des Klägers folgend, geht der BGH davon aus, dass diese Terminkontrakte notwendig seien, wenn sie der Preisabsicherung der Verträge über physische Ware dienten. Sei das aber nicht der Fall, stellten sie eine für einen ordentlichen Kaufmann verbotene Spekulation insbesondere dann dar, wenn sie nur in Richtung fallender oder steigender Ölpreise betrieben würden.[780]

Die zitierten Stellen tragen auf den ersten Blick nicht dazu bei anzunehmen, dass spekulative Geschäfte mit Derivaten als Hilfsgeschäfte oder Geschäfte kraft Sachzusammenhang möglicherweise dem Unternehmensgegenstand eines Indust-

---

778 BGHZ 119, 305 ff.
779 BGHZ 119, 305, 332.
780 BGHZ 119, 305, 333.

rie- und Handelsunternehmens zugerechnet werden können. Allerdings lässt sich ihnen doch entnehmen, dass nach Ansicht des BGH Spekulationsgeschäfte nicht zwangsläufig Geschäfte sind, die nicht zum Unternehmensgegenstand der beklagten Gesellschaft gehören. Denn sonst würde er das Berufungsgericht nicht anweisen, dies zu überprüfen. Ebenso deutet das Wort „insbesondere" in der Feststellung, dass Öltermingeschäfte dann verbotene Spekulationen darstellten, wenn sie nur in Richtung fallender oder steigender Ölpreise betrieben würden, darauf hin, dass es eventuell auch spekulative Geschäfte gibt, die dem ordentlichen Kaufmann nicht verboten sind.

Wenn dem Urteil mehr Aussagen hinsichtlich der Übereinstimmung von spekulativen Geschäften mit Derivaten mit dem Unternehmensgegenstand auch nicht zu entnehmen sind, so bestärkt es aber doch die Annahme, es könne u.U. auch eine vom Unternehmensgegenstand gedeckte Spekulation mit Derivaten geben.

b. *Hinweise im Spezialgesetz (VAG)*

Einen weiteren Hinweis liefert der ebenfalls schon zitierte § 7 Abs. 2 Satz 2 VAG. Versicherungsunternehmen dürfen neben Versicherungsgeschäften nur solche Geschäfte betreiben, die mit diesen in unmittelbarem Zusammenhang stehen (§ 7 Abs. 2 Satz 1 VAG). Der unmittelbare Zusammenhang ist u.a. bei Geschäften gegeben, die der Vermögensanlage oder der Vermögensverwaltung dienen, also auch beim Erwerb, bei der Verwaltung und der Veräußerung von Wertpapieren (arg.e contr. § 5 Abs. 3 Ziff. 4 VAG).[781] Dies bedeutet, dass bei Versicherungsunternehmen Wertpapiergeschäfte (z.B. auch die Wertpapierleihe) vom Unternehmensgegenstand umfasst sind.

Davon ausgehend bestimmt § 7 Abs. 2 Satz 2 VAG für Termingeschäfte und Geschäfte mit Optionen und ähnlichen Finanzinstrumenten (d.h. für Geschäfte mit Derivaten) darüber hinaus explizit, dass ein unmittelbarer Zusammenhang anzunehmen ist, (...) wenn aus vorhandenen Wertpapieren ein *zusätzlicher Ertrag* erzielt werden soll, *ohne dass bei Erfüllung von Lieferverpflichtungen eine Unterdeckung des gebundenen Vermögens eintreten kann.* Die Vorschrift zeigt, dass in Versicherungsunternehmen auch Derivategeschäfte, mit denen ein zusätzlicher Ertrag erzielt werden soll, in einem solchen unmittelbaren Zusammenhang stehen können, dass sie dem Unternehmensgegenstand hinzugerechnet werden können. Mit dieser Vorschrift wollte der Gesetzgeber klarstellen, dass spekulative Geschäfte mit Derivaten zur zusätzlichen Gewinnerzielung vom Unternehmensgegenstand in Versicherungsunternehmen gedeckt sind[782], allerdings nur, wenn ge-

781 *Fahr/Kaulbach/Bähr*, VAG, § 7 Rn. 9.
782 *Schmidt*, in Prölss, VAG, § 7 Rn. 19.

währleistet ist, dass bei Erfüllung von Lieferverpflichtungen eine Unterdeckung des gebundenen Vermögens nicht eintreten kann. Die Verbindung zum eigentlichen Geschäft von Versicherungsunternehmen wird hier dadurch hergestellt, dass eine quantitative Begrenzung der spekulativen Geschäfte bezogen auf im Unternehmen bestehendes Vermögen für die Zulässigkeit der Geschäfte gegeben sein muss. Reine Spekulationsgeschäfte, deren Verlustrisiken die Höhe des gebundenen Vermögens des Versicherungsunternehmens überschreiten könnten, sollen damit, als nicht mehr vom Unternehmensgegenstand gedeckt, ausgeschlossen werden.[783]

Im Ergebnis können nach dem Versicherungsaufsichtsgesetz also Derivategeschäfte bezogen auf vorhandene Wertpapiere zur zusätzlichen Gewinnerzielung unter den Voraussetzungen einer quantitativen Begrenzung dem Unternehmensgegenstand eines Versicherungsunternehmens hinzugerechnet werden.

c. Hinweise in der Literatur

Unter den Autoren in der rechtswissenschaftlichen Literatur hat sich *v. Randow* mit der Möglichkeit der Zurechnung von spekulativen Derivategeschäften zum Unternehmensgegenstand von Industrie- und Handelsgesellschaften beschäftigt. *v. Randow* unterscheidet bei Engagements in Derivaten zur Gewinnerzielung danach, ob sie sich auf Basisprodukte aus einem Geschäftssektor beziehen, der in der Satzung genannt ist oder nicht.[784] Für den Fall, dass das Geschäftsfeld eines bestimmten Basisprodukts in der Satzung aufgeführt wird (z.B. Kraftstoffhandel), könne man nach *v. Randow* auch das auf Gewinnerzielung gerichtete Engagement in Derivaten, die sich im weitesten Sinne auf diesen Bereich beziehen (z.B. Öl-Futures), als satzungsrechtlich unproblematisch ansehen. Denn hier streite eine Vermutung dafür, dass die Kenntnisse auf dem Feld der Basisprodukte auch für den Handel mit ihren Derivaten genutzt werden könnten, so dass insoweit der Information außenstehender Dritter über den Tätigkeitsbereich der Aktiengesellschaft hinreichend Genüge getan wäre. Wenn es ausnahmsweise einmal an einer entsprechend nachvollziehbaren Verbindung zwischen Derivatgeschäft zur Gewinnerzielung und Satzungsgegenstand fehlen sollte, würde nach *v. Randow* der Vorstand seine Geschäftsführungsbefugnisse allerdings überschreiten.[785]

---

783 *Schmidt*, in Prölss, VAG, § 7 Rn. 19.
784 *v. Randow*, ZGR 1996, 594, 610.
785 *v. Randow*, ZGR 1996, 594, 610, 611.

Ähnlich äußert sich auch *Claussen*, der den Handel mit Warentermingeschäften in einem Unternehmen, dessen Unternehmensgegenstand „Handel" ist, als von diesem gedeckt ansieht.[786]

3. Stellungnahme

Ohne dies ausdrücklich so zu bezeichnen, stellen beide Autoren auf einen sachlichen Zusammenhang der spekulativen Derivategeschäfte mit dem Unternehmensgegenstand ab, der dann gegeben sein soll, wenn sich die Derivate auf die Basiswerte beziehen, die zum Tätigkeitsbereich des Unternehmensgegenstands gehören.

a. Abhängigkeit der Spekulation mit Derivaten vom Bezug der Basiswerte zu dem Unternehmensgegenstand

Dies kann praktisch nur dann der Fall sein, wenn zum Unternehmensgegenstand der Gesellschaft der Handel mit Waren, Gütern oder Rohstoffen gehört und der Handel mit Derivaten sich auf ebensolche Basiswerte, d.h. Waren, Güter oder Rohstoffe, bezieht. Die Beziehung der Derivategeschäfte zu den Geschäftsfeldern des Unternehmensgegenstands ist daher nur bei der Spekulation mit Commodity-Derivaten (Warenspekulationsgeschäften) als Abgrenzungskriterium geeignet.[787] Sie reicht aber aus, um im Ergebnis sagen zu können, dass spekulative Derivategeschäfte bezogen auf Basiswerte, die überhaupt keine Verbindung zu dem Tätigkeitsbereich des Unternehmensgegenstands haben (z.B. Unternehmensgegenstand: Handel mit Computern, Abschluss von Termingeschäften auf Schweinehälften, um dort günstige Preisentwicklungen mitzunehmen), nicht dem Unternehmensgegenstand zugerechnet werden können und daher nicht in die Entscheidungskompetenz des Vorstands fallen.

Für die Zurechnung zum Unternehmensgegenstand derjenigen spekulativen Derivategeschäfte, die einen Bezug zu unternehmensgegenständlichen Basiswerten haben, spricht, dass dem Zweck der Unternehmensgegenstandsangabe entsprochen wird. Zweck der Angabe des Unternehmensgegenstands in der Satzung ist die Information der Anleger und an der Gesellschaft interessierter Dritter über das Tätigkeitsgebiet der Aktiengesellschaft.[788] Die Anleger können davon ausgehen, dass die Verwaltung der Gesellschaft sich auf diesem Gebiet auskennt und

---

786 *Claussen*, AG 1993, 132, 134.

787 Vgl. *Henssler*, Risiko als Vertragsgegenstand, S. 556 hinsichtlich der eingeschränkten Bedeutung des Branchenbezugs als Anzeichen für die für das Vorliegen eines Differenzgeschäfts erforderliche Differenzabsicht.

788 Näher oben § 12II.3.

das von ihnen investierte Kapital somit „in guten Händen“ ist. Dies ist auch gewährleistet, wenn der Vorstand mit Derivaten handelt, allerdings nur dann, wenn die Basiswerte aus dem Geschäftsfeld stammen, das zum Unternehmensgegenstand gehört, da nur dann anzunehmen ist, dass der Vorstand auch dort besondere Kenntnisse hat.

b. Spekulation mit Finanzderivaten in Industrie- und Handelsunternehmen

Der Bezug der Derivategeschäfte auf die vom Unternehmensgegenstand gedeckten Basiswerte hilft aber dann nicht weiter, wenn es um die Frage geht, ob auch spekulative Engagements mit Derivaten in Devisen (Devisenterminspekulation), auf Zinsentwicklungen oder Wertpapiere von dem Unternehmensgegenstand eines Industrie- und Handelsunternehmens gedeckt sein können (Spekulation mit Finanzderivaten). Nach obigen Überlegungen würde dies voraussetzen, dass beispielsweise der Handel mit Devisen im Unternehmensgegenstand eines Industrie- und Handelsunternehmens genannt ist und die Derivategeschäfte sich hierauf beziehen. Einen derartigen Unternehmensgegenstand wird es in Industrie- und Handelsunternehmens in der Praxis zur Zeit nicht geben.[789]

Es ist hier aber möglicherweise auf einen anderen Gedanken abzustellen. Devisen- und Kreditgeschäfte gehören notwendig zum Finanzmanagement großer international agierender Unternehmen. Es handelt sich dabei, wie oben gesehen, um Hilfsgeschäfte, die der Verwirklichung des satzungsmäßigen Unternehmensgegenstands dienen, und sie sind als solche ohne Zweifel zulässig, auch wenn mit ihnen zusätzlich zu dem Gewinn, der aus der unternehmensgegenständlichen Tätigkeit herrührt, bewusst oder unbewusst zusätzliche Gewinne gemacht werden (z.B. durch Kauf und späteren Verkauf von USD). Der Kauf von Wertpapieren zur längerfristigen Kapitalanlage beispielsweise, die zu einem günstigen Zeitpunkt auch dem Verkauf der Wertpapiere zur Gewinnerzielung dienen soll, ist in Aktiengesellschaften üblich und dient regelmäßig dazu, der Gesellschaft ein finanzielles Polster zur Vornahme von Transaktionen auf dem durch den Unternehmensgegenstand vorgegebenen Gebiet zu schaffen. Auch dabei handelt es sich um bloße, vom Unternehmensgegenstand gedeckte, Hilfsgeschäfte.[790]

Zu überlegen ist darum, ob nicht auch derivative Geschäfte, die sich auf Devisen (Devisentermingeschäfte) oder Zinsentwicklungen (Zins-Swaps) oder Wertpapiere (Aktienoptionen) beziehen, d.h. also spekulative Geschäfte mit Finanzderivaten, als solche Hilfsgeschäfte angesehen werden können, die – selbst

789 Anders, wie bereits unter § 15II.2.b. gesehen, bei der gesetzlichen Definition des Unternehmensgegenstands von Versicherungsunternehmen.

790 *Tieves*, Der Unternehmensgegenstand der Kapitalgesellschaft, S. 214.

wenn sie zur Gewinnerzielung eingesetzt werden – doch auch nur dazu dienen, der Gesellschaft ein zusätzliches „finanzielles Polster“ zu verschaffen. Im Vergleich zum Direktengagement in Devisen oder Wertpapiere hätte das sogar den Vorteil, dass aufgrund des Hebeleffekts der Derivate ein geringerer Kapitaleinsatz aufgewendet werden müsste. Eventuell hat ein Unternehmen aufgrund seiner satzungsmäßigen Tätigkeit in diesem Bereich sogar besondere Marktkenntnisse, die es dem Unternehmen erlauben, die Risiken im Vergleich zu Konkurrenten leichter zu überschauen, bei gleichzeitiger Wahrung von besonderen Chancen. Wie oben gesehen[791], kann es sich bei Geschäften mit Finanzderivaten zur zusätzlichen Gewinnerzielung durchaus um wohlüberlegte und abgewogene Transaktionen im Rahmen einer strategischen Positionierung handeln[792], die der Verwirklichung des Unternehmensgegenstands dienen.

Daraus wird deutlich, dass die oben beschriebenen wirtschaftlichen Argumente für eine Spekulation mit Finanzderivaten durch Unternehmen dafür sprechen, auch diese als Hilfsgeschäfte zu betrachten, die der Verwirklichung des Unternehmensgegenstands dienen und ihm daher zugerechnet werden können. Das hat die Konsequenz, dass dem Vorstand die Kompetenz zugebilligt werden muss, Finanzderivate in dem beschriebenen Rahmen einzusetzen.

c. *Erwerb und Verwaltung von Aktien einer Beteiligungsgesellschaft als Unternehmensgegenstand*

Die vorstehenden Überlegungen können eine Folgefrage aufwerfen. In den Satzungen der meisten Industrie- und Handelsunternehmen in der Rechtsform der Aktiengesellschaft findet sich bei der Definition des Unternehmensgegenstands die Formulierung, dass die Gesellschaft „auch andere Unternehmen gründen, erwerben und sich an ihnen beteiligen“ kann.[793] Die Beteiligung an anderen Unternehmen kann auch in dem Erwerb von Aktien dieses Unternehmens bestehen. Dies könnte nach den vorstehenden Überlegungen den Gedanken nahelegen, dass die Spekulation mit Derivaten bezogen auf diese Aktien vom Unternehmensgegenstand gedeckt ist. Das ist jedoch nicht der Fall.

Die zitierte übliche Formulierung des Unternehmensgegenstands in den Satzungen der Industrie- und Handelsunternehmen sagt nur, dass eine Beteiligung an einem anderen Unternehmen erworben werden darf. Damit wird der Unternehmensgegenstand der Beteiligungsgesellschaft in den Gegenstand des Unternehmens einbezogen, nicht jedoch die Art und Weise, wie die Beteiligung gehalten

791 Vgl. § 15II.1.
792 *Prahl*, Wpg 1996, 830, 833.
793 *Hölters*, in Münchener Vertragshandbuch, V.35, S. 704.

wird. Anders ausgedrückt: Das Halten und Verwalten der Aktien der Beteiligungsgesellschaft wird durch eine derartige Formulierung in der Satzung nicht zum Unternehmensgegenstand. Die Rechtsform der Beteiligungsgesellschaft (AG, GmbH, OHG, KG) und damit die Art, wie die Beteiligung hieran vermittelt wird (Geschäftsanteil, KG-Anteil, Aktie) ist im Gegenstand des Unternehmens nicht festgelegt. Die Erweiterung des Unternehmensgegenstands der Ausgangsgesellschaft auf einen Beteiligungserwerb zielt nicht auf das Halten und Verwalten von Wertpapieren, sondern auf eine Betätigung im Tätigkeitsfeld der Beteiligungsgesellschaft. Damit ist auch die Spekulation mit Derivaten bezogen auf diese Wertpapiere nicht vom Unternehmensgegenstand umfasst.

d. Zusammenfassendes Ergebnis

Die Rechtsprechung in der Klöckner-Entscheidung, das Versicherungsaufsichtsgesetz und die wenigen Stimmen in der Literatur gehen nicht davon aus, dass ein spekulatives Engagement mit Derivaten zur zusätzlichen Gewinnerzielung ausnahmslos nicht zum Unternehmensgegenstand eines Industrie- und Handelsunternehmens gehört. Die Tendenz geht eher dahin, Spekulation mit Derivaten unter bestimmten Voraussetzungen dem Unternehmensgegenstand zuzurechnen.[794] Nach *v. Randow* ist dies möglich, wenn sich die Derivate auf Basiswerte beziehen, die von dem Geschäftsfeld des Unternehmensgegenstands im weitesten Sinne erfasst sind. Dies ist regelmäßig nur bei der Warenterminspekulation der Fall. Im Umkehrschluss wird die Spekulation mit Derivaten von dem Unternehmensgegenstand eines Industrie- und Handelsunternehmen dann nicht umfasst, wenn die Basiswerte, auf die sich die Derivate beziehen, mit der Geschäftstätigkeit des Unternehmens überhaupt nichts zu tun haben. Spekulation mit Finanzderivaten kann jedoch im Rahmen von wohlüberlegten und abgewogenen Transaktionen aus wirtschaftlichen Gesichtspunkten einer strategischen Positionierung des Unternehmens am Markt dienen und aus diesem Grund als Hilfsgeschäft, das die Verwirklichung des Unternehmensgegenstands fördert, angesehen werden. In solchen Fällen kann auch die Spekulation mit Finanzderivaten zur zusätzlichen Gewinnerzielung dem Unternehmensgegenstand eines Industrie- und Handelsunternehmens zugerechnet werden und ist somit von der Entscheidungskompetenz des Vorstands umfasst.

---

794 I.E. so wohl auch *Roth*, Unternehmerisches Ermessen und Haftung des Vorstands, S. 130.

III. Grenze der Kompetenz des Vorstands zum Einsatz von Derivaten zur Spekulation – Grenze der Unternehmensgegenstandskonformität

Die Vereinbarkeit der Spekulation mit Derivaten mit dem Unternehmensgegenstand und damit die Kompetenz des Vorstands zur Spekulation mit Derivaten stellt die Ausnahme dar. Die Grenze des Unternehmensgegenstands und damit der Kompetenz des Vorstands ist erreicht, wenn die Spekulation mit Derivaten von der Art der Tätigkeit her nicht mehr dem Unternehmensgegenstand zugerechnet werden kann. Das ist, wie gesehen, der Fall, wenn sich die Derivate auf Basiswerte beziehen, die keinerlei Verbindung zu den Geschäftsfeldern haben, die vom Unternehmensgegenstand umfasst werden.

Wie schon oben in dem Abschnitt über den Einsatz von Derivaten zum Hedging[795] bemerkt, ist die Frage nach der Kompetenz des Vorstands für den Einsatz von Derivaten und ihre Grenzen strikt zu unterscheiden von der weitergehenden Frage, welche Derivategeschäfte dem Vorstand im Unternehmen erlaubt sind, ohne dass er sorgfaltswidrig handelt, und wo die Grenzen dafür liegen. Auch hier wird deutlich, dass der Unternehmensgegenstand nicht der einzige, weil nicht abschließende Anknüpfungspunkt für eine Bestimmung der Grenzen der dem Vorstand erlaubten Derivategeschäfte ist. Der Unternehmensgegenstand bestimmt die Grenzen der Kompetenz des Vorstands. Der Einsatz von Derivaten zum Hedging ist als Hilfsgeschäft vom Unternehmensgegenstand gedeckt.[796] Auch der Einsatz von Derivaten zur Spekulation kann, wie gerade gesehen, unter den beschriebenen Voraussetzungen als Hilfsgeschäft als vom Unternehmensgegenstand umfasst angesehen werden. Die Kompetenz des Vorstands diesbezüglich besteht also.

Fragwürdig werden alle diese Geschäfte erst dann, wenn durch sie Risikopositionen im Unternehmen von einem solchen Volumen und einer solchen Dauer eröffnet werden, dass die Existenz des Unternehmens in Gefahr gerät. Dies gilt unabhängig davon, ob die offenen Risikopositionen beiläufig beim Hedging, bewusst beim Hedging oder bei der Spekulation mit Derivaten entstehen.

Die Frage, bis zu welcher Höhe Verlustrisiken aus Derivategeschäften im Unternehmen noch vertretbar sind, so dass Geschäfte mit Derivaten bis zu diesem Betrag zulässig sind, ist aber wie gesehen keine Frage des Unternehmensgegenstands.[797] Es ist vielmehr eine Frage der sorgfältigen Unternehmensleitung des Vorstands.

---

795 Vgl. oben § 14III.

796 Vgl. oben § 14II.2.

797 So auch *Claussen*, AG 1993, 132, 134; a.A. wohl *Tieves*, Der Unternehmensgegenstand der Kapitalgesellschaft, S. 213.

Dies bestätigen auch die oben zitierten Stellen der Klöckner-Entscheidung, das VAG und Stimmen in der Literatur. In der Klöckner-Entscheidung weist der BGH das Berufungsgericht für den Fall, dass die Spekulationsgeschäfte am Rohölmarkt mit der Satzung vereinbar sind, an, weiter zu prüfen, „ob solche Geschäfte von einem seriösen Kaufmann schlechterdings noch verantwortet werden können".[798] Und es ist das durch die Spekulationsgeschäfte angehäufte Verlustpotential bei der Klöckner KGaA (und nicht die Unternehmensgegenstandswidrigkeit), das den BGH, dem Vortrag des Klägers folgend, dazu bringt festzustellen, dass solche Geschäfte für einen ordentlichen Kaufmann verbotene Spekulationen darstellen.[799] Auch nach dem VAG ist der Einsatz von Derivaten zur Gewinnerzielung nicht schon deswegen zu beanstanden, weil er wegen seines spekulativen Charakters aus dem Unternehmensgegenstand eines Versicherungsunternehmens fällt, sondern weil und soweit die Gefahr besteht, dass bei Erfüllung der Verpflichtungen aus den Geschäften möglicherweise eine Unterdeckung des gebundenen Vermögens eintreten könnte (§ 7 Abs. 2 Satz 2 VAG). Es ist also nicht die Art der Tätigkeit, die den Einsatz von Derivaten unzulässig werden lässt, sondern das Quantum ihrer Folgen. Dessen Festlegung obliegt aber der Entscheidung des Vorstands und kann bei entsprechender Sorgfalt in einem zulässigen Rahmen gehalten werden. Auch die Befürworter der Zulässigkeit von Spekulation mit Finanzderivaten in Industrie- und Handelsunternehmen ziehen für die Bestimmung der Grenze zur Unzulässigkeit ein quantitatives Kriterium heran. Wenn gesagt wird, dass wohlüberlegte und abgewogene Transaktionen mit Derivaten zur Gewinnerzielung zulässig sind, dann zeigen Adjektive wie „wohlüberlegt" und „abgewogen", dass nicht durch die Art der Tätigkeit die Grenze zur Unerlaubtheit überschritten wird, sondern durch Überschreiten von quantitativen Grenzen (abgewogen) bzw. durch das Verletzen von Sorgfaltspflichten (wohlüberlegt).

IV. Ergebnis

Der Unternehmensgegenstand steckt den Rahmen für den Kompetenzbereich des Vorstands ab. Ausgehend von den üblichen Satzungsformulierungen eines Industrie- und Handelsunternehmens[800] umfasst der Unternehmensgegenstand den Einsatz von Derivaten durch den Vorstand zum Hedging und, soweit sich die Derivate auf Basiswerte beziehen, die in den Unternehmensgegenstand fallen sowie bei ausgewogenen Geschäften mit Finanzderivaten, auch den Einsatz von Derivaten zur Spekulation. Die Kompetenz des Vorstands über das „Ob" des Einsatzes

---

798 BGHZ 119, 305, 332.
799 BGHZ 119, 305, 333.
800 *Hölters*, Münchener Vertragshandbuch, V.35, S. 704.

von Derivaten in Industrie- und Handelsunternehmen ist damit weitgehend gegeben. Wann die Grenze zur Unzulässigkeit der Derivategeschäfte überschritten wird, ist eine Frage der inhaltlichen Gestaltung des Derivateeinsatzes, des Volumens dieser Geschäfte und der durch sie eröffneten Risikopositionen, kurz des „Wie" des Einsatzes von Derivaten, und nicht auf der Ebene des Unternehmensgegenstands, sondern auf der Ebene der Sorgfaltspflichten des Vorstands und seiner ordnungsgemäßen Ermessensausübung zu beantworten. Diese Frage wird im Fünften Kapitel betrachtet.

§ 16 Das Problem der Abgrenzung von Hedging und Spekulation mit Derivaten im konkreten Fall

Bevor im Fünften Kapitel auf die Sorgfaltspflichten des Vorstands und die Grenzen seines unternehmerischen Ermessens beim Einsatz von Derivaten eingegangen wird, soll in diesem Abschnitt die Problematik der Abgrenzung von Hedging und Spekulation mit Derivaten betrachtet werden. Dies hat folgenden Grund. Die vorstehenden Überlegungen zur Konformität des Einsatzes von Derivaten mit dem Unternehmensgegenstand und der daraus resultierenden Kompetenz des Vorstands basierten maßgeblich auf der Abgrenzung zwischen Hedging und Spekulation mit Derivaten. Als Ergebnis ist herausgekommen, dass der Einsatz von Derivaten zu Zwecken des Hedging als Hilfsgeschäft vom Unternehmensgegenstand eines Industrie- und Handelsunternehmens gedeckt ist. Der Einsatz von Derivaten zu Zwecken der Spekulation kann ebenfalls dem Unternehmensgegenstand zugerechnet werden, wenn er bezogen auf Basiswerte erfolgt, die im weitesten Sinn zu dem Tätigkeitsbereich des Unternehmensgegenstands gehören. Außerdem können ausgewogene Geschäfte mit Finanzderivaten zur zusätzlichen Gewinnerzielung als Hilfsgeschäfte und daher als unternehmensgegenstandskonform angesehen werden.

Die Einteilung von Derivategeschäften zu Zwecken des Hedging und zu Zwecken der Spekulation wurde (stillschweigend) unter der Prämisse vorgenommen, dass eine Abgrenzung zwischen dem Einsatz von Derivaten zum Hedging und zur Spekulation eindeutig möglich ist. Dies war notwendig, um für die juristischen Fragestellungen des Unternehmensgegenstands eindeutige Tatbestände zur Verfügung zu haben. Dabei wurde außer Betracht gelassen, dass in der Praxis eine trennscharfe Unterscheidung der beiden Einsatzzwecke oft nicht möglich ist.[801] Die Übergänge von einem Geschäft mit Sicherungscharakter zu

801 *Clouth*, Rechtsfragen der außerbörslichen Finanz-Derivate, S. 100, Fn. 10.

einem solchen, das der zusätzlichen Gewinnerzielung dient, können fließend sein.[802] Das gilt insbesondere für die Abgrenzung pauschaler Absicherungsstrategien von spekulativen Transaktionen zur bloßen Gewinnzielung.[803]

Gerade wegen dieser Verschwommenheit der Übergänge in der Praxis, insbesondere zwischen pauschaler Absicherung und reiner Spekulation, ist es für die juristische Untersuchung umso mehr erforderlich zu versuchen, so weit wie möglich Kriterien der Abgrenzung zwischen Hedging und Spekulation zu finden. Abgrenzungskriterien lassen sich aus den schon im Ersten Teil der Arbeit aufgezeigten Unterschieden zwischen den beiden Einsatzmöglichkeiten herausarbeiten. Unterschiede zwischen Hedging und Spekulation bestehen in objektiver und subjektiver Hinsicht.

In objektiver Hinsicht unterscheiden sich die beiden Arten des Einsatzes von Derivaten durch den bestehenden (Hedging) bzw. fehlenden (Spekulation) Bezug zu einem Grundgeschäft. Die Einordnung eines Derivategeschäfts als Hedgegeschäft oder als Spekulation fällt also leicht, wenn zu einem einzelnen Geschäft, das Marktpreisrisiken unterworfen ist, ein genau gegenläufiges Derivat erworben wird. Dann deutet das objektiv vorliegende Grundgeschäft darauf hin, dass das Derivat der Sicherung der aus dem Grundgeschäft resultierenden Marktrisiken dienen soll.[804]

Es wurde aber auch schon gesagt, dass in der Praxis ein unmittelbarer Bezug zwischen Grundgeschäft und Sicherungsgeschäft oftmals nicht festzustellen sein oder auch gar nicht bestehen wird.[805] Hedging erfolgt in den meisten Unternehmen im Rahmen einer pauschalen Preissicherung, bei der ganze Bündel von Geschäften global gesichert werden. Dabei gibt es Fälle, in welchen sich das Hedgegeschäft einem konkreten Einzelgeschäft nicht mehr zuordnen lässt, ein Grundgeschäftsbezug aber gleichwohl besteht, weil die Absicherung vom Volumen her genau den zu sichernden Geschäften entspricht. Dann ist das objektive Kriterium des Vorliegens eines Grundgeschäfts erfüllt.

Daneben gibt es Situationen, in denen das Grundgeschäft aus irgendwelchen Gründen (z.B. Erfüllung bei Fälligkeit) wegfällt und das Hedgegeschäft offen stehen bleibt. Oder aber es besteht die genau spiegelverkehrte Möglichkeit, dass beispielsweise wegen fehlender Fristenkongruenz das Hedgegeschäft entfällt und das Grundgeschäft offen stehen bleibt. In beiden Fällen werden Risikopositionen eröffnet, die man als spekulativ bezeichnen kann. Wenn das Unternehmen diese

---

802 *Clouth*, Rechtsfragen der außerbörslichen Finanz-Derivate, S. 100, Fn. 10; *Pohl*, Innovative Finanzinstrumente im gemeinsamen Europäischen Bankenmarkt, S. 25.

803 *Groh*, DB 1986, 869, 872; *Hadding/Hennrichs*, in FS für Claussen, S. 451, 456, 457, 465, 466; OLG München, WM 1986, 586, 588.

804 Näher hierzu oben 2. Kapitel, § 6III.

805 Näher hierzu oben 2. Kapitel, § 6III.

Positionen nun offen lässt, um die Gewinnchancen, die daraus resultieren, mitzunehmen, muss dies nicht unbedingt Spekulation sein, kann es aber sein. Dies ist von außen objektiv nicht erkennbar. Es fehlt somit an dem objektiven Merkmal für die Abgrenzung von Hedging und Spekulation. Vielmehr kommt es hier auf die Absicht der Unternehmensleitung an, die sie mit dem Einsatz verfolgt.

Damit sind der zweite Unterschied und ein weiteres Abgrenzungskriterium zwischen Hedging und Spekulation mit Derivaten angesprochen, nämlich die subjektive Motivation des Nutzers beim Einsatz von Derivaten. Der Hedger geht die Risiken eines Derivategeschäfts in der Absicht ein, schon bestehende Risiken zu kompensieren und sie damit zu reduzieren. Der Spekulant geht Risiken ein und hält sie bewusst offen, in der Absicht, Chancen zu nutzen und daraus Gewinne zu erzielen. Aus dieser unterschiedlichen subjektiven Ausrichtung des Derivatenutzers ist letztendlich die Feststellung zu treffen, ob es sich bei einem gegebenen Einsatz von Derivaten um Hedging oder um Spekulation handelt.[806]

Damit sieht man sich den Schwierigkeiten gegenüber, die immer bestehen, wenn für eine vorzunehmende Abgrenzung objektive Merkmale fehlen und einem subjektiven Merkmal, wie der Absicht, maßgebliche Bedeutung zukommt.[807] Man ist im Einzelfall auf Indizien bzw. tatsächliche Vermutungen angewiesen. Sie allein lassen mehr oder minder sichere Rückschlüsse auf die Motivation der Handelnden zu.[808] Im Zusammenhang mit dem Abschluss von Derivategeschäften in Unternehmen sind mögliche Indizien für die Absicht der Unternehmensleitung hinsichtlich des Einsatzes von Derivaten beispielsweise der Umfang der abgeschlossenen Derivategeschäfte, das Verhältnis des Verlustrisikos aus den Derivategeschäften zum Gesamtrisiko der Gesellschaft, die Anzahl der vorgenommenen Prolongationen, die Vornahme von Derivategeschäften nur in Richtung fallender oder steigender Kurse etc. Je größer die Zahl der abgeschlossenen Termingeschäfte, je größer das (Miss-)Verhältnis von Verlustrisiko und Gesamtrisiko der Gesellschaft ist, je mehr Prolongationen losgelöst vom aktuell geltenden Kurs bestehen, um so wahrscheinlicher ist es, dass der Vorstand spekulative Absichten verfolgt.

All diese möglichen tatsächlichen Gegebenheiten sind gleichzeitig auch Kriterien dafür, ob der Vorstand beim Einsatz von Derivaten die Sorgfalt eines ordentlichen und gewissenhaften Geschäftsleiters anwendet bzw. ob er sein Ermessen ordnungsgemäß ausübt. Dies sind Fragen, die im Fünften Kapitel untersucht werden. Am Ende fällt die Abgrenzung des Einsatzes von Derivaten zu Zwecken

806 *Vosshenrich*, Die Bank, 1987, 447, 452.

807 Vgl. hierzu auch *Henssler*, Risiko als Vertragsgegenstand, S. 552 f. im Zusammenhang mit dem Problem der Abgrenzung von Differenzgeschäft und verbindlichem Hedgegeschäft.

808 *Henssler*, Risiko als Vertragsgegenstand, S. 553.

des Hedging und zu Zwecken der Spekulation mit den Fragen der Pflichtmäßigkeit des Vorstandshandelns und den Grenzen seines Ermessens zusammen. Auf sie allein kommt es letztendlich an, wenn es darum geht, zu bestimmen, ob der Einsatz von Derivaten im Unternehmen erlaubt war oder nicht.

Fünftes Kapitel: Pflichten des Vorstands und Grenzen des unternehmerischen Ermessens beim Einsatz von Derivaten

Das Vierte Kapitel widmete sich der Kompetenz des Vorstands hinsichtlich der Entscheidung über den Einsatz von Derivaten in Industrie- und Handelsunternehmen. Es hat sich ergeben, dass der Vorstand einer Aktiengesellschaft die Kompetenz hat, darüber zu entscheiden, ob in einem Industrie- und Handelsunternehmen Derivate zur Sicherung von Marktpreisrisiken aus Grundgeschäften (Hedging) eingesetzt werden. Es hat sich des Weiteren herausgestellt, dass auch der Einsatz von Derivaten zur zusätzlichen Gewinnerzielung (Spekulation) unter bestimmten Voraussetzungen in der Kompetenz des Vorstands liegt.

Mit der Bejahung der Kompetenz des Vorstands für die Entscheidung über den Einsatz von Derivaten ist aber nicht abschließend gesagt, was der Vorstand eines Industrie- und Handelsunternehmens beim Einsatz von Derivaten „darf" oder „nicht darf". Geklärt ist nur, dass der Vorstand entscheiden darf, Derivate im Unternehmen einzusetzen (Entscheidungskompetenz über das „Ob" des Derivateeinsatzes). Unbeantwortet ist bislang geblieben, ob der Vorstand „alles darf"[809], ob also die Entscheidung des Vorstands für einen bestimmten Einsatz von Derivaten immer auch pflichtgemäß ist oder ob dem Vorstand beispielsweise bei der Wahl der Hedging-Strategie, bei der inhaltlichen Ausgestaltung der Preissicherungsmaßnahmen, bei dem Umfang der Derivategeschäfte, bei der Höhe der eröffneten Risikopositionen, bei den möglichen Verlustrisiken aktienrechtliche Grenzen gesetzt sind. Andererseits ist nicht geklärt, ob möglicherweise sogar eine Pflicht des Vorstands besteht, Derivate zu nutzen. Es geht hier um Sorgfaltspflichten des Vorstands und die Grenzen seines Ermessens hinsichtlich des „Wie" des unternehmerischen Derivateeinsatzes.

Grundlage für die Sorgfaltspflichten des Vorstands und die Grenzen seines unternehmerischen Ermessens sind prinzipiell das Aktiengesetz, die Satzung, die Geschäftsordnung des Vorstands und der individuelle Anstellungsvertrag. In diesem Kapitel sollen, da die Satzung, die Geschäftsordnung bzw. der Anstellungsvertrag i.d.R. dazu nichts sagen, die möglichen materiellen Verhaltenspflichten

809 Vgl. auch *Goette*, in FS 50 Jahre BGH, S. 123, 134, der diese Zweiteilung ebenso vornimmt.

des Vorstands und die Grenzen seines Ermessens in Bezug auf den Einsatz von Derivaten aus den Bestimmungen des Aktiengesetzes ermittelt werden. (Noch) nicht behandelt werden hingegen formelle Pflichten des Vorstands in Bezug auf die Organisation und Kontrolle des Derivateeinsatzes. Diese sind Gegenstand des Sechsten Kapitels.

Materielle Pflichten des Vorstands hinsichtlich des Einsatzes von Derivaten sind im Aktiengesetz nicht speziell normiert. Anknüpfungspunkt für eine Bestimmung der Sorgfaltspflichten des Vorstands sind die beiden allgemeinen Vorschriften des § 76 Abs. 1 AktG, der dem Vorstand die Leitung der Gesellschaft in eigener Verantwortung überträgt, und § 93 Abs. 1 Satz 1 AktG, wonach die Vorstandsmitglieder bei ihrer Geschäftsführung die Sorgfalt eines ordentlichen und gewissenhaften Geschäftsleiters anzuwenden haben. Darüber hinaus spielt die vom Gesetz bislang[810] nicht vorgegebene, sich aber aus dem Zusammenspiel dieser beiden Normen ergebende Rechtsfigur[811] des unternehmerischen Ermessens eine bedeutende Rolle. Die Anerkennung eines weiten unternehmerischen Ermessens eröffnet dem Vorstand erst den Handlungsspielraum und damit auch den rechtlichen Freiraum, der für das Treffen unternehmerischer Entscheidungen notwendig ist.

Bevor versucht wird, eine Konkretisierung der Sorgfaltspflichten des Vorstands und der Grenzen seines unternehmerischen Ermessens hinsichtlich des Einsatzes von Derivaten vorzunehmen, gilt es zunächst, sich über ihre aktienrechtlichen Grundlagen im Klaren zu sein.

§ 17 Verhaltenspflichten des Vorstands

Die Verpflichtung zu sorgfältigem Verhalten ist Ausfluss der Leitungskompetenz des Vorstands aus § 76 Abs. 1 AktG[812], der sich bewusst sein muss, dass er nicht mit eigenen Mitteln wirtschaftet, sondern ähnlich einem Treuhänder fremde Vermögensinteressen verwaltet.[813] Die Vorstandsmitglieder haben dementsprechend gemäß § 93 Abs. 1 Satz 1 AktG bei ihrer Geschäftsführung die Sorgfalt eines ordentlichen und gewissenhaften Geschäftsleiters anzuwenden. Die Vorschrift legt nicht nur, wie man ihrem an § 276 BGB erinnernden Wortlaut nach

810 Mit der Verabschiedung des Gesetzes zur Unternehmensintegrität und Modernisierung des Anfechtungsrechts (UMAG) hat das unternehmerische Ermessen Eingang in § 93 Abs. 1 Satz 2 AktG gefunden, hierzu siehe sogleich § 18.

811 *Roth*, Unternehmerisches Ermessen und Haftung des Vorstands, S. 8.

812 *Hüffer*, AktG, § 93 Rn. 4.

813 *Hopt*, in GroßKomm AktG, § 93 Rn. 19, 72; *Hüffer*, AktG, § 93 Rn. 4; *Mertens*, in KölnKomm AktG, § 93 Rn. 6.

annehmen könnte, den Verschuldensmaßstab fest, dessen Verletzung eine Voraussetzung für einen Schadensersatzanspruch der Gesellschaft gemäß § 93 Abs. 2 Satz 1 AktG gegen das handelnde Vorstandsmitglied ist.[814] Sie umschreibt vielmehr auch allgemein eine objektive Verhaltenspflicht des Vorstands.[815] Zu dieser Pflicht gehören einerseits Einzelpflichten, die im Gesetz ausdrücklich als Pflichten des Vorstands bestimmt sind (strikte gesetzliche Pflichten) und andererseits Pflichten, die durch Konkretisierung der allgemeinen Verhaltenspflicht gewonnen werden. Es gibt verschiedene Versuche im Schrifttum, die sich aus der allgemeinen Verhaltenspflicht des Vorstands ergebenden Einzelpflichten einzuteilen. Ein Teil des Schrifttums fasst die alle Vorstandsmitglieder gegenüber der Gesellschaft treffenden Verhaltenspflichten zusammen unter den Begriffen Sorgfaltspflicht, Treuepflicht und Verschwiegenheitspflicht.[816] Andere Stimmen in der Literatur behandeln die allgemeine Verhaltenspflicht des Vorstands unter dem Stichwort Legalitätspflicht und rechnen hierzu die Pflicht des Vorstands zur Einhaltung der durch Gesetz und Satzung vogegebenen Kompetenzordnung, die Einhaltung strikter Normen des Aktienrechts sowie die Pflicht des Vorstands zur Einhaltung öffentlich-rechtlicher Vorschriften und privatrechtlicher Verpflichtungen.[817] Unabhängig von diesen Einteilungen soll im Folgenden versucht werden, die sich aus dem Aktiengesetz unmittelbar und durch Auslegung ergebenden, als Sorgfaltspflichten bezeichneten Verhaltenspflichten des Vorstands zu bestimmen.

I. Tatbestandlich geregelte Verhaltenspflichten

1. § 93 Abs. 3 AktG

Verhaltenspflichten des Vorstands werden in § 93 Abs. 3 AktG nicht positiv als Pflichten, sondern umgekehrt über die Aufzählung von Pflichtverletzungen beschrieben. So nennt die Vorschrift eine Reihe von Beispielen, die zu einer Ersatzpflicht der Vorstandsmitglieder führen können, weil es sich um Verstöße gegen Bestimmungen des Aktiengesetzes handelt. Pflichtwidrig nach § 93 Abs. 3

---

814 *Hüffer*, AktG, § 93 Rn. 3; *Hopt*, in Großkomm AktG, § 93 Rn. 19.

815 *Hüffer*, AktG, § 93 Rn. 3 („Doppelfunktion" des § 93 Abs. 1 Satz 1 AktG); *Hopt*, in Großkomm AktG, § 93 Rn. 19; *Mertens*, in KölnKomm AktG, § 93 Rn. 6 f.

816 *Hopt*, in Großkomm AktG, § 93 Rn. 72; *Abeltshauser*, Leitungshaftung im Kapitalgesellschaftsrecht, S. 149.

817 *Paefgen*, Unternehmerische Entscheidungen, S. 17, 18. Paefgen spricht von einer daneben bestehenden Ermessenspflicht des Vorstands. Das, was Paefgen darunter versteht, wird in der vorliegenden Arbeit unter dem Stichwort „Unternehmerisches Ermessen" in § 18 behandelt.

AktG ist es, wenn entgegen den Bestimmungen des Aktiengesetzes Einlagen an die Aktionäre zurückgewährt werden (Ziff. 1.), den Aktionären Zinsen oder Gewinnanteile gezahlt werden (Ziff. 2), eigene Aktien der Gesellschaft oder einer anderen Gesellschaft gezeichnet, erworben, als Pfand genommen oder eingezogen werden (Ziff. 3), Aktien vor der vollen Leistung des Ausgabebetrags ausgegeben werden (Ziff. 4), Gesellschaftsvermögen verteilt wird (Ziff. 5), Zahlungen geleistet werden, nachdem die Zahlungsunfähigkeit der Gesellschaft eingetreten ist oder sich ihre Überschuldung ergeben hat (Ziff. 6), Vergütungen an Aufsichtsratsmitglieder gewährt werden (Ziff. 7), Kredit gewährt wird (Ziff. 8) und bei der bedingten Kapitalerhöhung außerhalb des festgesetzten Zwecks oder vor der vollen Leistung des Gegenwerts Bezugsaktien ausgegeben werden (Ziff. 9).

Für die hier im Weiteren zu untersuchende Frage nach den Pflichten des Vorstands im Zusammenhang mit dem Einsatz von Derivaten in der Aktiengesellschaft gibt die Vorschrift nichts her.

2. *Allgemeine Leitungsaufgabe des Vorstands aus § 76 Abs. 1 AktG und ihre tatbestandlichen Konkretisierungen*

§ 76 Abs. 1 AktG nimmt, wie im Vierten Kapitel gesehen[818], im Verhältnis der Gesellschaftsorgane zueinander eine Kompetenzzuweisung vor, indem die Bestimmung die Unternehmensleitung in die ausschließliche Zuständigkeit des Vorstands legt. Gleichzeitig begründet § 76 Abs. 1 AktG eine organschaftliche Pflicht zur Unternehmensleitung. § 76 Abs. 1 AktG ist damit auch ein Anknüpfungspunkt für Pflichten des Vorstands.[819]

Die Ausfüllung der Vorschrift erfolgt durch eine Reihe von tatbestandlich konkret geregelten Aufgaben des Vorstands in den §§ 76 Abs. 1 AktG ff., die gleichzeitig Verhaltenspflichten darstellen[820], deren schuldhafte Verletzung bei Vorliegen der weiteren Voraussetzungen einen Schadenersatzanspruch der Gesellschaft gegenüber dem handelnden Vorstandsmitglied gemäß § 93 Abs. 2 Satz 1 AktG begründen kann. Zu diesen tatbestandlich konkret geregelten Aufgaben und Pflichten des Vorstands gehören die Vertretung der Gesellschaft (§ 78 Abs. 1 AktG), die Vorbereitung und Ausführung von Hauptversammlungsbeschlüssen (§ 83 AktG), die Berichtspflicht an den Aufsichtrat (§ 90 AktG), die Buchführungspflicht (§ 91 Abs. 1 AktG), die Pflicht zur Einrichtung eines Früherkennungs- und Überwachungssystems (§ 91 Abs. 2 AktG) und die Vorstandspflichten bei Verlust, Überschuldung oder Zahlungsunfähigkeit der Gesellschaft (§ 92

818 Näher hierzu 4. Kapitel, § 12I.1.
819 *Hopt*, in Großkomm AktG, § 93 Rn. 19; *Hüffer*, AktG, § 93 Rn. 4.
820 *Goette*, in FS 50 Jahre BGH, S. 123, 125.

AktG). Zur Bestimmung der Pflichten des Vorstands beim Einsatz von Derivaten trägt eventuell § 91 Abs. 2 AktG bei, allerdings nicht hinsichtlich der inhaltlichen Gestaltung des Derivateeinsatzes, sondern vielmehr hinsichtlich seiner formalen Organisation und Kontrolle. Diese Thematik ist Gegenstand des Sechsten Kapitels.

Darüber hinaus bildet § 76 Abs. 1 AktG selbst eine Art Generalklausel, der durch Konkretisierung typische Leitungsaufgaben des Vorstands und damit auch objektive Pflichten zu entnehmen sind.[821] Zu diesen gehören, wie im Vierten Kapitel gesehen, beispielsweise die Unternehmensplanung, die Entscheidung über die Unternehmensstruktur, die Unternehmensfinanzierung und die Unternehmenskontrolle.[822] Die Bedeutung des § 76 Abs. 1 AktG im Zusammenhang mit dem Einsatz von Derivaten in Aktiengesellschaften liegt neben der Kompetenzzuweisung an den Vorstand darin, dass § 76 Abs. 1 AktG die Unternehmensleitung unter die eigene Verantwortung des Vorstands stellt. Das Attribut der Eigenverantwortlichkeit der Leitung ist Einfallstor für die Anerkennung eines weiten unternehmerischen Ermessens[823], das dem Vorstand bei der Vornahme seiner Entscheidungen zusteht und in dessen Grenzen eine Entscheidung des Vorstands nicht sorgfaltswidrig ist.[824] Das unternehmerische Ermessen und seine Grenzen sind der Handlungsmaßstab für den Vorstand bei seinen Entscheidungen, ob er Derivate im Unternehmen einsetzt und in welcher Art und Weise. Darauf wird unten eingegangen.

II. Die allgemeine Sorgfaltspflicht gemäß § 93 Abs. 1 Satz 1 AktG

§ 93 Abs. 1 Satz 1 AktG statuiert eine umfassende Pflicht der Vorstandsmitglieder zu sorgfältigem Handeln.[825] Sie wird daher auch als allgemeine Sorgfaltspflicht bezeichnet, die die Vorstandsmitglieder dazu verpflichtet, im Rahmen des Gesetzes und der Satzung und der für die Unternehmensleitung verbindlichen Beschlüsse anderer Gesellschaftsorgane den Vorteil der Gesellschaft zu wahren und Schaden von ihr abzuwenden.[826] Die so statuierte Pflicht ist eine objektive, was bedeutet, dass sich die an das Verhalten des Vorstands zu stellenden Anforderungen nicht nach dem Üblichen bemessen, sondern nach dem Erforderli-

821 Näher hierzu 4. Kapitel, § 121.3.
822 Näher hierzu 4. Kapitel, § 121.3.
823 *Roth*, Unternehmerisches Ermessen und Haftung des Vorstands, S. 9.
824 *Roth*, Unternehmerisches Ermessen und Haftung des Vorstands, S. 9.
825 *Hopt*, in Großkomm AktG, § 93 Rn. 78.
826 BGHZ 21, 354, 357; *Hopt*, in Großkomm AktG, § 93 Rn. 72, 80; *Mertens*, in KölnKomm AktG, § 93 Rn. 29; *Godin/Wilhelmi*, AktG, § 93 Anm. 4.

chen.[827] Dabei kann das Maß der anzuwendenden Sorgfalt nicht absolut bestimmt werden, sondern muss sich nach der konkreten Situation richten, für die die Frage nach der Sorgfaltsmäßigkeit des Organhandelns aufgeworfen wird.[828] Die Anforderungen an die Sorgfaltspflicht stehen also nicht ein für alle mal fest, sondern bestimmen sich nach der Art, Größe und Situation des Unternehmens, der Zahl der Beschäftigten, der Konjunkturlage sowie nach der Aufgabenverteilung zwischen mehreren Vorstandsmitgliedern.[829] Die Komplexität der realen Verhältnisse macht eine allgemeingültige Bestimmung der Sorgfaltspflicht unmöglich. § 93 Abs. 1 Satz 1 AktG bietet daher nur die Grundlage für die Bestimmung konkreter Einzelpflichten in konkreten Einzelfällen.

Gleichwohl ist in Rechtsprechung und Literatur immer wieder der Versuch unternommen worden, generelle Aussagen zur allgemeinen Sorgfaltspflicht zu machen. So wird grundsätzlich die Verpflichtung des Vorstands herausgestellt, für die Gesetz- und Satzungsmäßigkeit der Organisation und der Entscheidungsprozesse der Gesellschaft zu sorgen.[830] Darüber hinaus gehören zu den Sorgfaltspflichten des Vorstands u.a. die Sorge für ein rechtmäßiges und den guten Sitten entsprechendes Verhalten der Gesellschaft in ihren Außenbeziehungen, die ordnungsgemäße Unternehmensfinanzierung sowie die Beachtung der Regeln sorgfältiger Unternehmensleitung.[831] Für die Belange der vorliegenden Arbeit bringt es nichts, Sorgfaltspflichten des Vorstands abstrakt weiter zu vertiefen. Vielmehr kommt es auf ihre konkrete Bestimmung im Zusammenhang mit dem Einsatz von Derivaten im Unternehmen an. Auch diesbezüglich ist eine Konkretisierung angesichts der Vielgestaltigkeit der Realität äußerst schwierig. Dennoch soll versucht werden, zumindest Grundlinien herauszuarbeiten. Hierauf wird weiter unten eingegangen.

Untrennbar mit der Beschreibung der Leitungsaufgabe und der Bestimmung von Sorgfaltspflichten des Vorstands verbunden, und daher als Handwerkszeug unverzichtbar, ist die Rechtsfigur des unternehmerischen Ermessens, das im Folgenden betrachtet wird.

---

827 *Hopt*, in Großkomm AktG, § 93 Rn. 79.

828 *Hopt*, in Großkomm AktG, § 93 Rn. 79; *Hefermehl/Spindler*, in MünchKomm AktG, § 93 Rn. 22.

829 *Hefermehl/Spindler*, in MünchKomm AktG, § 93 Rn. 22; *Mertens*, in KölnKomm AktG, § 29.

830 *Mertens*, in KölnKomm AktG, § 93 Rn. 30 ff.; *Hopt*, in Großkomm AktG, § 93 Rn. 89 ff.

831 *Mertens*, in KölnKomm AktG, § 93 Rn. 34 ff.; *Hopt*, in Großkomm AktG, § 93 Rn. 96 ff. Vgl. auch die umfassende Zusammenstellung der Rechtsprechung des BGH bezüglich der Sorgfaltspflichten des Vorstands bei *Goette*, in FS 50 Jahre BGH, S. 123, 129 ff.

Vom Gesetz bislang nicht ausdrücklich vorgegeben, von Rechtsprechung und Lehre (und mittlerweile auch vom Gesetzgeber[832]) aber allgemein anerkannt ist die Annahme, dass dem Vorstand bei der Wahrnehmung seiner unternehmerischen Aufgaben ein weites unternehmerisches Ermessen eingeräumt werden muss.[833] Die Komplexität der tatsächlichen Verhältnisse, unter welchen der Vorstand seine Entscheidungen treffen muss, führt dazu, dass in den meisten Fällen nicht nur eine einzige Entscheidung angemessen erscheint, sondern sich mehrere Entscheidungsmöglichkeiten anbieten, die sich aus der Sicht des Vorstands zur Zeit der Entscheidung (ex-ante-Sicht) alle in irgendeiner Weise aus ökonomischen Gründen für die Bewältigung seiner Aufgaben eignen. Im Nachhinein kann sich dann zwar möglicherweise herausstellen, dass die Entscheidung „falsch" war, weil sie zum Nachteil der Gesellschaft gereichte oder aber weil die tatsächlichen Entwicklungen eine unerwartete Richtung nehmen und so ein anderes als das erwartete Ergebnis herauskommt. Derartige Fehlbeurteilungen oder Fehleinschätzungen bedeuten aber nicht automatisch eine Pflichtverletzung des Vorstands. Vielmehr gewährt die Anerkennung eines weiten unternehmerischen Ermessens dem Vorstand einen tatsächlichen Handlungsspielraum, in dessen Grenzen das Handeln des Vorstands frei ist von haftungsrechtlichen Sanktionen.

I. Das Bedürfnis für die Anerkennung eines unternehmerischen Ermessens

Das Bedürfnis für die Anerkennung eines unternehmerischen Ermessens ist damit schon angedeutet. Es liegt primär in den Besonderheiten unternehmerischer Entscheidungen. Entscheidungen des Vorstands sind praktisch immer Entscheidungen unter Unsicherheit[834], d. h. Entscheidungen, bei denen es auf die Einschätzungen künftiger Entwicklungen ankommt, die im Zeitpunkt der Entscheidung nicht mit Sicherheit vorhergesagt werden können[835] und bei denen das Ergebnis letztendlich anders aussehen kann als geplant. Es kommt hinzu, dass die Ent-

---

832 Hierzu vgl. sogleich § 18 II.

833 *Hopt*, in Großkomm AktG, § 93 Rn. 81 ff.; *Hefermehl/Spindler*, in MünchKomm AktG, § 93 Rn. 24 ff.; *Hüffer*, AktG, § 93 Rn. 13a f.; *Roth*, Unternehmerisches Ermessen und Haftung des Vorstands, S. 8 ff.

834 *Hopt*, in Großkomm AktG, § 93 Rn. 81; *Fleischer*, in FS für Wiedemann, S. 826, 830.

835 *Mutter*, Unternehmerische Entscheidungen und Haftung des Aufsichtsrats der Aktiengesellschaft, S. 180 (zum Aufsichtsrat); *Semler*, Leitung und Überwachung der Aktiengesellschaft, Rn. 80.

scheidungen nicht selten unter großem Zeitdruck gefasst werden müssen.[836] Dabei sieht sich der Vorstand meistens tatsächlichen Gegebenheiten gegenüber, die in der Regel mehrere Handlungsmöglichkeiten mit unterschiedlichen Ertragspotentialen, Risiken und Wahrscheinlichkeiten eröffnen.[837] Das Vorstandsmitglied muss in solchen Situationen Entscheidungen treffen, die ganz anders aussehen können als die des Wettbewerbers in der gleichen Situation und die gerade deshalb einen Vorsprung ermöglichen.[838] Unternehmerisches Handeln erfordert Freiheit zu Wagnis und Risiko und bringt als Kehrseite die Gefahr von Irrtum und Misserfolg mit sich.[839] Will man unternehmerisches Handeln also nicht schon im Keim ersticken, braucht man Unternehmensleiter, die bereit sind, Wagnis und Risiko einzugehen, ohne vor der Gefahr des Irrtums und Misserfolgs zurückzuschrecken.[840] Die Anerkennung eines weiten unternehmerischen Ermessens ermöglicht es, diesem Bedürfnis gerecht zu werden. Es eröffnet der Unternehmensleitung einen weiten Handlungsspielraum, in dessen Rahmen die Sicherheit besteht, dass Fehlentscheidungen und Irrtümer keine Haftungsfolgen nach sich ziehen. Erst wenn bestimmte Grenzen des unternehmerischen Ermessens überschritten sind, ist das Handeln pflichtwidrig mit der Konsequenz der Gefahr der Haftung des Vorstandsmitglieds.

Die Gründe der Anerkennung eines unternehmerischen Ermessens machen gleichzeitig auch deutlich, wo kein Raum für ein unternehmerisches Ermessen des Vorstands ist. Überall dort, wo nicht Entscheidungen unter Unsicherheit zu treffen sind, sondern das Gesetz dem Vorstand Aufgaben und Pflichten (vgl. die Aufzählung der gesetzlichen Leitungsaufgaben und Pflichten) auferlegt, besteht zumindest kein Ermessen hinsichtlich der Frage, ob der Vorstand diese Handlungen vornehmen soll.[841] In den gesetzlich geregelten Fällen hat der Vorstand die

836 *Fleischer*, in FS für Wiedemann, S. 826, 830; anschaulich *Easterbrook/Fischel*, The Economic Structure of Corporate Law, S. 99: „Often managers must act now and learn later; delay for more study may be the worst decision."

837 *Fleischer*, in FS für Wiedemann, S. 826, 831.

838 *Hopt*, in Großkomm AktG, § 93 Rn. 81.

839 *Henze*, BB 2001, 53, 57.

840 *Fleischer*, in FS für Wiedemann, S. 826, 830.

841 *Roth*, Unternehmerisches Ermessen und Haftung des Vorstands, S. 75; *Goette*, in FS 50 Jahre BGH, S. 123, 130 ff.; *Fleischer*, in FS für Wiedemann, S. 826, 840. Vgl. so auch die Gesetzesbegründung zum Regierungsentwurf des UMAG (RegE UMAG) vom 17.11.2004, abrufbar als pdf-Datei unter www.rws-verlag.de, Volltexte vom 17.11.2004, S. 22 (zitiert RegE UMAG, S....), die als eine Voraussetzung für das unternehmerische Ermessen das Vorliegen einer unternehmerischen Entscheidung nennt.

entsprechenden Handlungen vorzunehmen. Nur in Fragen des „Wie" und „Wann" kann dann gegebenenfalls noch ein Ermessen bestehen.[842]

II. Das unternehmerische Ermessen in Gesetz und Rechtsprechung

1. Verortung im Aktiengesetz

Das unternehmerische Ermessen war bisher nicht ausdrücklich im Aktiengesetz geregelt.[843] Dies hat sich mit Verabschiedung des Gesetzes zur Unternehmensintegrität und Modernisierung des Anfechtungsrechts (UMAG) am 16.06.2005 geändert.[844] Durch dieses Gesetz wird das unternehmerische Ermessen in einem neuen § 93 Abs. 1 Satz 2 AktG kodifiziert.[845] Auch bis zu seiner Kodifizierung war es aber nicht unmöglich, das unternehmerische Ermessen innerhalb des aktienrechtlichen Normengefüges zu verorten.[846] Davon ging letztendlich auch der Gesetzgeber schon vor Verabschiedung des UMAG aus. In der Gesetzesbegründung zum KonTraG stellte er bereits klar, dass der Verwaltung „im Bereich der unternehmerischen Entscheidungen" ein „weiter Ermessensspielraum" zukommt.[847] Der dogmatische Anknüpfungspunkt des unternehmerischen Ermessens befindet sich zwischen der Leitungsaufgabe des § 76 Abs. 1 AktG und der allgemeinen Pflicht zu sorgfältigem Handeln aus § 93 Abs. 1 Satz 1 AktG.[848] Indem der Vorstand die Gesellschaft gemäß § 76 Abs. 1 AktG „unter eigener Verantwortung" zu leiten hatten, wird der Weg geöffnet für die Anerkennung eines unternehmerischen Ermessens. Eigenverantwortlichkeit der Leitung setzt das Bestehen von Freiräumen voraus, innerhalb derer der Vorstand nach seinen Vorstellungen weisungsfrei agieren kann.[849] Bei aller Eigenverantwortlichkeit der Lei-

---

842 *Henze*, BB 2001, 53, 57.

843 *Roth*, Unternehmerisches Ermessen und Haftung des Vorstands, S. 8.

844 Gesetzesbeschluss des Deutschen Bundestags vom 16.06.2005, BR-Drucks. 454/05.

845 Zur Entstehungsgeschichte der Norm, vgl. BMJ Referentenentwurf UMAG, Januar 2004, abrufbar unter www.rws-verlag.de; hierzu *Fleischer*, ZIP 2004, 685 ff; *Roth*, BB 2004, 1066 ff.; kritisch *Ulmer*, DB 2004, 859 ff. Regierungsentwurf zum UMAG (RegE UMAG) vom 17.11.2004, www.rws-verlag.de, Volltext vom 17.11.2004, pdf-Datei, S. 1 ff.; Stellungnahme des Bundesrats vom 18.02.2005, BR-Drucks. 3/05 (Beschluss), Gegenäußerung der BReg vom 9.3.2005, abrufbar unter www.rws-verlag.de, Volltexte vom 30.3.2005.

846 Umfassend zur dogmatischen Einordnung des unternehmerischen Ermessens vgl. *Roth*, Unternehmerisches Ermessen und Haftung des Vorstands, 2001; *Paefgen*, Unternehmerische Entscheidungen und Rechtsbindung der Organe der AG, 2002.

847 BegrRegE KonTraG, BT-Drucks. 13/9712, S. 21.

848 *Roth*, Unternehmerisches Ermessen und Haftung des Vorstands, S. 8.

849 *Hefermehl/Spindler*, in MünchKomm AktG, § 93 Rn. 24; *Roth*, Unternehmerisches Ermessen und Haftung des Vorstands, S. 9.

tung bleibt der Vorstand aber dem Verhalten eines ordentlichen und gewissenhaften Geschäftsleiters aus § 93 Abs. 1 Satz 1 AktG verpflichtet. Der Vorstand darf nicht „alles". Das Ermessen des Vorstands unterliegt also gewissen Grenzen.[850] Überschreitet der Vorstand diese Grenzen, handelt er pflichtwidrig. Die Grenzen des unternehmerischen Ermessens finden ihre dogmatische Grundlage daher bei dem Merkmal der Pflichtwidrigkeit im Sinne von § 93 Abs. 1 Satz 1 AktG.[851]

Im Zuge der seit mehreren Jahren geführten Diskussion um die Erleichterung der Durchsetzung von Schadenersatzklagen gegen Vorstands- und Aufsichtsratsmitglieder durch die Aktionäre[852] wurde unter dem Stichwort „*Business Judgement Rule*"[853] über die Kodifizierung des unternehmerischen Ermessens in das Aktiengesetz nachgedacht. Diesen Bestrebungen wurde durch einen Beschluss der Abteilung Wirtschaftsrecht des 63. Deutschen Juristentag in Leipzig im Jahr 2000 Ausdruck verliehen, wonach die *Business Judgement Rule* in § 93 Abs. 2 AktG verankert werden solle.[854] Dementsprechend lautete auch der Vorschlag der Regierungskommission Corporate Governance hinsichtlich einer Kodifizierung des unternehmerischen Ermessens. In ihrem Bericht schlug die Regierungskommission vor, dem unternehmerischen Ermessen in § 93 Abs. 2 AktG mit folgender Formulierung einen Platz zu verschaffen: „Eine Pflichtverletzung liegt nicht vor, wenn der Schaden durch unternehmerisches Handeln im Interesse der Gesellschaft auf der Grundlage angemessener Informationen verursacht wurde, auch wenn dieses Handeln sich aufgrund späterer Entwicklungen oder Erkenntnisse als für die Gesellschaft nachteilig erweist."[855] Die Regierungskommission wollte damit klarstellen, dass eine Erfolgshaftung der Organmitglieder gegenüber der Gesellschaft ausscheidet. Zuletzt verwies der Maßnahmekatalog der Bundesregierung zur Stärkung der Unternehmensintegrität und des Anlegerschutzes explizit auf die *Business Judgement Rule.*[856]

Diese Entwicklung hat nun mit der Verabschiedung des neuen § 93 Abs. 1 Satz 2 AktG durch das UMAG ihren Abschluss gefunden. Der neue § 93 Abs. 1 Satz 2 AktG bestimmt:

---

850 Hierzu näher unten § 18III.2.

851 BGH vom 21.4.1997 (ARAG/Garmenbeck) AG 1997, 377, 379; *Kindler*, ZHR 162 (1998), 101, 104.

852 *Ulmer*, ZHR 163 (1999), 290 ff.; *Baums*, Gutachten F. zum 63. Deutschen Juristentag, 2000.

853 Hierzu vgl. unten § 18V.

854 63. Deutscher Juristentag, Beschluss der Abteilung Wirtschaftsrecht III.1.

855 *Baums*, Bericht der Regierungskommission Corporate Governance, Rn. 70. Der Formulierungsvorschlag folgt dem Vorschlag von *Ulmer*, ZHR 163 (1999), 290, 299.

856 Maßnahmekatalog der Bundesregierung zur Stärkung der Unternehmensintegrität und des Anlegerschutzes Punkt 1 (Der Haftungstatbestand).

„Eine Pflichtverletzung liegt nicht vor, wenn das Vorstandsmitglied bei einer unternehmerischen Entscheidung vernünftigerweise annehmen durfte, auf der Grundlage angemessener Information zum Wohle der Gesellschaft zu handeln."

Mit der Aufnahme dieser Voraussetzungen für einen haftungsfreien Ermessensspielraum in das Gesetz nimmt der Gesetzgeber im wesentlichen Bezug auf die neuere höchstrichterliche Rechtsprechung des BGH in seiner ARAG/ Garmenbeck-Entscheidung.[857] Da die Ausführungen des BGH zum unternehmerischen Ermessen in der ARAG/Garmenbeck-Entscheidung bis zum Abschluss dieser Arbeit maßgeblich waren für die Festlegung der Voraussetzungen des unternehmerischen Ermessens und seiner Grenzen, und das neue Gesetz bei Drucklegung dieser Arbeit den Bundesrat noch nicht passiert und in der Rechtspraxis noch keine Anwendung gefunden hat, wird die ursprüngliche Konzeption dieser Arbeit beibehalten, die die Prüfung des unternehmerischen Ermessens des Vorstands und seiner Grenzen beim Einsatz von Derivaten anhand der ARAG/ Garmenbeck-Entscheidung vornimmt. Dort wo erforderlich, wird auf die Gesetzesbegründung des neuen Gesetzes Bezug genommen.

2. *Das unternehmerische Ermessen in der Rechtsprechung*

Als Rechtsfigur anerkannt und in seinen Voraussetzungen und Grenzen konkretisiert wurde das unternehmerische Ermessen bereits seit längerem von der Rechtsprechung und der begleitenden wissenschaftlichen Lehre. Der BGH hat sich im Laufe der Zeit zwar nur vereinzelt, aber doch immer wieder mit unternehmerischen Handlungen der Verwaltungsorgane, ihrer Pflichtmäßigkeit, der Anerkennung eines unternehmerischen Ermessens und seinen Grenzen im Hinblick auf Schadenersatzansprüche der Gesellschaft gegen die Organe, aber auch im Zusammenhang mit der Beurteilung der Abberufung eines Leitungsorgans oder der Kündigung des Anstellungsverhältnisses aus wichtigem Grund beschäftigt. Die Rechtsprechung ist in wissenschaftlichen Beiträgen zusammengestellt und auf Anhaltspunkte für die Entwicklung von Grundsätzen für das unternehmerische Ermessen und seine Grenzen hin vielfach ausgewertet worden.[858] Für die hier interessierende Frage nach den Grundlagen des unternehmerischen Ermessens und seinen Grenzen sind zwei jüngere Entscheidung des BGH besonders aufschlussreich, die hier kurz vorgestellt werden sollen.

---

857 BGH vom 21.04.1997, BGHZ 135, 244. Vgl. so Gesetzesbegründung zum RegE UMAG vom 17.11.2004, S. 22.

858 Vgl. z.B. die Auswertung der Rechtsprechung bei *Abeltshauser*, Leitungshaftung im Kapitalgesellschaftsrecht, S. 139 ff.; *Goette*, in FS 50 Jahre BGH, S. 123 ff.; *Henze*, BB 2000, 209, 211; *Ders.*, BB 2001, 53, 57f.

a. *Die Entscheidung* Deutsche Bank[859]

Im Fall *Deutsche Bank* verlangten Anfechtungskläger, dass der Beschluss über die Ermächtigung zum Bezugsrechtsausschluss im Rahmen eines genehmigten Kapitals Vorgaben darüber enthalten müsse, an welchen ausländischen Finanz- und Börsenplätzen und in welchem jeweiligen Umfang die neuen Aktien platziert werden. Der BGH hat eine Verpflichtung zur Aufnahme derartiger Einzelheiten in den Ermächtigungsbeschluss abgelehnt. Würden solche detaillierten, ins einzelne gehenden, prognostisch kaum ergründbaren Angaben für die sachliche Rechtfertigung einer Ermächtigung unter Ausschluss des Bezugsrechts verlangt, beschränke man das unternehmerische Ermessen in einem Umfange, der die sachgemäße Planung und Durchführung einer Maßnahme unter angemessener Berücksichtigung der Gegebenheiten und Entwicklungen auf dem Kapitalmarkt und im Börsenhandel praktisch nicht mehr möglich mache.[860] Eine Platzierung, mit der eine Ausweitung der Präsenz an der ausländischen Börse angestrebt wird und mit der in der Regel eine Ausweitung der wirtschaftlichen und unternehmerischen Aktivitäten beabsichtigt sein mag und einhergeht, könne nur dann erfolgreich sein, wenn den Gegebenheiten und Entwicklungen an der Börse des entsprechenden Landes, seiner Konjunktur, Wirtschaft, Wirtschaftspolitik und auch seiner allgemeinen politischen Lage hinreichend Rechnung getragen werden kann. Das setze voraus, dass dem Vorstand in einem gewissen Rahmen die Freiheit verbleibt, die es ihm ermöglicht, diese Einzelheiten bei der Entscheidung zu berücksichtigen und bei der Umsetzung des genehmigten Kapitals jeweils angemessen und flexibel im Interesse und zum Wohle der Gesellschaft reagieren zu können.[861] Andernfalls würde die dem Vorstand übertragene Leitungsverantwortung zu stark beschnitten.

Das Verdienst der Deutsche Bank-Entscheidung ist es, das Bestehen eines unternehmerischen Ermessens des Vorstands als Teil seiner Leitungsaufgabe anzuerkennen.[862] Hinweise zu seinen Voraussetzungen werden nicht gegeben. Andeutungsweise lässt sich entnehmen, dass es Grenzen des unternehmerischen Ermessens geben muss („in einem gewissen Rahmen die Freiheit verbleibt"). Aber auch diesbezüglich werden keine weiteren Konkretisierungen vorgenommen.

Aufschlussreicher in dieser Hinsicht ist die *ARAG/Garmenbeck*-Entscheidung, die als *die* Leitungentscheidung des BGH bezüglich des unternehmerischen Ermessens gilt.

---

859 BGH v. 07.03.1994, BGHZ 125, 239 ff. („Deutsche Bank").
860 BGHZ 125, 239, 246.
861 BGHZ 125, 239, 248.
862 *Kindler*, ZHR 162 (1998), 101, 105.

b. Die ARAG/Garmenbeck-*Entscheidung des BGH*[863]

Die Kläger in der *ARAG/Garmenbeck*-Entscheidung, Mitglieder des Aufsichtsrats der beklagten Gesellschaft (ARAG AG), wandten sich gegen einen Mehrheitsbeschluss des Aufsichtsrats, mit dem die Geltendmachung eines Schadenersatzanspruchs gegen den Vorstandsvorsitzenden der Gesellschaft abgelehnt worden war. Dem Vorstandsvorsitzenden waren Pflichtverletzungen vorgeworfen worden; er habe durch unglückliche Finanztransaktionen, welche im wesentlichen vom Finanzvorstand der Gesellschaft veranlasst und über zwei Tochtergesellschaften durchgeführt worden waren, bei dem Unternehmen einen erheblichen Schaden von rund 80 Mio.DM mitverursacht.[864]

Im Rahmen der Ausführungen über die Verpflichtung des Gesamtaufsichtsrats zur Prüfung einer etwaigen Vorstandshaftung finden sich – sachverhaltsbedingt implizit – einige grundlegende Aussagen zur Verantwortlichkeit des Vorstands. Bei seiner Beurteilung, ob der festgestellte Sachverhalt den Vorwurf eines schuldhaft pflichtwidrigen Vorstandshandeln rechtfertigt, habe der Aufsichtsrat, laut BGH, zu berücksichtigen, „dass dem Vorstand bei der Leitung der Geschäfte des Gesellschaftsunternehmens ein weiter Handlungsspielraum zugebilligt werden“ müsse, „ohne den eine unternehmerische Tätigkeit schlechterdings nicht denkbar“ sei. Dazu gehöre neben dem bewussten Eingehen geschäftlicher Risiken grundsätzlich auch die Gefahr von Fehlbeurteilungen und Fehleinschätzungen, der jeder Unternehmensleiter, mag er auch noch so verantwortungsbewusst handeln, ausgesetzt sei. Eine Schadenersatzpflicht des Vorstands könne erst dann in Betracht kommen, wenn die Grenzen, in denen sich ein von Verantwortungsbewusstsein getragenes, ausschließlich am Unternehmenswohl orientiertes, auf sorgfältiger Ermittlung der Entscheidungsgrundlagen beruhendes unternehmerisches Handeln bewegen müsse, deutlich überschritten seien, die Bereitschaft, unternehmerische Risiken einzugehen, in unverantwortlicher Weise überspannt worden sei oder das Verhalten des Vorstands aus anderen Gründen als pflichtwidrig gelten müsse.[865]

Die grundlegenden Ausführungen des BGH zum unternehmerischen Ermessen geben sowohl Hinweise zu den Voraussetzungen der Gewährung eines Ermessensspielraums, in dessen Rahmen ein Fehlschlag des Vorstands keine Pflichtverletzung darstellt, als auch zu den Grenzen dieses Ermessensspielraums, deren Überschreiten den Vorstand in den Bereich der Pflichtwidrigkeit bringt. Diese bedürfen im Folgenden der näheren Betrachtung.

---

863 BGH v. 21.04.1997, BGHZ 135, 253 ff.=ZIP 1997, 883 ff.=AG 1997, 377 ff.

864 Sacherverhalt nach *Kindler*, ZHR 162 (1998), 101, 103.

865 BGH, ZIP 1997, 883, 885, 886.

III. Voraussetzungen für die Gewährung eines haftungsfreien Ermessensspielraums und seine Grenzen

1. Voraussetzungen für die Gewährung eines haftungsfreien Ermessensspielraums

Bevor der BGH in der *ARAG/Garmenbeck*-Entscheidung Ausführungen macht, denen sich die Voraussetzungen für die Gewährung eines haftungsfreien Ermessensspielraums entnehmen lassen, trifft er einige grundlegende Feststellungen, warum ein Bedürfnis nach Anerkennung eines weiten Ermessensspielraums des Vorstands besteht. So stellt der BGH klar, dass zu einer unternehmerischen Tätigkeit das bewusste Eingehen von Risiken gehört.[866] Dies wiederum bringe zwangsläufig auch die Gefahr von Fehlbeurteilungen und Fehleinschätzungen mit sich, die der Vorstand nicht verhindern könne, auch wenn er noch so verantwortungsbewusst handele.[867] Daher müssen sie dem Vorstand zugestanden werden, ohne dass er mit haftungsrechtlichen Sanktionen rechnen muss.

Dies vorausgeschickt, lassen sich den Ausführungen des BGH drei Voraussetzungen entnehmen, bei deren Vorliegen dem Vorstand ein weiter Handlungsspielraum zugebilligt werden muss.[868] Der BGH geht die Frage des Ermessens zwar aus der Sicht der Haftung des Vorstands an und formuliert dementsprechend primär die Grenzen des unternehmerischen Ermessens („Eine Schadensersatzpflicht kann erst in Betracht kommen, wenn *die Grenzen*, (...) *überschritten* sind"). In einem Relativsatz, den der BGH den „Grenzen" beifügt („Grenzen, *in denen* sich ein (...) unternehmerisches Handeln *bewegen muss*"), äußert er sich aber auch zu dem Verhalten des Vorstands innerhalb dieser Grenzen und nennt

---

866 BGH, ZIP 1997, 883, 885. In diese Richtung, aber nicht ganz so deutlich, schon BGH v. 04.07.1977, BGHZ 69, 207, 213 („Sie (*Verwaltungsorgane, Anm. der Verf.*) sind auch nicht gehalten oder auch nur berechtigt, jedes Geschäft zu verhindern, das mit einem Risiko verbunden ist; mit Risiken behaftete Geschäfte sind im kaufmännischen Leben nicht ungewöhnlich.").

867 BGH, ZIP 1997, 883, 886. Vgl. hierzu auch RegE UMAG v. 17.11.2004, S. 22, der als erste Voraussetzung für die Bejahung eines haftungsfreien Ermessensspielraums das Vorliegen einer unternehmerischen Entscheidung nennt.

868 Der Gesetzgeber legt in der Gesetzesbegründung zu § 93 Abs. 1 Satz 2 AktG fünf Vorausseztungen fest: Unternehmerische Entscheidung, Gutgläubigkeit, Handeln ohne Sonderinteressen oder sachfremde Einflüsse, Handeln zum Wohle der Gesellschaft und Handeln auf Grundlage angemessener Information, vgl. RegE UMAG, S. 22. Diese fünf Voraussetzungen sind alle auch in den drei Voraussetzungen des BGH enthalten.

gewisse Qualitäten des Verhaltens, die als Voraussetzungen für die Gewährung eines haftungsfreien Ermessensspielraums gewertet werden können.[869]

a. *Ein von Verantwortungsbewusstsein getragenes Verhalten*

Die Gewährung eines haftungsfreien Ermessensspielraums setzt danach voraus, dass das Verhalten des Vorstands von Verantwortungsbewusstsein getragen ist.[870] Diese Voraussetzung ist nicht überraschend, findet sich für sie doch ein Anknüpfungspunkt im Aktiengesetz. § 76 Abs. 1 AktG überträgt dem Vorstand die Leitung der Gesellschaft nicht nur „unter *eigener* Verantwortung", sondern auch „unter eigener *Verantwortung*". Das bedeutet, dass der Vorstand nicht nur weisungsfrei und unabhängig entscheiden kann und muss, sondern eben auch verantwortungsvoll. Er muss sich also fragen, was in einer konkreten Situation eine gewissenhafte, ordentliche, redliche und ihrer Aufgabe gewachsene Person an seiner Stelle täte.[871] Der Vorstand hat hier zu berücksichtigen, welche Art von Unternehmen er leitet, insbesondere dessen Größe und die Art des betriebenen Geschäfts, die Konjunkturlage sowie Erfahrungen aus der Vergangenheit.[872] Wohlgemerkt, diese Frage hat sich der Vorstand bei seinem konkreten Handeln zu stellen, wenn er sicher sein will, dass sein Handeln nicht die Grenzen des Ermessens überschreitet.[873] Es geht hier nicht um die Sichtweise des Richters, der sich mit einer Klage gegen das Handeln des Vorstands zu befassen hat.[874] Der Richter überprüft die Entscheidung des Vorstands vielmehr erst, wenn eine Überschreitung der Grenzen des Ermessens behauptet wird.

---

869 Der Gesetzgeber wählt in dem neuen § 93 Abs. 1 Satz 2 AktG ebenfalls diese Perspektive, indem er die Voraussetzungen für das Bestehen eines haftungsfreien Ermessensspielraums nennt.

870 BGH, ZIP 1997, 883, 886.

871 *Hopt*, in Großkomm AktG, § 93 Rn. 86. Vgl. hierzu den neuen Gesetzestext in § 93 Abs. 1 Satz 2 AktG, in welchem diese Voraussetzung durch das Wort „vernünftigerweise" ausgedrückt wird.

872 *Hopt*, in Großkomm AktG, § 93 Rn. 86.

873 Vgl. diesen Gedanken auch bei *Eisenberg*, The Duty of Care in American Corporate Law, Working Paper Series No. 22, S. 45, 46. Diese subjektive Sichtweise hat in dem neuen § 93 Abs. 1 Satz 2 AktG in dem Wort "annehmen" Niederschlag gefunden, das durch das Wort „durfte" begrenzt und objektiviert wird, vgl. hierzu RegE UMAG, S. 22.

874 Vgl. RegE UMAG, S. 23: „Es geht nicht um das ex post ermittelte Wohl der Gesellschaft."

Von Verantwortungsbewusstsein getragenes Verhalten bedeutet, dass der Vorstand seine eigenen Interessen ganz außer Acht lässt.[875] Und es setzt voraus, dass der Vorstand in gutem Glauben handelt, er also selbst an die Richtigkeit seiner Entscheidung glaubt.[876] Fehlt es hieran, verdient er keinen Schutz. Diese beiden letztgenannten Kriterien hat der Vorstand bei seiner Entscheidung selbst zu beachten, ihre Einhaltung wird aber auch von einem Richter überprüft, der in einem Rechtsstreit das Entscheidungsverfahren des Vorstands zu beurteilen hat.[877]

b. *Ausschließlich am Unternehmenswohl orientiertes unternehmerisches Handeln*

Der Vorstand hat sich bei seinem unternehmerischen Handeln ausschließlich am Unternehmenswohl – so wie es sich aus seiner Sicht darstellt – zu orientieren.[878] Hiermit werden zwei seit langem kontrovers diskutierte Themenkomplexe aufgeworfen, nämlich die Frage nach den obersten Unternehmenszielen bzw. Leitungsmaximen, die das Handeln des Vorstands bestimmen, und außerdem die Frage, was unter dem Begriff des Unternehmenswohls zu verstehen ist. Da diese eng miteinander zusammenhängenden Fragen eingehenderer Betrachtung bedürfen, werden sie unten unter IV. in einem eigenen Abschnitt betrachtet.

c. *Auf sorgfältiger Ermittlung der Entscheidungsgrundlagen beruhendes unternehmerisches Handeln*

Die Anerkennung eines haftungsfreien Ermessensspielraums ist schließlich nur dann gerechtfertigt, wenn die unternehmerische Entscheidung auf der Grundlage hinreichender Information getroffen wird.[879] Der Vorstand muss die ihm zur Verfügung stehenden Erkenntnisquellen ausschöpfen. Oft ist es nicht nur nötig, bestehende Informationsquellen zu nutzen, sondern solche auch selbst zu schaffen.

---

875 *Henze*, BB 2001, 53, 57; *Fleischer*, in FS für Wiedemann, S. 826, 841, 842. Vgl. RegE UMAG, S. 23: Geschäftsleiter muss „unbefangen und unabhängig sein, frei von Interessenkonflikten, Fremdeinflüssen und ohne unmittelbaren Eigennutz".

876 *Fleischer*, in FS für Wiedemann, S. 826, 843; *Roth*, Unternehmerisches Ermessen und Haftung des Vorstands, S. 63. vgl. RegE UMAG, S. 22, 23 „ex ante in gutem Glauben".

877 Zur Dualität des Überprüfungsmaßstabs für unternehmerische Entscheidungen, vgl. *Paefgen*, AG 2004, 245, 249.

878 BGH, ZIP 1997, 883, 886. Vgl. auch den neuen § 93 Abs. 1 Satz 2 AktG „zum Wohle der Gesellschaft".

879 *Hopt*, in Großkomm AktG, § 93 Rn. 84; *Goette*, in FS 50 Jahre BGH, S. 123, 140 f.; *Fleischer*, in FS für Wiedemann, S. 826, 840. Vgl. nun auch § 93 Abs. 1 Satz 2 AktG: „auf Grundlage angemessener Information."

Die Beschaffung von Informationen, die den Binnenbereich des Unternehmens betreffen, lässt sich beispielsweise durch den Aufbau von Abteilungen wie Controlling und Interne Revision realisieren. Wenn die eigenen Erkenntnismöglichkeiten nicht ausreichen, muss sich der Vorstand um sachverständigen Rat von außen bemühen, wie beispielsweise die Heranziehung von Rechts-, Steuer- und Unternehmensberatern oder die Einholung von Marktanalysen.[880] Umfang und Art der zugrundezulegenden Information kann abhängig sein von der Dringlichkeit der Entscheidung: Je eiliger die Entscheidung ist, desto eher kann oder muss auf die Einholung zusätzlichen Rates oder eine sonstige Information verzichtet werden.[881]

Gemäß dem neuen § 93 Abs. 1 Satz 2 AktG hält sich der Vorstand dann in den Grenzen eines haftungsfreien Ermessensspielraums, wenn er vernünftigerweise annehmen durfte, auf der Grundlage angemessener Information zu handeln. Welche Intensität der Informationsbeschaffung im Sinne der Norm „angemessen" ist, ist anhand des Zeitvorlaufs, des Gewichts und der Art der zu treffenden Entscheidung und unter Berücksichtigung anerkannter betriebswirtschaftlicher Verhaltensmaßstäbe von ihm ohne groben Pflichtenverstoß zu entscheiden. Eine rein formale Absicherung durch routinemäßiges Einholen von Sachverständigengutachten, Beratervoten oder externe Marktanalysen ist nicht ausreichend.[882]

Haftungsfreier Ermessensspielraum kommt also nur dem „Wagemutigen" zugute, nicht aber dem „Unbesonnenen", der sich über die Voraussetzungen und Auswirkungen seines Handelns nicht rechtzeitig und sorgfältig Rechenschaft abgelegt hat.[883]

2. Die Grenzen des haftungsfreien Ermessensspielraums

Handelt der Vorstand unter Einhaltung der gerade beschriebenen Kriterien, ist sein Handeln – auch wenn es sich als Fehlentscheidung oder Fehlbeurteilung herausstellt, die der Gesellschaft zum Schaden gereicht – nicht justitiabel. Es ist nämlich der Bereich der Aktivität, der vom Richter nicht zu überprüfen ist (freier Ermessensspielraum). Dieser Freiraum besteht aber nicht unbegrenzt. Die Grenzen des haftungsfreien Ermessensspielraums und damit die Schwelle zur Pflichtwidrigkeit des unternehmerischen Handelns des Vorstands sind unter folgenden Voraussetzungen erreicht.

---

880 Zum Ganzen vgl. *Hopt*, in Großkomm AktG, § 93 Rn. 84.
881 *Goette*, in FS 50 Jahre BGH, S. 123, 141.
882 Vgl. RegE UMAG, S. 24.
883 *Fleischer*, in FS für Wiedemann, S. 826, 840.

a. *Deutliches Überschreiten der Grenzen, innerhalb derer ein Haftungsfreiraum gewährt wird*

Die beschriebenen Voraussetzungen für die Gewährung des haftungsfreien Ermessensspielraums bestimmen nicht nur positiv die Anforderungen an ein sanktionsfreies Verhalten des Vorstands, sondern stellen gleichzeitig Grenzen dar, deren Überschreiten eine Pflichtverletzung des Vorstands bedeutet[884], die nunmehr der Prüfung des Richters unterliegt. Dabei führt ein „einfaches" Überschreiten noch nicht zu einer Pflichtverletzung, wohl aber ein „deutliches". Man wird die BGH-Entscheidung[885] also dahin verstehen müssen, dass eine Pflichtverletzung dann vorliegt, wenn ein Verhalten des Vorstands „deutlich" nicht von Verantwortungsbewusstsein getragen oder „deutlich" nicht ausschließlich am Unternehmenswohl orientiert war oder „deutlich" nicht auf sorgfältiger Ermittlung der Entscheidungsgrundlagen beruht. Wann diese Grenzen „deutlich" überschritten sind, lässt sich nicht allgemein sagen, es kommt vielmehr auf den konkreten Einzelfall an.[886] Konkretisierende Hinweise bietet aber die folgende Grenze.

b. *Eingehen unverantwortlicher Risiken*

Die Grenzen des haftungsfreien Ermessensspielraums sind darüber hinaus dann erreicht, wenn die Bereitschaft, unternehmerische Risiken einzugehen, in unverantwortlicher Weise überspannt worden ist.[887] Ob dieses Kriterium eine eigenständige Bedeutung hat, ist fraglich, ist es doch genaugenommen schon in der Voraussetzung enthalten, dass das Verhalten des Vorstands von Verantwortungsbewusstsein getragen sein muss und eine Pflichtverletzung dann vorliegt, wenn diese Grenzen deutlich überschritten sind. Das Verdienst der Erwähnung dieses zusätzlichen Kriteriums ist es aber, dass es zur weiteren Konkretisierung dessen beiträgt, was unter einem von Verantwortungsbewusstsein getragenen Verhalten zu verstehen ist. Der Vorstand darf und muss die Bereitschaft haben, unternehmerische Risiken einzugehen. Allerdings darf er diese Bereitschaft nicht in unverantwortlicher Weise überspannen. Das Merkmal „in unverantwortlicher Weise überspannen" ist wie das Merkmal „Grenzen deutlich überschreiten" ein unbestimmter Rechtsbegriff, der der Ausfüllung im Einzelfall bedarf. Nach einer Ansicht in der Literatur soll allerdings diesbezüglich die oben vorgestellte *Klöckner*-Entscheidung Anhaltspunkte geben.[888] Die Grenzen unternehmerisch verantwor-

---

884 *Henze*, BB 2001, 53, 57.
885 BGH, ZIP 1997, 883, 886.
886 Hierzu betrachte aber sogleich und unten § 19III.
887 BGH, ZIP 1997, 883, 886.
888 *Henze*, BB 2000, 209, 215.

tungsbewussten Handelns seien deutlich überschritten bzw. die Bereitschaft, unternehmerische Risiken einzugehen, in unverantwortlicher Weise überspannt, wenn das Handeln schlechterdings nicht zu rechtfertigen ist und ein verantwortungsbewusst denkender und handelnder Kaufmann zu ihrer Durchführung zu keiner Zeit bereit wäre.[889] Auch wenn diese Formel unbestimmt ist, so ist ihr zumindest eine Grenze zu entnehmen. Die Verschwendung von Gesellschaftsvermögen durch den Vorstand ist ein deutlich nicht mehr von Verantwortungsbewusstsein getragenes Verhalten.[890] Vorstandsmitglieder, die eine Schmälerung des Gesellschaftsvermögens riskieren, ohne dass damit ein erkennbarer Vorteil für die Gesellschaft ersichtlich ist, überschreiten die Grenze unternehmerischen Ermessens.[891]

c. *„Andere Gründe der Pflichtwidrigkeit"*

Die Grenzen des unternehmerischen Ermessens sind schließlich dann erreicht, wenn das Verhalten des Vorstands „aus anderen Gründen als pflichtwidrig" gelten muss.[892] Nach einhelliger Meinung scheidet ein haftungsfreier unternehmerischer Ermessensspielraum also jedenfalls dann aus, wenn mit dem Verhalten gegen strikte gesetzliche Pflichten oder gegen die Satzung verstoßen wird.[893]

IV. Das Unternehmenswohl als ausschließliche Leitungsmaxime für den Vorstand

Der BGH hat in der *ARAG/Garmenbeck*-Entscheidung das Unternehmenswohl als ausschließliche Leitungsmaxime für ein pflichtgemäßes Handeln des Vorstands postuliert.[894] Mit diesem einfachen Satz spricht der BGH eine Problematik an, die in Rechtswissenschaft und Rechtsprechung seit langem kontrovers diskutiert wird. Es ist damit zum einen die Frage nach den obersten Unternehmenszielen bzw. Handlungsmaximen, die das Vorstandshandeln bestimmen, aufgeworfen, sowie zum anderen die Frage, was unter dem Unternehmenswohl zu verste-

889 BGHZ 119, 305, 331 („Klöckner").
890 *Hopt*, in Großkomm AktG, § 93 Rn. 111.
891 *Fleischer*, in FS für Wiedemann, S. 826, 845; *Henze*, BB 2000, 209, 215; *Ulmer*, ZHR 163 (1999), 290, 298.
892 BGH, ZIP 1997, 883, 886.
893 *Henze*, BB 2000, 209, 215; *Ders.*, BB 2001, 53, 57; *Fleischer*, in FS für Wiedemann, S. 826, 845; *Ulmer*, ZHR 163 (1999), 290, 298. Vgl. auch *Paefgen*, AG 2004, 245, 252, der in dieser Formulierung des BGH einen verklausulierten Hinweis auf die von ihm als solche bezeichnete Legalitätspflicht des Vorstand sieht.
894 So nun auch der Gesetzgeber in dem neuen § 93 Abs. 1 Satz 2 AktG: zum Wohle der Gesellschaft.

hen ist. Die beiden eng miteinander verknüpften Themen sind in der wissenschaftlichen Literatur eingehend behandelt worden,[895] ohne dass dabei abschließende Lösungen gefunden wurden.[896] An dieser Stelle kann daher nur ein kurzer Überblick über die verschiedenen Lösungsansätze gegeben werden, der aber insoweit von Bedeutung ist, als die geltenden Richtlinien für das Handeln des Vorstands auch Auswirkungen auf die Beurteilung der Pflichtmäßigkeit eines Derivateeinsatzes haben.

1. Interessenpluralität in der Aktiengesellschaft

Ausgangspunkt der Überlegungen hinsichtlich Handlungsmaximen des Vorstands und in Bezug auf das Unternehmenswohl ist die Tatsache, dass in einer Aktiengesellschaft eine Vielzahl von unterschiedlichen Interessen[897] und Begehrenspositionen[898] zusammenlaufen, die der Vorstand bei seinen im Rahmen der Leitung der Gesellschaft zu treffenden Entscheidungen „unter einen Hut" zu bringen hat. Dies setzt zunächst voraus, die verschiedenen in Rede stehenden Interessen festzustellen. Als zu berücksichtigende Interessengruppen (Stakeholder) werden gemeinhin die Aktionäre, die Arbeitnehmer und die sonstigen Gläubiger sowie die Öffentlichkeit genannt.[899]

a. Aktionärsinteressen und Shareholder Value

Die Aktionäre bilden eine in sich nicht homogene Gruppe von Interessenten. Interessenkonflikte bestehen zwischen Gruppen von Aktionären mit verschiedenen Zielrichtungen. So mögen manche reine Kapitalanleger im Sinne des Shareholder Value-Gedankens[900] sein, deren Hauptinteresse die Maximierung des Werts ihrer Investition ist, um bei einer Wertsteigerung gegebenenfalls rasche Veräuße-

---

895 Vgl. in der Fülle der Literatur nur *Großmann*, Unternehmensziele im Aktienrecht; 1980; *Mülbert*, ZGR 1997, 129, 141 ff.; *Roth*, Unternehmerisches Ermessen und Haftung des Vorstands, S. 23 ff; *Säcker*, in FS für Lukes, S. 547-557; *Semler*, Leitung und Überwachung der Aktiengesellschaft, Rn. 32 ff., 49 ff.; *Hommelhoff*, Die Konzernleitungspflicht, S. 247 ff.; *Teubner*, ZHR 148 (1984), 470-488; *Zöllner*, Die Schranken mitgliedschaftlicher Stimmrechtsmacht bei den privatrechtlichen Personenverbänden, S. 67 ff., vgl. auch die Zusammenstellung der Literatur bei *Hefermehl/Spindler*, in MünchKomm AktG, § 76 Vor Rn. 57.

896 *Hefermehl/Spindler*, in MünchKomm AktG, § 76 Rn. 58.

897 *Hefermehl/Spindler*, in MünchKomm AktG, § 76 Rn. 53.

898 *Schön*, ZGR 1996, 429, 438.

899 *Hüffer*, AktG, § 76 Rn. 12; *Hefermehl/Spindler*, in MünchKomm AktG, § 76 Rn. 53 f.; *Roth*, Unternehmerisches Ermessen und Haftung des Vorstands, S. 23.

900 Vgl. hierzu oben Einleitung II.

rungsgewinne erzielen zu können, während andere gerade in ihrer Eigenschaft als Aktionäre ein Interesse an der langfristigen Gewinnmaximierung der Gesellschaft haben, um eine wertbeständige und dauerhaft rentable Anlage zu besitzen, bzw. sonstige wirtschaftliche oder auch soziale und ideelle Ziele verfolgen. Ferner kann es Unterschiede geben zwischen den berechtigten Interessen des Mehrheitsaktionärs und den schutzwerten Interessen der Minderheitsaktionäre. Der Schutz der Minderheitsaktionäre erfolgt im Wesentlichen – neben den gesetzlich vorgesehenen Schutzmechanismen der Individual- und Minderheitsrechte – durch den Grundsatz der Gleichbehandlung der Aktionäre (§ 53 a AktG) und die ungeschriebene, aber in der Rechtsprechung anerkannte Treuepflicht des Vorstands.[901]

Die Diskussion um die Berücksichtigung der Aktionärsinteressen wurde im letzten Jahrzehnt unter dem Stichwort des „Shareholder Value" geführt.[902] Dabei geht es um die Frage, ob und in welchem Maße die Steigerung des Unternehmenswerts im Interesse der Aktionäre das Handeln des Vorstands zu bestimmen hat.[903] Es wurde in der Einleitung schon angedeutet, dass der Shareholder Value-Gedanke aus der anglo-amerikanischen Kapitalmarkttheorie stammt, die einen breit diversifizierten Anlegertypus im Auge hat, dem es allein auf die Wertsteigerung seines Investments ankommt und der eine Investition in Aktien nur unter dem Gesichtspunkt Ertrag/Risiko bewertet und vornimmt.[904] Daher liegt ihm allein an einer Steigerung des Werts seiner Aktien. Der Reiz des Shareholder Value-Gedankens besteht darin, dass er dem Vorstand einen griffigen Maßstab für sein Handeln bietet, da das Konzept auf vertraute, exakte Rechenmethoden aus der ökonomischen Portfolio-Theorie abstellt.[905]

Häufig unter Vernachlässigung dieser Hintergründe wurde der Shareholder Value-Gedanke in Deutschland weitgehend dahin verstanden, dass den Aktionärsinteressen zwingend der Vorrang vor den Interessen der anderen Stakeholder einzuräumen ist.[906] Bestätigt wurde diese Sichtweise durch den Gesetzgeber, der nach allgemeiner Meinung den Shareholder Value-Gedanken mit dem KonTraG in das Aktienrecht aufgenommen hat.[907] Nach der Gesetzesbegründung zum

901 *Kort*, in Großkomm AktG, § 76 Rn. 53.

902 *Mülbert*, ZGR 1997, 129 ff.; Kort, in Großkomm AktG, § 76 Rn. 54; *Hüffer*, AktG, § 76 Rn. 12; *Hefermehl/Spindler*, in MünchKomm AktG, § 93 Rn. 63 ff.; *Seibert*, AG 2002, 417, 419 („heute zu Recht aus der Mode gekommen").

903 *Jäger*, Aktiengesellschaft, § 56 Rn. 10.

904 Ausführlich hierzu *Mülbert*, ZGR 1997, 129, 135, 140, 157.

905 *Hefermehl/Spindler*, in MünchKomm AktG, § 76 Rn. 63; *Mülbert*, ZGR 1997, 129, 133.

906 *Hefermehl/Spindler*, in MünchKomm AktG, § 76 Rn. 64.

907 *Hefermehl/Spindler*, in MünchKomm AktG, § 93 Rn. 64.

KonTraG verlangt die Bedeutung ausländischer Investoren und ihrer Erwartungen eine zunehmende Orientierung der Unternehmensstrategien deutscher Unternehmen an den Interessen der Anleger und damit an einer langfristigen Wertsteigerung für die Anteilseigner.[908] Wie letztendlich der Shareholder Value-Gedanke bei der Berücksichtigung der Interessen miteinfließt, wird sogleich betrachtet.

b. Interessen der Arbeitnehmer und sonstiger Gläubiger

In die Gesellschaft fließen außerdem die Interessen der Arbeitnehmer und von Gläubigern zusammen. Arbeitnehmerinteressen finden in vielfältiger Weise durch gesetzliche Vorgaben Beachtung (Mitbestimmungsgesetz, Betriebsverfassungsgesetz). Darüber hinaus bestehen aber auch noch ein allgemeines Recht und eine Pflicht des Vorstands, die Interessen der Arbeitnehmer bei der Leitung zu berücksichtigen.[909] Ein wichtiges Interesse der Arbeitnehmer ist eine hohe Entlohnung sowie die Sicherheit des Arbeitsplatzes. Interesse an dem Fortbestand und der Liquidität der Gesellschaft haben auch sonstige Gläubiger, die ebenfalls zu berücksichtigen sind, auch wenn sie grundsätzlich durch ihre individuellen Verträge geschützt sind.

c. Gemeinwohlinteressen

Schließlich besteht Übereinstimmung, dass die Gesellschaft als soziale Veranstaltung auch die Interessen der Gesamtwirtschaft und der Allgemeinheit, z.B. von Kommunen zu berücksichtigen hat.[910]

2. Die verschiedenen Konzepte der Berücksichtigung der verschiedenen Interessen

Hat der Vorstand angesichts einer Entscheidungssituation die verschiedenen in Rede stehenden Interessen festgestellt, stellt sich die Frage, in welcher Rangfolge und nach welchen Maßstäben er sie zu berücksichtigen hat. Diesbezüglich wird eine Reihe von Konzepten vertreten, die letztendlich alle keine voll befriedigende Lösung bieten.

Einigkeit herrscht zunächst aber darüber, dass das unternehmerische Ermessen dem Vorstand den Raum bietet, die in Rede stehenden Interessen zu berück-

---

908 BegrRegE KonTraG, BT-Drucks. 13/9712, S. 11.

909 *Kort*, in Großkomm AktG, § 76 Rn. 58.

910 *Hüffer*, AktG, § 76 Rn. 12; *Mertens*, in KölnKomm AktG, § 76 Rn. 16; *Hefermehl/Spindler*, in MünchKomm AktG, § 93 Rn. 56, 69; Kort, in Großkomm AktG, § 76 Rn. 60 ff.

sichtigen.[911] Ermessensausübung bedeutet auch sachgerechte Wahrnehmung der in der Gesellschaft zusammentreffenden Interessen.[912] Hinsichtlich des Maßstabs für eine sachgerechte Wahrnehmung der verschiedenen Interessen wird folgendes vertreten.

a. Unternehmenswohl als ausschließlicher Maßstab nach BGH

Nach der *ARAG/Garmenbeck*-Entscheidung des BGH ist das Unternehmenswohl ausschließlicher Maßstab für die Berücksichtigung der verschiedenen Interessen durch den Vorstand.[913] Was unter dem Unternehmenswohl zu verstehen ist, präzisiert der BGH allerdings nicht. Man kann der Entscheidung nur entnehmen, dass der BGH den Begriff des Unternehmenswohls mit dem des Gesellschaftsinteresses (Unternehmensinteresses) synonym gebraucht.[914]

b. Interessenabwägung- Gebot der praktischen Konkordanz

Nach anderer Ansicht hat der Vorstand die divergierenden Interessen zu gewichten, gegeneinander abzuwägen und danach zu einer Entscheidung zu gelangen.[915] Eine bestimmte Rangfolge der maßgeblichen Interessen soll es nicht geben, insbesondere existiert keine vorrangige Bindung an die Arbeitnehmerinteressen oder eine Gemeinwohlklausel wie noch in § 70 Abs. 1 des AktG von 1937.[916] Der Vorstand hat neben den Anteilseignerinteressen auch Arbeitnehmer- und Allgemeininteressen als gleichwertige Entscheidungsfaktoren zu berücksichtigen. Divergierende Interessen sind im Sinne praktischer Konkordanz gegeneinander abzuwägen.[917] Dabei stehen bei langfristiger Betrachtung die verschiedenen Interessenrichtungen, denen der Vorstand bei der Abwägung verpflichtet ist, von vornherein weitgehend in praktischer Konkordanz. Alle Unternehmensbeteiligten haben letztlich ein Interesse an langfristiger Gewinnerzielung. Ein Unternehmen, das keinen Gewinn macht, kann keine Mittel für soziale Zwecke erübrigen und kann keine guten Arbeitsbedingungen anbieten. Ein Unternehmen, das seine Ka-

---

911 *Roth*, Unternehmerisches Ermessen und Haftung des Vorstands, S. 23.

912 *Hüffer*, AktG, § 76 Rn. 12.

913 BGH, ZIP 1997, 883, 886. So nun auch der neue Gesetzestext in § 93 Abs. 2 Satz 1 AktG: zum Wohle der Gesellschaft.

914 BGH, ZIP 1997, 883, 886 (re.Sp.); *Roth*, Unternehmerisches Ermessen und Haftung des Vorstands, S. 28.

915 *Hüffer*, AktG, § 76 Rn. 12; *Kort*, in Großkomm AktG, § 76 Rn. 64.

916 *Hüffer*, AktG, § 76 Rn. 12; *Roth*, Unternehmerisches Ermessen und Haftung des Vorstands, S. 26.

917 *Kort*, in Großkomm AktG, § 76 Rn. 64.

pitalgeber nicht zufriedenstellend bedient, wird auf Schwierigkeiten bei der Kapitalbeschaffung stoßen.[918]

Im Rahmen der Interessenabwägung ist selbstverständlich auch Raum für den Shareholder Value-Gedanken.[919] Zwar bedeutet dies nicht, dass die Aktionärsinteressen stets vorrangig zu berücksichtigen sind. Vielmehr ist immer zu beachten, dass der Vorstand in erster Linie nicht Sachwalter einzelner Aktionärsgruppen ist, sondern Sachwalter der Gesellschaft.[920] Aber es bedeutet wohl, dass die Aktionärsinteressen in gebotenem Maße gewürdigt werden. Dabei ist zum Beispiel zu berücksichtigen, dass die Orientierung der Aktiengesellschaft am Shareholder Value und das Interesse der Aktiengesellschaft an einer Steigerung des Börsenkurses letztlich auch Wettbewerbsparameter für das Unternehmen sein können, da diese Faktoren maßgeblich die Kosten für die Beschaffung von Eigen- und Fremdkapital bestimmen. Dies kann u.U. ein Grund sein, sich vorrangig am Shareholder Value zu orientieren.[921]

c. *Das Unternehmensinteresse*

Wie der BGH nennt auch die Literatur das Unternehmensinteresse/Gesellschaftsinteresse bzw. synonym das Unternehmenswohl als Handlungsmaxime für den Vorstand. Auch der Deutsche Corporate Governance Kodex verpflichtet den Vorstand auf die Wahrung des Unternehmensinteresses.[922] Dabei ist aber in der seit langem geführten Diskussion letztlich unklar geblieben, was unter dem Unternehmensinteresse zu verstehen ist.[923] Die Erklärungsversuche reichen von dem Unternehmensinteresse als der Resultante aus den verschiedenen Interessen der Unternehmensbeteiligten, über das Unternehmensinteresse als übereinstimmendes Interesse aller Unternehmensbeteiligten an der langfristigen Bestandserhaltung/Rentabilität des Unternehmens bis hin zur Anerkennung des Unternehmensinteresses als ein gegenüber den Interessen der verschiedenen Unternehmensbeteiligten zu unterscheidendes, mehr oder minder verselbständigtes Interesses des Unternehmens selbst.[924] Am ehesten handhabbar ist schließlich der Begriff des Unternehmensinteresses, wenn man ihn als sprachliche Zusammenfassung dessen

918 *Mertens*, in KölnKomm AktG, § 76 Rn. 19.
919 *Hüffer*, AktG, § 76 Rn. 12.
920 *Kort*, in Großkomm AktG, § 76 Rn. 64.
921 *Kort*, in Großkomm AktG, § 76 Rn. 64.
922 Ziff. 4.1.1. und 4.3.3. des DCGK.
923 *Teubner*, ZHR 148 (1984), 470 („Gruselkabinett der Rechtsfiguren").
924 Überblick der verschiedenen Konzeptionen bei *Mülbert*, ZGR 1997, 129, 142; *Hüffer*, AktG, § 76 Rn. 15; *Teubner*, ZHR 148 (1984), 470.

betrachtet, was gerade beschrieben wurde.[925] Das Unternehmensinteresse ist das Ergebnis eine Abwägung der im Unternehmen zusammenlaufenden Interessen verschiedener Interessenträger.

d. *Rentabilität und Fortbestand der Gesellschaft als oberstes Gebot*

Der Streit um die Frage, welche Handlungsmaxime das Verhalten des Vorstands bestimmt, welche Interessen in welcher Rangfolge er zu berücksichtigen hat, ist in den meisten Fällen theoretischer Art.[926] Denn unbestritten steht fest, dass der Vorstand bei seinen Entscheidungen sein unternehmerisches Ermessen nicht gegen das Unternehmen selbst kehren darf. Mit der Übertragung der Leitung der Gesellschaft auf den Vorstand ist die Idee verbunden, die Aktiengesellschaft dauerhaft rentabel zu halten.[927] Die Leitung der Gesellschaft auf der Basis von Rentabilitätsgesichtspunkten ist nicht nur eine betriebswirtschaftlich gebotene Maxime, die in der Praxis das unternehmerische Handeln tatsächlich maßgeblich prägt[928], sondern sie begründet eine Rechtspflicht des Vorstands zur Leitung der Gesellschaft in diesem Sinne.[929] Aus der Pflicht, die dauerhafte Rentabilität der Aktiengesellschaft zu gewährleisten, ergibt sich zugleich, dass der Fortbestand der Gesellschaft allgemeines Ziel des Vorstands ist. Der Vorstand ist aber nicht verpflichtet, den Bestand der Gesellschaft um jeden Preis zu erhalten. Die Aufrechterhaltung einer andauernd unrentablen Gesellschaft liegt nicht im Unternehmensinteresse.[930] Aus der Verpflichtung zur dauerhaften Rentabilität der Gesellschaft folgt außerdem nicht, dass eine kurzfristige Orientierung an anderen Gesichtspunkten nicht auch denkbar ist. So kann etwa aus Investitionsgründen, aber auch aus Image- oder Marketinggründen, kurz- oder mittelfristig die Gesellschaft mit Kosten (z.B. sozialen Kosten) belastet werden, um damit langfristig die Rentabilität zu gewährleisten.[931]

---

925 *Hüffer*, AktG, § 76 Rn. 15; *Mülbert*, ZGR 1997, 129, 142.

926 *Kort*, in Großkomm AktG, § 76 Rn. 52.

927 *Hüffer*, AktG, § 76 Rn. 13; *Kort*, in Großkomm AktG, § 76 Rn. 52; *Mertens*, in KölnKomm AktG, § 17 und 22; *Hefermehl/Spindler*, in MünchKomm AktG, § 76 Rn. 61; *Zimmer/Sonneborn*, in Lange/Wall, Risikomanagement nach dem KonTraG, § 1 Rn. 163.

928 Vgl. das Ergebnis der empirischen Studie von *Glaum/PwC*, Finanzwirtschaftliches Risikomanagement deutscher Industrie- und Handelsunternehmen, S. 82. 80% der teilnehmenden Unternehmen gaben die „Sicherung des Fortbestands der Unternehmung" als das bei weitem wichtigste Ziel ihres Risikomanagements an.

929 *Kort*, in Großkomm AktG, § 76 Rn. 52; *Hüffer*, AktG, § 76 Rn. 13. Vgl. so auch RegE UMAG, S. 22.

930 *Kort*, in Großkomm AktG, § 76 Rn. 52.

931 *Kort*, in Großkomm AktG, § 76 Rn. 52.

Einen gesetzlichen Anhaltspunkt für die Orientierung des Vorstands an der Rentabilität/dem Fortbestand des Unternehmens als oberstem Gebot bietet (neben der Gesetzesbegründung zu dem neuen § 93 Abs. 1 Satz 2 AktG[932]) auch § 91 Abs. 2 AktG. Mit der Verpflichtung des Vorstands zur Einrichtung eines Überwachungssystems, damit den Fortbestand der Gesellschaft gefährdende Entwicklungen früh erkannt werden, hebt der Gesetzgeber die Bedeutung dieser Handlungsmaxime hervor. Sie ist es schließlich auch, die das pflichtmäßige Verhalten des Vorstands beim Einsatz von Derivaten maßgeblich beeinflusst.

V. Exkurs: Die amerikanische „Business Judgement Rule“

Ausführungen zu den Voraussetzungen des unternehmerischen Ermessens und seinen Grenzen im deutschen Recht können nicht erfolgen, ohne zumindest einige Worte zu der aus dem amerikanischen Gesellschaftsrecht bekannten *„Business Judgement Rule“* zu verlieren. In der Diskussion dessen, was unter dem „unternehmerischen Ermessen“ zu verstehen sei, wird der Begriff des *„Business Judgement“* dafür als Synonym verwendet.[933] Nach überwiegender Ansicht im deutschen Schrifttum ist die amerikanische *Business Judgement Rule* durch das *ARAG/Garmenbeck*-Urteil des BGH in die Interpretation des deutschen § 93 AktG und der Voraussetzungen von Pflichtverletzungen und Grenzen des unternehmerischen Ermessens einbezogen worden[934], was nun durch die Kodifizierung des unternehmerischen Ermessens in § 93 Abs. 1 Satz 2 AktG auch durch den Gesetzgeber bestätigt wurde.[935] Es ist daher praktisch unumgänglich, sich kurz den Inhalt und das Wesen der amerikanischen *Business Judgement Rule* zu verdeutlichen.

1. Inhalt der Business Judgement Rule

Eine allgemeingültige gesetzliche Formulierung der *Business Judgement Rule* gibt es nicht. Zwar wird das Gesellschaftsrecht der Vereinigten Staaten durch die Bundesstaaten geregelt, so dass man nicht unbedingt eine bundeseinheitliche, dafür aber eine einzelstaatliche Regelung erwarten könnte. Dennoch findet sich im

---

932 Vgl. RegE UMAG, S. 22.
933 Vgl. hierzu oben § 18II.1.
934 *Ulmer*, ZHR 163 (1999), 290, 298; *Hopt*, in Großkomm AktG, § 93 Rn. 83; *Kindler*, ZHR 162 (1998), 101, 107, *Henze*, BB 2000, 209, 215; *Fleischer*, in FS für Wiedemann, S. 826, 837 („höchstrichterlicher Ritterschlag“).
935 Vgl. RegE UMAG, S. 21.

Gesellschaftsrecht keines einzigen Bundesstaates eine Legaldefinition.[936] Die *Business Judgement Rule* ist vielmehr eine rein richterrechtliche Figur, die in jedem Staat der USA von den Gerichten eigenständig entwickelt worden ist und demgemäß in den einzelnen Bundesstaaten zumindest in Nuancen unterschiedlich gehandhabt wird.

Für die Darstellung der *Business Judgement Rule* wird daher weitgehend auf den aus der Rechtsprechung abgeleiteten Definitionsversuch des American Law Institute in seinen Principles of Corporate Governance zurückgegriffen. Bei dem American Law Institute handelt es sich um ein vom Staat unabhängiges Institut, dessen Aufgabe es ist, Prinzipien des einzelstaatlich geregelten und damit zersplitterten amerikanischen Gesellschaftsrechts aufzustellen, die als Anregungen für eventuelle Kodifikationen dienen können.

Gemäß § 4.01 (c) der Principles of Corporate Governance lautet die *Business Judgement Rule*:[937]

> „A director or officer who makes a business judgement in good faith fulfills the duty under this Section if the director or officer:
> (1) is not interested in the subject of the business judgement;
> (2) is informed with respect to the subject of the business judgement to the extent the director or officer reasonably believes to be appropriate under the circumstances; and
> (3) rationally believes that the business judgement is in the best interests of the corporation."[938]

2. *Wesen der Business Judgement Rule*

Die amerikanische *Business Judgement Rule* ist in ihrem Ursprung eine schlichte Beweislastregel.[939] Bei Erfüllung ihrer Voraussetzungen ist von einem sorgfältigen und pflichtgemäßen unternehmerischen Entscheiden auszugehen. Die Einhal-

---

936 *Mutter*, Unternehmerische Entscheidungen und Haftung des Aufsichtsrats der Aktiengesellschaft, S. 209.

937 Vgl. *The American Law Institute*, Principles of Corporate Governance: Analysis and Recommendations, Volume 1, Parts I-VI, §§ 1.01-6.02, as adopted and promulgated by The American Law Institute at Washington, D.C., May 13, 1992, S. 138, 139.

938 Übersetzungsversuch: „Ein director, der ein business judgement in gutem Glauben (good faith) trifft, genügt der ihm obliegenden Sorgfaltspflicht, wenn er (i) unparteiisch (not interested) entscheidet; (ii) hinsichtlich des Gegenstands der Entscheidung nach seiner Überzeugung und bei Berücksichtigung der Umstände angemessen informiert ist und (iii) vernünftigerweise annehmen darf, dass seine Entscheidung im besten Interesse der Gesellschaft liegt." Zitiert bei *Mutter*, Unternehmerische Entscheidungen und Haftung des Aufsichtsrats der Aktiengesellschaft, S. 209, Fn. 1050.

939 *Mutter*, Unternehmerische Entscheidungen und Haftung des Aufsichtsrats der Aktiengesellschaft, S. 215; *Ulmer*, ZHR 163 (1999), 290, 298.

tung der Bedingungen der *Business Judgement Rule* wird von den Gerichten für den Regelfall vermutet.[940] Der Kläger in einem Haftungsprozess muss das Vorliegen der Voraussetzungen der *Business Judgement Rule* bestreiten und widerlegen, erst dann tritt das Gericht in eine inhaltliche Sachprüfung der unternehmerischen Entscheidung ein. Dabei liegt dann die Beweislast für die Richtigkeit der unternehmerischen Entscheidung bei den beklagten Organen der Gesellschaft.[941]

Hinter dieser Beweislastregel steht der Gedanke, dass Richter keine oder schlechte Manager sind und aus ihrer ex-post Perspektive unternehmerische Entscheidungen nur sehr begrenzt beurteilen können.[942] Daher sollen sie aus unternehmerischen Entscheidungen heraus gehalten bleiben, indem diese der richterlichen Nachprüfung weitgehend vorenthalten werden. Dies wird erreicht, indem mit Hilfe der *Business Judgement Rule* in erster Linie das Verfahren der Entscheidungsfindung der richterlichen Prüfung unterworfen wird, während der Inhalt der Entscheidung und ihre Richtigkeit nur sehr begrenzt richterlich überprüft werden, nämlich nur im Hinblick auf evidente Fehlgriffe.[943]

Die verfahrensmäßigen Anforderungen an die Entscheidungsfindung, wie sie durch die *Business Judgement Rule* aufgestellt werden, haben letztlich aber auch materiellrechtliche Auswirkungen. Da der Vorwurf der sachlichen Fehlentscheidung und damit der Pflichtverletzung im einzelnen mit Hilfe der beschriebenen verfahrensmäßigen Anforderungen durch den Kläger untermauert werden muss, führt die *Business Judgement Rule* im Ergebnis dazu, dass der Inhalt der den „directors" auferlegten Pflichten auch materiell-rechtlich von den prozessualen Anforderungen bestimmt wird.[944]

---

940 *Jäger*, Aktiengesellschaft, § 22 Rn. 42; *Paefgen*, AG 2004, 245, 256 ff.

941 *Mutter*, Unternehmerische Entscheidungen und Haftung des Aufsichtsrats der Aktiengesellschaft, S. 215, 216; *Ulmer*, ZHR 163 (1999), 290, 298.

942 *Roth*, Unternehmerisches Ermessen und Haftung des Vorstands, S. 46; *Paefgen*, AG 2004, 245, 247.

943 *Mutter*, Unternehmerische Entscheidungen und Haftung des Aufsichtsrats der Aktiengesellschaft, S. 216; In der amerikanischen Literatur wird in diesem Zusammenhang zwischen *„standard of conduct"* und *„standard of review"* unterschieden. Es wird davon ausgegangen, dass die *Business Judgement Rule* keinen *„standard of conduct"* statuiere, vergleichbar einem deliktsrechtlichen Sorgfaltsgebot, sondern einen weniger strikten *standard of review*, vgl. *Eisenberg*, The Duty of Care in American Corporate Law, Working Paper Series No. 22, S. 10 ff.; *Paefgen*, AG 2004, 245, 249, Fn. 37.

944 *Mutter*, Unternehmerische Entscheidungen und Haftung des Aufsichtsrats der Aktiengesellschaft, S. 217.

3. *Zurückhaltung hinsichtlich der Übertragung der Business Judgement Rule in das deutsche Recht*

Das Wesen der amerikanischen *Business Judgement Rule* als Beweislastregel zeigt schon die Schwierigkeiten, die bei ihrer Übertragung in das deutsche Recht auftreten müssen. Das deutsche Haftungsrecht hat in § 93 Abs. 2 Satz 2 AktG eine positiv gesetzliche Beweislastregel. Durch sie ist den Leitungsorganen bei einem Schadensfall die Beweislast für das Fehlen von Pflichtwidrigkeit und Verschulden auferlegt; ihnen obliegt weitgehend die Darstellung ihrer Entlastung. Auch bei noch so weiter Auslegung lässt sich die Beweislastverteilung durch die *Business Judgement Rule* nicht mit der deutschen Norm in Einklang bringen.[945]

Der Einsatz der *Business Judgement Rule* als Beweislastregel im deutschen Recht ist und war allerdings auch nie das Ziel der deutschen Wissenschaft und Rechtsprechung. Vielmehr erhofft man sich von ihr eine Hilfestellung bei der Suche nach rechtlichen Anforderungen an das unternehmerische Entscheidungsverfahren, aus denen konkrete Pflichten im Sinne des § 93 Abs. 1 Satz 1 AktG abgeleitet und formuliert werden könnten. Auch dabei ist aber mit Vorsicht vorzugehen.[946] Der deutsche Gesetzgeber hat nun mit der Kodifizierung des unternehmerischen Ermessens in § 93 Abs. 1 Satz 2 AktG eine eigene gesetzliche Grundlage für die Bestimmung des haftungsfreien Ermessensspielraums geschaffen, die sich an den „Vobildern" der *Business Judgment Rule* aus dem angelsächsischen Rechtskreis orientiert.[947]

§ 19 Konkretisierung der Pflichten des Vorstands und des unternehmerischen Ermessens beim Einsatz von Derivaten

Die gerade dargestellten Grundlagen der Verhaltenspflichten des Vorstands gemäß § 93 Abs. 1 Satz 1 AktG und der Voraussetzungen und Grenzen seines unternehmerischen Ermessens werden im Folgenden genutzt, um den Einsatz von Derivaten in der Aktiengesellschaft durch den Vorstand auf seine Pflichtmäßig-

---

945 *Mutter*, Unternehmerische Entscheidungen und Haftung des Aufsichtsrats der Aktiengesellschaft, S. 219.

946 *Hopt*, in Großkomm AktG, § 93 Rn. 83.; *Abeltshauser*, Leitungshaftung im Kapitalgesellschaftsrecht, S. 170 f.; Vgl. auch *Fleischer*, in FS für Wiedemann, S. 826, 833, der die Frage aufwirft, ob man die *Business Judgement Rule* als *„legal transplant"* ins deutsche Recht übernehmen kann oder ob dem nicht rechtliche (z.B. internationalprivatrechtliche) Bedenken entgegenstehen. Vgl. dazu auch *Paefgen*, AG 2004, 245, 248, Fn. 26.

947 RegE UMAG, S. 22.

keit hin zu beurteilen. Dabei ist die Frage, was der Vorstand im Zusammenhang mit dem Einsatz von Derivaten „alles darf" oder „alles muss" unter den folgenden Aspekten zu betrachten.

Entscheidungen des Vorstands, Derivate im Unternehmen einzusetzen, und die Wahl einer Einsatzstrategie sind unternehmerische Entscheidungen „unter Unsicherheit". Um in der Lage zu sein, eine den Verhältnissen des Unternehmens angemessene Entscheidung zu treffen, muss dem Vorstand darum ein weiter Ermessensspielraum zur Verfügung stehen. Es stellt sich aber die Frage, wann die Grenzen des Ermessens erreicht werden und ob sich das weite Ermessen des Vorstands in Einzelfällen zu einer Pflicht des Vorstands verdichten kann, Derivate zu nutzen.

Die Thematik der Verhaltenspflichten des Vorstands ist des Weiteren unter einem anderen Blickwinkel zu sehen, wenn der Vorstand, wie es in der Praxis meistens der Fall ist, die Vorbereitung und Durchführung des Derivateeinsatzes an nachgeordnete Mitarbeiter delegiert. Seine Pflichten als Geschäftsleiter entfallen dann nicht, sondern wandeln sich um in Auswahl-, Einweisungs- und Überwachungspflichten.

Diese Aspekte werden im Folgenden nacheinander betrachtet. Dabei ist zu berücksichtigen, worauf schon mehrfach hingewiesen wurde, dass angesichts der Vielzahl von Gestaltungsmöglichkeiten des Einsatzes von Derivaten eine Konzentration der Untersuchung auf einige typische Grundstrategien erforderlich ist. Diese sind im Ersten Teil der Arbeit im Dritten Kapitel herausgearbeitet worden[948] und werden im Folgenden bei der juristischen Untersuchung herangezogen.

I. Bestehen eines weiten unternehmerischen Ermessens

1. Entscheidung über den Einsatz von Derivaten und Wahl der Strategie als unternehmerische Entscheidung unter Unsicherheit

Der Einsatz von Derivaten ist, wie im Dritten Kapitel gesehen, eine geschäftliche Maßnahme zur Steuerung von Marktpreisrisiken, die die Primäraktivitäten des Unternehmens mit sich bringen. Er gehört als Teil des unternehmerischen Finanzmanagements zur Leitungsaufgabe des Vorstands gemäß § 76 Abs. 1 AktG. Der Einsatz von Derivaten im Unternehmen ist auch dort, wo die Durchführung des Einsatzes auf Mitarbeiter delegiert wird, mit einer Vielzahl von Entscheidungen verbunden, die der Vorstand zu treffen hat. Als erstes hat er sich zu fragen, ob Derivate überhaupt im Unternehmen eingesetzt werden sollen und zu welchem

948 Vgl. oben 3. Kapitel, § 10III.

Zweck, ob zur Sicherung von Marktpreisrisiken aus Grundgeschäften (Hedging) oder zur zusätzlichen Gewinnerzielung (Spekulation). Fällt die Entscheidung für einen Einsatz von Derivaten zu Zwecken des Hedging, stellt sich für den Vorstand das Problem der Wahl einer geeigneten Hedging-Strategie. Entscheidet er sich für einen Einsatz von Derivaten zur zusätzlichen Gewinnerzielung, muss er sich Gedanken über das Ausmaß der Risikopositionen machen, die er eröffnen will.

Charakteristisch an der Situation des Vorstands in diesen Fällen ist, dass die tatsächlichen Gegebenheiten, auf deren Grundlage die Entscheidungen getroffen werden müssen, sämtlich von zukünftigen Entwicklungen, nämlich den Preisentwicklungen am Markt, abhängen. Der Erfolg jeglicher Strategie mit Derivaten zur Steuerung von Marktpreisrisiken oder zur Gewinnerzielung hängt maßgeblich von der Entwicklung gerade dieser Marktpreise, sei es in Form von Rohstoffpreisen, von Aktienkursen, sei es in Form von Wechselkursen oder Zinsen, und zwar sowohl der Grundgeschäfte als auch der Derivate, selbst ab. Bei der Entscheidungsfindung durch den Vorstand für oder gegen den Einsatz von Derivaten und für oder gegen eine bestimmte Strategie kommt es deswegen ganz maßgeblich darauf an, welche Erwartung die Unternehmensleitung an diese Marktpreisentwicklung hat.[949] Entscheidungen hinsichtlich des Einsatzes von Derivaten sind Entscheidungen „unter Unsicherheit“.[950]

Jede Entscheidung des Vorstands für eine bestimmte Strategie mit Derivaten trägt das Risiko in sich, dass sich die Erwartungen nicht realisieren und dass die tatsächlichen Entwicklungen anders verlaufen, als vom Vorstand beim Treffen der Entscheidung angenommen. Der Vorstand ist zwangsläufig der Gefahr von Fehlbeurteilungen und Fehleinschätzungen ausgesetzt. Fehlbeurteilungen und Fehleinschätzungen, auch wenn sie sich für die Gesellschaft nachteilig erweisen, können aber, wenn man nicht jeglichen unternehmerischen Derivateeinsatz unmöglich machen will, nicht ohne weiteres als Pflichtverletzungen des Vorstands gewertet werden. Wie in der *ARAG/Garmenbeck*-Entscheidung des BGH und nun in § 93 Abs. 1 Satz 2 AktG klargestellt wird, muss dem Vorstand hier ein weiter unternehmerischer Ermessensspielraum zur Verfügung stehen.

---

949 *Scharpf/Luz*, Risikomanagement, Bilanzierung und Aufsicht von Finanzderivaten, S. 89.

950 Diesbezüglich vgl. *Hopt*, in Großkomm AktG, § 93 Rn. 81; *Mutter*, Unternehmerische Entscheidungen und Haftung des Aufsichtsrats der Aktiengesellschaft, S. 180 (zum Aufsichtsrat); *Semler*, Leitung und Überwachung der Aktiengesellschaft, Rn. 80.

2. *Verantwortungsbewusste, am Unternehmenswohl orientierte Entscheidung beim Einsatz von Derivaten*

Wie ebenfalls der *ARAG/Garmenbeck*-Entscheidung zu entnehmen, ist die Einräumung eines weiten Ermessensspielraums nicht gleich zu setzen mit der Erlaubnis ziel- und planlosen Handelns. Innerhalb des Ermessensspielraums gilt es vielmehr, die oben beschriebenen Verhaltensmaßstäbe zu beachten. Hat der Vorstand im Zeitpunkt der Vornahme der Entscheidung (ex ante) diese Verhaltensmaßstäbe berücksichtigt, ist sein Verhalten nicht justitiabel, auch wenn sich die Entscheidung später (ex post) für das Unternehmen als nachteilig herausstellt. Der Vorstand muss auch beim Einsatz von Derivaten verantwortungsbewusste, am Unternehmenswohl – so wie es sich aus seiner Sicht darstellt – orientierte Entscheidungen treffen. Es ist nicht einfach – wenn nicht unmöglich – positiv allgemeine Verhaltensvorgaben für den Vorstand speziell beim Einsatz von Derivaten aufzustellen.[951] Es können darum nur einige allgemeine Leitlinien aufgezeigt werden, die der Vorstand für eine verantwortungsbewusste Entscheidung in jedem Fall bedenken muss.

a. *Ein von Verantwortungsbewusstsein getragener Einsatz von Derivaten*

Ein verantwortungsbewusstes Verhalten des Vorstands beim Einsatz von Derivaten setzt voraus, dass sich der Vorstand über die Risikosituation in seinem Unternehmen klar ist und sich bewusst entscheidet, wie er darauf reagieren will. Die Überlegungen des Vorstands – wenn er vermeiden will, sein Ermessen zu überschreiten – müssen dabei in unterschiedliche Richtungen gehen, je nachdem ob Derivate zum Hedging oder zur Spekulation eingesetzt werden sollen.[952]

Wichtig ist zunächst, dass der Vorstand sich über den Bestand an offenen Marktpreisrisikopositionen, die im Unternehmen aus der originären Tätigkeit heraus bestehen, Klarheit verschafft. Diese Risiken entstehen, wie gesehen, gelegentlich des operativen Geschäfts, wenn beispielsweise Forderungen in einer Fremdwährung aus einem Exportgeschäft offen sind oder ein Kreditgeschäft mit einem variablen Zins vereinbart wurde. Der Vorstand muss sich überlegen, wie sich sein Unternehmen gegenüber solchen Risiken verhalten soll. Zu diesem Zweck muss er klären, was er in Bezug auf die zukünftige Marktpreisentwicklung erwarten kann. Zwischen den beiden Extremen, die Risiken ganz offen zu lassen

---

951 *Schneider*, in Scholz, GmbHG, § 43 Rn. 80.

952 Zur Schwierigkeit der Abgrenzung von Hedging und Spekulation vgl. oben 4. Kapitel, § 16. Mit dieser Unterscheidung befasst sich der Richter erst, wenn eine Ermessensüberschreitung des Vorstands behauptet wird.

bzw. sie total abzusichern, gibt es unzählige Zwischenlösungen, mit deren Hilfe die Risiken in unterschiedlichem Ausmaß offen gelassen bzw. geschlossen (=abgesichert) werden können. Risiken offen zu lassen bedeutet dabei, die entsprechenden Positionen den Veränderungen der Preise und Kurse am Markt ausgesetzt zu lassen, mit der Gefahr negativer Preisentwicklungen und der Chance von Preissteigerungen. Risikopositionen zu schließen bedeutet, die Gefahr negativer Preisentwicklungen (je nach Strategie mehr oder weniger) auszuschließen, sich aber gleichzeitig auch der Chancen auf Preissteigerungen zu begeben.

Schon die Darstellung der typischen Strategien der Sicherung von Grundgeschäften gegen Marktpreisrisiken (Hedging-Strategien) im Ersten Teil der Arbeit hat gezeigt, dass der Vorstand wählen kann zwischen einer sofortigen Totalabsicherung von offenen Grundpositionen, einer partiellen Absicherung sowie einer selektiven Sicherungsstrategie. Darüber hinaus besteht die Möglichkeit des einzelgeschäftsbezogenen Hedging oder der pauschalen Absicherung, einer Absicherung bestehender und/oder geplanter Forderungen und der Prolongation. Wenn man sich diese Strategien genauer betrachtet, besteht ihr wesentlicher Unterschied darin, dass der Grad an Sicherung von Marktpreisrisiken und dementsprechend der Grad an Nicht-Sicherung von Marktpreisrisiken (d.h. des Offenlassens von Risikopositionen) je nach Strategie variiert. Die Tatsache, dass, abgesehen von der Strategie der Totalabsicherung, bei allen Hedging-Strategien auch Risiken offen gelassen werden und damit eine „spekulative" Komponente hinzukommt, weil auf steigende Preise gehofft wird, bedeutet nicht, dass der Vorstand pflichtwidrig handelt, wenn er sie einsetzt. Unternehmerisches Handeln heißt auch und vor allem Eingehen von Risiken und dieses ist je nach Art des Unternehmens erforderlich.[953] Um im Wettbewerb am Markt zu bestehen, muss der Vorstand dynamische Hedging-Strategien wählen können, die u.U. auch die Mitnahme von Gewinnen, die immer das Offenlassen von Risiken voraussetzt, ermöglicht. Die Grenze zur Pflichtwidrigkeit wird erst dann überschritten, wenn die Risiken ein Ausmaß erreichen, bei denen von verantwortungsbewusstem Handeln nicht mehr gesprochen werden kann. Dies wird unten bei den Grenzen des unternehmerischen Ermessens betrachtet.

Die verschiedenen Hedging-Strategien stellen unterschiedlich hohe Anforderungen an den Vorstand. Nur bei der einzelgeschäftsbezogenen Hedging-Strategie kann der Vorstand sich einmal (dafür) entscheiden und muss sich dann nicht mehr darum kümmern. Anders ist dies bei pauschalen Kurssicherungsstrategien. Hier unterliegt die Bewertung der Risikoposition aufgrund von unterschiedlichen Fälligkeiten und Erfüllung von Grundgeschäften ständigen Veränderungen. Mit der einmaligen Entscheidung für eine pauschale Absicherung („hedge and

953 *Hopt*, in GroßkommAktG, § 93 Rn. 82.

forget") ist es deshalb nicht getan.[954] Vielmehr verlangt eine pauschale Sicherungsstrategie, die Effektivität der eingeleiteten Sicherungsmaßnahmen fortwährend zu überprüfen und gegebenenfalls Anpassungen vorzunehmen („hedge and watch"). Voraussetzung ist dafür eine Zentralisierung des Marktpreisrisikomanagements.[955]

Entscheidet sich der Vorstand für das Offenhalten von Risikopositionen aufgrund einer bestimmten Erwartung hinsichtlich der Marktpreisentwicklung und realisiert sich die erwartete Marktpreisentwicklung nicht, kann es zu Verlusten kommen. Für diesen Fall gilt der Grundsatz, dass das Unternehmen bei jedem vorstellbaren Ereignis, das mit einer vernünftigen Wahrscheinlichkeit eintreten kann, zu operieren imstande sein muss. Wenn eine Entscheidung auf dieser Basis zu Verlusten führt, werden diese wie Kosten betrachtet, die wegen einer dauerhaften und langfristigen Unternehmensstrategie getragen und von den Einnahmeüberschüssen anderer Entscheidungen gedeckt werden müssen. Der Vorstand muss aber im Voraus eine maximale Verlustgrenze bestimmen. Mit der Wahl der maximalen Verlustgrenze wird festgelegt, ab welchem finanziellen Risiko Strategien von der Realisierung ausgeschlossen werden, auch wenn sie große Wertsteigerungschancen bieten.[956]

Auch der Einsatz von Derivaten zur zusätzlichen Gewinnerzielung, also das Eröffnen von neuen Risikopositionen unabhängig von Grundgeschäften (Spekulation), liegt nicht per se außerhalb des unternehmerischen Ermessens des Vorstands, denn er kann, wie oben gesehen, positive wirtschaftliche Gründe haben und daher eine verantwortungsbewusste Entscheidung darstellen. Beim Einsatz von Derivaten zur Spekulation kommt es aber ganz besonders darauf an, dass der Vorstand das Ausmaß der Risiken, die eingegangen werden dürfen, festlegt. Wo hier die Grenzen erreicht sind, wird weiter unten betrachtet.

b. Orientierung am Unternehmenswohl beim Einsatz von Derivaten

Der Vorstand muss seine Entscheidung am Unternehmenswohl –so wie es sich aus seiner Sicht darstellt – orientieren. Hier hat er die verschiedenen, oben beschriebenen Interessen der Aktionäre, der Arbeitnehmer, sonstiger Gläubiger und

---

954 *Glaum/PwC*, Finanzwirtschaftliches Risikomanagement deutscher Industrie- und Handelsunternehmen, S. 42; *Preyer/Reinhardt*, in Rudolph (Hrsg.), Derivate Finanzinstrumente, S. 193, 197.

955 *Glaum/PwC*, Finanzwirtschaftliches Risikomanagement deutscher Industrie- und Handelsunternehmen, S. 42.

956 *Hinterhuber*, in Hinterhuber/Sauerwein/Fohler-Norek (Hrsg.), Betriebliches Risikomanagement, S. 12. Zu der Höhe dieser maximalen Verlustgrenze, vgl. unten § 19III.3.

der Allgemeinheit zu berücksichtigen und in praktische Konkordanz zu bringen.[957] Hinsichtlich des Einsatzes von Derivaten im Unternehmen können insbesondere die Interessen der Aktionäre divergieren. So werden in geschlossenen Aktiengesellschaften Anteilseigner, deren wesentliches Vermögen in die Gesellschaft investiert ist, für einen risikoabsichernden Einsatz von Derivaten plädieren, während andere Aktionäre desselben Unternehmens, die über weitere, diversifizierte Anlagen verfügen, einer solchen Strategie möglicherweise eher ablehnend gegenüberstehen werden, da sie ihrer Risikoabsicherung durch unternehmensexterne Transaktionen Genüge geleistet haben.[958] In einem gewissen Umfang werden allerdings auch diese divergierenden Interessen in einem gemeinsamen, übereinstimmenden Interesse zusammenlaufen, nämlich dem Interesse, die Rentabilität des Unternehmens zu fördern und seinen Bestand zu erhalten.[959] Der Vorstand wird, wenn er die anerkannten (betriebswirtschaftlichen) Unternehmensziele, wie beispielsweise die „Reduzierung der Volatilität des handelsrechtlichen Ergebnisses oder des Cash Flows“ oder „die Sicherung des Fortbestands des Unternehmens“[960], verfolgt, im allgemeinen den divergierenden Interessen verschiedener Aktionärsgruppen gerecht werden.[961]

3. *Auf sorgfältiger Ermittlung der tatsächlichen Grundlagen beruhende Entscheidungen*

Eine verantwortungsbewusste Entscheidung des Vorstands setzt schließlich voraus, dass sie auf sorgfältiger Ermittlung der tatsächlichen Entscheidungsgrundlagen beruht. Dies gilt auch bei Entscheidungen für oder gegen den Einsatz von Derivaten. Der Vorstand muss alle ihm zur Verfügung stehenden Erkenntnisquellen ausschöpfen. Angesichts der Neuartigkeit der Derivate und der sich ständig weiterentwickelnden Produkte ist die Erfüllung dieser Voraussetzung besonders wichtig. Der Vorstand darf nicht, weil er Derivate nicht kennt, die Augen davor verschließen. Er muss sich über die Einsatzmöglichkeiten der Derivate überhaupt und über denkbare Strategien im Besonderen informieren. Banken bieten hier

---

957 a.A. *v. Randow*, ZGR 1996, 594, 605, der wohl der Ansicht ist, dass das allgemeine Gebot, die Belange verschiedener Interessengruppen in praktische Konkordanz zu bringen, auf dem Sektor des Derivateeinsatzes nicht realisierbar ist.

958 *v. Randow*, ZGR 1996, 594, 604, 609f., *Eisenberg*, The Duty of Care in American Corporate Law, S. 20; *Brealey/Myers*, Principles of Corporate Finance, Chapter 7.5.

959 So i.E. auch *v. Randow*, ZGR 1996, 594, 609, 610, der letztendlich „sachlichen unternehmerischen Gesichtspunkten“ den Vorrang vor der Berücksichtigung der Interessen einzelner Aktionärsgruppen einräumt.

960 Näher oben 3. Kapitel, § 10II.

961 *Hopt*, in GroßkommAktG, § 93 Rn. 108.

umfangreiche Informationen, die speziell auf Unternehmen ausgerichtet sind und auf ihre Größe und ihre besonderen Bedürfnisse Rücksicht nehmen. So gibt es für Industrie- und Handelsunternehmen, die selbst wie professionelle Marktteilnehmer auftreten, sowie für Firmenkunden unterschiedlicher Größe je nach deren Bedarf die verschiedensten Vorschläge, von der Abklärung von Konditionennachfragen über die jederzeitige Preisstellung bis hin zu einem intensiven Gedankenaustausch über Produkt- und Geschäftsideen. Ein üblicher Service der Banken besteht in der Unterbreitung schriftlicher Produkt- und Strategievorschläge auf der Basis aktueller indikativer Preisstellungen. Die regelmäßig als Telefax oder email versandten Produktbeschreibungen („Termsheets") enthalten in erster Linie die nackten Daten, also die Ausstattungsmerkmale der vorgestellten Strategien. Diesen kann eine Problemskizze vorangestellt sein, die ausgehend von einem fiktiven Handlungsbedarf oder einer angenommenen Markterwartung den Sinn und Zweck des Produkts illustriert. Teilweise findet sich ergänzend eine Darstellung verschiedener Szenarien, die anhand möglicher Kurs- oder Preisentwicklungen des Basiswerts das Risiko-Chance-Profil des Derivategeschäfts umreißt.[962] Interessiert sich der Vorstand für den Vorschlag, muss er die konkreten Bedingungen für sein Unternehmen nachfragen.

Sind diese Voraussetzungen erfüllt, bewegt sich die Entscheidung des Vorstands im Rahmen des ihm zustehenden unternehmerischen Ermessensspielraum.

II. Verdichtung des Ermessens zu einer Rechtspflicht des Vorstands, Derivate zu nutzen ?

In der Literatur wird die Frage erörtert, ob sich das Ermessen des Vorstands möglicherweise zu einer Pflicht verdichten kann, Derivate zu nutzen. Konkret läuft die Diskussion auf die Frage hinaus, ob der Vorstand eine Pflicht hat, Derivate zur Sicherung von Grundgeschäften gegen Marktpreisrisiken in Richtung einer Risikominimierung einzusetzen (Pflicht zum Hedging mit Derivaten).[963] Dieser Gedanke drängt sich auf, wenn man mit Stimmen in der Literatur davon ausgeht, dass unternehmerische Initiative stets verbunden sein muss mit dem Versuch, „Risiken nach Möglichkeit zu minimieren".[964] Hedging ist ein Mittel, die Marktpreisrisikoexposition des Unternehmens, die im Zusammenhang mit dem operativen Geschäft entsteht, zu steuern und dementsprechend auch zu reduzieren.

---

962 Vgl. zum Ganzen *Clouth*, Rechtsfragen der außerbörslichen Finanz-Derivate, S. 189, 190.

963 *v. Randow*, ZGR 1996, 594, 605; *Hopt*, in Großkomm AktG, § 93 Rn. 82; *Clouth*, Rechtsfragen der außerbörslichen Finanz-Derivate, S. 129 Fn. 13.

964 *Mertens*, in KölnKomm AktG, § 93 Rn. 48.

Die Frage nach einer Pflicht des Vorstands, Risiken aus Grundgeschäften mit Derivaten zu reduzieren, korreliert mit der entgegengesetzten Frage, ob es dem Vorstand erlaubt ist, eine Strategie des Verzichts auf Absicherung mit Derivaten zu verfolgen. Im Ersten Teil der Arbeit wurde gesehen, dass auch der Verzicht auf Absicherung, also eine Entscheidung gegen den Einsatz von Derivaten, wirtschaftlich sinnvoll sein kann, dann nämlich, wenn Chancen bestehen, dass bei den erwarteten Marktpreisentwicklungen aus den offenen Risikopositionen der Grundgeschäfte Preisgewinne „mitgenommen" werden können. Die gleiche Strategie kann sich aber als nachteilig erweisen und den Vorwurf der Spekulation hervorrufen, wenn sich die Preise in die andere Richtung entwickeln als erwartet, und aus den offengelassenen Positionen Verluste entstehen.

In Anbetracht beider Situationen muss man die Vorgabe an den Vorstand, Risiken im Unternehmen zu reduzieren, in ihrem Kontext sehen. Der Vorstand hat keine Pflicht, unter allen Umständen Risiken zu minimieren. Die *ARAG/Garmenbeck*-Entscheidung des BGH bestätigt gerade, dass unternehmerische Tätigkeit mit dem Eingehen von Risiken verbunden ist. Das Eingehen von Risiken ist also nicht nur erlaubt, sondern unter Umständen sogar erforderlich, um das Unternehmen verantwortungsbewusst und erfolgreich zu führen.[965] Oftmals wird abhängig von Art und Größe des Unternehmens die Eingehung eines größeren Risikos im Verhältnis zum möglichen Ertrag durchaus sachgerecht sein.[966]

Der Vorstand hat aber die Pflicht, die Risikosituation des Unternehmens sorgsam einzuschätzen.[967] Insbesondere muss er alle Möglichkeiten, mit denen die Risikosituation des Unternehmens beeinflusst und gesteuert werden kann, berücksichtigen. Dies gilt insbesondere für den Derivateeinsatz. Mit Derivaten stehen Instrumente zur Verfügung, die eine gezielte Risikosteuerung von Marktpreisrisiken erlauben, und zwar verhältnismäßig kostengünstig. In Anbetracht dieser Möglichkeiten muss der Vorstand sich bei der Ausgestaltung seiner risikopolitischen Maßnahmen auch über die Möglichkeiten eines Derivateeinsatzes informieren. Er kann heutzutage nicht mehr die Augen davor verschließen. Von betriebswirtschaftlicher Seite wird diesbezüglich die Meinung vertreten, dass ein Finanzvorstand, der im Rahmen seiner ertragsorientierten Risikopolitik auf den gezielten Einsatz von Derivaten verzichtet, grob fahrlässig handele.[968] Dem wird man sich nicht in dieser absoluten Form anschließen können. Vielmehr muss dem Vorstand die Möglichkeit eingeräumt werden, in Anbetracht einer bestimmten Situation und seiner eigenen Erwartungen hinsichtlich der Marktpreisentwicklun-

965 *Hopt*, in Großkomm AktG, § 93 Rn. 82.
966 *Hopt*, in Großkomm AktG, § 93 Rn. 82.
967 *Mertens*, in KölnKomm AktG, § 93 Rn. 48.
968 *Maier/Lengefeld*, ZfgK 1996, 356, 362.

gen auf den Einsatz von Derivaten zur Risikominimierung zu verzichten. Sorgsame Risikoeinschätzung bedeutet auch, dass dort, wo Chancen auf Gewinne bestehen, bei gleichzeitiger Überschaubarkeit der Risiken, diese Risiken auch eingegangen werden dürfen.

Aus rechtlicher Sicht führt dies letztendlich zu folgendem Ergebnis: Der Vorstand, hat nicht eine generelle Pflicht, Derivate zu Risikominierung einzusetzen. Er hat aber wohl die Pflicht, sich über die Möglichkeiten des Derivateeinsatzes selbst zu informieren und danach eine bewusste Entscheidung für oder gegen einen Einsatz zu treffen. Die bewusste Entscheidung gegen einen Einsatz von Derivaten ist nicht pflichtwidrig, wenn sie auf einer sorgfältigen Ermittlung der Entscheidungsgrundlagen beruht. Das Offenlassen von Marktpreisrisikopositionen aus Grundgeschäften, d.h. die Nichtnutzung von Derivaten ist hingegen als pflichtwidrig anzusehen, wenn es unbewusst erfolgt. Macht der Vorstand sich keine Gedanken über die Möglichkeiten der Derivate, handelt er pflichtwidrig.[969]

III. Grenzen des unternehmerischen Ermessens des Vorstands beim Einsatz von Derivaten

Mit den vorstehenden Ausführungen wurde versucht, Leitlinien für sorgfältiges Verhalten des Vorstands beim Einsatz von Derivaten zu entwickeln. Es wurde deutlich, wie schwierig es ist, im Vorfeld allgemeine Aussagen zu machen. Angesichts der Vielfalt an verschiedenen Situationen in der unternehmerischen Wirklichkeit wird man sich in der Regel darauf beschränken müssen, im Nachhinein die im konkreten Fall erforderlich gewesene oder fehlende Sorgfalt zu bestimmen.

Aus diesem Grund soll im Folgenden in Anlehnung an die vom BGH in der *ARAG/Garmenbeck*-Entscheidung angestellten Überlegungen, weil eine positive Bestimmung sorgfältigen Handelns des Vorstands praktisch nicht möglich ist, versucht werden, wenigstens die Grenzen des unternehmerischen Ermessens zu bestimmen, bei deren Überschreiten von einer Pflichtverletzung auszugehen ist.

Grenzen des unternehmerischen Ermessens beim Einsatz von Derivaten sind in zweierlei Hinsicht denkbar.

---

969 So auch *Seibert*, in FS für Bezzenberger, S. 427, 438:„In Deutschland dürfen Unternehmer auch künftig noch Risiken eingehen – sie sollten nur wissen, was sie tun.“

1. Nichterkennen von Markpreisrisiken/fehlende Ermittlung der Entscheidungsgrundlagen

Der Vorstand handelt außerhalb der Grenzen seines unternehmerischen Ermessens bzw. überschreitet diese und handelt dementsprechend pflichtwidrig, wenn er relevante Marktpreisrisiken nicht erkennt bzw. sich angesichts bestehender relevanter Marktpreisrisiken aus Grundgeschäften im Unternehmen nicht über Einsatzmöglichkeiten von Derivaten informiert. Eine Pflichtwidrigkeit des Vorstands kann also schon dann vorliegen, wenn er gar nichts tut.

2. Eingehen unverantwortlicher Risiken

a. Position der Rechtsprechung

Die Grenzen des unternehmerischen Ermessens und damit des pflichtmäßigen Verhaltens werden nach der *ARAG/Garmenbeck*-Entscheidung außerdem dann überschritten, wenn die Bereitschaft, unternehmerische Risiken einzugehen, in unverantwortlicher Weise überspannt wird.[970] Wann diese Grenze erreicht ist, wird vom BGH in der *ARAG/Garmenbeck*-Entscheidung nicht festgelegt. Im *Klöckner*-Urteil wurde ein Verhalten als unverantwortlich eingeordnet, bei dem, trotz Verfalls der Rohölpreise und schon entstandener immenser Verluste, immer noch Risikopositionen offengelassen wurden und darüber hinaus weitere Geschäfte in noch größerem Umfang abgeschlossen wurden, um „in der Art eines Roulettespielers durch immer höhere Einsätze die entstandenen Verluste im Vabanquespiel wieder auszugleichen".[971]

b. Position der Literatur

In der Literatur werden nur ähnlich vage Hinweise gegeben. Die Geschäftsleitung dürfe das Vermögen der Gesellschaft nicht verschleudern[972], keinen ungewöhnlichen Aufwand betreiben oder „wie bei einem Glücksspiel alles auf eine Karte setzen." („*betting the company*")[973] Der Vorstand dürfe den Bestand des Unternehmens nicht gefährden, wobei auch das nicht absolut gelte. So könne ausnahmsweise auch ein bestandsgefährdendes Risiko eingegangen werden, wenn das eine Chance für das Unternehmen bietet, am Markt zu bleiben, statt in abseh-

970 BGH ZIP 1997, 883, 886.
971 BGH v. 05.10.1992, BGHZ 119, 305, 333.
972 *Hopt*, in Großkomm AktG, § 93 Rn. 111.
973 *Schneider*, in Scholz, GmbHG, § 43 Rn. 80 (zur GmbH).

barer Zeit aufgeben zu müssen.[974] Auf der anderen Seite könne sich aber ein außergewöhnliches Risiko dann verbieten, wenn zwar mit großer Wahrscheinlichkeit ein günstiger Ausgang für die Gesellschaft zu erwarten ist, ein wider Erwarten negatives Ergebnis jedoch einschneidende Folgen für das Ergebnis der Gesellschaft haben oder gar ihre Existenz bedrohen könne.[975]

Der Umfang der offenen Risiken bietet sich auch beim Einsatz von Derivaten im Unternehmen als geeigneter Maßstab für die Abgrenzung von pflichtmäßigen und pflichtwidrigem Verhalten des Vorstands an. Wie gesehen, hat der Vorstand, außer bei der Strategie der Totalabsicherung, bei allen Hedging-Strategien und ebenso beim Einsatz von Derivaten zur zusätzlichen Gewinnerzielung (Spekulation) darüber zu entscheiden, wie viele Marktpreisrisiken aus Grundgeschäften er offen lässt, wie viele er schließt und wie viele er neu eröffnet. Bei der pauschalen Kurssicherung sowie bei der Prolongation muss er dies fortwährend neu entscheiden. Dabei besteht die Gefahr, durch Eröffnen neuer Positionen ein erhebliches Verlustpotential anzuhäufen. Je größer der Umfang der offenen Risiken, umso mehr ist dies ein Indiz für eine eventuelle spekulative Absicht des Vorstands zu Lasten der Gesellschaft.

3. *Versuche einer Quantifizierung unverantwortlicher Risiken*

Dies vorausgesetzt, stellt sich die Frage, ob es möglich ist, ein Risikomaß zu quantifizieren, dessen Überschreiten in jedem Fall eine Pflichtwidrigkeit des Vorstands indiziert.

a. *Gesetzlicher Hinweis*

Einen Hinweis für eine Quantifizierung bietet möglicherweise § 7 Abs. 2 Satz 2 VAG. Wie gesehen, sind Derivategeschäfte in Versicherungsunternehmen zur zusätzlichen Ertragserzielung dann unzulässig, wenn die Gefahr besteht, dass bei Erfüllung von Lieferverpflichtungen eine Unterdeckung des gebundenen Vermögens eintreten kann. Grenze ist hier also die Unterdeckung des gebundenen Vermögens. Unter gebundenem Vermögen sind dabei die Bestände des so genannten

974 *Hopt*, in Großkomm AktG, § 93 Rn. 82.

975 *Mertens*, in KölnKomm AktG, § 93 Rn. 48. Ökonomisch gesprochen geht es hier um Projekte des Vorstands mit höherer Gewinnchance unter höherem Risiko (positiver Erwartungswert, *higher expected value*) oder Projekten mit niedrigerer Gewinnchance unter niedrigerem Risiko (negativer Erwartungswert, *lower expected value*), vgl. *Brealey/Meyers*, Principles of Corporate Finance, Chapter 8.2; *Eisenberg*, The Duty of Care in American Corporate Law, Working Paper Series No. 22, S. 9.

Deckungsstocks zu verstehen (§ 66 VAG). Dieser muss in seiner Höhe den aus Sparvorgängen resultierenden (potentiellen) Ansprüchen aus Versicherungsverhältnissen entsprechen.[976] Allerdings handelt es sich bei der Maßzahl des gebundenen Vermögens im VAG um eine typisch versicherungsrechtliche, die sich nicht auf Industrie- und Handelsunternehmen übertragen lässt. Immerhin kommt aber in dieser gesetzlichen Bestimmung der allgemeine Gedanke zum Ausdruck, dass eine Verpflichtung des Vorstands besteht, einen Kapitalbestand zu sichern, um die Interessen von Gläubigern (hier speziell der Versicherungsnehmer) zu wahren.[977]

b. Hinweis in der Literatur

Ein Quantifizierungsversuch ist in der Literatur von *v. Randow* unternommen worden. Er schlägt vor, für eine gesellschaftsrechtlich maßgebliche Quantifizierung unakzeptabler Risiken an die Grenzziehung für Verluste in Höhe von mehr als der Hälfte des Grundkapitals anzuknüpfen, wie sie sich in § 92 Abs. 1 AktG ausprägt.[978] Aus § 92 Abs. 1 AktG ergebe sich zwar keine unmittelbare inhaltliche Missbilligung solcher Verluste, sondern vielmehr nur die kompetenzrechtlich zu verstehende Rechtsfolge, dass nach einer entsprechenden Einbuße über die weitere Entwicklung nicht mehr nur der Vorstand und der Aufsichtsrat zu befinden hätten, sondern dass auch die Hauptversammlung einzuschalten sei. Aus dieser Grenzziehung ergebe sich aber mittelbar, dass der Vorstand jedenfalls keine solchen Geschäftsführungsmaßnahmen soll ergreifen dürfen, bei denen sich – möglicherweise zusammen mit anderen Entscheidungen – ein Verlust in Höhe von mehr als der Hälfte des Grundkapitals nicht mit hinreichender Sicherheit ausschließen ließe.[979]

c. Stellungnahme zur Literatur

v. Randow hat in seinem Aufsatz in erster Linie aufgezeigt, wo die Kompetenz des Vorstands, das Unternehmen mit Risiken zu belasten, auf jeden Fall endet. Ist ein Verlust in Höhe der Hälfte des Grundkapitals festzustellen, muss der Vorstand ihn gemäß § 92 Abs. 1 AktG der Hauptversammlung anzeigen. Da ein Ver-

---

976 *Kaulbach*, in Fahr/Kaulbach, VAG, § 54 Rn. 4.

977 Siehe dazu neuerdings auch die Bemühungen des Gesetzgebers, für Kapitalanlagegesellschaften einen Rahmen für das Eingehen von Marktpreisrisiken im Zusammenhang mit Derivategeschäften zu schaffen, § 51 Abs. 2 InvestmentG (BGBl. I, S. 2676) i.V.m. DerivateV vom 06.04.2004 (BGBl. I, S. 153).

978 *v. Randow*, ZGR 1996, 594, 609.

979 *v. Randow*, ZGR 1996, 594, 609.

lust in Höhe der Hälfte des Grundkapitals die Gesellschaft in unmittelbare Nähe des Überschuldungstatbestands bringen kann, reduziert sich der Handlungsspielraum des Vorstands darauf, die Hauptversammlung zu Entscheidungen über helfenden Kapitalmaßnahmen zu bewegen oder in die Gefahr zu geraten, Insolvenzantrag stellen zu müssen. Geht der Vorstand jedoch Risiken in diesem Ausmaß ein, nimmt er in Kauf, dass der Fortbestand der Gesellschaft in Gefahr gerät. Das ist nicht vereinbar mit dem in § 91 Abs. 2 AktG zum Ausdruck kommenden Rechtsgedanken, den Fortbestand der Gesellschaft nicht gefährden zu dürfen.

Auch wenn also das Gesetz dem Vorstand hier einen weiten Handlungsbereich zugesteht, innerhalb dessen er ohne die Hauptversammlung agieren kann, heißt das nicht, dass jedes Verhalten innerhalb dieses Rahmens seiner Sorgfaltspflicht genügt. Der Vorstand ist nämlich auf das Prinzip der Kapitalerhaltung verpflichtet. Das Grundkapital kann seine Garantiefunktion den Gläubigern gegenüber nur erfüllen, wenn ein dem Grundkapital entsprechendes Mindestvermögen nicht nur aufgebracht wird, sondern auch erhalten bleibt.[980] Geht der Vorstand bewusst Risiken ein, die das Grundkapital gefährden, verstößt er gegen seine Verpflichtung, für den Bestand des Unternehmens zu sorgen.[981] Die Hälfte des Grundkapitals kann daher nicht als äußerste Grenze für die Höhe der Risiken herangezogen werden, die der Vorstand pflichtgemäß eingehen darf. Die Grenze für ein sorgfältiges Vorstandshandeln muss darum enger gezogen werden.

4. Eigener Lösungsvorschlag

Bei der Suche nach einer Maßzahl lässt sich eventuell § 91 Abs. 2 AktG heranziehen. Diese durch das KonTraG eingeführte Vorschrift[982] verpflichtet den Vorstand, geeignete Maßnahmen organisatorischer Art zu treffen, damit den Fortbestand der Gesellschaft gefährdende Entwicklungen früh erkannt werden. Bestandsgefährdende Entwicklungen sind zwar weniger alarmierend als bestandsgefährdende Risiken. Gleichwohl könnte die daraus abzuleitende Tendenz des Gesetzgebers zur Bestandssicherung aber für eine Grenzziehung herangezogen werden. In diesem Sinne wird etwa vertreten, dass das Eingehen bestandsgefährdender Risiken bei einem Risikoumfang „von 10% oder mehr des Jahresüberschusses bzw. des Eigenkapitals“ organisatorische Maßnahmen zur Sicherung dieser Risiken durch den Vorstand erforderlich macht.[983]

980 *Hüffer*, AktG, § 1 Rn. 12.
981 Vgl. 5. Kapitel § 18IV.2.d.
982 Hierzu vgl. 6. Kapitel.
983 *Bitz*, BFuP 2000, 231, 233.

Die darin zum Ausdruck kommende Sorge der Gefährdung von Ertrag und Eigenkapital könnte über den Anlass für organisatorische Maßnahmen hinaus eine Basis darstellen für die Bestimmung eines Richtwerts, von dem an das Eingehen von offenen Risiken materiell nicht mehr erlaubt ist. Um diesen Richtwert zu konkretisieren, muss man überlegen, ob es eine Rangfolge der Zulässigkeit einer Gefährdung von Ertrag und/oder Eigenkapital gibt und wo die Grenzen hierfür liegen.

Der Vorstand einer Aktiengesellschaft ist, wie gesehen, auf die Bestandserhaltung des Unternehmens und die Gewinnerzielung verpflichtet. Solange ein Unternehmen Gewinne erzielt, ist sein Bestand prinzipiell nicht gefährdet. Bestandsgefährdung beginnt in der Regel erst dann, wenn der Vorstand über die erwarteten Erträge hinaus Risiken eingeht. Das bedeutet, dass sich der Vorstand beim Eingehen von Risiken grundsätzlich zunächst nur im Rahmen erwarteter Erträge bewegen darf.

Bei einem ertragsstarken Unternehmen, das regelmäßige Gewinne erwirtschaftet, wird man davon ausgehen können, dass kein Anlass besteht, Risiken über den erwarteten Ertrag hinaus einzugehen. Da der primäre Gesellschaftszweck die Gewinnerzielung ist, sollte aber auch ein solches Unternehmen keine Risiken in einer Höhe eingehen, die den gesamten Gewinn auf das Spiel setzt. Der erzielte Gewinn dient im Grundsatz in erster Linie der Ausschüttung einer Dividende und der Kapitalstärkung und sollte nicht im Ganzen durch offene Risiken gefährdet werden. Aus diesem Grund sollte man die Risikogrenze vernünftigerweise maximal bei der Hälfte des erwarteten Ertrags festlegen.

Der erwartete Ertrag ist ein Zukunftswert, der sich aus der Jahresplanrechnung der Gesellschaft ergibt. Planrechnungen werden aber u.U. optimistischer aufgestellt als es einer realistischen Erwartung entspricht, z.B. weil man die Mitarbeiter durch hohe Leistungsvorgaben anspornen will. Aus diesem Grund kann der erwartete Ertrag nach der Planrechnung als Richtwert für die Festlegung eines Risikomaßes nicht eins zu eins übernommen werden. Es ist vielmehr eine Korrektur vorzunehmen, für die sich ein Durchschnittswert aus der Summe der Ist-Erträge mehrerer Vorjahre (z.B. 3 bis 5 Jahre) und des Planertrags des Folgejahres anbietet. Die maßgebliche Zahl bei der Ermittlung des Zukunftsertrags ist dabei der Jahresüberschuss der Gesellschaft nach Dotierung der gesetzlichen Rücklagen (§ 150 AktG) und vor Einstellungen in etwaige satzungsmäßige und andere Rücklagen (§§ 58, 158 AktG). Bei der Feststellung des maßgeblichen Jahresüberschusses sollte man sich auf das operative Ergebnis beschränken und außerordentliche Gewinne und Verluste ausklammern.

Bei einem Unternehmen, das über mehrere Jahre Verluste schreibt und auch keine positiven Zukunftserwartungen hat, sowie bei ertragsschwachen Unternehmen würde dies nach dem eben Gesagten bedeuten, dass sie gar keine offenen

Risiken eingehen dürfen. Dies kann aber kontraproduktiv sein, weil gerade ein Unternehmen in schwieriger Ertragslage die Möglichkeit haben muss, durch Eröffnen von Risikopositionen Chancen zu nutzen. Entspricht man diesem Bedürfnis, wird zwangsläufig das Eigenkapital der Gesellschaft einem Risiko ausgesetzt. Das Eigenkapital der Gesellschaft darf jedoch wegen der Bestandsgarantie des Kapitals nicht unbegrenzt offenen Risiken ausgesetzt werden. Das Grundkapital und die gesetzlichen Rücklagen (§ 150 AktG i.V.m. § 272 Abs. 2 Nr. 1-3 HGB (gesetzliche Kapitalrücklage)) sind als gebundenes Kapital[984] vielmehr von Risikobelastungen auszunehmen.

Von dieser Begrenzung der Risikobelastung des Eigenkapitals abgesehen, stellt sich die Frage, ob ein darüber hinaus vorhandenes Eigenkapital der Gesellschaft (freie Rücklagen, z.B. andere Gewinnrücklagen) unbegrenzt dem Risiko eines Planjahres ausgesetzt werden darf oder ob dafür Begrenzungen vorgenommen werden müssen. Die Festlegung einer solchen Grenze kann nicht generell erfolgen, sondern muss im Einzelfall durch den Vorstand unter Berücksichtigung eines gegebenenfalls zu geringen Ertrags vor Beginn eines neuen Geschäftsjahres bestimmt werden. Dabei sollte berücksichtigt werden, dass freie Rücklagen nicht nur dazu da sind, die Unwägbarkeiten eines Jahres abzudecken, sondern möglicherweise die mehrerer Jahre. Dementsprechend wäre die Einsatzquote der freien Rücklagen für offene Risiken auf eine gewisse Zahl von Zukunftsjahren (z.B. 3-5 Jahre) aufzuteilen (z.B. ein Drittel bis ein Fünftel). Bei dieser Begrenzung wird ein das Grundkapital angreifendes *„gambling for resurrection“* ausgeschlossen.

Im Sinne einer guten Corporate Governance wäre es an dieser Stelle überlegens- und empfehlenswert, die Festlegung dieser Grenze und jede spätere Ausweitung der Grenze von der Zustimmung des Aufsichtsrats abhängig zu machen, wobei sichergestellt sein muss, dass der Aufsichtsrat über ausreichend eigene Fachkompetenz verfügt, um das Ausmaß der Entscheidung beurteilen zu können.[985] Soweit die Zustimmung des Aufsichtsrats nicht schon in der Satzung oder vom Aufsichtsrat selbst bestimmt ist, sollte sich der Vorstand einer derartigen Selbstbindung (z.B. in seiner Geschäftsordnung) unterwerfen.

Die vorstehenden Ausführungen sind ein Vorschlag für eine grundsätzliche Quantifizierung eines erlaubten Risikomaßes. Hält sich der Vorstand an diesen Vorschlag, ist davon auszugehen, dass sich die Entscheidung des Vorstands in den Grenzen seines freien Ermessensspielraums befindet. Eine Abweichung von dem Vorschlag ist jedoch nicht ausgeschlossen. Macht der Vorstand von dieser Möglichkeit Gebrauch, müsste er dies allerdings eigens begründen.

---

984 *Kropff*, in MünchKomm AktG, § 150 Rn. 4.

985 *Jäger*, Aktiengesellschaft, § 21 Rn. 92.

Dieser Vorschlag stellt nur einen Rahmen dar, innerhalb dessen das Unternehmen Verlustrisiken ausgesetzt werden darf. Er sagt nichts darüber, welche Risikoentscheidungen innerhalb dieses Rahmens getroffen werden dürfen. Er sagt also auch nichts darüber, ob der Vorstand eher Entscheidungen mit höherem Risiko dafür aber mit größeren Gewinnerwartungen fällen darf (Entscheidungen mit positivem Erwartungswert, *higher expected value*) oder nur mit geringeren Gewinnerwartungen dafür aber niedrigerem Verlustrisiko (Entscheidungen mit negativem Erwartungswert, *lower expected value*).[986] Es mag sein, dass die Zahl der Entscheidungen mit geringerem Erwartungswert innerhalb des Rahmens größer sein kann, als die Zahl der Entscheidungen mit höherem Erwartungswert.

IV. Pflichten des Vorstands bei Delegation des Einsatzes von Derivaten

Der Einsatz von Derivaten im Rahmen des unternehmerischen Finanzmanagements gehört, wie gesehen, zur Leitungsaufgabe des Vorstands gemäß § 76 Abs. 1 AktG. Innerhalb des Vorstands als Organ wird diese Aufgabe in der Regel vom Finanzvorstand wahrgenommen. Es verbleibt aber beim Grundsatz der Gesamtverantwortung. Dieser besagt, dass trotz Ressortverteilung alle Vorstandsmitglieder gemeinsam verantwortlich sind und Leitungsentscheidungen vom Gesamtorgan und nicht von einzelnen Organmitgliedern zu treffen sind.[987]

Die Wahrnehmung der Leitungsverantwortung nach § 76 Abs. 1 AktG besagt jedoch nicht, dass der Vorstand seine Entscheidungen auch selbst umsetzen muss.[988] Der Vorstand kann die Vorbereitung und Ausführung von Entscheidungen über den Einsatz von Derivaten auf nachgeordnete Unternehmensebenen delegieren, solange er seiner Entscheidungsverantwortung gerecht wird. Die Verantwortung des Vorstands beschränkt sich dann darauf, die Richtlinien der Unternehmenspolitik zu bestimmen; deren Durchführung ist delegierbar und muss in großen Unternehmen auch delegiert werden. Ähnlich verhält es sich mit der Finanzverantwortung. Der Vorstand hat zu veranlassen, dass ein wirkungsvolles Kontroll- und Berichtsystem eingerichtet und personell besetzt wird; seine Ausformung und Handhabung darf er anderen überlassen (hierzu siehe sogleich).

Delegiert der Vorstand einzelne Aufgaben an nachgeordnete Mitarbeiter bekommt, seine Geschäftsleiterverantwortung einen anderen Inhalt. Der Vorstand hat dann die Pflicht, bei der Auswahl der Mitarbeiter, bei ihrer Einweisung und Überwachung die erforderliche Sorgfalt walten zu lassen.[989] Insbesondere bei der

986 *Brealey/Myers*, Principles of Corporate Finance, Chapter 8.2.; *Eisenberg*, The Duty of Care in American Corporate Law, Working Paper Series No. 22, S. 9, 17.

987 *Fleischer*, ZIP 2003, 1, 2.

988 *Fleischer*, ZIP 2003, 1, 2.

989 Hierzu ausführlich *Fleischer*, AG 2003, 291, 292 ff.

Auswahl der Mitarbeiter, die mit dem Derivateeinsatz betraut werden, kommt es darauf an, dass sie über fachlichen Qualifikationen verfügen, d.h. Kenntnisse über die neuesten Entwicklungen im Bereich der Derivate haben.[990] Die Überwachungspflicht intensiviert sich, wenn es Anhaltspunkte für Unregelmäßigkeiten bzw. Unfähigkeit gibt.[991]

V. Ergebnis

Die Entscheidung über den Einsatz von Derivaten und die Wahl einer Strategie sind unternehmerische Entscheidungen unter Unsicherheit. Es besteht keine generelle Pflicht des Vorstands, Derivate zur Risikominimierung zu nutzen. Dem Vorstand steht diesbezüglich vielmehr ein weites Ermessen zu. Einräumung eines weiten Ermessensspielraums bedeutet aber nicht Erlaubnis zu ziel- und planlosem Handeln. Der Vorstand hat seine Entscheidungen hinsichtlich des Einsatzes von Derivaten am Unternehmenswohl auszurichten. Er muss sich über die Einsatzmöglichkeiten von Derivaten informieren und unter sorgfältiger Berücksichtigung der bestehenden Risiken eine Entscheidung für oder gegen den Einsatz von Derivaten treffen und ggf. eine Einsatz-Strategie wählen. Die Grenzen seines Ermessens und damit des pflichtmäßigen Verhaltens überschreitet der Vorstand dann, wenn seine Bereitschaft, Risiken mit Derivaten einzugehen, in unverantwortlicher Weise überspannt wird. Als Richtwert für eine Maßzahl unverantwortlicher Risiken beim Einsatz von Derivaten lässt sich der Ertrag bzw. das Eigenkapital eines Unternehmens heranziehen. Bei einem ertragsstarken Unternehmen sollte das Volumen offener Risikopositionen vernünftigerweise eine Grenze von der Hälfte des erwarteten Ertrags nicht überschreiten. Bei einem ertragsschwachen Unternehmen bzw. Unternehmen, das Verluste macht, darf der Vorstand das Grundkapital und die gesetzlichen Rücklagen offenen Risikopositionen nicht aussetzen. Ob eventuell ein darüber hinaus vorhandenes Eigenkapital (freie Rücklagen) offenen Risiken aus Derivaten ausgesetzt werden soll, muss der Vorstand (u.U. mit Zustimmung des Aufsichtsrats) im Einzelfall entscheiden. Delegiert der Vorstand die Entscheidung über den Einsatz von Derivaten an untere Mitarbeiterebenen wandeln sich seine Sorgfaltspflichten in Auswahl- und Überwachungspflichten um.

---

990 *Fleischer*, AG 2003, 291, 293 ff.
991 *Hopt*, in Großkomm AktG, § 93 Rn. 107.

Sechstes Kapitel: Pflichten des Vorstands hinsichtlich der Organisation des Einsatzes von Derivaten – Risikomanagement von Derivaten

Die beiden vorherigen Kapitel beschäftigten sich mit den Kompetenzen und den materiellen Pflichten des Vorstands beim Einsatz von Derivaten. Noch nicht betrachtet wurden hingegen die organisatorischen Pflichten des Vorstands hinsichtlich des Derivateeinsatzes. Eine effektive Organisation des Einsatzes von Derivaten ist von großer Bedeutung, weil nur mit ihr die Kontrolle über die Derivategeschäfte und ihre Risiken gewährleistet werden kann. Eine den gesetzlichen Anforderungen entsprechende Organisation des Derivateeinsatzes hat daneben aber auch den (disziplinierenden) Effekt, den Vorstand selbst ständig zur Prüfung und Einhaltung der materiellen Erfordernisse eines sorgfältigen Derivateeinsatzes zu zwingen. Denn sie hält den Vorstand an, seine ursprüngliche materielle Ermessensentscheidung fortlaufend daraufhin zu kontrollieren, ob das eingegangene Risiko einen nicht mehr tragbaren Umfang annimmt und ob deswegen neue, das Risiko beendende oder einschränkende Maßnahmen erforderlich werden.[992]

Im ersten Teil der Arbeit wurde zwischen Risikomanagement *mit* Derivaten und Risikomanagement *von* Derivaten unterschieden.[993] Derivate werden als Instrumente zur Steuerung von Marktpreisrisiken im Rahmen des unternehmerischen Risikomanagements eingesetzt (Risikomanagement mit Derivaten). Dieser Einsatz von Derivaten ruft jedoch eigene Risiken der Derivate, wie Marktpreis-, Liquiditäts-, Kredit- und Betriebsrisiken hervor, die ein eigenes Risikomanagement erfordern (Risikomanagement von Derivaten). Im vorliegenden Kapitel geht es um dieses Risikomanagement von Derivaten.

Mit der rasanten Entwicklung der Derivate, der Steigerung ihrer Transaktionsvolumina und damit auch des Umfangs ihrer Risiken in den 1990er Jahren haben zahlreiche Aufsichtsbehörden und sonstige Institutionen auf nationaler wie auf internationaler Ebene Richtlinien für ein Risikomanagement von Derivaten speziell für Banken, aber auch für Industrie- und Handelsunternehmen aufgestellt, die eine effektive Organisation des Derivateeinsatzes und damit die Kontrolle der Geschäftsleitung gewährleisten sollen. Auch der deutsche Gesetzgeber hat reagiert und hat nach den Geschehnissen um die Metallgesellschaft AG die Vorschrift des § 91 Abs. 2 AktG in das Aktiengesetz aufgenommen, die den Vorstand verpflichtet, geeignete Maßnahmen zu treffen, insbesondere ein Überwa-

992 Wie wichtig die Beherrschung unternehmerischer Risiken durch funktionierende, organisatorische Rahmenbedingungen nicht nur im Bereich der Derivate ist, zeigt das Enron-Debakel, vgl. hierzu *Rosen*, Risk Management and Corporate Governance: The Case of Enron, Connecticut Law Review, Vol. 35, 2003, S. 1157 ff.

993 Näher hierzu 3. Kapitel, § 9II.2.d.

chungssystem einzurichten, damit den Fortbestand der Gesellschaft gefährdende Entwicklungen früh erkannt werden.[994] Im folgenden werden zunächst die Richtlinien für ein ordnungsgemäßes Risikomanagement von Derivaten kurz vorgestellt und auf ihre Verbindlichkeit für den Vorstand von Industrie- und Handelsunternehmen untersucht, um dann der Frage nachzugehen, ob § 91 Abs. 2 AktG zur Konkretisierung der Organisationspflichten des Vorstands hinsichtlich des Einsatzes von Derivaten beiträgt.

§ 20 Richtlinien für ein Risikomanagement von Derivaten

Die von den internationalen und nationalen Aufsichtsbehörden und Institutionen in den 1990er Jahren für ein effektives Risikomanagement von Derivaten aufgestellten Richtlinien sind in der wirtschaftswissenschaftlichen und juristischen Literatur eingehend dargestellt worden.[995] Daher soll im Folgenden nur ein Überblick über die einzelnen Regelwerke gegeben werden. Inhaltlich ähneln sich die einzelnen Richtlinien, da sie sich gegenseitig beeinflusst und ihre Bestimmungen z.T. voneinander übernommen haben. Deswegen kann sich die folgende Darstellung auf die Zusammenfassung der wesentlichen Maßnahmen für ein ordnungsgemäßes Risikomanagement von Derivaten, sozusagen auf den kleinsten gemeinsamen Nenner beschränken. Die meisten Richtlinien gelten für das Risikomanagement von Derivaten in Banken. Ihre Übertragbarkeit auf Industrie- und Handelsunternehmen soll anschließend betrachtet und ihre Verbindlichkeit für den Vorstand untersucht werden.

I. Richtlinien internationaler und nationaler Aufsichtsbehörden und Institutionen

Auf internationaler Ebene sind es die Richtlinien-Vorschläge zweier Institutionen, die maßgeblich auf den Erlass von Mindestanforderungen nationaler Behörden in Deutschland Einfluss genommen haben.

---

994 Vorschrift eingeführt durch das Gesetz zur Kontrolle und Transparenz im Unternehmensbereich (KonTraG) vom 27. April 1998, BGBl. 1998 Teil I, S. 786 ff.

995 Vgl. nur *Dickmann*, in Lutter/Scheffler/Schneider, Handbuch der Konzernfinanzierung, S. 871 ff.; *Reichel/Kütter/Bedau*, Derivative Finanzinstrumente in Industrieunternehmen, 2001; *v. Westphalen*, Derivatgeschäfte, Risikomanagement und Aufsichtsratshaftung, S. 84 ff.; *v. Randow*, ZGR 1996, 594, 625 ff.

1. Group of Thirty, „Derivatives: Practices and Principles"

Wegweisend ist die im Jahr 1993 in den USA veröffentlichte Studie „Derivatives: Practices and Principles" der Global Derivatives Study Group, einer Unterabteilung der Group of Thirty.[996] Bei der Group of Thirty handelt es sich um eine international besetzte Expertenkommission von Persönlichkeiten aus Wissenschaft, Wirtschaft und Politik, die sich 1978 zusammengefunden hat und Fragen der Regulierung des Wirtschafts- und Finanzsystems analysiert und kommentiert. Die Studie enthält zwanzig Empfehlungen an Derivatenutzer (Händler und Endnutzer) für ein effektives Risikomanagement von Derivaten. Im Blick hat sie dabei vor allem Industrieunternehmen. Sie wendet sich auch an Gesetzgeber und Aufsichtsbehörden, deren Auftrag es ist, das Finanzsystem zu überwachen und zu stärken.

Die Group of Thirty sieht die Empfehlungen als eine Art „Benchmark" für Derivatenutzer, an der sie ihre eigenen Risikomanagementmaßnahmen messen können. Zusammengefasst empfiehlt die Studie den Unternehmen in Bezug auf den Einsatz von Derivaten

- auf höchster Entscheidungsebene den Umfang ihres Derivategeschäfts und ihre diesbezügliche Geschäftspolitik festzulegen,
- Marktpreis- und Kreditrisiken aus dem Derivategeschäft zu messen und zu quantifizieren.
- Krisensituationen zu simulieren,
- das Kredit- und Rechtsrisiko durch die Nutzung von standardisierten Master Agreements zu reduzieren,
- die Kompetenzbereiche der einzelnen Funktionsträger klar zu definieren, insbesondere das Risikomanagement zu trennen vom Handel,
- ausschließlich hinreichend qualifizierte Mitarbeiter mit Risikomanagement-Funktionen zu betrauen,
- hochentwickelte Informationssysteme zu nutzen,
- gegebenenfalls auch freiwillig noch nicht geltende Rechnungslegungsstandards einzuführen, um die Harmonisierung auf internationaler Ebene zu beschleunigen und damit mehr Transparenz zu gewährleisten.[997]

---

996 *Group of Thirty*, Derivatives: Practices and Principles, July 1993; Zusammenfassung des wesentlichen Inhalts auf deutsch bei *v. Westphalen*, Derivatgeschäfte, Risikomanagement und Aufsichtsratshaftung, S. 86 f.

997 *Group of Thirty*, Derivatives: Practices and Principles, S. 7, 8.

2. *Basler Ausschuss für Bankenaufsicht: „Richtlinien für das Risikomanagement im Derivatgeschäft"*

Das zweite bedeutsame Regelwerk sind die „Richtlinien für das Risikomanagement im Derivatgeschäft" des Basler Ausschusses für Bankenaufsicht von 1994. Der Basler Ausschuss für Bankenaufsicht ist ein Ausschuss von Bankenaufsichtsbehörden, der im Jahre 1975 ins Leben gerufen wurde und sich aus hochrangigen Vertretern der Bankenaufsichtsbehörden und Zentralbanken aus Belgien, Deutschland, Frankreich, Großbritannien, Italien, Japan, Kanada, den Niederlanden, Schweden, der Schweiz, den USA und Luxemburg zusammensetzt. Die Richtlinien für das Risikomanagement im Derivatgeschäft richten sich weltweit an Aufsichtbehörden mit der Erwartung, die weitere Entwicklung einer klugen Aufsicht des Risikomanagements von Derivaten zu fördern.[998] In Deutschland sind diese Richtlinien 1995 durch das ehemalige Bundesaufsichtsamt für das gesamte Kreditwesen in den Verlautbarungen über die Mindestanforderungen an das Betreiben von Handelsgeschäften der Kreditinstitute (MaH) umgesetzt worden. Da der Inhalt der MaH sich an den Richtlinien des Basler Ausschusses orientiert, wird im Folgenden nur auf die MaH eingegangen.

II. *Verlautbarungen über die Mindestanforderungen an das Betreiben von Handelsgeschäften der Kreditinstitute (MaH) des Bundesaufsichtsamts für das gesamte Kreditwesen*

Bei den MaH[999] handelt es sich um Mindestanforderungen an das Betreiben von Handelsgeschäften, die von allen Kreditinstituten zur Sicherung ihrer Solvenz zu beachten und in internen Anweisungen unter Berücksichtigung der jeweiligen Art und des Umfangs der Handelsaktivitäten zu ergänzen und zu präzisieren sind. Als Handelsgeschäfte im Sinne dieser Anforderungen gelten alle Kontrakte, die ein Geldmarktgeschäft, Wertpapiergeschäft, Devisengeschäft, Edelmetallgeschäft

---

998 *Basle Committee of Banking Supervision*, Risk Management Guidelines for Derivatives, Ziff. 2.

999 Verlautbarung des Bundesaufsichtsamts für das Kreditwesen vom 23. Oktober 1995, Mindestanforderungen an das Betreiben von Handelsgeschäften der Kreditinstitute, abgedruckt in *Consbruch/Möller/Bähre/Schneider*, KWG, Ziff. 4.270. Die Bundesanstalt für Finanzdienstleistungen (BaFin) hat im Februar 2005 einen Entwurf über die „Mindestanforderungen an das Risikomanagement" (MaRisk) herausgegeben (www.bafin.de/marisk.050202.htm), die die MaH sowie die Mindestanforderungen an Kreditgeschäfte (MaK) und die Mindestanforderungen an die interne Revision (MaIR) in einem Regelwerk zusammenfassen sollen. Da sich dieses einheitliche Regelwerk noch in der Entstehungsphase befindet, wird hier weiterhin auf die MaH Bezug genommen.

und ein Geschäft in Derivaten zur Grundlage haben und die im eigenen Namen und für eigene oder fremde Rechnung abgeschlossen werden. Aufgrund dieses Anwendungsbereichs sind die MaH also auch für das Risikomanagement von Derivaten durch die Kreditinstitute relevant.

Die MaH legen Pflichten der Geschäftsleitung von Kreditinstituten hinsichtlich einer ordnungsgemäßen Organisation und Überwachung der Handelsgeschäfte fest. Grundsätzlich sind alle Geschäftsleiter unabhängig von der internen Zuständigkeitsregelung für Organisation und Überwachung der Handelsgeschäfte verantwortlich. Sie werden dieser Verantwortung nur gerecht, wenn sie den Risikogehalt dieser Geschäftstätigkeit beurteilen können sowie die erforderlichen organisatorischen Maßnahmen zur Begrenzung der Geschäftsrisiken treffen. Hierzu gehören insbesondere die Limitierung und die Überwachung der sich aus den Handelsgeschäften ergebenden Kredit- und Marktpreisrisiken im Rahmen eines Risiko-Controlling- und Risiko-Management-Systems (Ziff. 2.1.MaH). In dieser ersten Vorschrift werden in allgemeiner Form alle Anforderungen an die Geschäftsleitung genannt, die in den folgenden Vorschriften in detaillierter Weise geregelt werden. Wesentlich ist außerdem die Festlegung von Rahmenbedingungen durch die Geschäftsleitung, durch die die geschäftspolitischen Strategien der Handelstätigkeit, die Märkte, an denen gehandelt werden darf, Art, Umfang, rechtliche Gestaltung und Dokumentation der Handelsgeschäfte, der Kontrahentenkreis, mit dem gehandelt werden darf, die Verfahren zur Messung, Analyse, Überwachung und Steuerung der Risiken, die Höhe der zulässigen Risikopositionen nach Geschäfts- oder Risikoarten oder Organisationseinheiten oder Portfolios bestimmt werden. Ferner sind zu präzisieren:

- Das Verfahren, wie bei Limitüberschreitungen und extremen Marktentwicklungen zu reagieren ist,
- die Funktion und Verantwortung einzelner Mitarbeiter und Arbeitseinheiten,
- das interne Rechnungswesen und die externe Rechnungslegung, die personelle und technische Ausstattung,
- das interne Kontroll- und Überwachungssystem,
- das interne Berichtswesen sowie
- die Wahrung der Vertraulichkeit bei Geschäftsabschlüssen.

Auf der Grundlage dieser Rahmenbedingungen sind Organisationsrichtlinien (z. B. Arbeitsanweisungen, Arbeitsablaufbeschreibungen, Stellenbeschreibungen, Kompetenzzuordnungen) zu erstellen, die von den Mitarbeitern zur Kenntnis genommen werden und die ihnen ständig zur Verfügung stehen müssen. Die inhaltlichen Anforderungen an die einzelnen Punkte der Rahmenbedingungen werden in den weiteren Vorschriften konkretisiert.[1000]

III. Übertragbarkeit der MaH und Verbindlichkeit für den Vorstand in Industrie- und Handelsunternehmen

1. Übertragbarkeit der MaH auf Industrie- und Handelsunternehmen

Die MaH für Kreditinstitute sind von ihrem Inhalt her grundsätzlich auf das Risikomanagement von Derivaten in Industrie- und Handelsunternehmen übertragbar. Die MaH sind allerdings auf die Komplexität des Derivategeschäfts von Banken ausgerichtet. In Industrie- und Handelsunternehmen wird man in der Regel davon ausgehen können, dass das Derivatgeschäft nicht in gleicher Komplexität und in gleichem Umfang wie von den Banken betrieben wird. Dies wirkt sich auf die Anforderungen an die Organisation des Risikomanagements von Derivaten in Industrie- und Handelsunternehmen aus, die dementsprechend nicht immer den gleichen Grad an Intensität wie bei den Banken aufweisen muss. Jedoch gilt: Je komplexer das Derivategeschäft in Industrie- und Handelsunternehmen, umso mehr kann es erforderlich sein, das Risikomanagement von Derivaten den Mindestanforderungen für Kreditinstitute anzugleichen.

Aus dem spezifischen Einsatz der Derivate in Industrie- und Handelsunternehmen ergeben sich aber in jedem Fall einige organisatorische Grunderfordernisse und Besonderheiten, die hier kurz dargestellt werden sollen.

Unzweifelhaft muss der Vorstand spezielle Zuständigkeits-, Verfahrens- und Informationsregeln aufstellen, die für das Derivategeschäft gelten. Er muss bestimmen, welche Mitarbeiter für den Derivateeinsatz zuständig sind, und er muss den Umfang ihrer Handlungsbefugnis und dementsprechend auch Handlungsbeschränkungen festlegen. Er muss die Höchstgrenzen des finanziellen Engagements, der Risikoexposition und der tatsächlichen Verluste bestimmen, sowie die Märkte, an denen Derivategeschäfte getätigt werden dürfen. Ein Engagement im OTC-Bereich beispielsweise bedarf besonderer Erlaubnis. Die Verantwortung für Abschluss, Abwicklung, Rechnungswesen, Risikoüberwachung und –steuerung ist strikt zu trennen, d.h. sie muss von verschiedenen Personen wahrgenommen werden. Alle Transaktionen müssen dokumentiert werden. Außerdem ist zu gewährleisten, dass der Vorstand sich beständig über den Stand getätigter Derivategeschäfte informieren kann.

1000 Eine ausführliche Darstellung der MaH findet sich bei *Dickmann*, in Lutter/Scheffler/Schneider, Handbuch der Konzernfinanzierung, S. 871 ff. und *Reichel/Kütter/Bedau*, Derivative Finanzinstrumente in Industrieunternehmen, S. 17 ff.

Bei den Anforderungen an die Kontrolle der einzelnen Risiken von Derivaten ist zu beachten, dass Adressenausfallrisiken in Industrie- und Handelsunternehmen tendenziell gering sind, da die Unternehmen fast ausschließlich mit erstklassigen Bankpartnern kontrahieren.[1001] Bei der Festlegung von Limits für Marktpreisrisiken ist es nicht sachgerecht, das Volumen der einzelnen Derivate zu beschränken. Limitiert werden muss vielmehr die Risikoexposition, die aus der Summe aller Derivategeschäften entstehen darf. Bei der Ermittlung der Marktpreisrisiken ist die Anwendung der aufwendigen Value-at-Risk-Methoden, die die Banken einsetzen, nur erforderlich, wenn die Unternehmen ihre Derivatgeschäfte bankähnlich betreiben[1002].

2. *Verbindlichkeit der MaH für den Vorstand in Industrie- und Handelsunternehmen*

In der Literatur wird die Frage diskutiert, ob die MaH für Kreditinstitute auch für die Vorstände von Industrie- und Handelsunternehmen verbindlich sind, so dass diese ihre Sorgfaltspflicht aus § 93 Abs. 1 Satz 1 AktG verletzen, wenn sie sie nicht eins zu eins umsetzen. Zwar ist schon unmittelbar nach Erlass der MaH von der Deutschen Bundesbank empfohlen worden, dass diese auch von Industrie- und Handelsunternehmen, die Derivate nicht nur als Endverbraucher, sondern auch als Händler nutzen, beachtet werden sollen.[1003] In der Praxis tun dies die großen deutschen Industrie- und Handelsunternehmen auch weitgehend.[1004]

Gleichwohl ist die Ansicht, die MaH seien auch für Industrie- und Handelsunternehmen verbindlich, abzulehnen.[1005] Hierfür spricht zum einen, dass die MaH von einer Finanzaufsichtsbehörde erlassen wurden und ausdrücklich nur für Kreditinstitute gelten. Diese Aufsichtsbehörde hat keine Kompetenz, verbindliche Regeln für Industrie- und Handelsunternehmen, die keiner derartigen Aufsicht unterliegen, aufzustellen. Darüber hinaus ist der Zweck der Regulierung des Risikomanagements von Banken für Industrie- und Handelsunternehmen nicht einschlägig. Die MaH dienen der Erhaltung der Solvenz der Kreditinstitute zum Schutz der Einleger sowie der Abwehr von Systemrisiken, d.h. der Gefahr des

---

1001 *Reichel/Kütter/Bedau*, Derivative Finanzinstrumente in Industrieunternehmen, S. 121.

1002 *Dickmann*, in Lutter/Scheffler/Schneider, Handbuch der Konzernfinanzierung, Tz. 27.133; *Reichel/Kütter/Bedau*, Derivative Finanzinstrumente in Industrieunternehmen, S. 122.

1003 Deutsche Bundesbank, Monatsbericht März 1996, S. 55, 64.

1004 Hierzu näher oben 3. Kapitel, § 9II.2.d.

1005 So auch *v. Randow*, ZGR 1996, 594, 625, a.A. *v. Westphalen*, Derivatgeschäfte, Risikomanagement und Aufsichtsratshaftung, S. 93 ff.

gleichzeitigen oder rasch aufeinanderfolgenden Ausfalls der Vertragspartner von Derivatgeschäften, der dominoeffektartig durch den Niedergang einer Partei ausgelöst werden könnte.[1006] Diese Regulierungszwecke sind für Industrie- und Handelsunternehmen nicht maßgeblich.

Dies heißt aber nicht, dass die Vorstände von Industrie- und Handelsunternehmen die MaH nicht beachten dürften oder sogar sollten. Es gilt vielmehr: Sie dürfen, müssen aber nicht. Die MaH sind für Vorstände von Industrie- und Handelsunternehmen nicht verbindlich. Jedoch können sie bei der Beantwortung der Frage, ob der Vorstand hinsichtlich der Organisation des Risikomanagements von Derivaten sorgfältig gehandelt hat, als „benchmark", d.h. als Vergleichsmaßstab, dienen. Sie stellen keine Organisationspflichten dar, wohl aber „Klugheitsregeln der Organisation". [1007] Der Vorstand tut gut daran, sie zu beachten.

Es stellt sich allerdings die Frage, ob durch Einführung des § 91 Abs. 2 AktG eine genuin aktienrechtliche Vorschrift existiert, die den Vorstand zur Vornahme der eben beschriebenen Maßnahmen verpflichtet.

§ 21 Verpflichtung des Vorstands aus § 91 Abs. 2 AktG

I. Entstehungsgeschichte des § 91 Abs. 2 AktG

In Reaktion auf Unternehmenskrisen wie der Metallgesellschaft und anderer deutscher Unternehmen in den 1990er Jahren hat der Gesetzgeber, wie bereits mehrfach erwähnt, durch das Gesetz zur Kontrolle und Transparenz im Unternehmensbereich vom 27. April 1998[1008] die Vorschrift des § 91 Abs. 2 in das Aktiengesetz eingeführt. Sie verpflichtet den Vorstand, geeignete Maßnahmen zu treffen, insbesondere ein Überwachungssystem einzurichten, damit den Fortbestand der Gesellschaft gefährdende Entwicklungen früh erkannt werden. Bei dieser Bestimmung handelt es sich um eine gesetzliche Hervorhebung der allgemeinen Leitungsaufgabe des Vorstands gemäß § 76 AktG[1009], die das Ziel hat, den Vorstand auf besondere Achtsamkeit im Hinblick auf bestandsgefährdende Entwicklungen für das Unternehmen zu verpflichten, damit existenzgefährdende Unternehmenskrisen künftig frühzeitig identifiziert und abgewehrt werden können.[1010]

1006 *v. Randow*, ZGR 1996, 594, 624.
1007 Begriff nach *v. Randow*, ZGR 1996, 594, 625.
1008 BGBl. 1998 Teil I, S. 786 ff.
1009 BegrRegE KonTraG, BT-Drucks. 13/9712, S. 15, li. Sp.
1010 BegrRegE KonTraG, BT-Drucks. 13/9712, S. 15; *Hüffer*, AktG, § 91 Rn. 4; *Pahlke*, NJW 2002, 1680.

§ 91 Abs. 2 AktG ist eine spezialgesetzliche Regelung einer der vielen Sorgfaltspflichten des Vorstands als Organ. Die Vorschrift statuiert keine Pflicht, die dem Vorstand nicht auch schon durch § 76 Abs. 1 AktG, 93 Abs. 1 AktG auferlegt wäre. Aus diesem Grund war die Bestimmung während der Gesetzgebungsphase außerordentlich umstritten.[1011] Für die spezielle Regelung einer der zahllosen Aufgaben und allgemeinen Sorgfaltspflichten des Vorstands wurde nicht nur kein Bedürfnis gesehen, sondern darin vielmehr auch eine Gefahr vermutet.[1012] Denn es sei methodisch nicht unbedenklich, einem schmalen Teilbereich unternehmerischen Verhaltens die „höheren Weihen" einer ausdrücklichen gesetzlichen Regelung zu verleihen.[1013] Befürchtet wurde, dass eine solche Regelung die Forderung nach Aufnahme zahlreicher weiterer Aspekte einer sorgfältigen (oder auch nur betriebswirtschaftlich vernünftigen) Unternehmensführung in das Gesetz nach sich ziehen würde.[1014] Diese Sorge hat sich zwar bislang nicht bestätigt, allerdings bleibt zweifelhaft, ob die Vorschrift die gewünschte Konkretisierungswirkung gebracht hat.

Denn über den Inhalt der Vorschrift herrscht auch sechs Jahre nach ihrem Inkrafttreten keine Einigkeit.[1015] Bemerkenswerterweise wird die Diskussion um den Regelungsgehalt allgemein unter dem Stichwort „Risikomanagement" geführt.[1016] Es wird insbesondere die Frage diskutiert, ob § 91 Abs. 2 AktG den Vorstand zur Einrichtung eines mehr oder minder umfassenden Risikomanagements nach betriebswirtschaftlichen Gesichtspunkten, wie es oben beschrieben wurde[1017], verpflichtet. Die Diskussion unter dem Schlagwort „Risikomanagement" verwundert deshalb, weil die Vorschrift des § 91 Abs. 2 Akt nicht von „Risikomanagement" spricht, ja nicht einmal den Begriff „Risiko" verwendet.

Im Zusammenhang mit der Organisation des Einsatzes von Derivaten im Unternehmen ist die Regelung des § 91 Abs. 2 AktG aber insofern von Bedeutung, als die Gesetzesbegründung Geschäfte mit Derivaten als ein Beispiel für Quellen existenzbedrohender Unternehmensrisiken, zu deren Vermeidung § 91 Abs. 2 AktG beitragen soll, nennt.[1018] Auch während der Entwicklung dieser Norm in

---

1011 Zur langwierigen Entstehung der Regelung vgl. *Seibert*, in FS Bezzenberger, S. 427ff.

1012 Stellungnahme des *Handelsrechtsausschusses des Deutschen Anwaltvereins (DAV)*, ZIP 1997, 163, 165.

1013 Stellungnahme des *Handelsrechtsausschusses des DAV*, ZIP 1997, 163, 165.

1014 Stellungnahme des *Handelsrechtsausschusses des DAV*, ZIP 1997, 163, 165.

1015 *Pahlke*, NJW 2002, 1680.

1016 Vgl. nur die vielfältige Literatur zum „Risikomanagement nach dem KonTraG" aus jüngster Zeit, wie z.B. *Lange/Wall*, Risikomanagement nach dem KonTraG, 2001; *Preußner/Becker*, NZG 2002, 846 ff.; *Pahlke*, NJW 2002, 1680 ff.

1017 Hierzu näher 3. Kapitel, § 9I.1.

1018 BegrRegE KonTraG, BT-Drucks. 13/9712, S. 15.

der Gesetzgebungsphase wurde die Regelung seitens interessierter Kreise – wie beispielsweise der deutschen Schutzvereinigung für Wertpapierbesitz e.V. – im Hinblick auf die damit erhoffte Kontrolle von Derivate-Geschäften grundsätzlich begrüßt.[1019] In Anbetracht der Tatsache, dass der Gesetzgeber die Organisation und Kontrolle von Derivategeschäften bei der Entwicklung der Norm speziell im Auge hatte, stellt sich daher die Frage, ob sie zur Konkretisierung der Pflichten des Vorstands hinsichtlich der Organisation des Einsatzes von Derivaten beiträgt.

II. Inhalt der Norm

1. Geeignete Maßnahmen zur Früherkennung bestandsgefährdender Entwicklungen

a. Früherkennung von Entwicklungen

§ 91 Abs. 2 verpflichtet den Vorstand in einem ersten Schritt, die Früherkennung bestandsgefährdender Entwicklungen zu gewährleisten. Nach dem Gesetzeswortlaut geht es nicht um Risiken oder Risikolagen, sondern um Entwicklungen. Während unter einem Risiko, wie oben gesehen, allgemein ein Gefahrenpotential verstanden wird, ist mit einer Entwicklung eine unternehmensspezifische nachteilige Veränderung eines bestehenden Zustands gemeint.[1020] Zu den Entwicklungen zählt die Gesetzesbegründung ausdrücklich risikobehaftete Geschäfte, Unrichtigkeiten der Rechnungslegung und Verstöße gegen gesetzliche Vorschriften, die sich auf die Vermögens-, Finanz- und Ertragslage der Gesellschaft wesentlich auswirken.[1021] Da nach § 91 Abs. 2 AktG explizit eine „Entwicklung" und damit nicht einzelne Risiken erkannt werden sollen, ist die permanente Erfassung sämtlicher Einzelrisiken grundsätzlich nicht erforderlich. Maßgeblich für eine Schadensabwehr, wie sie mit der Vorschrift intendiert ist, ist nicht die unter verschiedenen Prämissen ermittelte Risikosituation des Unternehmens, sondern die real bestehende Gesamtsituation, die ihren Niederschlag in der Vermögens-, Finanz- und Ertragslage des Unternehmens findet. Notwendige, im Regelfall auch hinreichende Auswertungsgrundlage für die Früherkennung existenzbedrohender Entwicklungen ist darum ein funktionierendes Rechnungswesen.[1022]

1019 *Seibert*, in FS Bezzenberger, S. 427, 433.

1020 *Hüffer*, AktG, § 91 Rn. 6; *Zimmer/Sonneborn*, in Lange/Wall, Risikomanagement nach dem KonTraG, § 1 Rn. 179.

1021 BegrRegE KonTraG, BT-Drucks. 13/9712, S. 15.

1022 *Zimmer/Sonneborn*, in Lange/Wall, Risikomanagement nach dem KonTraG, § 1 Rn. 180.

Nach dem Wortlaut des Gesetzes sind die Entwicklungen früh zu erkennen. Der Begründung des Gesetzes ist zu entnehmen, das die Erkennbarkeit zu einem Zeitpunkt gegeben sein muss, in dem noch geeignete Maßnahmen zur Sicherung des Fortbestands der Gesellschaft ergriffen werden können.[1023] Es geht also darum, nicht erst den Fortbestand der Gesellschaft gefährdende Entwicklungen auszuschließen, sondern darum, sicherzustellen, dass der Vorstand rechtzeitig genug davon Kenntnis erlangt.[1024]

b. Bestandsgefährdung

In § 91 Abs. 2 AktG geht es nicht um ungünstige Entwicklungen schlechthin, sondern ausschließlich um solche bestandsgefährdender Art. Eine gesetzliche Definition des Begriffs der „Bestandsgefährdung" existiert nicht. Bestandsgefährdende Entwicklungen können sich nach der Regierungsbegründung allgemein als Folge von risikobehafteten Geschäften, von Unrichtigkeiten der Rechnungslegung oder von Gesetzesverstößen mit Auswirkung auf die Vermögens-, Finanz- oder Ertragslage der Gesellschaft ergeben.[1025] Eine Bestandsgefährdung liegt unzweifelhaft vor bei drohender Insolvenz, d.h. bei bevorstehender Überschuldung oder Illiquidität.[1026] Ob auch Entwicklungen als bestandsgefährdend einzuordnen sind, die die Rentabilität der Gesellschaft dauerhaft gefährden, ist umstritten.[1027] Dagegen wird angeführt, dass bei einer solchen Auslegung die Grenze des Wortlauts überschritten werde und zudem nicht gesichert sei, ob und in welchem Umfang die dauerhafte Rentabilität zu den rechtlich vorgeschriebenen Zielen der Aktiengesellschaft gehöre. Außerdem sei der Begriff der „dauerhaften Rentabilität" beliebig dehnbar.[1028] Dafür, dass die Grenze zur Bestandsgefährdung auch schon erreicht sein kann, wenn die „dauerhafte Rentabilität" der Gesellschaft gefährdet ist, spricht aber, dass auch dauerhafte Rentabilitätseinbußen geeignet sein können, die Existenz des Unternehmens zu gefährden, nicht zuletzt auch deswegen, weil als Folge permanent sinkender Rentabilität die Kapitalgeber der Gesellschaft sich naturgemäß zurückziehen.[1029]

1023 BegrRegE KonTraG, BT-Drucks. 13/9712, S. 15.

1024 *Seibert*, in FS Bezzenberger, S. 427, 437; *Hefermehl/Spindler*, in MünchKomm AktG, § 91 Rn. 19.

1025 BegrRegE KonTraG, BT-Drucks. 13/9712, S. 15.

1026 *Seibert*, in FS Bezzenberger, S. 427, 437; *Hefermehl/Spindler*, in MünchKomm AktG, § 91 Rn. 17.

1027 Dafür: *Zimmer/Sonneborn*, in Lange/Wall, Risikomanagement nach dem KonTraG, § 1 Rn. 182; dagegen: *Hefermehl/Spindler*, in MünchKomm AktG, § 91 Rn. 17.

1028 *Hefermehl/Spindler*, in MünchKomm AktG, § 91 Rn. 17.

1029 *Zimmer/Sonneborn*, in Lange/Wall, Risikomanagement nach dem KonTraG, § 1 Rn. 182.

c. Geeignete Maßnahmen der Früherkennung

Das Gesetz definiert auch nicht näher, was unter „geeigneten Maßnahmen zur Früherkennung" zu verstehen ist. Geeignete Maßnahmen lassen sich nur im konkreten Einzelfall unter Beachtung des unternehmerischen Ermessensspielraums des Vorstands bestimmen.[1030] Sie stellen typischerweise unternehmensinterne Anordnungen organisatorischer, verfahrens- und ablauftechnischer sowie personeller Art dar. Dem Gesetz nicht zu entnehmen sind ferner Anhaltspunkte zur konkreten Ausgestaltung der Organisationspflicht. Hinweise bietet die Gesetzesbegründung nur insofern, als Größe, Branche, Struktur und Kapitalmarktzugang des Unternehmens organisatorische Rahmenbedingungen darstellen sollen.[1031] Der Vorstand hat nach § 76 Abs. 1 AktG im Rahmen seines Leitungsermessens unter Berücksichtigung der Eigenheiten des Unternehmens und der in Frage stehenden nachteiligen Entwicklungen zu entscheiden.[1032] In der Gesetzesbegründung konkret angesprochen ist dabei nur die Notwendigkeit eines Controlling sowie der internen Revision.[1033]

2. Einrichtung eines Überwachungssystems

In einem zweiten Schritt hat der Vorstand ein Überwachungssystem einzurichten. Die Zweistufigkeit wird dabei im Gesetz durch den Begriff „insbesondere" hervorgehoben. Zu den Anforderungen an das Überwachungssystem sind dem Gesetzestext keine Hinweise zu entnehmen. Nach überwiegender Auffassung in Literatur und Prüfungspraxis handelt es sich bei dem einzurichtenden System um eine mehr oder weniger umfassende Überwachungseinrichtung mit Frühwarnfunktion, welche gewährleisten soll, dass den bestandsgefährdenden Entwicklungen zugrundeliegende Risiken dem Vorstand bekannt werden, und die im übrigen „schleichende Bestandsgefährdungen" zu identifizieren hat. Die Begriffe für das einzurichtende System variieren. Sie reichen von „Internes Kontrollsystem mit Prüfungen durch die interne Revision" über „internes Überwachungs- und Frühwarnsystem" bis hin zu „allgemeinen Risikomanagementsystem".[1034] Verfolgt man die Entstehungsgeschichte der Norm, ist die Textpassage in dem Sinne aus-

---

1030 *Hüffer*, AktG, § 91 Rn. 7; *Hefermehl/Spindler*, in MünchKomm AktG, § 91 Rn. 20.

1031 *Zimmer/Sonneborn*, in Lange/Wall, Risikomanagement nach dem KonTraG, § 1 Rn. 185.

1032 *Zimmer/Sonneborn*, in Lange/Wall, Risikomanagement nach dem KonTraG, § 1 Rn. 185.

1033 BegrRegE KonTraG, BT-Drucks. 13/9712, S. 15.

1034 *Zimmer/Sonneborn*, in Lange/Wall, Risikomanagement nach dem KonTraG, § 1 Rn. 186.

zulegen, dass das einzurichtende Überwachungssystem die Einhaltung der zu treffenden Maßnahmen sicherstellen soll. Gemeint ist damit die Kontrolle, ob das Veranlasste auch geschieht, insbesondere ob Controlling und Innenrevision sowie die für spezielle Bereiche möglicherweise erforderliche Früherkennung rechtzeitig dem Vorstand die relevanten Informationen vermitteln. Die danach dem Überwachungssystem zugeordneten Funktionen können prinzipiell dem Controlling und der internen Revision übertragen werden.[1035]

3. *Keine Pflicht zur Einrichtung eines Risikomanagementsystems im betriebswirtschaftlichen Sinne*

Obgleich auch die Gesetzesbegründung zu § 91 Abs. 2 AktG den Begriff des „angemessenen Risikomanagements“ verwendet[1036], ist, wie die vorstehenden Ausführungen zeigen, die Diskussion um § 91 Abs. 2 AktG unter dem Stichwort „Risikomanagement“ – seit neuestem sogar durch die Rechtsprechung[1037] – im Zusammenhang mit der Vorschrift irreführend. Die Norm handelt nicht von einem „Risikomanagement“ im betriebswirtschaftlichen Sinne[1038], sondern nur von einem Frühwarnsystem. Die Aufarbeitung der Entstehungsgeschichte der Norm lässt erkennen, dass hier noch ältere Begründungstexte verwendet werden, die aber mit der Endfassung der Norm nicht übereinstimmen. Norm und Begründung decken sich nicht mehr.[1039] In diesem Sinne ist auch Ziffer 4.1.4 des DCGK zu lesen, der bestimmt, dass der Vorstand für ein angemessenes Risikomanagement und Risikocontrolling im Unternehmen sorgt. Die Vorschriften des DCGK können den Vorstand nicht zu mehr verpflichten, als er durch das Gesetz verpflichtet ist.

Zwar mag die Einrichtung eines Risikomanagementsystems in vielen Fällen betriebswirtschaftlich sinnvoll sein. § 91 Abs. 2 AktG schreibt aber sehr viel weniger vor, als das, was in diesem Zusammenhang ökonomisch sinnvoll und sachlich möglich ist. Die in der Norm ausgesprochenen Pflichten des Vorstands stellen weder in rechtlicher noch in betriebswirtschaftlicher Hinsicht wirklich etwas Neues dar. Die dort aufgestellten Anforderungen erscheinen betriebswirtschaftlich als eine Selbstverständlichkeit und gehören rechtlich zu den nach §§ 76 Abs. 1, § 93 Abs. 1 Satz 1 AktG bereits bestehenden Pflichten des Vorstands.

1035 *Zimmer/Sonneborn*, in Lange/Wall, Risikomanagement nach dem KonTraG, § 1 Rn. 187.

1036 BegrRegE KonTraG, BT-Drucks. 13/9712, S. 15.

1037 LG Berlin, Urteil vom 3.7.2002, AG 2002, 682 ff.; hierzu *Preußner/Zimmermann*, AG 2002, 657 ff.

1038 Vgl. oben 4. Kapitel, § 9I.1.

1039 *Seibert*, in FS Bezzenberger, S. 427, 438.

Neu ist ihre Konkretisierung im Aktiengesetz in Form eines gesetzlich definierten „Mindest-Pflichtenrahmens" des Vorstands.[1040]

III. Bedeutung des § 91 Abs. 2 AktG für die Organisation des Derivateeinsatzes im Unternehmen

Die Vorschrift des § 91 Abs. 2 AktG hat, wie gerade gesehen, im Ergebnis keine neuen Regelungsinhalte gebracht. Diese Erkenntnis hat auch Auswirkungen auf die Bedeutung der Vorschrift im Hinblick auf eine etwaige Konkretisierung der Pflichten des Vorstands bezüglich der Organisation des Derivateeinsatzes. § 91 Abs. 2 AktG bestimmt nichts, was nicht auch schon durch § 76 Abs. 1, 93 Abs. 1 Satz 1 AktG geregelt wäre. Insbesondere kann der Vorschrift keine genuin aktienrechtliche Verpflichtung des Vorstands entnommen werden, die oben beschriebenen Mindestanforderungen an das Betreiben von Handelsgeschäften für Banken auch in Industrie- und Handelsunternehmen anzuwenden.

Der Vorstand ist gemäß § 91 Abs. 2 AktG verpflichtet, organisatorische Maßnahmen zu ergreifen, damit etwaige bestandsgefährdende Entwicklungen für das Unternehmen, die durch den Einsatz von Derivaten und dabei insbesondere durch das bewusste oder unbewusste Offenlassen von Risikopositionen eintreten können, frühzeitig erkannt werden. Er muss dabei berücksichtigen, dass durch den Einsatz von Derivaten die Anforderungen an ein umfassendes Risikomanagementsystem erheblich erhöht werden, da zur Beherrschung der mit ihnen verbundenen Risiken ausgesprochene Fachkenntnisse[1041] und ein funktionierendes Informations- und Kontrollsystem erforderlich sind. Der Vorstand muss vor dem Einsatz von Derivaten mit aller Sorgfalt prüfen, ob das vorhandene Risikomanagementsystem in der Lage ist, die mit dem Einsatz von Derivaten verbundenen Risiken zu bewältigen, und muss das bestehende Risikomanagementsystem ggf. anpassen.[1042] Welche Maßnahmen er dabei ergreift, steht in seinem Leitungsermessen und kann in der Regel nur in jedem Einzelfall gesondert festgestellt werden. Er kann auf die Anforderungen der MaH für Banken zurückgreifen, muss dies aber nicht, insbesondere dann nicht, wenn der Einsatz von Derivaten in dem Unternehmen an Umfang und Komplexität hinter dem Derivateeinsatz in Banken zurückbleibt. Weiterhin gilt: Die Mindestanforderungen für das Betreiben von Handelsgeschäften in Banken können Richtlinien für den Vorstand eines Indust-

---

1040 *Zimmer/Sonneborn*, in Lange/Wall, Risikomanagement nach dem KonTraG, § 1 Rn. 188.

1041 *Miller*, Pacific-Basin Finance Journal, 3 (1995), 147, 158.

1042 *Jäger*, Aktiengesellschaft, § 21 Rn. 93.

rie- und Handelsunternehmen sein. Ihre Anwendung stellt aber keine Verpflichtung des Vorstands dar.

IV. Erfordernisse des Risikomanagements von Derivaten im Hinblick auf den eigenen Lösungsvorschlag

Auch wenn der Vorstand die erforderlichen Maßnahmen für ein ordnungsgemäßes Risikomanagement von Derivaten zumeist im Einzelfall und nach seinem Ermessen wird treffen müssen, ist es für das Risikomanagement von Derivaten jedenfalls erforderlich, dass Maßnahmen ergriffen werden, die sicherstellen, dass die im Fünften Kapitel herausgearbeiteten materiellen Grenzen für offene Risikopositionen[1043] aufgestellt, eingehalten und überwacht werden. Dazu gehört es,

- den Richtwert der zulässigen Risikobelastung zu ermitteln. Dafür ist der Durchschnitt aus der Summe des um außerordentliche Gewinne und Verluste bereinigten Jahresplanertrags und mehrerer vorausgehender Referenzjahre (z.B. 3-5 Jahre) zu bilden,
- die verantwortlichen Mitarbeiter anzuweisen, die offenen Risikopositionen für das folgende Geschäftsjahr auf die Hälfte dieses Richtwerts zu beschränken,
- den Anteil bzw. Betrag der freien Rücklagen (andere Gewinnrücklagen) festzulegen, in dessen Höhe Risiken offen gelassen werden dürfen, wenn der Ertrag für die als notwendig angesehenen offenen Risiken nicht ausreicht. Hierfür sowie für jede spätere Erweiterung sollte die Zustimmung des Aufsichtsrats eingeholt werden.
- die Einhaltung der festgelegten Grenzen und der genannten Maßnahmen durch das Controlling laufend zu prüfen.

1043 Vgl. 5. Kapitel, § 19III 4.

Zusammenfassung der Ergebnisse

1. Gegenstand der Arbeit war die Untersuchung der Kompetenzen und Pflichten des Vorstands beim Einsatz von Derivaten gemessen an den geschriebenen und ungeschriebenen Regeln des deutschen Aktiengesellschaftsrechts, die für die Leitung und Überwachung einer Aktiengesellschaft durch den Vorstand gelten.[1044] Die Kompetenzen und Pflichten des Vorstands beim Einsatz von Derivaten bilden einen Teil der Corporate Governance deutscher Aktiengesellschaften.[1045]
2. Derivate wurden für die Zwecke dieser Arbeit definiert als vertragliche Vereinbarungen, bei denen der Zeitpunkt des Vertragsabschlusses und der Zeitpunkt der Vertragserfüllung auseinanderfallen (Termingeschäfte), und deren Wert von dem Wert eines Basisprodukts abhängt.[1046] Derivate lassen sich nach Grundtypen einteilen in Festgeschäfte, Optionen und Swaps.[1047] Die wichtigsten Derivate sind Devisentermingeschäfte, Forward Rate Agreements, Aktien- und Devisenoptionen und die Zinsbegrenzungsgeschäfte Cap, Floor und Collar sowie Zins- und Währungsswaps.[1048]
3. Derivate zeichnen sich durch zwei spezielle ökonomische Eigenschaften aus, nämlich ihre Eignung zur Übertragung von Marktpreisrisiken (Risikotransfergeschäfte) und ihren Hebeleffekt.[1049] Aufgrund dieser Eigenschaften eignen sich Derivate in besonderer Weise zur Sicherung von Grundgeschäften vor negativen Marktpreisentwicklungen (Hedging) und zur zusätzlichen Gewinnerzielung (Spekulation).[1050]
4. Derivate werden in Industrie- und Handelsunternehmen im Rahmen des unternehmerischen Finanzmanagements sowohl als Hedging-Instrumente zur Absicherung von im Unternehmen bestehenden Marktpreisrisiken aus Grundgeschäften als auch zu Zwecken der Spekulation eingesetzt.[1051]

1044 Vgl. Einleitung III.
1045 Vgl. Einleitung IV.
1046 Vgl. 1.Kapitel, § 2IV.
1047 Vgl. 1.Kapitel, § 3IV. und § 4.
1048 Vgl. 1.Kapitel, § 4V.
1049 Vgl. 2.Kapitel, § 5.
1050 Vgl. 2.Kapitel, § 6.
1051 Vgl. 3.Kapitel, § 10.

5. Die Frage nach der Kompetenz des Vorstands für den Einsatz von Derivaten ist anhand des Unternehmensgegenstands der Aktiengesellschaft zu beantworten.[1052] Der Unternehmensgegenstand steckt die Grenze der Kompetenz des Vorstands für die Entscheidung über den Einsatz von Derivaten ab. In einem Industrie- und Handelsunternehmen mit einem typischen Unternehmensgegenstand (z.B. Herstellung und/oder Produktion von bestimmten Gütern) stellt sich der Einsatz von Derivaten als ein Bankgeschäft grundsätzlich als „Unternehmensgegenstand eigener Art" dar. Der Einsatz von Derivaten ist von dem Unternehmensgegenstand nur dann gedeckt, wenn er sich als Hilfsgeschäft einordnen lässt. [1053]

   Als Maßnahme der Risikosteuerung, die der Förderung und Unterstützung der gewerblichen Tätigkeit, wie sie im Unternehmensgegenstand eines Industrie- und Handelsunternehmens festgelegt ist, dient, ist der Einsatz von Derivaten zum Zwecke des Hedging als ein solches Hilfsgeschäft anzusehen. Der Einsatz von Derivaten zum Hedging ist daher vom Unternehmensgegenstand gedeckt und fällt in die Kompetenz des Vorstands.[1054]

   Auch der Einsatz von Derivaten zu Zwecken der Spekulation kann unter bestimmten Voraussetzungen als Hilfsgeschäft angesehen werden.[1055] Dies ist regelmäßig dann der Fall, wenn sich die eingesetzten Derivate auf Basiswerte beziehen, die von dem Geschäftsfeld des Unternehmensgegenstands erfasst sind. Kein Hilfsgeschäft und damit nicht vom Unternehmensgegenstand umfasst ist der Einsatz von Derivaten, die sich auf Basiswerte beziehen, die nichts mit der Geschäftstätigkeit des Unternehmens zu tun haben.[1056] Für einen solchen Einsatz besteht daher auch keine Kompetenz des Vorstands. Die Spekulation mit Finanzderivaten kann ausnahmsweise aber im Rahmen von wohlüberlegten und abgewogenen Transaktionen aus wirtschaftlichen Gesichtspunkten einer strategischen Positionierung des Unternehmens am Markt dienen und aus diesem Grund als Hilfsgeschäft, das die Verwirklichung des Unternehmensgegenstands fördert, eingeordnet werden. In diesem Fall besteht auch die Kompetenz des Vorstands zu ihrem Einsatz.[1057]

6. Der Unternehmensgegenstand ist nicht der einzige, weil nicht abschließende Anknüpfungspunkt für eine Bestimmung der Grenzen der dem Vorstand erlaubten Derivategeschäfte. Wann die Grenze der Unzulässigkeit der Derivategeschäfte überschritten wird, ist eine Frage der inhaltlichen Gestaltung des

---

1052 Vgl. 4.Kapitel, § 13.
1053 Vgl. 4.Kapitel, § 13IV.1.
1054 Vgl. 4.Kapitel, § 4II. und § 14III.
1055 Vgl. 5.Kapitel, § 15.
1056 Vgl. 5.Kapitel, § 15II.3.a.
1057 Vgl. 4.Kapitel, § 15II.3.b.

Derivateeinsatzes, des Volumens der Geschäfte und der durch sie eröffneten Risikopositionen. Dies sind Fragen der Sorgfaltspflicht des Vorstands und der ordnungsgemäßen Ausübung seines Ermessens.[1058]

Die Entscheidung über den Einsatz von Derivaten und die Wahl einer Strategie sind unternehmerische Entscheidungen unter Unsicherheit. Es besteht keine generelle Pflicht des Vorstands, Derivate zur Risikominimierung zu nutzen. Dem Vorstand steht diesbezüglich vielmehr ein weites Ermessen zu.[1059] Einräumung eines weiten Ermessensspielraums bedeutet aber nicht Erlaubnis zu ziel- und planlosem Handeln. Der Vorstand hat seine Entscheidungen hinsichtlich des Einsatzes von Derivaten auszurichten an dem Unternehmenswohl. Er muss sich über die Einsatzmöglichkeiten von Derivaten informieren und unter sorgfältiger Berücksichtigung der bestehenden Risiken eine Entscheidung für oder gegen den Einsatz von Derivaten treffen und ggf. eine Einsatz-Strategie wählen. Die Grenzen seines Ermessens und damit des pflichtmäßigen Verhaltens überschreitet der Vorstand dann, wenn seine Bereitschaft, Risiken mit Derivaten einzugehen, in unverantwortlicher Weise überspannt wird.[1060]

Als Richtwert für eine Maßzahl unverantwortlicher Risiken beim Einsatz von Derivaten ist die zulässige Belastung des Ertrags bzw. des Eigenkapitals eines Unternehmens heranziehen. Bei einem ertragsstarken Unternehmen sollte das Volumen offener Risikopositionen vernünftigerweise die Hälfte des erwarteten Ertrags nicht überschreiten. Bei einem ertragsschwachen Unternehmen bzw. Unternehmen, das Verluste macht, darf der Vorstand das Grundkapital und die gesetzlichen Rücklagen (gebundenes Kapital) offenen Risikopositionen nicht aussetzen. Ob eventuell ein darüber hinaus vorhandenes Eigenkapital (freie Rücklagen) offenen Risiken aus Derivaten ausgesetzt werden soll, muss der Vorstand (u.U. mit Zustimmung des Aufsichtsrats) für einen Planungszeitraum entscheiden. Delegiert der Vorstand die Entscheidung über den Einsatz von Derivaten an untere Mitarbeiterebenen, wandeln sich seine Sorgfaltspflichten in Auswahl- und Überwachungspflichten um.[1061]

7. Der Einsatz von Derivaten ruft eigene Risiken hervor.[1062] Die Risiken der Derivate bedürfen eines speziellen Risikomanagements. Die Einrichtung eines ordnungsgemäßen Risikomanagements ist Leitungsaufgabe des Vorstands. Die mit dem KonTraG eingeführte Vorschrift des § 91 Abs. 2 AktG bringt

---

1058 Vgl. 5.Kapitel, § 17 f.
1059 Vgl. 5.Kapitel, § 19I.
1060 Vgl. 5.Kapitel, § 19III.
1061 Vgl. 5.Kapitel, § 19III.4.
1062 Vgl. 2.Kapitel, § 7.

diesbezüglich keine neuen Regelungsinhalte.[1063] Der Vorstand ist im Ergebnis verpflichtet, organisatorische Maßnahmen zu ergreifen, damit etwaige bestandsgefährdende Entwicklungen für das Unternehmen, die durch den Einsatz von Derivaten und dabei insbesondere durch das bewusste oder unbewusste Offenlassen von Risikopositionen eintreten können, frühzeitig erkannt werden. Dem tut er genüge, wenn er für die organisatorischen Maßnahmen sorgt, welche die Einhaltung und Kontrolle der oben beschriebenen Grenzen gewährleisten.[1064]

1063 Vgl. 6.Kapitel, § 21.
1064 Vgl. 6.Kapitel, § 21IV.

Literaturverzeichnis

Abeltshauser, Thomas E.: Leitungshaftung im Kapitalgesellschaftsrecht, Carl Heymanns Verlag KG Köln, Berlin, Bonn, München 1998

Achleitner, Ann-Kristin/Thoma, Georg F. (Hrsg.): Handbuch Corporate Finance, Loseblattausgabe, 2. Auflage 2001, Deutscher Wirtschaftsdienst, Köln

Adams, Michael: Aktienoptionspläne und Vorstandsvergütungen, ZIP 2002, 1325-1344; und Berichtigung hierzu in ZIP 2002, 1390

Allayannis, George/Lel, Ugur/Miller, Darius: Corporate Governance and the Hedging Premium Around the World, Darden Graduate School of Business Administration, University of Virginia, Working Paper No. 03-10, October 2003, abrufbar unter http://ssrn.com/abstract=460987

Aoki, Masahiko/Kim, Hyung-Ki: Corporate Governance in Transitional Economies, Insider Control and the Role of the Banks, EDI Development Studies, The World Bank, Washington 1995

The American Law Institute: Principles Of Corporate Governance: Analysis and Recommendations, Volume I, Parts I-VI, §§ 1.01-6.02, As Adopted and Promulgated by The American Law Institute at Washington, D.C., May 13, 1992, St. Paul, Minnesota 1994

Assmann, Heinz-Dieter: Irrungen und Wirrungen im Recht der Termingeschäfte, ZIP 2001, 2061-2084

Assmann, Heinz-Dieter: Corporate Governance, Eine Vorbemerkung zu den Beiträgen von Edward B. Rock und Eddy Wymeersch, AG 1995, 289-290

Assmann, Heinz-Dieter/Schneider, Uwe H. (Hrsg.): Wertpapierhandelsgesetz, Kommentar, Verlag Dr. Otto Schmidt, Köln, 3. Aufl. 2003; 2. Aufl. 1999 und 1. Aufl. 1995

Assmann, Heinz-Dieter/Schütze, Rolf A.: Handbuch des Kapitalanlagerechts, 2. Aufl., C.H. Beck, München 1997

Bank für Internationalen Zahlungsausgleich (BIZ)/Bank for International Settlements: Pressemitteilung über den globalen OTC-Markt für derivative Finanzinstrumente: Zweite Jahreshälfte 2000, Erste Jahreshälfte 2001, Zweite Jahreshälfte 2001, abrufbar unter www.bis.org

Dies.: Quarterly Review March 2004, abrufbar unter www.bis.org

Bank-Verlag Köln (Hrsg.): Basisinformationen über Finanzderivate, Grundlagen, wirtschaftliche Zusammenhänge, Anwendungsmöglichkeiten und Risiken, Bank-Verlag Köln, Stand: April 2002

Barckow, Andreas: Die Bilanzierung von derivativen Finanzinstrumenten und Sicherungsbeziehungen – Eine Gegenüberstellung des deutschen Bilanzrechts mit SFAS 133 und IAS 32/39, IDW-Verlag, Düsseldorf 2004

Basler Ausschuss für Bankenaufsicht/Basle Committee on Banking Supervision: Richtlinien für das Risikomanagement im Derivativgeschäft, Juli 1994, abrufbar unter www.bis.org

Baums, Theodor: Aktienoptionen für Vorstandsmitglieder, Arbeitspapier 12/96 des Instituts für Handels- und Wirtschaftsrechts der Universität Osnabrück, 1996, abrufbar unter www.jura.uni-frankfurt.de/baums/; veröffentlicht in Martens (u.a.), Festschrift für Claussen, 1997, S. 17 ff.

Baums, Theodor: Aktienrecht für globalisierte Kapitalmärkte – Generalbericht –, ZHR 2002, Sonderheft 71, S. 13-25

Baums, Theodor: Der Aufsichtsrat – nützlich, schädlich, überflüssig ?, Arbeitspapier 7/94 des Instituts für Handels- und Wirtschaftsrechts der Universität Osnabrück, 1994, abrufbar unter www.jura.uni-frankfurt.de/baums/

Baums, Theodor: Der Aufsichtsrat – Aufgaben und Reformfragen, ZIP 1995, 11-18

Baums, Theodor: Bericht der Regierungskommission Corporate Governance, Verlag Dr. Otto Schmidt, Köln 2001

Baums, Theodor: Corporate Governance in Germany-System and Recent Developments, Arbeitspapier des Instituts für Handels- und Wirtschaftsrecht der Universität Osnabrück, 1994, abrufbar unter www.jura.uni-frankfurt.de/baums/

Baums, Theodor: Corporate Governance in Germany-System and Current Developments, Arbeitspapier des Instituts für Handels- und Wirtschaftsrecht der Universität Osnabrück, 1998, abrufbar unter www.jura.uni-frankfurt.de/baums/

Baums, Theodor: Corporate Governance Systems in Europe-Differences and Tendencies of Convergence – Crafoord Lecture –, Universität Osnabrück, 1996 abrufbar als Arbeitspapier 37 des Instituts für Handels- und Wirtschaftsrecht der Universität Osnabrück unter www.jura.uni-frankfurt.de/baums/

Baums, Theodor: Empfiehlt sich eine Neuregelung des aktienrechtlichen Anfechtungs- und Organhaftungsrechts, insbesondere der Klagemöglichkeiten von Aktionären?, Gutachten F für den 63. Deutschen Juristentag, Verhandlungen des 63. Deutschen Juristentages, Leipzig 2000, Band 1, Verlag C.H. Beck München 2000

Baums, Theodor/v. Randow, Philipp: Shareholder Voting and Corporate Governance: The German Experience and a New Approach, in Aoki/Kim, Corporate Governance in Transitional Economies, S. 435 ff.

Baums, Theodor/Scott, Kenneth E. : Taking Shareholder Protection Seriously? Corporate Governance in the United States and Germany, Institute for Law and Finance, Working Paper Series No. 16, Frankfurt 2004, abrufbar unter www.ilf-frankfurt.de

Beike, Rolf/Barckow, Andreas: Risk-Management mit Finanzderivaten – Steuerung von Zins- und Währungsrisiken –, R.Oldenbourg Verlag München Wien, 3. Aufl. 2002

Berkmann, Henk/Bradbury, Michael/Magan, Stephen: An International Comparison of Derivatives Use, Financial Management 1997, Vol. 26, No.4, S. 69-71

Bellinger, Dieter/Kerl, Volkher: Hypothekenbankgesetz, Kommentar, 4. Aufl., C.H. Beck'sche Verlagsbuchhandlung, München 1995

Berle, Adolph A./Gardiner, Means C.: The Modern Corporation and Private Property, 1932, 2. Auflage, New York 1968

Berrar, Carsten: Die Entwicklung der Corporate Governance in Deutschland im internationalen Vergleich, Diss. München 2001

Bestmann, Uwe: Finanz- und Börsenlexikon, Beck-Wirtschaftsberater im dtv, 4. Aufl., München 2000

Bitz, Horst: Abgrenzung des Risiko-Frühwarnsystems i.e.S. nach KonTraG zu einem umfassenden Risiko-Managementsystem im betriebswirtschaftlichen Sinn, BFuP 3/2000, S. 231-241

Board, John: The Economic Consequences of Derivatives, in Hudson (Ed.), Modern Financial Techniques, Derivatives and Law, S. 155-166

Bodnar, Gordon M./Gebhardt, Günther: Derivatives Usage in Risk Management by US and German Non-Financial Firms. A Comparative Survey, Journal of International Financial Management and Accounting, Vol. 3, No. 3, 1999, S. 153- 187

Bodnar, Gordon M./Hayt, Gregory S./Marston, Richard C./Smithson, Charles W.: Wharton Survey of Derivatives Usage by U.S. Non-Financial Firms, Financial Management 1995, Vol. 24, No. 2, S. 104-114

Bodnar, Gordon M./Hayt, Gregory S./Marston, Richard C.: 1995 Wharton Survey of Derivatives Usage by US Non-Financial Firms, Financial Management 1996, Vol. 25, No. 4, S. 113-133

Bodnar, Gordon M./Hayt, Gregory S./Marston, Richard C.: 1998 Wharton Survey of Financial Risk Management by US Non-Financial Firms, Financial Management 1998, Vol. 27, No. 4, S. 70-91

Böcking, Hans-Joachim/Benecke, Birka : § 340 e Rn. 61 ff., in Münchener Kommentar, HGB, 1. Aufl. 2001

Börsig, Clemens/Gassert, Herbert/Prechtl, Manfred (Hrsg.): Neue Finanzierungsinstrumente für Unternehmens-Strategie, Anwendung und Erfolgssicherung, Schäffer-Poeschel Verlag, Stuttgart 1996

Brackert, Gerhard/ Prahl, Reinhard/ Naumann, Thomas: Neue Verfahren der Risikosteuerung und ihre Auswirkungen auf die handelsrechtliche Gewinnermittlung- Ein Plädoyer für die Zulässigkeit von imperfekten Mikro-Bewertungseinheiten und von Makro-Bewertungseinheiten auf modifizierter Mark-to-Market-Basis, Wpg 1995, 544-555

Brandner, Hans Erich: Geschäftsführungsbefugnis, Unternehmensgegenstand und Unternehmenszweck, in Festschrift für Heinz Rowedder, Hrsg. Gerd Pfeiffer, Günther Wiese, Klaus Zimmermann, C. H. Beck'sche Verlagsbuchhandlung, München 1994, S. 41-47

Brandt, Sven: Kreditderivate, BKR 2002, 243-254

Braun, Wilfried: Finanzderivate im Spannungsfeld betriebswirtschaftlicher Notwendigkeit und rechtlicher Risikobegrenzung – Ein Problemaufriss aus dem Blickwinkel des deutschen Rechts – , in: Albrecht Weber (Hrsg.), Währung und Wirtschaft, Das Geld im Recht, Festschrift für Prof. Dr. Hugo J. Hahn, Nomos-Verlagsgesellschaft, Baden-Baden, 1996, 319-338

Brealey, Richard A./Myers, Stewart C.: Principles of Corporate Finance, 7. Aufl., International Edition, McGraw-Hill, 2003

Brealey, Richard A./Myers, Stewart C./Marcus, Alan J.: Fundamentals of Corporate Finance, 4. Aufl., International Edition, McGraw-Hill, 2004

Breker, Norbert/Gebhardt Günther/Pape, Jochen: Das Fair-Value-Projekt für Finanzinstrumente- Stand der Erörterungen der Joint Working Group of Standard Setters im Juli 2000-, Wpg 2000, 729-744

Brestel, Heinz: Wieder Börsentermingeschäfte in Deutschland, AG 1959, 132-134

Brockhaus: Die Enzyklopädie in vierundzwanzig Bänden, 20. Aufl., Leipzig, Mannheim 1997

Büschgen, Hans E.: Das kleine Börsen-Lexikon, Verlag Wirtschaft und Finanzen, Düsseldorf, 22. Aufl. 2001

Bundesaufsichtsamt für das Kreditwesen: Verlautbarungen über Mindestanforderungen an das Betreiben von Handelsgeschäften, 1995, abgedruckt in: Consbruch/Möller/Bähre/Schneider, Kreditwesengesetz, Textsammlung, Band I, No. 4.270, 10.59

Burghard, Peter: Einsatz und Risiken derivativer Finanzinstrumente in Versicherungsunternehmen, Mannheimer Vorträge zur Versicherungswissenschaft, Verlag Versicherungswirtschaft e.V., Karlsruhe 1995

Casper, Matthias: Das neue Recht der Termingeschäfte, WM 2003, 161-168

Claussen, Carsten: Anmerkung zur Klöckner-Entscheidung, AG 1993, 132-134

Claussen, Carsten: Bank- und Börsenrecht, Für Studium und Praxis, C.H. Beck'sche Verlagsbuchhandlung, 3. Aufl., München 2003

Clouth, Peter: Rechtsfragen der außerbörslichen Finanz-Derivate- Produktstrukturen und Verlustrisiken-Beratung und Information durch Kreditinstitute, Verlag C.H.Beck München, 2001

Consbruch, Johannes/Möller, Annemarie/Bähre, Inge Lore/Schneider, Manfred: Kreditwesengesetz mit weiteren Vorschriften zum Aufsichtsrecht der Banken, Textsammlung, Band I, Stand August 2003, Verlag C.H. Beck, München 2003

Dannhoff, Martin: Das Recht der Warentermingeschäfte, Eine Untersuchung zum deutschen, internationalen und U.S.-amerikanischen Recht, Nomos-Verlagsgesellschaft, Baden-Baden 1993

Deutsche Bank AG: Basisinformationen über Termingeschäfte, Grundlagen, wirtschaftliche Zusammenhänge, Anwendungsmöglichkeiten und Risiken, Deutsche Bank AG, Frankfurt, 2002

Deutsche Bundesbank: Bilanzunwirksame Geschäfte deutscher Banken, Deutsche Bundesbank, Monatsbericht Oktober 1993, S. 47-96

Deutsche Bundesbank: Geldpolitische Implikationen der zunehmenden Verwendung derivativer Finanzinstrumente, Monatsbericht November 1994, S. 41-57

Deutsche Bundesbank: Mindestanforderungen an das Betreiben von Handelsgeschäften der Kreditinstitute, Deutsche Bundesbank, Monatsbericht März 1996, S. 55-64

Deutsche Terminbörse (Hrsg.), Redaktion: Imo, Christian: Einführung in den Optionshandel, Gabler Verlag, Wiesbaden 1990

Dickmann, Reiner: Anforderungen an den Einsatz von Finanzinstrumenten bei Industrieunternehmen, in: Lutter u.a. (Hrsg.): Handbuch der Konzernfinanzierung, S. 871-915

Dörner, Dietrich/Horvàth, Péter/Kagermann, Henning (Hrsg.): Praxis des Risikomanagements, Grundlagen, Kategorien, branchenspezifische und strukturelle Aspekte, Schäffer-Poeschel Verlag Stuttgart, 2000

Dubofsky, David A./Miller, Thomas W., Jr.: Derivatives – Valuation and Risk Management, New York, Oxford, Oxford University Press 2003

Easterbrook, Frank H.: Derivative Securities and Corporate Governance, Paper für die Konferenz „What are the Aims of Corporate Governance and when does it Matter ?“, Zürich 1999

Easterbrook, Frank H.: Derivative Securities and Corporate Governance, The Chicago Law Review, Volume 69 No. 3, Summer 2002, S. 733-742

Easterbrook, Frank H./Fischel Daniel R.: The Economic Structure of Corporate Law, Harvard University Press, Cambridge, Massachusetts, London, England 1991

Ebenroth, Carsten Thomas/Boujong, Karlheinz/Joost, Detlev: Handelsgesetzbuch, Band 2 §§ 343-475 h, Transportrecht, Bank- und Börsenrecht, Verlag C.H. Beck/Verlag Franz Vahlen, München 2001

Ebke, Werner (Hrsg.): Münchener Kommentar zum Handelsgesetzbuch, Band 4, Drittes Buch. Handelsbücher, §§ 238-342a HGB, Verlag C.H.Beck/Verlag Franz Vahlen, 1. Aufl., München 2001

Edwards, Steven: Legal Principles of Derivatives, (2002) The Journal of Business Law, S. 1-32

Eisenberg, Melvin Aron: The Duty of Care in American Corporate Law, Institute for Law and Finance, Working Paper Series No. 22, 2004, abrufbar unter www.ilf-frankfurt.de

Eller, Roland (Hrsg.): Handbuch Derivativer Instrumente- Produkte, Strategien, Risikomanagement, 2. Auflage 1999, Schäffer Poeschel, Stuttgart

Erne, Roland: Die Swapgeschäfte der Banken, Eine rechtliche Betrachtung der Finanzswaps unter besonderer Berücksichtigung des deutschen Zivil-, Börsen-, Konkurs- und Aufsichtsrechts, Duncker & Humblot, Berlin, 1991

Fahr, Ulrich/Kaulbach, Detlef/Bähr, Gunne W.: Versicherungsaufsichtsgesetz – VAG- mit Gesetz über die Errichtung eines Bundesaufsichtsamtes für das Versicherungswesen (BAG) und Finanzdienstleistungsaufsichtsgesetz (FinDAG), Kommentar, 3. Aufl. 2003, Verlag C.H. Beck, München

Fenn, G.W./Post, M./Sharpe, S.A.: Does Corporate Risk Management Create Shareholder Value?, in Financial Risk and the Corporate Treasury: New Developments in Strategy and Control, Risk Publications, London, 1997, S. 1-31

Finken, Manfred/Kowalski, André: Schärfere Gesetze zur Haftung schwächen Unternehmensgeist, Börsenzeitung (BZ) vom 06. Juni 2003, S. 10

Fleischer, Holger: Die „Business Judgement Rule" im Spiegel von Rechtsvergleichung und Rechtsökonomie, in Wank u.a. (Hrsg.), FS für Wiedemann, S. 827-849

Fleischer, Holger: Vorstandsverantwortlichkeit und Fehlverhalten von Unternehmensangehörigen – Von der Einzelüberwachung zur Errichtung einer Compliance-Organisation, AG 2003, 291-300

Fleischer, Holger: Zur Leitungsaufgabe des Vorstands im Aktienrecht, ZIP 2003, 1-11

Fleischer, Holger: Die „Business Judgement Rule": Vom Richterrecht zur Kodifizierung, ZIP 2004, 685-692

Fleischer, Holger: Empfiehlt es sich, im Interesse des Anlegerschutzes und zur Förderung des Finanzplatzes Deutschland das Kapitalmarkt- und Börsenrecht neu zu regeln?: Kapitalmarktrechtliches Teilgutachten; Gutachten F für den 64. Deutschen Juristentag Berlin 2002, Verlag C.H. Beck, München 2002

Forster, Karl-Heinz: MG, Schneider, Balsam und die Folgen – was können Aufsichtsräte und Abschlussprüfer gemeinsam tun?, AG 1995, 1-7

Frerk, Peter: Praktische Gedanken zur Optimierung der Kontrollfunktion des Aufsichtsrats, AG 1995, 212-218

Friederichsen, Sönke: Aktienoptionsprogramme für Führungskräfte, Carl Heymanns Verlag KG, Köln, Berlin, Bonn, München 2000

Gebhardt, Günther: Berichterstattung deutscher Unternehmen über den Einsatz derivativer Finanzinstrumente, Wpg 1995, 609-617

Gebhardt, Günther: Entwicklungen in der Berichterstattung über das Risikomanagement unter Einsatz derivativer Instrumente bei deutschen Industrie- und Handelsunternehmen, RIW 1997, 390-401

Gebhardt, Günther/Gerke, Wolfgang/Steiner, Manfred: Handbuch des Finanzmanagements, Verlag C.H. Beck, Frankfurt, Nürnberg, Münster, 1993

Gebhardt, Günther/Mansch, Helmut: Risikomanagement und Risikocontrolling in Industrie- und Handelsunternehmen, Empfehlungen des Arbeitkreises „Finanzierungsrechnung" der Schmalenbach-Gesellschaft für Betriebswirtschaft e.V., Zeitschrift für betriebswirtschaftliche Forschung (Zfbf), Sonderheft 46, Verlagsgruppe Handelsblatt, Düsseldorf, Frankfurt, 2001

Gebhardt, Günther/ Ruß, Oliver: Einsatz von derivativen Finanzinstrumenten im Risikomanagement deutscher Industrieunternehmen, Zeitschrift für betriebswirtschaftliche Forschung (Zfbf), Sonderheft 41, 1999, S. 23-83

Géczy, Christopher/Minton Bernadette A./Schrand, Catherine: Why Firms Use Currency Derivatives, The Journal of Finance, Vo. 52, No. 4, September 1997, S. 1323-1354

Geiß, Karlmann u.a. (Hrsg.): 50 Jahre Bundesgerichtshof. Festschrift aus Anlass des fünfzigjährigen Bestehens von Bundesgerichtshof, Bundesanwaltschaft und Rechtsanwaltschaft beim Bundesgerichtshof, Carl Heymanns Verlag KG, Köln, Berlin, Bonn, München 2000

Gerke, Wolfgang: Börsenlexikon, Verlag Dr. Th. Gabler GmbH, Wiesbaden 2002

Geßler, Ernst: Aktiengesetz (vom 6. September 1965), Kommentar, Verlag Vahlen, München 1973

Geßler, Ernst/Hefermehl, Wolfgang/Eckardt, Ulrich/Kropff, Bruno: Aktiengesetz, Kommentar, Verlag Franz Vahlen München, Band I §§ 1-75, Stand 1984; Band II §§ 76-147, Stand 1973

Glaum, Martin/PwC Deutsche Revision AG Wirtschaftsprüfungsgesellschaft (Hrsg.): Finanzwirtschaftliches Risikomanagement deutscher Industrie- und Handelsunternehmen, Fachverlag Moderne Wirtschaft, Frankfurt am Main 2000; auszugsweise wiedergegeben in ZBB 2000, 74-88

Goette, Wulf: Leitung, Aufsicht, Haftung – zur Rolle der Rechtsprechung bei der Sicherung einer modernen Unternehmensführung, in Geiß, Karlmann u.a. (Hrsg.), 50 Jahre Bundesgerichtshof. Festschrift aus Anlass des fünfzigjährigen Bestehens von Bundesgerichtshof, Bundesanwaltschaft und Rechtsanwaltschaft beim Bundesgerichtshof, S. 123-142

Götz, Heinrich: Die Überwachung der Aktiengesellschaft im Lichte jüngerer Unternehmenskrisen, AG 1995, 337-353

Götze, Thomas: Aktienoptionen für Vorstandsmitglieder und Aktionärsschutz, Nomos Verlagsgesellschaft, Baden-Baden 2000

Gramlich, Dieter: Neuere Ansätze des betrieblichen Finanzmanagements, DB 1998, 377-381

Grant, Kevin/Marshall, Andrew P.: Large UK companies and derivatives, European Financial Management, Vol. 3, No. 2, 1997, S. 191-208

Groh, Manfred: Zur Bilanzierung von Fremdwährungsgeschäften, DB 1986, 869-877

Großkommentar zum Aktiengesetz: Siehe bei Hopt/Wiedemann (Hrsg.)

Großmann, Adolf: Unternehmensziele im Aktienrecht, Eine Untersuchung über Handlungsmaßstäbe für Vorstand und Aufsichtsrat, Carl Heymanns Verlag KG, Köln, Berlin, Bonn, München, 1980

Group of Thirty, Global Derivatives Study Group: Derivatives: Practices and Principles, Washington D.C., July 1993 ISBN 1-56708-090-1

Group of Thirty, Global Derivatives Study Group: Derivatives: Practices and Principles, Appendix I: Working Papers, Washington DC, July 1993

Group of Thirty, Global Derivatives Study Group: Derivatives: Practices and Principles, Appendix II: Legal Enforceability: Survey of Nine Jurisdictions, Washington DC, July 1993

Group of Thirty, Global Derivatives Study Group: Derivatives: Practices and Principles, Appendix III: Survey of Industry Practice, March 1994

Group of Thirty, Global Derivatives Study Group: Derivatives: Practices and Principles, Follow-up Surveys of Industry Practice, December 1994

Group of Thirty, Leach James A. et al. : Global Derivatives: Public Sector Responses, Occasional Papers No. 44

Guay Wayne R.: The impact of derivatives on firm risk: An empirical examination of new derivative users, Journal of Accounting and Economics 26 (1999) 319-351

Gulden, Thomas: Risikoberichterstattung in den Geschäftsberichten der deutschen Automobilindustrie , Beiträge der Hochschule Pforzheim Nr. 108, 2003

Hadding, Walther u.a. (Hrsg.): Festschrift für Winfried Werner zum 65. Geburtstag, Handelsrecht und Wirtschaftsrecht in der Bankpraxis, Walter de Gruyter, 1984, Berlin, New York

Hadding, Walther/Hennrichs, Joachim: Devisentermingeschäfte – Prolongation und Aufklärungspflichten, in: Martens u.a. (Hrsg.), Festschrift für Carsten Peter Claussen, Köln 1997, S. 447-468

Handelsrechtsausschuss des Deutschen Anwaltvereins: Referentenentwurf zur Änderung des Aktiengesetzes („KonTraG")- Stellungnahme des DAV, ZIP-Dokumentation, ZIP 1997, 163-174

Heidenhain, Martin/Meister, Burkhard: Müncher Vertragshandbuch, Band 1. Gesellschaftsrecht, 5. Aufl., Verlag C.H. Beck, München 2000

Hellwig, Hans-Jürgen/de Lousanoff, Oleg: Die Verbindlichkeit so genannter Hedge-Geschäfte, in FS für Ernst C. Stiefel, C.H. Becksche Verlagsbuchhandlung, München 1987, S. 308-337

Henssler, Martin: Risiko als Vertragsgegenstand, Mohr, Tübingen 1994

Hentschel, Ludger/Kothari, S.P: Are Corporations Reducing or Taking Risks with Derivatives?, Journal of Financial and Quantitative Analysis, Vol. 36, No. 1 March 2001, S. 93-118

Henze, Hartwig: Leitungsverantwortung des Vorstands – Überwachungspflicht des Aufsichtsrats, BB 2000, 209-216

Henze, Hartwig: Entscheidungen und Kompetenzen der Organe der AG: Vorgaben der höchstrichterlichen Rechtsprechung, BB 2001, 53-61

Hinterhuber, Hans/Sauerwein, Elmar/Fohler-Norek, Christine (Hrsg.): Betriebliches Risikomanagement, Verlag Österreich, Berlin Verlag, Arno Spitz GmbH, Wien 1998

Hoffmann-Becking, Michael (Hrsg.): Münchener Handbuch des Gesellschaftsrechts, Band 4 Aktiengesellschaft, 2. Auflage, C.H. Beck'sche Verlagsbuchhandlung, München 1999

Holl, Alexander: Die Reform des aktienrechtlichen Aufsichtsrats, Verlag Peter Lang, Diss. München, 2002

Hommel, Ulrich/Pritsch, Gunnar: Bausteine des Risikomanagementprozesses (8.1.1), in Achleitner/Thoma (Hrsg.), Handbuch Corporate Finance, Loseblattausgabe, Stand September 2002

Hommelhoff, Peter: Die Konzernleitungspflicht – Zentrale Aspekte eines Konzernverfassungsrechts-, Carl Heymanns Verlag KG, Köln, Berlin, Bonn, München, 1982

Hommelhoff, Peter u.a. (Hrsg.): Corporate Governance, Gemeinschaftssymposion der Zeitschriften ZHR/ZGR, ZHR 2002, Sonderheft 71

Hopt, Klaus u.a. (Hrsg.): Comparative Corporate Governance – The State of the Art and Emerging Research – Clarendon Press, Oxford 1998

Hopt, Klaus: Kurssicherung und Differenzgeschäft nach §§ 764, 762 BGB, Zur rechtlichen Problematik der pauschalen Kurssicherung im Börsen- und Devisenterminhandel, in: Hadding (Hrsg.), Festschrift für Winfried Werner zum

65. Geburtstag, Handelsrecht und Wirtschaftsrecht in der Bankpraxis, Walter de Gruyter 1984, Berlin, New York

Hopt, Klaus: Unternehmenskontrolle (Corporate Governance), Joachim Jungius-Gesellschaft der Wissenschaften, Hamburg 2000

Hopt, Klaus: Unternehmensführung, Unternehmenskontrolle, Modernisierung des Aktienrechts – Zum Bericht der Regierungskommission Corporate Governance –, ZHR 2002, Sonderheft 71, S. 27-69

Hopt, Klaus: Vertrags- und Formularhandbuch zum Handels-, Gesellschafts-, Bank- und Transportrecht, 2.Aufl., Verlag C.H. Beck, München 2000

Hopt, Klaus/Wiedemann, Herbert: Großkommentar zum Aktiengesetz, Begründet von W. Gadow und E. Heinichen, 4. Aufl., Walter de Gruyter, Berlin New York

1. Lieferung. Einleitung A-D, Bearbeiter: Heinz-Dieter Assmann, 1992

5. Lieferung: §§ 179-191, Bearbeiter: Herbert Wiedemann, 1995

7. Lieferung: §§ 23-40; Bearbeiter: Volker Röhricht, 1997

11. Lieferung: §§ 92-94, Bearbeiter: Mathias Habersack, Klaus J. Hopt, 1999

19. Lieferung: §§ 76-83; Bearbeiter: Michael Kort, Mathias Habersack, 2003

Howton, Shawn D./Perfect, Steven B.: Currency and Interest-Rate Derivatives Use in US Firms, Financial Management 1998, Vol. 27, No. 4, S. 111-121

Hudson, Alastair: The Law on Financial Derivatives, 2nd Edition, Sweet & Maxwell, London 1998

Hudson, Alastair (Ed.): Modern Financial Techniques, Derivatives and Law, International Banking, Finance and Economic Law, Kluwer Law International, The Hague, London, Boston 2000

Hüffer, Uwe: Beck'scher Kurz-Kommentar, Aktiengesetz, Verlag C.H. Beck, 6. Aufl., München 2004

Hull, John C.: Options, Futures and Other Derivatives, Prentice Hall, Inc., 4. Aufl. 1999

Jäger, Axel: Aktiengesellschaft unter besonderer Berücksichtigung der KGaA, Rechtliche Grundlagen, Finanzierung, Management und Haftung, Verlag C.H. Beck, München 2004

Jahn, Uwe: § 114. Außerbörsliche Finanztermingeschäfte (OTC-Derivate), in: Schimansky/Bunte/Lwowski: Bankrechts-Handbuch

Jaskulla, Ekkehard: Die Einführung derivativer Finanzinstrumente an den deutschen Wertpapierbörsen als Regelungsproblem, Frankfurt a.M. 1995

Jensen, Michael C./ Meckling, William H.: Theory of the Firm: Managerial Behavior, Agency Costs and Ownership Structure, Journal of Financial Economics 3 (1976) 305- 360

Johanning, Lutz/Rudolph, Bernd: Handbuch Risikomanagement

Band I: Risikomanagement für Markt-, Kredit-, und operative Risiken, Uh-

lenbruch Verlag, Bad Soden/Ts., 2000
Band II: Risikomanagement in Banken, Asset-Management-Gesellschaften, Versicherungs- und Industrieunternehmen, Uhlenbruch Verlag, Bad Soden/Ts., 2000

Kienle, Christopher: § 106. Börsentermingeschäfte, in Schimansky/Bunte/Lwowski, Bankrechts- Handbuch, S. 3355 ff.

Kindler, Peter: Unternehmerisches Ermessen und Pflichtenbindung, Voraussetzungen und Geltendmachung der Vorstandshaftung in der Aktiengesellschaft, ZHR 162 (1998) 101-119

Koch, Maximilian: Diversifizierung und Vorstandskompetenzen, Frankfurter wirtschaftsrechtliche Studien, Peter Lang, Frankfurt a.M. 2001

Kölner Kommentar zum Aktiengesetz: Band 1, §§ 1-75 AktG, 2. Aufl., Carl Heymanns Verlag KG, Köln, Berlin, Bonn, München 1988
Band 2, §§ 76-117 AktG und Mitbestimmung im Aufsichtsrat, 2. Aufl. (Stand der Bearbeitung von §§ 76-94 AktG, Dezember 1988), Carl Heymanns Verlag KG, Köln, Berlin, Bonn, München 1996
Band 5/1, §§ 179-240 AktG mit Nachtrag zum Gesetz vom 2. August 1994, 2. Aufl. Carl Heymanns Verlag KG, Köln, Berlin, Bonn, München 1995

Krämer, Lutz: Finanzswaps und Swapderivate in der Bankpraxis, Eine zivil-, AGB- und aufsichtsrechtliche Untersuchung unter besonderer Berücksichtigung der Kautelarpraxis, Walter de Gruyter, Berlin, New York, 1999

Kropff, Bruno (Hrsg.): Aktiengesetz, Textausgabe des Aktiengesetzes vom 6.9.1965 und des Einführungsgesetzes zum Aktiengesetz vom 6.9.1965 mit Begründung des Regierungsentwurfs etc., Verlagsbuchhandlung des Instituts der Wirtschaftsprüfer GmbH, Düsseldorf 1965

Kropff, Bruno/Semler, Johannes (Hrsg.): Münchener Kommentar zum Aktiengesetz, Band 1 §§ 1-53, 2. Aufl. des Geßler/Hefermehl/Eckhardt/Kropff, Aktiengesetz, Verlag C.H. Beck/Verlag Franz Vahlen, München 2000
Münchener Kommentar zum Aktiengesetz, Band 3 §§ 76 – 117 AktG, MitbestG, § 76 BetrVG 1952, 2. Aufl. des Geßler/Hefermehl/Eckhardt/Kropff, Verlag C.H. Beck/Verlag Franz Vahlen, München 2004
Münchener Kommentar zum Aktiengesetz, Band 5/1 §§ 148-151, 161-178 AktG, §§ 238-264c HGB, 2. Aufl. des Geßler/Hefermehl/Eckhardt/Kropff, Verlag C.H. Beck/Verlag Franz Vahlen, München 2003

Krumnow, Jürgen u.a. (Hrsg.): Gabler Bank Lexikon- Bank, Börse, Finanzierung, 13. Aufl., Verlag Dr. Th. Gabler GmbH, Wiesbaden 2002

Krumnow, Jürgen (Hrsg.): Risikosteuerung von Derivaten, Schriften zur Unternehmensführung, Gabler Verlag, Wiesbaden, 1996

Krumnow, Jürgen/Sprißler, Wolfgang/Bellavite-Hövermann, Yvette/Kemmer, Michael/Steinbrücker, Hannelore: Rechnungslegung der Kreditinstitute,

Kommentar zum Bankbilanzrichtlinie-Gesetz und zur RechKredV, Schäffer-Poeschel Verlag Stuttgart, 1994

Kümpel, Siegfried: Bank- und Kapitalmarktrecht, 3. Aufl., Verlag Dr. Otto Schmidt, Köln 2004

Kuhner, Christoph: Soll der Einsatz derivativer Finanzierungsinstrumente in Unternehmenssatzungen, Management- und Kreditverträgen geregelt werden, DBW 61 (2001) 1, 25-41.

Lange, Knut Werner /Wall, Friederike: Risikomanagement nach dem KonTraG – Aufgaben und Chancen aus betriebswirtschaftlicher und juristischer Sicht –, Verlag Franz Vahlen, München 2001

Löw, Edgar/Schildbach, Stephan: Financial Instruments – Änderungen von IAS 39 aufgrund des Amendments Project des IASB, BB 2004, 875-884

Lück, Wolfgang (Hrsg.): Risikomanagementsystem und Überwachungssystem, KonTraG: Anforderungen und Umsetzungen in der betrieblichen Praxis, 2. Aufl. 2001, Band 5 der Schriftenreihe des Universitäts-Forums für Rechnungslegung, Steuern und Prüfung e.V., International Accounting Research Institute, München

Lutter, Marcus: Genussrechtsfragen-Besprechung der Entscheidungen BGH ZIP 1992, 1542 (Klöckner) und BGH ZIP 1992, 1728 (Bremer Bankverein), ZGR 1993, 291-302

Lutter, Marcus/Scheffler, Eberhard/Schneider, Uwe H. (Hrsg.): Handbuch der Konzernfinanzierung, OVS-Verlag Dr. Otto Schmidt, Köln 1998

Lutz, Johannig/Rudolph, Bernd: Handbuch Risikomanagement, Bad Soden/Ts.: Uhlenbruch-Verlag
Bd. 1: Risikomanagement für Markt-, Kredit- und operative Risiken, 2000
Bd. 2: Risikomanagement in Banken, Asset-Management-Gesellschaften, Versicherungs- und Industrieunternehmen, 2000

Mahayni, Daniel: Determinanten des unternehmerischen Währungsderivateinsatzes, Duncker & Humblot, Berlin 2002

Maier, Kurt M./Lengefeld, Anke: Von der Liquiditätssicherung zum rentabilitätsorientierten Risikomanagement, ZfgK 1996, 356-362

Martens, Klaus-Peter u.a. (Hrsg.): Festschrift für Carsten Peter Claussen, Zum 70. Geburtstag, Carl Heymanns Verlag KG, Köln 1997

Martin, Thomas A./Bär, Thomas: Grundzüge des Risikomanagements nach KonTraG, Risikomanagementsystem zur Krisenfrüherkennung nach § 91 Abs. 2 AktG, R. Oldenbourg Verlag München, Wien 2002

Merkt, Hanno: Zum Verhältnis von Kapitalmarktrecht und Gesellschaftsrecht in der Diskussion um die Corporate Governance, AG 2003, 126-136

Merkt, Hanno: Empfiehlt es sich, im Interesse des Anlegerschutzes und zur Förderung des Finanzplatzes Deutschland das Kapitalmarkt- und Börsenrecht neu zu regeln?: Börsenrechtliches Teilgutachten, Gutachten G zum 64. Deutschen Juristentag Berlin 2002, Verlag C.H. Beck, München 2002.

Mian, Shehzad L.: Evidence on Corporate Hedging Policy, Journal of Financial and Quantitive Analysis, Vol. 31, No. 3, September 1996, S. 419-439

Miller, Merton H.: Do we really need more regulation of financial derivatives?, Pacific-Basin Finance Journal 3 (1995) 147-158

Miller, Merton H.: The social costs of some recent derivatives disasters, Pacific-Basin Finance Journal 4 (1996) 113-127

Miller, Merton H.: The future of futures, Pacific-Basin Finance Journal 5 (1997) 131-142

Modiglioni, Franco/Miller, Merton H.: The cost of capital, corporation finance and the theory of investment, 48 American Economic Review (1958), 261-297

Mosiek, Marcus: Risikosteuerung im Unternehmen und Untreue – zur Untreue-strafbarkeit Unternehmensverantwortlicher in Aktiengesellschaft und GmbH bei Verstößen gegen gesetzliche Risikosteuerungspflichten – wistra 2003, 370-375

Mülbert, Peter: Shareholder Value aus rechtlicher Sicht, ZGR 1997, 129-172

Müller, Tina-Fiona: Hedgegeschäfte – Wirtschaftliche Funktion und rechtliche Behandlung von Börsentermingeschäften zu Sicherungszwecken, München 1989

Münchener Handbuch des Gesellschaftsrechts: Siehe oben unter Hoffmann-Becking (Hrsg.)

Münchener Kommentar zum Aktiengesetz: Siehe oben unter Kropff/Semler (Hrsg.)

Münchener Kommentar zum Handelsgesetzbuch: Siehe oben unter Ebke (Hrsg.)

Mutter, Stefan: Unternehmerische Entscheidungen und Haftung des Aufsichtsrats der Aktiengesellschaft, Verlag Dr. Otto Schmidt, Köln 1994

Oehler, Andreas/Unser, Matthias: Finanzwirtschaftliches Risikomanagement, Springer-Verlag Berlin Heidelberg, 2. Aufl. 2002

Oltmanns, Martin: Geschäftsleiterhaftung und unternehmerisches Ermessen, Die Business Judgement Rule im deutschen und im amerikanischen Recht, Peter Lang, Frankfurt a. M. 2001

Paefgen, Walter G.: Unternehmerische Entscheidungen und Rechtsbindung der Organe in der AG, Verlag Dr. Otto Schmidt, Köln 2002

Paefgen, Walter G.: Dogmatische Grundlagen, Anwendungsbereich und Formulierung einer Business Judgment Rule im künftigen UMAG, AG 2004, 245-261

Pahlke, Anne-Kathrin: Risikomanagement nach KonTraG – Überwachungspflichten und Haftungsrisiken für den Aufsichtsrat, NJW 2002, 1680-1688

Palandt, Otto: Bürgerliches Gesetzbuch, Beck'sche Kurzkommentare, 63. Aufl., München 2004

Pohl, Wolfgang: Innovative Finanzinstrumente im gemeinsamen Europäischen Bankenmarkt, Europäisches und deutsches Bankenaufsichtsrecht, Baden-Baden: Nomos Verlagsgesellschaft, 1994

Prahl, Reinhard: Bilanzierung und Prüfung von Financial Instruments in Industrie- und Handelsunternehmen, Wpg 1996, 830-839

Pratt, John W./Zeckhauser, Richard J.: Principals and Agents: The Structure of Business, Harvard Business School Press, Boston, 1991

Preußner, Joachim/Becker, Florian: Ausgestaltung von Risikomanagementsystemen durch die Geschäftsleitung, NZG 2002, 846-851

Preußner, Joachim/Zimmermann, Dörte: Risikomanagement als Gesamtaufgabe des Vorstands, zugleich Besprechung des Urteils des LG Berlin vom 3.7.2002 (AG 2002, 682), AG 2002, 657-662.

Priermeier, Thomas/Stelzer, Alexandra: Zins- und Währungsmanagement in der Unternehmenspraxis, Das Handbuch zur Optimierung von Devisen- und Zinsgeschäften, C.H.Beck Wirtschafts Verlag, München 2001

Pritsch, Gunnar/Hommel, Ulrich: Hedging im Sinne des Aktionärs, Ökonomische Erklärungsansätze für das unternehmerische Risikomanagement, Die Betriebswirtschaft (DBW), Jahrgang 1997, Band 57, Heft 5, 672-693

Prölss, Erich, hrsg. von Reimer Schmidt: Versicherungsaufsichtsgesetz mit Europäischem Gemeinschaftsrecht und Recht der Bundesländer, C.H.Beck'sche Verlagsbuchhandlung, München, 11. Aufl. 1997

Quandt, Kathrin/Rettberg, Udo: Termingeschäfte werden zu Unrecht als Teufelszeug abgestempelt, Beilage „Derivate" zum Handelsblatt vom 06./07.06.2003, B 1.

Randow v., Philipp: Derivate und Corporate Governance, ZGR 1996, 594- 641 entspricht (etwas verkürzt): Derivate und Corporate Governance – Eine gesellschafts- und kapitalmarktrechtliche Studie-, Arbeitspapier 3/96 des Instituts für Handels- und Wirtschaftsrecht der Universität Osnabrück, 1996, abrufbar unter www.jura.uni-frankfurt.de/baums/

Reichel, Helmut/Kütter, Georg/Bedau, Janos/PwC Deutsche Revision (Hrsg.): Derivative Finanzinstrumente in Industrieunternehmen – Einsatz, Risikomanagement und Bilanzierung nach HGB, US-GAAP und IAS – , Fachverlag Moderne Wirtschaft, Frankfurt am Main, 2001

Richter, Stefan: Aktienoptionen für den Aufsichtsrat ? Eine kritische Analyse des BGH-Urteils vom 16.02.2004, BB 2004, 949-957

Rock, Edward B.: America's Fascination with German Corporate Governance, AG 1995, 291-299

Rosen, Robert Eli: Risk Management and Corporate Governance: The Case of Enron, Connecticut Law Review, Vol. 35, 2003, S. 1157-1184, abrufbar als download unter http://papers.ssrn.com/paper.taf?abstract_id=468168

Roth, Markus: Unternehmerisches Ermessen und Haftung des Vorstands, Handlungsspielräume und Haftungsrisiken insbesondere in der wirtschaftlichen Krise, Verlag C.H. Beck München 2001

Roth, Markus: Das unternehmerische Ermessen des Vorstands, BB 2004, 1066-1069

Rudolph, Bernd (Hrsg.): Derivate Finanzinstrumente, Schäffer-Poeschel, Stuttgart 1995

Rudolph, Bernd : Unternehmensfinanzierung und Corporate Governance – Entwicklungen und weiterer Anpassungsbedarf, BB 2003, 2053-2060

Ruß, Oliver: Hedging-Verhalten deutscher Unternehmen, Empirische Analyse der ökonomischen Bestimmungsfaktoren, Deutscher Universitäts-Verlag GmbH, Wiesbaden 2002

Säcker, Franz Jürgen: Unternehmensgegenstand und Unternehmensinteresse, in Festschrift für Rudolf Lukes, Hrsg. Herbert Leßmann, Bernhard Großfeld, Lothar Vollmer, Carl Heymanns Verlag KG, Köln, Berlin, Bonn, München, 1989, S. 547-557

Salzberger, Wolfgang: Die Überwachung des Risikomanagement durch den Aufsichtsrat, Überwachungspflichten und haftungsrechtliche Konsequenzen, DBW 60 (2000) 6, 756-773

Schäfer, Frank A./Lang, Volker: Zur Reform des Rechts der Börsentermingeschäfte, BKR 2002, 197-202

Schäfer, Frank A. (Hrsg.): Wertpapierhandelsgesetz, Börsengesetz mit BörsZulV, Verkaufsprospektgesetz mit VerkPorspV, Kommentar, Verlag W. Kohlhammer, Stuttgart, 1999

Scharpf, Paul: Derivative Finanzinstrumente im Jahresabschluss unter Prüfungsgesichtspunkten – Erfassung, Abwicklung und Bildung von Bewertungseinheiten – BFuP 2/1995, S. 166 ff.

Scharpf, Paul/Epperlein, J.K.: Risikomanagement derivativer Finanzinstrumente, Sonderdruck aus Betriebswirtschaftliche Forschung und Praxis BFuP 2/1995, Verlag Neue Wirtschafts-Briefe, Herne/Berlin, S. 209-229

Scharpf, Paul/Luz, Günther: Risikomanagement, Bilanzierung und Aufsicht von Finanzderivaten, Schäfer-Poeschel, Handelsblatt Bücher, 2.Aufl. 2000

Schefold, Dietrich: § 116. Bankgeschäfte in fremder Währung, Schimansky/ Bunte/Lwowski, Bankrechts-Handbuch, S. 3901 ff.

Schimansky, Herbert/ Bunte, Hermann-Josef/ Lwowski, Hans-Jürgen (Hrsg.): Bankrechts-Handbuch, Band III, Verlag C.H. Beck München, 2. Aufl. 2001

Schitag Ernst & Young (Hrsg.), bearbeitet von Paul Scharpf: Risikomanagement- und Überwachungssystem im Treasury, Darstellungen der Anforderungen nach KonTraG, Schäffer-Poeschel Verlag, Stuttgart 1998

Schön, Wolfgang: Der Einfluss öffentlich-rechtlicher Zielsetzungen auf das Statut privatrechtlicher Eigengesellschaften der öffentlichen Hand: – Gesellschaftsrechtliche Analyse –, ZGR 1996, 429-457

Scholes, Myron S.: Derivatives in an Dynamic Environment, The American Economic Revue, Vol. 88 No. 3 (1998), 350-370

Scholz, Franz (Hrsg.): Kommentar zum GmbH-Gesetz mit Nebengesetzen und den Anhängen Konzernrecht sowie Umwandlung und Verschmelzung, I. Band §§ 1-44 Anh. Konzernrecht, 9. Aufl. 2000, Verlag Dr. Otto Schmidt KG, Köln

Schottelius, D. J.: Die Bedeutung des Warentermingeschäfts für die Wirtschaft, BB 1956, 452-452

Schwark, Eberhard: Börsengesetz, Kommentar zum Börsengesetz und zu den börsenrechtlichen Nebenbestimmungen, 2. Aufl., C. H. Beck, München 1994

Schwark, Eberhard (Hrsg.): Kapitalmarktrechts-Kommentar, Börsengesetz mit Börsenzulassungsverordnung, Verkaufsprospektgesetz mit Verkaufsprospektverordnung, Wertpapierhandelsgesetz, Wertpapiererwerbs- und Übernahmegesetz, Verlag C.H. Beck, München 2004

Schwintowski, Hans-Peter/Schäfer, Frank A.: Bankrecht, 2. Aufl., Carl Heymanns Verlag KG Köln, Berlin, Bonn, München 2004

Seibert, Ulrich: Die Entstehung des § 91 Abs. 2 AktG im KonTraG – „Risikomanagement" oder „Frühwarnsystem"?, in Festschrift für Gerold Bezzenberger, Hrsg. Harm Peter Westermann, Klaus Mock, Walter de Gruyter, Berlin, New York, 2000, S. 427-438

Seibert, Ulrich: Aktienrechtsreform in Permanenz?, AG 2002, 417-420

Seibert, Ulrich: Im Blickpunkt: Der Deutsche Corporate Governance Kodex ist da, BB 2002, 581-584

Semler, Johannes: Leitung und Überwachung der Aktiengesellschaft – Die Leitungsaufgabe des Vorstands und die Überwachungsaufgabe des Aufsichtsrats, Carl Heymanns Verlag KG Köln Berlin Bonn München, 2.Aufl. 1996

Shleifer, Andrei/Vishny, Robert W.: A Survey of Corporate Governance, The Journal of Finance 52, 737-783 (June 1997)

Spremann, Klaus/Herbeck, Thomas: Zur Metallgesellschaft AG und ihrer Risikomanagement-Strategie, in: Franke (Hrsg.), Bewertung und Einsatz von Finanzderivaten, zfbf-Sonderheft 38, 1997, 155-190

Staudinger, J. von : Kommentar zum Bürgerlichen Gesetzbuch mit Einführungsgesetz und Nebengesetzen, Buch 2, Recht der Schuldverhältnisse, § 741-764, Sellier-de Gruyter, Berlin 2002